진암집

이 책은 2018년도 정부(교육부)의 재원으로 한국고전번역원의 지원을 받아
수행된 '권역별거점연구소협동번역사업'의 결과물임.
This work was supported by Institute for the Translation of Korean Classics - Grant funded by the Korean Government.

한국고전번역원 한국문집번역총서/이화여자대학교 한국문화연구원

진암집 1

晉菴集

이천보 李天輔 지음

박재금 이은영 홍학희 옮김

일러두기

1. 이 책의 번역 대본은 한국고전번역원에서 간행한 한국문집총간 218집 소재《진암집(晉菴集)》으로 하였다. 번역 대본의 원문 텍스트와 원문 이미지는 한국고전종합DB(http://db.itkc.or.kr)에서 확인할 수 있다.
2. 내용이 간단한 역주는 간주(間註)로, 긴 역주는 각주(脚註)로 처리하였다.
3. 한자는 필요한 경우 이해를 돕기 위하여 넣었으며, 운문(韻文)은 원문을 병기하였다.
4. 맞춤법과 띄어쓰기는 한글 맞춤법과 표준어 규정을 따랐다.
5. 이 책에서 사용한 부호는 다음과 같다.

   ( ) : 번역문과 음이 같은 한자를 묶는다.

   〔 〕: 번역문과 뜻은 같으나 음이 다른 한자를 묶는다.

   " " : 대화 등의 인용문을 묶는다.

   ' ' : " " 안의 재인용 또는 강조 문구를 묶는다.

   「 」: ' ' 안의 재인용을 묶는다.

   『 』: 「 」 안의 재인용을 묶는다.

   《 》: 책명 및 각주의 전거(典據)를 묶는다.

   〈 〉: 책의 편명 및 운문·산문의 제목을 묶는다.

차례

진암집 제1권

서 序

시 詩

진암집 제2권

시詩

해제

진암(晉菴) 이천보(李天輔)의 삶과 그의 문집 《진암집(晉菴集)》

김동준 | 이화여자대학교 국어국문학과 교수

이 책은 영조 대의 사가(四家) 중 한 분으로 꼽히는 진암(晉菴) 이천보(李天輔: 1698~1761)의 문집 《진암집(晉菴集)》을 번역한 성과이다. 《한국문집총간》 제 218책에 수록된 교서관 활자본 《진암집》을 역주의 저본으로 삼았다. 1762년에 발간된 이 초간 활자본은 1781년에 그의 아들 이문원(李文源)에 의해 다시 복각본으로 제작되기도 하였다.

이화여자대학교의 번역팀은 2014년부터 황경원(黃景源)의 《강한집(江漢集)》, 오원(吳瑗)의 《월곡집(月谷集)》을 차례로 완역 출판해왔다. 이제 세 번째 단계로 이천보의 《진암집》에 들어섰으니 곧 완역 출간이 가능할 것이다. 차후 남유용(南有容)의 《뇌연집(雷淵集)》까지 완료하게 되면, 영조 대의 사가 문집 전체가 모두 완역된다. 사가가 두루 노론계에 속한 대표적 정치가였고 각자가 대제학을 역임하며 당대의 문운에 커다란 영향을 미쳤다는 사실을 고려하면, 영조 대의 정치사와 문학사 이해에 네 분의 문집 번역이 더 없이 소중하게 활용될 것이라 믿는다.

1. 진암 이천보의 생애

이천보는 본관이 연안(延安)으로, 자는 의숙(宜叔) 호는 진암(晉庵)이요, 시호는 문간(文簡)이다. 부친 이주신(李舟臣)과 모친 광산 김씨 사이에서 성장한 1남 1녀 중의 외아들이다. 이 딸은 장차 오원(吳瑗)의 아우인 오찬(吳瓚)과 결혼하게 된다. 아버지 이주신은 옥천 군수를 지내다가 신체의 마비 병이 생겨 가릉(嘉陵)의 향저 즉, 오늘날의 경기도 가평군 상면 태봉리 반계동 일대에서 이천보를 낳았다. 이 향저는 지금도 후손들이 거주하고 있다. 어머니는 광산 김씨 김장생 가문의 후손이다. 부친은 숙종의 장인인 김만기(金萬基)이며 오빠는 대제학을 지내게 될 김진규(金鎭圭)이다.

이천보의 연안 이씨 가문은 조선에서 손꼽히는 명가이다. 6대조 이정귀(李廷龜)와 5대조 이명한(李明漢) 그리고 4대 종조 이일상(李一相)이 모두 대제학을 지낸 이른바 삼대 문형(文衡)의 명문가인 것이다. 모친 광산 김씨 가문도 김만기·김진규(金鎭圭)·김양택(金陽澤) 삼대에 걸쳐 대제학을 역임하였다. 이천보의 외가 또한 삼대 문형을 배출한 벌열 가문인데 이중 외삼촌 김진규는 10대의 이천보를 가르친 적이 있다. 김진규의 아들 김양택은 훗날 《진암집》 발행에 주도적 역할을 하게 된다.

가문사로 볼 때 이천보의 집안은 이단상(李端相)·이희조(李喜朝)·이해조(李海朝) 등을 배출하며 안동 김씨 김창협(金昌協)·김창흡(金昌翕)·김원행(金元行)의 가문과도 가까웠다. 여기에 월곡 오원이 속한 해주 오씨 가문과 남유상·남유용이 속한 의령 남씨 가문의 세교를 생각하면 이천보의 인생은 태생적으로 노론계의 정치적 향방과 무관할 수 없었다. 실제로 이천보의 생애를 관통하는 의식 속에는 신임옥사(1721~1722)에서 희생된 노론 사대신에 대한 존경심이 자리잡고 있었으며, 장년 이후 그의 활동과 교유도 노론계의 주요 가문과 밀접한 상관성을 지닌다.

이천보의 유년부터 10대 시절까지의 행적은 상세하지 않은 편이다. 현전 《진암집》 8권 4책에는 시 504수와 문 163편이 실려 있는데, 초기작을 수록한 권1의 시편도 생원시에 합격한 1725년《28세》 이후의 시부터 시작되고 있다. 1758년 3월의 화재 사건 때 성장기의 초고들이 소실되었을 가능성도 있지만, 어쨌든 그는 부모님이 계셨던 가릉 향저에서 유년을 보낸 것 같다. 그러다 대략 13~14세의 상대적으로 늦은 나이에 외삼촌 김진규에게 나아가 잠시 수학했던 듯하다. 어릴 적부터 동갑 친구였던 남유용은《진암집》 서문에서 젊었을 때는 호방하여 얽매인 데가 없다가 차츰 고문사(古文詞)를 익혔다고 하였는데 이는 그의 수학이 다소 늦어졌음을 우회적으로 표현한 것이 아닌가 싶다. 덧보태 남유용은 수학기의 이천보가 천부적인 재능으로 성당풍(盛唐風)의 시를 막힘없이 쓸 수 있었다고 하였고, 산문에서는 옛날 일의 옳고 그름을 따져 논하는 글을 잘 지었다고 증언하였다.

성장기의 삶에 영향을 주었을 것으로 보이는 부친 이주신은 신임옥사 당시에 이미 가릉으로 물러나 정치적 화를 면할 수 있었다. 이천보가 쓴 〈선부군 묘갈(先府君墓碣)〉에 따르면 그는 경전자사(經傳子史)에 해박했고 문장가 중에서는 한유(韓愈)를 몹시 좋아했으며, 시정(時政)에 관해서는 말을 아끼고 오직 세도(世道)의 시비를 가려 논했다고 했다. 모친은 이천보의 가문의식에 더 많은 자극을 주었던 것으로 짐작된다. 저자의 〈선비 묘지(先妣墓誌)〉를 보면, 모친은 신임옥사의 부당함을 알리는 한편으로 아들에게 가문의 수호 책임을 각인시켰다. 김씨 부인은 남편이 병 때문에 물러난 것을 안타까워하며 아들이 명문가로서의 위상을 회복해주기 바랐다. 훗날 이천보의 아들이 번번이 죽자 이를 가슴 아파 한 것도 어머니였다. 나중에 이천보는 이문원을 양자로 들이고 성장한 세 딸은 풍양 조씨 조준(趙埈), 해주 오씨 오재순(吳載純), 달성 서씨 서유방(徐有防)과 결혼시켰다. 명문가와의 혼맥을 통해 가문의 위상을 높인 것이다.

남들보다 늦게 공부를 시작한 이천보는 체력이 강한 편은 아니었을 것으로 보인다. 그도 아버지처럼 노년으로 가면 자주 건강 문제에 부딪히게 되거니와 이수득에 보낸 편지에서 자신도 어려서부터 담화(痰火)를 앓아왔다고 고백했다. 외아들로 자란 그로서는 더욱 건강과 섭생을 조심해야 했을 것이다. 15세에는 송상유(宋相維) 딸 은진 송씨(恩津宋氏)와 혼례를 올렸던 바 이 즈음에 서울로 올라와 거주했던 것 같고, 약관에는 김창흡을 찾아가 시도(詩道)를 배웠다고 하였다. 22세 무렵부터는 한강의 남호(南湖: 용산 근처) 주변에서 거처했으리라 짐작된다. 임인년(1722년) 봄에 남호로 윤치(尹治)를 찾아가 교유를 약속하고 정자를 사서 거주했으며, 둘이 시사를 결성하고 수창을 즐겼다고 한다. 이때 교유한 윤치, 윤급(尹汲) 등의 인물은 해평 윤씨 윤근수 가문의 후예들이었을 것으로 추정된다. 1725년 생원시 합격 이전까지 용산과 마포 주변의 한강 가에 마음에 드는 친구와 시 수창을 즐겼음이 확인된다.

28세〔1725년〕의 비교적 늦은 나이에 증광시의 생원시에 합격하고 42세〔1739년〕에 비로소 알성시 대과에 합격하였다. 권1의 시편들은 이 시기의 작품들을 수록하고 있는데, 그가 소과 합격 후에 가족을 데리고 가릉 향저로 돌아가 1년 여 동안 시문에 정진했음을 알 수 있다. 남유용은 이 시기에 이천보의 문장력이 확연하게 달라졌다고 진술하였다. 특기할 일은 30대에 점차 교유의 폭이 확대되어 간다는 점이다. 어릴 적부터 교유한 남유상·남유용 형제를 비롯해서 점차 오원·오찬·황경원·김원행·김문행(金文行)·이사중(李思重) 등과 친분을 쌓아가고 있다. 그 기간 동안 1728년에는 가릉에서 함께 살자던 친우 남유상을 잃었고, 1733년의 모친상과 1737년의 부친상을 당하며 출사 시기가 늦추어지기도 하였다. 하지만 1737년을 전후하여 동대문 밖 종암(鍾巖)에 위치한 오원의 저택에서 벌어진 종암문회(鍾巖文會) 등을 통해 사가는 급속도로 가까워지고 의기투합하는 관계로 발전했다. 24세〔1725년〕에 이미 문과 중시에서 장원급제했던 오원이 일행의 중심이 되었던바 그 역시 오숙(吳䎘)·오두인(吳斗寅)·오태주(吳泰周)로 이어지는 혁혁한 가문의 계승자였다. 1740년에 오원이 사망함으로써 종암의 모임은 더 이상 지속될 수 없었지만 이천보는 훗날에도 빈번하게 오원 및 이 시기의 모임을 아련하게 회상하였다.

42세〔1739년〕에 문과 을과에 급제하여 시강원 겸 설서의 직책을 받았다. 얼마 안 되어 한림(翰林)에 천거되었고 이듬해에는 도당록(都堂錄)에 선발되어 홍문관 정자에 오른다. 벼슬길에 들자마자 청요직을 향해 직행하고 있는 것이다. 실제로 그의 진급 속도는 매우 빨랐다. 49세〔1746년〕에 황해도 관찰사로 나갔다가 해주의 성곽을 축성한 다음 해에 중앙으로 복귀한 2년을 제외하면, 62세〔1759년〕에 영의정에서 물러날 때까지 중앙의 요직들을 두루 역임했다. 유배 한 번 없는 순탄대로였다.

1740년 9월에는 홍문관 부수찬으로서 상소를 올려 노론 사대신을 희생시켰던 임인년〔1722〕 옥안을 다시 정리하자고 하여 소론 대신 조현명(趙顯命)의 사직을 불렀다. 탕평정국이었음에도 신임옥사에 대한 정치적 태도를 분명히 표명한 것이다. 이듬해인 1741년에는 이조 정랑의 요직에 임명되었고 10월에는 《경종실록(景宗實錄)》 개보를 청하여 역시 노론계의 입장을 반영하고자 했다. 1742년에는 충청도 옥천(沃川)의 살인사건 조사차 잠시 안핵어사로 다녀온 뒤에 홍문관에 복귀하였으며, 1743년 세자시강원의 벼슬을 거쳐, 1744년〔47세〕 9월에 성균관 대사성에 올랐다. 1745년의 병조·예조 참의, 1746~1747년의 황해도 관찰사, 중앙 복귀 후 홍문관 부제학을 지나 1748년의 이조 참판, 1749년의 형조·이조 참판에 제수되었다. 1748년 윤7월의 실록 기사를 참조하면 이조 참판에 기용된 정황이 서술되어 있다. 이 무렵 이천보가 인재 탕평에 동의한 결과 좌의정 조현명, 영의정 김재로의 지원을 받았다는 것이다. 곧이어 53세 되던 1750년 2월에 그는 병조 판서에 임명되었다. 거의 10년 만에 판서의 반열에 오른 것이다. 이 해에 조현명이 균역법 시행을 주장하여 조정의 의론이 일었는데 그는 몇 달간 어염의 세금 문제를 살피던 끝에 균역법에 반대하는 상소를 올렸다. 그렇지만 결과적으로 균역법은 시행되었다. 무엇보다 이 해에 사도세자의 대리청정이 시작되었는데 이천보는 이해 12월 이조 판서가 되었다.

사도세자 대리청정의 아슬아슬한 정국에서도 이천보의 승진은 계속되었다. 1752년〔55세〕에는 병조 판서, 우의정, 좌의정을 차례로 역임하였다. 이듬해 4월에는 존경하던 인물 김창흡의 증직과 소론 대신 조현명의 효자 정려를 청하였다. 조현명의 정려 추천은 그가 좌의정 직책 수행 이후 소론과의 공존을 선택한 의미로 읽힌다. 9월에는 노론

사대신 조태채의 아들로서 자신과 정치적으로 갈등했던 조관빈(趙觀彬)의 석방을 지원했다. 이 해에 약방의 도제조를 겸하면서 영조와 사도세자의 병세를 가까이서 살필 수 있게 되었다. 부왕 영조와 동궁 사도세자의 갈등이 점차 악화되어 가는 상황이었으므로 이천보의 처신도 점차 어려워지고 있었다.

1754년〔57세〕 5월에는 마침내 신료 최고의 자리인 영의정에 올랐다. 직전인 3월에는 영조가 생모인 최씨의 존호를 올리고 종묘에 고묘(告廟)하려는 데 대해 반대하기도 하였다. 영의정으로서 민우수(閔遇洙)와 남유용을 원손(元孫: 훗날 정조)의 보양관(輔養官)으로 추천하여 노론의 세력을 유지시키고자 하였다. 11월에는 남의 아내를 빼앗아 첩으로 삼았다는 탄핵을 받아 대명(待命)하였으며, 무죄로 판정되었음에도 사직서를 올리고 물러났다. 1755년에 소론이 노론을 제거할 목적으로 일으킨 나주괘서(羅州掛書) 사건이 발생했다. 그러자 영조는 집권의 정당성을 분명히 하기 위해 《천의소감(闡義昭鑑)》의 편찬을 명했고 이해 6월 그 적임자로 이천보를 찬수청(纂修廳)의 도제조로 삼았다. 7월에는 곧바로 영의정에 특배되었고 이어 《천의소감》을 마무리하였다.

이후의 영의정 재임 기간에 그가 마주한 상황은 위기의 연속이었다. 영조는 이따금씩 일방적인 양위 선언을 내리면서까지 사도세자와 신료들을 당황시켰으며, 차갑고 엄한 부왕 앞에서 대리청정을 맡은 사도세자는 심각한 심신의 질병을 앓았다. 1755년 시점에서 약방 도제조를 겸했던 이천보도 동궁의 심각한 병세를 알고 있었다. 1757년〔60세〕부터는 사도세자의 반항이 본격화되어 부자가 몇 달 씩 서로를 외면하는 사태가 발생했다. 영조의 조급증, 세자의 질병, 그리고 부자 사이의 파국은 1762년 윤 5월의 임오화변(壬午禍變)까지 계속되었다. 세자가 뒤주에 갇혀 사망하게 되는 초유의 사건이 다가오고 있었던 것이다.

1756년〔59세〕 3월 탕평에 반하여 당론을 주장한다는 이유로 잠깐 문외출송되었지만 곧바로 영의정으로 복귀한 그는, 1757년 이후 맞이한 몇 차례의 국상(國喪)을 맡아 처리하였다. 하지만 불길하고 위험하게 진행되는 부자 갈등 정국에서 그는 영의정의 직무에서 벗어나길 원했다. 정성왕후(貞聖王后)의 국장을 마무리한 1757년 8월에만 해도 영의정 사직 단자를 수십 차례 올렸고, 1758년 3월에는 집안에 불이 나 명소패(命召牌)를 잃어버렸다는 이유를 달아 자책 상소를 올렸다. 이 화재로 인해 집안에 보관하고 있던 이천보의 초고 일부가 불타 없어지고 말았다. 7월에도 홍문관의 인선 파문에 대해 자책소를 올려 파직되었으나 이듬해인 1759년〔62세〕 3월에 다시 영의정에 임명되었다. 하지만 두 달 뒤인 5월에 영조의 계비 책봉을 청하는 자리에 참여하지 않았다 하여 파직되었다. 물러나기 위해 일부러 취한 처신이 아니었을까 짐작된다.

영의정에서 물러나 1761년 1월 5일에 병사하기까지, 그는 동교(東郊) 신촌(新村)에 위치한 조유수의 집터를 인수하여 육화정(六化亭)을 짓고 모처럼 한가하게 소일하였다. 육화정의 위치는 지금의 광진(廣津) 근처로 추정된다. 육화(六化)란 거백옥(蘧伯玉)이 육십이 되어서도 자신의 잘못을 고쳤다는 '나이 육십이 되어서도 고쳐서 변화한다《年六十而六十化》'는 구절에서 취한 어휘이다. 고향 가릉으로 향하는 길목이요 뚝섬이 바라보이는 이곳 한강 가 육화정에서 그는 약 2년간 은퇴생활을 누렸다. 하지만 국정에 대한 염려와 괴로움을 떨치진 못했던 것 같다. 겉으로 한가로워 보이는 그 속에서 신체가 마르고 수심이 깊어지는 시간이 흐르다가 급작스런 병사로 삶을 마감했기 때문이다.

임종에 즈음하여 그는 양자인 이문원에게 영조에게 올리는 유소(遺疏)를 남겼다. '기쁨과 노여움이 발하면 중정(中正)을 잃고 혈기를 손상시키며, 시행과 조치가 번뇌를 격발시키면 정신을 소모시킬 우려가 있으므로 부디 중화(中和)의 도를 힘써 강녕(康寧)의 아름다움을 누리시라'는 내용이었다. 영조의 조급증과 진노가 극으로 치닫는 상황에서 물러난 노신의 갈망이 담긴 마지막 상소였다. 하지만 1년이 흐른 후, 돌이킬 수 없는 참극 임오화변이 기어이 터지고 말았다.

2. 《진암집(晉菴集)》의 간행과 문집의 구성

1761년 1월 저자의 사망 후 얼마 되지 않아 문집의 간행 작업이 진행되었다. 3년 전인 1758년 3월 화재에서 일부 원고가 불타 없어지고 말았으나 불행 중 다행으로 상자에 넣어둔 초고들이 남아 있었다. 황경원의 서문에 의하면, 이를 바탕으로 저자의 사촌인 이정보(李鼎輔)와 이익보(李益輔)가 황경원 자신 및 저자의 외사촌인 김양택에게 산정 및 판각을 부탁했다고 한다. 그리하여 다음해인 1762년에 교서관 활자를 사용하여 초간본 《진암집》이 간행되었던바, 서문은 당시 생존한 사가 2인인 남유용과 황경원이 맡고, 발문은 당시 대제학이었던 이정보와 의정부 우참찬이었던 김양택이 썼다. 주변 명망가들의 협조가 모여 문집 간행이 순탄하게 진행되었던 것이다.

다만 총 8권 분량에 시 504수, 문 163편은 그의 명성과 생존 기간에 비하면 풍부한 규모라 할 수 없다. 참고로, 황경원이 쓴 이천보의 묘지명에는 1758년의 화재 이전에 초고 10권이 가장되어 있다고 하였다. 이를 통해 약 2권 분량이 화재 당시에 소실되었다는 것, 이천보가 자신이 다작을 즐기지 않았다는 것을 유추해볼 수 있겠다. 황경원은 저자가 국사에 노심초사하느라 저술이 많을 수 없었고 한가할 때에도 자주 시문을 지으려 하지 않았다고 기술해두었다.

한편 이 교서관 활자체 초간본의 발행 부수가 많지는 않았던 듯하다. 김양택의 발문이 1762년 동지에 작성되었으므로 출판도 이 직후에 진행되었을 터이다. 하지만 앞서 윤 5월에 사도세자가 희생당하는 비극이 발생했으므로 정황상 문집 간행도 성대하기보다는 검소하게 진행되었을 가능성이 있다. 실제로 간행부수가 적었던 탓인지 1781년에 아들 이문원이 초간본의 복각본 작업을 진행하였다. 20년도 되지 않아 복각본 재출판이 이루어진 셈인데, 이문원이 경상도 관찰사로 재직하고 있었기에 대구 감명에서 목판본을 간행할 수 있었다. 이 때 사용한 판목은 월사 이정구의 문집 판목이 보관된 대구의 용연사(龍淵寺)에 함께 보관되었다고 한다. 이문원의 발문이 추가되었지만 복각본이기 때문에 초간본과 대비하여 저자의 자료 변동은 없다. 규장각을 비롯해 여러 도서관에 초간본과 중간본이 모두 현전하고 있다.

이제 《진암집》의 권별 구성을 소개하면 다음과 같다. 남유용과 황경원의 서문에 이어, 권1~3에는 생애 시기별로 시 369제 504수가 실려 있다. 권4~5에는 소차(疏箚) 37편, 계(啓) 4편, 서계(書啓) 7편, 의(議) 3편, 권6에는 서(書) 9편, 서(序) 13편, 기(記) 17편, 권7에는 제발(題跋) 12편, 논(論) 10편, 제문(祭文) 21편, 애사(哀辭) 4편, 권8에는 묘갈(墓碣) 2편, 묘지(墓誌) 4편, 묘표(墓表) 3편, 행장 1편, 반교문(頒敎文) 6편, 교명문(敎命文) 1편, 책문(冊文) 4편, 전문(箋文) 4편이 실려 있다. 맨 끝에 이정보와 김양택의 발문이 달려 있다.

권1은 가릉 향저의 수학기부터 문과에 급제하기 전까지의 작품이 놓여 있다. 홍천의 수타사(水墮寺)에서 유생 이익휘와 수학하는 장면, 설악산 영시암을 찾아가 김창흡을 추념하는 모습이 눈에 띈다. 이어 1722년 무렵에 남호(南湖) 가에 거주하며 윤치와 수창한 다수의 시가 보인다. 둘은 의기투합하여 마치 시사를 운영하듯 수창을 즐겼다고 한다. 한강을 따라 남한산성의 국청사에 들러 병자호란을 회고하는 모습, 송시열의 자취를 찾아 속리산을 방문하여 존경을 표하는 장면 등은 20대 이천보의 내면을 대변해주고 있다. 1728년에 남유상의 죽음을 애도한 시를 쓴 이후 시기부터 드디어 오원을 중심으로 삼는 젊은 날 사가의 교유시가 권1의 후반부를 수놓고 있다. 1733년에 모친상, 1735년에 부친상을 당했으므로 이 시기에는 시문이 적을 수밖에 없는 상황이었다.

1737에 월곡 오원의 종암 저택에서 이루어진 〈덕재·백옥·대경과 함께 노두의 운을 써서 연구를 짓다(同德哉伯玉大卿 用杜老韻聯句)〉는 사가의 교유가 절정에 달하는 즈음의 작품이다. 이 시는 오원·남유용·황경원의 문집에도 모두 실려 있을 만큼 사가 자신에게도 소중하게 여겨졌다. 사실 이때의 만남과 수창은 사가 각자의 인생에서 결정적 순간이기도 했을 것이다. 오원이 선두가 되어 사가가 서로를 후원하고 추천하는 관계가 이로부터 단단해졌기 때문이다. 위의 작품 직전에 수창한 〈종암문회에서 덕재·배옥과 함께 짓다(鐘巖文會 與德哉伯玉共賦)〉[각각 칠율 20수]에 대해서는 이천보가 별도로 〈종암수창록의 뒤에 쓰다(題鐘巖酬唱錄後)〉를 남겨 그 소중함을 표시하였다. 이 시기를 전후하여 오원은 당시 10년째 남호에 거주하는 이천보의 집을 방문하기도 하였다.

종암문회 시기를 지나 권1의 시편은 다시 가릉을 배경으로 하는 일군의 작품들로 전환된다. 가릉에 머물며 오원을 그리워하는 시편, 가릉을 방문한 오원과 함께 한강을 기행하며 수창한 시가 보인다. 이후의 시편들은 이천보가 다시 상경하여 종암 수창에 참여한 작품들로 편차되고 있다. 김창흡 시의 운을 따라 시는 짓는 장면도 사뭇 인상적이거니와 김원행이 거주하는 미호를 거쳐 양근으로 향하는 한강 기행도 당시 이 그룹의 유대감을 감지하게 해준다.

권2는 1739년의 문과에 급제한 때부터 시작하여 1747년 황해도 관찰사를 마치고 복귀하기까지의 시를 수록하고 있다. 사환기의 작품이므로 관직 생활을 바탕으로 한 교유시와 기행시가 대부분을 차지한다. 기행시로는 옥천으로 안핵어사를 다녀오는 시기에 지어진 일군의 시, 그리고 황해도 관찰사의 재임기에 관할지를 순시하며 남긴 작품들이 큰 묶음을 이루고 있다. 관찰사 부임지의 작품이 많은 것으로 보아 당시 이천보는 모처럼의 외직을 기쁘게 받아들였던 것 같다. 석담서원을 찾아 율곡 이이를 기억하는 장면도 눈에 띤다. 서인 노론계의 성지를 외면할 수는 없었을 것이다. 이외에 경직의 휴가 기간에 한강으로 나가 수창한 시들도 기행시의 범위에서 주목될 수 있겠다. 1742년 10월에 이익보 등과 더불어 한강을 유람할 때 일행이 특히 박은(朴誾)의 〈잠두록(蠶頭錄)〉 시편에 열광하는 모습은 자못 인상적이다. 용산의 한강에서 쓴 박은의 이 시편들이 매우 유명해서이기도 했을 테지만, 연산군에 항거하다 20대에 숨진 박은의 의기에 일행이 정서적으로 동조한 결과라 보이기 때문이다.

교유시와 관련해서는 1739년 2월 연행사의 서장관으로 떠나는 이덕중에게 준 시를 시작으로 하여 사가의 수창시가 권2의 첫머리에 놓이고 있다. 오원과의 관계를 반영한 시가 주로 나오다가 1740년 오원을 추모하는 시를 끝으로 사가의 수창시는 사실상 마무리된다. 이후 어제(御製)를 받들어 화답하는 시, 김현행(金顯行)·김문행(金文行)·이병연(李秉淵)·윤급(尹汲)·윤심재(尹心宰)·이명익(李明翼)·홍계희(洪啓禧) 등과 교유한 시, 벗 유언길(兪彦吉)을 비롯하여 지인들의 죽음을 애도한 만시가 보인다. 권2는 대략 1739년부터 1747년까지, 즉 세자시강원 겸 설서에서 시작하여 성균관 대사성이 되기 직전까지의 8년 동안의 시편을 수록하고 있다. 관료 사회의 삶을 바탕으로 삼는 작품 비중이 높으며, 권1과 유사하게 절구와 율시 등의 근체시가 주로 애용되고 있다.

권3은 병조 판서에 오른 1750년의 시부터 은퇴하여 육화정(六化亭)에 머물던 말년까지의 시들을 수록하고 있다. 1750년에는 영조와 사도세자를 모시고 온천행을 다녀온 시들이 초반부에 보이고, 1751년에는 영조가 선온(宣醞)하고 출제한 '궁궐의 정원에 봄이 돌아오다〔春回禁苑〕'의 구에 화답하는 시, 명정전에서 어제에 화답한 시 등이 보인다. 사도세자 대리청정 초기를 배경으로 삼은 까닭에 이 시들은 은연중 정국이 따스한 봄날같기를 바라는 당시 조정의 대를 투영한 듯 보인다. 이후 좌의정, 영의정으로 향하며 그는 〈효순현빈 만장(孝純賢嬪輓章)〉(1751), 〈의소세손 만장(懿昭世孫輓章)〉(1752), 〈정성왕후 만장(貞聖王后輓章)〉(1757), 〈인원왕후 만장(仁元王后輓章)〉(1757) 등을 짓는다. 한편으로는 관직 생활에서 만난 홍계희·이봉환(李鳳煥)·김재로(金在魯) 등과 교유하며 쓴 시가 눈에 띄지만 교유 시편이 상대적으로 적은 편이다. 별로 많지 않은 교유시는 그가 정승으로서 마주했던 정국의 불안함과 관련되어 있음을 암시하는 듯하다. 무겁고 어려운 직책을 맡았기에 영조와 세자의 갈등이 저자를 짓누르지 않았을까 짐작된다.

권3에서 상대적으로 작품이 많아지는 시기가 주목된다. 첫 번째는 남의 부인을 강탈해 첩을 삼았다는 사건 직후 동대문 바깥에서 대명하던 시기에 지어진 시편들이다. 1754년 11월부터 1755년 6월에 《천의소감》 편수청 도제조로 복귀할 때까지, 그는 반성과 자조의 분위기를 보이며 상당히 많은 독백시를 남겼다. 3년 동안 의정부의 고관으로 봉직하면서 무엇을 이루었느냐는 자문을 자주 던지고 있다. 이 회한의 시기를 지나면서 남긴 1755년의 〈이명익의 만사(李聖輔輓)〉 7수는 조금 특별하게 읽힌다. 임인옥사의 심각한 피해자였던 고인의 죽음을 위로하면서 《천의소감》의 완성을 강조하고 있는데, 이는 이 책의 간행에 대한 이천보 자신의 안도와 기쁨이 배어 있다고 보아야 할 것이다. 이천보에게 《천의소감》의 완성은 영조 정권의 정통성을 견고하게 하는 것 이상의 개인사적 의미를 지녔을 것이다.

작품이 양산되는 다음의 시기는 육화정 은퇴기이다. 〈견책을 받고 나와 신촌에 머무르면서 아이들의 시운에 차운하다(被譴出住新村 次兒輩韻)〉에서 그는 '성주의 은혜 깊어 성곽 동쪽에 누우니, 약봉지와 바둑판이 짝하여 주네(聖主恩深臥郭東, 藥囊碁局伴人同)'라며 소감을 피력했다. 병조 판서 이후 7년을 의정부에서 보내다 하는 일 없이 물러났다고 겸연쩍어 했지만, 그는 광진 근처 육화정에서 은퇴와 한거의 안온감을 아끼지 않고 표현하였다. 친인척 및 지인들의 방문을 반기고, 농부와 어부의 삶을 곁에서 구경하며, 매화를 보살피는 중에 우아한

홍취를 가다듬는 시편이 펼쳐져 있다. 하지만 1760년 추정의 중구일에는 병 때문에 등고를 하지 못하는 심회를 읊고 있는 바 이 시기에 건강이 나빠졌음을 알 수 있다. 그리하여 권3의 맨 끝에는 1761년 새해를 기다리는 시로 끝맺음되어 있다. 맨 끝 작품인 〈납일에 부질없이 읊다(臘日漫吟)〉의 함련, '육십년 세월 온통 꿈만 같고, 삼천세계 반은 근심이라(年光六十渾如夢, 世界三千半是愁)'는 구절이 어쩐지 이천보 임종의 느낌을 대변하는 것 같다.

권4~5에는 소차(疏箚) 37편, 계(啓) 4편, 서계(書啓) 7편, 의(議) 3편이 실려 있다. 시기순으로 편차된 소차는 1740년 입사 초기의 홍문관 정자 사직소에서 시작하여 1761년의 〈유소(遺疏)〉까지가 선발되어 있다. 관례적인 사직소가 대부분이지만 이중 주목해보아야 할 상소가 섞여 있다.

1740년 10월에 쓴 〈응지 상소(應旨疏)〉는 임인(壬寅)년의 옥안(獄案)을 무옥(誣獄)으로 확정하여 더 정확한 추가 조치를 취해야 한다는 주장이 들어 있다. 장문의 이 상소는 벼슬길에 입문한 저자의 정치적 입장이 표명된 것이다. 이어 갑오년(1714) 이후 설립된 서원을 훼철하라는 어명에 대해 재고를 요청하는 1741년의 상소문 2건이 보이고, 1742년에 쓴 〈이선태의 상소로 인하여 사정을 진달하며 변명한 상소(因李善泰疏陳辨疏)〉에서는 사촌 이정보와 자신이 사사로운 당을 만들어 유생을 조종한다는 이선태의 탄핵에 변무하고 있다. 입사 초기인데도 이천보 가문을 견제하려는 상대 정파의 움직임과 이에 대한 이천보의 경계심이 드러나 있다. 1750년에 쓴 〈문묘 작헌을 미루어 행하기로 한 것에 대하여 논한 상소(論文廟酌獻退行疏)〉는 이미 대리청정을 맡은 세자가 종묘에 알성해야 마땅함을 아뢰고 있으며, 역시 이 해에 쓴 〈균역법에 대해 논한 상소(論均役書)〉에서는 균역의 폐단을 우려하는 견해를 올리고 있다. 저자와 친분이 있던 홍계희가 균역법 제정에 매우 적극적이었음과 대비된다.

권5는 1752년의 우의정 사직소부터 시작된다. 적임자가 아니라며 1754년까지 수차례 올린 우의정 및 좌의정 사직소는 대리청정 시기에 저자의 고심이 깊었음을 은연중에 알려준다. 뒤 이어 남의 아내를 첩으로 삼았다는 조종부와 조영순 등의 탄핵소에 대해 진상의 조사와 자신의 죄를 물어달라는 세 편의 소가 잇따르고 있다. 1754~1755년 무렵, 탄핵하는 측에서는 첩 사건 이외에도 집안 좋고 권문에 붙어 출세한 경우라며 이천보를 매섭게 공격하고 있었다. 1755년 11월에 쓴 〈천의소감을 지어 올리며(撰進闡義昭鑑)〉는 이 책의 완성 경위를 보고하고 있다. 두말 할 것 없이 《천의소감》의 찬진은 이천보의 숙원에 상응하는 중요 업적이었을 것이다. 이 뒤에는 영의정 사직소 등을 거쳐 아들 이문원이 대신 올린 〈유소(遺疏)〉가 상소문의 마지막을 맺고 있다. 이하 계(啓)와 서달(書達) 등에는 영조의 탕제 복용, 존호의 가상, 상복의 복제(服制) 등에 대한 의견을 개진하고 있다.

권6에는 서(書) 9편, 서(序) 13편, 기(記) 17편이 모여 있다. 수신자는 김현택(金玄澤)·이문보(李文輔)·원경하(元景夏)·이수득(李秀得)·오원·황경원·이사중(李思重)·조귀명 등이다. 학문과 문장에 대한 저자의 의론을 살필 수 있는 편지들이 많다. 오원에게 준 편지에서는 당신의 시가 백거이(白居易)의 시와 닮아 있음은 좋으나 그 단점이 되는 고운(古韻)을 보강해야 한다고 조언하고 있으며, 황경원에 준 편지에서는 자자의 문장이 소식(蘇軾)을 추수하는 것 아니냐는 황경원의 비판에 대해 소식과 자신이 《전국책(戰國策)》을 좋아하여 우연히 비슷하게 된 것일 뿐이라 답하고 있다. 남유용의 문장이 왕세정·이반룡의 문장과 유사한 것도 그들을 모방해서가 아니라 애초에 배운 대상이 비슷해서였을 것이라는 저자의 설명도 눈여겨볼 만하다. 조귀명에게 답한 편지는 자신의 원고를 보고 글을 써 달라는 요청을 조심스레 거절하는 내용이다. 주자성리학에서 벗어나 사상적 자유를 지향했던 그 시절 조귀명에 대해 저자가 일정한 거리를 유지하려 했음을 간취할 수 있다. 그러나 1737년 조귀명이 사망했을 때 지어준 장문의 제문을 보면, 알게 된지 8년 동안 둘이 매우 친밀했었다고 하면서 고인의 인품, 행적, 문학을 칭송하고 있다.

이어 서(序)에는 명말청초 문장가이자 지사였던 위희(魏禧)의 글을 초록하면서 남긴 서문이 첫머리에 놓였다. 책(策)이나 논(論)에 능했던 위희의 문장이 이 무렵 조선 문단에서 읽히고 있었음을 알 수 있다. 이천보의 논과 책 또한 위희와 연관되어 있을 수 있겠다. 이어 1728년 영암으로 유배 가는 남유상에게 준 편지, 저자의 친우 유언길의 유고 시권에 쓴 서문, 1631년 간성군수로 나가는 이병성에게 올리는 송서, 1732년 삼척부사로 나가는 이병연을 전송하며 올린 송서가 있다. 이병연과 이병성 형제는 김창흡과 친분이 깊었던 시인들인데 이천보도 이 사실을 인지한 상태에서 송서를 썼을 것이다. 이어 남유상의 《태화집(太華集)》, 윤치의 《현포집(玄圃集)》, 김민택의 《죽헌집(竹軒集)》, 정래교(鄭來僑)의 《완암집(浣巖稿)》 등에 써준 서문이 있는데 이를 통해 이천보의 교유와 문학관을 살펴볼 수 있다. 김창흡 이래 주창되었던 천기론(天機論)이 이천보 시대에 어떻게 전개되었는지를 추찰케 하는 내용이 많다.

후반부의 기(記) 17편은 대부분이 누정과 관련된 건물 기문이며 이

따금 특정 기물이나 작품을 소재로 한 글도 섞여 있다. 이문보의 대관암(大觀菴), 유언길의 자지암(自知菴), 이평일의 안류정(安流亭), 홍계희의 반환대(盤桓臺)와 노기루(老寄樓), 해주성에 개축한 공해대(控海臺) 등에 쓴 기문이 보이며, 외사촌 김현택(金玄澤)이 소장한 수석, 벗 박용운(朴龍雲)이 그린 고목 그림, 외삼촌 김진규를 그린 초상화를 제재로 삼아 쓴 기문이 섞여 있다.

권7에는 제발(題跋) 12편, 논(論) 10편, 제문(祭文) 21편, 애사(哀辭) 4편이 모여 있다. 윤치의 《묵와시권(默窩詩卷)》을 비롯하여 윤급·김양택·윤지술·조명리(趙明履)·이귀령(李龜齡)의 시고에 제한 글이 보이고, 외삼촌 김진규에게서 선물받은 벼루에 붙인 기물명, 겸재 정선의 화첩을 보고 쓴 글 2편 등이 간추려져 있다. 1737년 7월의 종암수창록에 쓴 제발과 김한철(金漢喆)과 이형만(李衡萬)의 《서호범월록(西湖泛月錄)》에 제한 1742년의 글도 당대의 시문학 향유 상황을 감지케 하는 흥미로운 자료들이다. 이중 정선의 화첩에 제한 글은 화가 정선에 대한 당대의 열광적 반응을 알려주며, 신임옥사에서 희생된 인물 윤지술의 유고를 평하면서 읍취헌 박은을 애써 연결시키는 모습은 박은에 대한 저자의 존경을 가늠하게 한다.

이어 논에는 진 목공(秦 穆公), 한 무제(漢 武帝), 한 성제(漢 成帝), 당 태종(唐 太宗), 당 중종(唐 中宗)에 대한 제왕론, 노중련(魯仲連)·몽의(蒙毅)·범증(范增)·역이기(酈食其)·제갈량에 대한 위인론이 차례로 실려 있다. 이 논변 산문은 젊은 날 위희의 문장을 선발하면서 읽었던 저간의 상황 및 시비를 논하는 글을 잘 지었다고 한 평가를 떠올리게 만드는 자료들이다. 황경원 또한 역사인물전을 잘 지었던 바, 이런 역사 산문들은 사가의 산문이 공유하고자 한 영역을 알려주는 듯하다. 논에 이어 왕실의 영정을 봉안하며 올린 제문들, 종묘의 제향 제문 등이 잇따른 다음, 외할머니 한씨, 계모 안씨, 벗 조귀명, 장인 송상유, 벗 오원 그리고 친인척 인물에 대한 제문이 선발되어 있다. 제문은 대부분 4언체를 활용하면서 비교적 상세하고 곡진하게 애도의 심정을 표현하고 있다. 끝에 남유상·이헌보·윤득서·서명현의 애사가 배치되어 있다. 조귀명과 오원의 제문, 남유상과 서명현의 애사는 고인의 대한 정보뿐 아니라 저자의 애도문 작성 역량을 가늠하게 해준다.

마지막 권8에는 묘도문자와 행장, 책문 등이 수렴되어 있다. 묘갈(墓碣) 2편, 묘지(墓誌) 4편, 묘표(墓表) 3편, 행장 1편, 반교문(頒教文) 6편, 교명문(教命文) 1편, 책문(冊文) 4편, 전문(箋文) 4편이다. 1758년에 쓴 아버지의 묘지와 1755년에 쓴 어머니의 묘지에는 이천보의 성장기를 엿보게 하는 내용들이 포함되어 있다. 어머니의 묘지에는 숙부 김만중이 모친의 행장을 지었던 것처럼 자신도 그럴 수 있기를 바란다는 어머니의 당부가 특기되어 있는 바, 외가 김만중 가문의 문학 전통이 이천보에게 계승되는 맥락도 흥미롭게 읽힌다. 원경하의 부탁을 받고 쓴 원명항(元命恒)의 묘지명은 정치적 갈등을 겪었던 이천보와 원경하 두 사람이 비로소 화해하였음을 알려주는 자료이자 한편으로는 이천보의 문장력이 주변에서 인정받고 있었음을 방증한다. 이외에 백부 이우신, 외사촌 김민택과 김진택 등 혈연관계에 있는 인물의 묘표 및 외사촌 김운택의 행장이 잇따르고 있다.

권말에는 원손 탄생을 기념한 반교문, 대비전 존호 가상 반교문, 왕세손 책봉 반교문, 영조의 생모 최씨에게 화경숙빈(和敬淑嬪)의 시호를 올리며 쓴 죽책문, 혜경궁 홍씨에게 경혜인빈(敬惠仁嬪)의 시호를 올리는 죽책문, 대비전에 존호를 올리며 쓴 전문(篆文) 등이 편차되어 있다. 예문관 제학 등의 직책을 맡았을 당시에 지은 글들이다.

3. 《진암집》의 가치와 활용

1761년 1월 5일, 이천보가 사망한 바로 그 날짜의 《조선왕조실록》에는 이천보의 졸기가 적혀 있다. 적지 아니 긴 서술 분량은 그 자체가 당시 이천보의 정치적 비중을 상징적으로 보여주는 물증이다. 그런 점에서 우선 《진암집》은 당대의 정치사를 독해하는 중요 자료가 될 수 있다.

실록의 졸기를 간추려 보면, 제일 첫머리에 중화(中和)의 도리에 힘쓰라 했던 유소 일부를 절록해 싣고 있다. 영조와 세자의 부자 갈등 상황에서 그 해답으로 제발 군주의 너그러움을 갖추라고 영조에게 권한 것이 이 상소의 요지이다. 그 무렵의 조정에서 군주를 향한 이런 조언을 올린 사람이 비단 이천보 한 사람만은 아닐 것이다. 하지만 은퇴한 노대신이 생의 마지막에서 간한 이 내용이야말로 임오화변의 참사를 막을 수 있는 적절한 길이지 않았을까 한다.

실록은 이어 이천보가 연안 이씨 명가의 출신으로서 사장(詞章)에 능했고 문강공(文康公) 김창흡의 인정을 받았다고 언급한 뒤에, 그의 주요 관력 몇 가지를 부각하여 서술하고 있다. 홍문관의 정자, 이조참의, 승문원 부제조의 이력을 간추려 적은 것은 그가 청요직을 밟아 조정의 중망을 얻었음을 밝힌 것이다. 사관의 기록은 이윽고 이천보의 정치적 공과를 되새겨보게 하는 장면에 이른다. 이천보가 인재 탕평에 동의하자 영조가 크게 기뻐하였고, 그러자 대신인 김재로와 조현명이 이천보를 추천하게 되었으며, 이에 이조 참판 및 예문관 제학에 제수될 수 있었다고 하였다. 이후의 관직으로 병조와 이조 판서, 의정부 우의정과 영의정이 언급되어 있다. 관력을 소개하는 사관의 시각이 곱지는 않으나 어쨌든 이 무렵 탕평 기조의 흐름에서 이천보가 문제적 인물로 부상했음은 분명하다. 졸기의 행문은 홍계희의 균역법 건의와 이천보의 반대, 영의정 이천보의 인재 등용 사례, 권세가 홍봉한(洪鳳漢)과의 대치 등으로 이어지는 바, 이 역시 1750년대 조정의 정치 상황을 조망하게 해준다. 정치가로서의 이천보에 초점을 맞춘 사관의 시각은 《진암집》의 독해에도 적용될 수 있다. 이천보 자신의 관점과 당대의 관점이 대조될 수 있음을 고려하면서 이 책을 예의주시하면 그 행간에 내포된 당대의 정치사와 이천보의 대응이 더 구체적으로 포착될 수 있을 것이다.

다음으로, 문화사 자료로서의 《진암집》의 가치를 생각해볼 수 있다. 이천보의 이 문집에는 가문과 정치, 가문 간의 연대, 수창에 깃든 정치와 문학의 교차, 나아가 한강 위에서 펼쳐진 유람과 교유가 곳곳에 배어 있다. 종암에서 이루어진 사가의 수창과 결합은 문인 간의 문학적 교감을 넘어선 정치적 연대를 함께 연상시킨다. 한강 남호에서 맺은 우정과 젊은 문인들의 활동은 당시 용산과 마포 일대에서 벌어진 문학적 풍경을 상상하게 만든다. 서화 장서가가 되려 하지는 않았으나 그가 남긴 겸재 정선의 그림에 대한 기록 등은 회화사의 소중한 조각으로 활용되기에 충분하다.

마지막으로 강조하고 싶은 것은, 이천보 자신이 문인으로서의 명성을 지니고 있었던 만큼 《진암집》 또한 문장가의 작품집으로 해석될 있다는 것이다. 오원, 황경원, 조귀명과의 관계에서 나온 이천보의 문학 관련 진술은 당대 문단의 주요 담론과 이천보의 지향을 말해주며, 남유상의 유고와 김양택의 시고에 쓴 비평적 진술은 그들이 추구하고자 했던 문학이 무엇이었는가를 짐작하게 해준다. 여기에 정래교의 《완암집》에 부친 서문을 유심히 음미하자면 천기론의 문학 담론을 넘어 음악사의 한 국면까지도 엿볼 수도 있다. 이천보는 약관 시절부터 정래교를 알고 지냈는데, 거문고에 정통하고 장가(長歌)에도 능했던 정래교가 교유 현장에서 거문고 타고 노래하는 장면은 그 시절의 시가와 가창 문화를 눈여겨보게 한다.

그러나 무엇보다 《진암집》은 문학 작가로서의 이천보를 알려주는 작품집이다. 사장(詞章)으로 일세를 풍미하였다고 한 황경원의 칭송이 그저 예의 치레의 허사일 수는 없다. 개성적인 시를 추구하며 백화제방(百花齊放)을 연출하던 그들 시대에서 이천보는 문형이 갈 수 있는 시의 또 다른 궤적을 보여주었다. 절구와 율시를 주로 활용하면서 시의 형식과 작가의 감정을 적절하게 공존시키는 능력이 이천보 한시를 음미하는 코드가 될 수 있지 않을까 한다. 또한 남유용과 황경원이 밝혀두고 있듯이 그는 시비와 선악을 분별하는 논변 산문을 잘 지은 고문가이기도 하였다. 한문 고문의 역사에서 문장가로서 누릴 수 있는 그의 위상이 낮거나 가볍지 않을 것이다.

진암집

제1권

詩시 序서

서 序

진암집 서문 남유용[1]

晉菴集序 南有容

이전에 내가 젊었을 때에 큰형님 태화(太華)[2]를 따라 문사(文詞)를 익혔는데, 함께 노닌 이들 중에 고(故) 승상 진암(晉菴) 이공 의숙(李

1 남유용(南有容) : 1698~1773. 조선 후기의 문신으로, 본관은 의령(宜寧)이며 자는 덕재(德哉), 호는 뇌연(雷淵) 또는 소화(小華)이다. 증조할아버지는 대제학 남용익(南龍翼), 할아버지는 대사헌 남정중(南正重), 아버지는 동지돈녕부사 남한기(南漢紀)이며, 이재(李縡)의 문인이다. 1740년(영조16) 문과에 급제한 후 정언이 되었는데 탕평책을 국시로 삼던 영조의 심기를 건드려 해남으로 유배되었다. 1742년에 풀려난 후 대사성・양관(兩館) 대제학 등을 역임하였으며, 원손 보양관으로 훗날 정조가 된 세손에게 글을 가르치기도 하였다. 《명사정강(明史正綱)》・《뇌연집》 등의 저술이 남아있으며, 시호는 문청(文淸)이다.

2 태화(太華) : 남유상(南有常, 1696~1728)의 호이다. 조선 후기의 문신으로, 본관은 의령(宜寧)이며 자는 길재(吉哉)이다. 1727년(영조3) 성균시에 장원을 하여 효장세자(孝章世子)의 사부(師傅)로 천거되었다. 그해 문과에 급제하여 춘추관 기사관(記事官)이 되어 《숙종실록》 편찬에 참여하고 이조 정랑 등을 지냈다. 1728년에 소론(少論)의 영수인 이광좌(李光佐)를 배척하다가 당론을 일으켰다 하여 영암(靈巖)에 유배되었다. 그 뒤 곧 풀려났으나 병으로 일찍 죽었다. 시문과 글씨에 능하였으며, 후에 홍문관 부수찬에 추증되었다. 저서로 《태화자고(泰華子稿)》가 전한다.

公宜叔)[3]이나 태학사(太學士) 월곡(月谷) 오공 백옥(吳公伯玉)[4]과 같이 이름이 알려진 선비들이 많았다. 모두 이른바 걸출한 이들인데 이공이 더욱 사리에 통달하고 구차하게 얽매이지 않았으며 기절(奇節 꿋꿋한 절의(節義))을 좋아하고 담소(談笑)를 잘 하였다. 그가 천하 고금(古今)의 일을 말할 때면 자리에 있는 사람들이 모두 귀를 기울였으며, 우리 몇 사람이 어울려 놀 때에 이공이 없으면 즐겁지가 않았다.

태화가 이미 작고하고[5] 우리 몇 사람 또한 울울(鬱鬱)히 뜻을 얻지 못하여 산수와 문장과 술에 더욱 자방(自放)하였는데 이공의 행적이 더욱 기이하였다. 하루는 처자식을 수레에 태우고 가릉(嘉陵)[6]의 산중

3 진암(晉菴) 이공 의숙(李公宜叔) : 이 문집의 저자인 이천보(李天輔, 1698~1761)를 가리킨다. 조선 후기의 문신으로, 본관은 연안(延安)이며 진암은 호, 의숙은 자이다. 1739년(영조15) 문과에 합격한 후 홍문관 정자·이조 정랑·교리·황해도 감사 등을 지냈다. 이후 부제학·대사성·우의정 등을 역임하다가 이광좌(李光佐)를 탄핵할 때 동조하여 파직되었다. 그러나 곧 복직되어 좌의정·영의정이 되었고, 이후 천의리편감찬수청 도제조(闡義理編鑑纂修廳都提調)가 되어 신임사화를 둘러싼 노론·소론 간의 시비에서 노론과 영조가 승리하였음을 기록하는 역할을 맡았다. 죽기 전 국왕의 중화지도(中和之道)를 강조하는 유소(遺疏)를 남겼으며, 문학으로 당대에 이름이 높았다. 저서로 《진암집》이 남아있으며, 시호는 문간(文簡)이다.

4 월곡(月谷) 오공 백옥(吳公伯玉) : 오원(吳瑗, 1700~1740)을 가리킨다. 조선 후기의 문신으로, 본관은 해주(海州)이며 월곡(月谷)은 호, 백옥은 자이다. 김창협(金昌協)의 외손자이며, 이재(李縡)의 처조카로 그의 문하에서 수학하였다. 1728년(영조4) 정시 문과에서 장원으로 급제한 후 정언으로 있으면서 탕평책을 적극 반대하다 한때 삭직되었다. 1732년에 동지사 서장관으로 청나라에 다녀왔고, 이후 부제학·승지·공조 참판 등을 역임하고 사후 좌찬성에 추증되었다. 저서로 《월곡집》이 남아있으며, 시호는 문목(文穆)이다.

5 태화가 이미 작고하고 : 남유상(南有常)은 1728년(영조4)에 작고하였다.

6 가릉(嘉陵) : 경기도 가평(加平)의 옛 이름으로, 이천보의 생가와 집안의 선영이

으로 들어갔다가 해를 넘기고 돌아왔는데,[7] 그 문장이 더욱 넉넉해지고 그 언론이 대범하고 활달한 것이 마치 보검(寶劍)이 샘 속에 묻혀있는데 빛나는 기운이 북두성(北斗星)과 견우성(牽牛星) 사이에서 혁혁(奕奕)한 것과 같았다.[8]

얼마 후 우수한 성적으로 과거에 급제하고,[9] 명철하신 주상의 인정을 받은 지 10여 년 만에 공경재상(公卿宰相)의 지위를 얻었다.[10] 이때에 월곡이 이미 작고하고 문집이 나왔는데[11] 우리 두 사람 또한 모두

있는 곳이기도 하다.

7 하루는……돌아왔는데 : 이천보가 벼슬하기 전에 식구들을 이끌고 경기도 가릉의 조종산(朝宗山) 아래에 들어가 살았던 사실을 말하는 것으로, 그 내용이 황경원(黃景源)의 《강한집(江漢集)》 권18 〈정경부인 송씨의 묘지명〔貞敬夫人宋氏墓誌銘〕〉에 보인다.

8 보검(寶劍)이……같았다 : 《진서(晉書)》 권36 〈장화열전(張華列傳)〉에 나오는 고사이다. 중국 오(吳)나라 때 북두성과 견우성 사이에 늘 보랏빛 기운이 감돌기에 장화(張華)가 예장(豫章)의 점성가 뇌환(雷煥)에게 물었더니, 보검의 정기가 하늘에 닿은 것이라고 하였다. 이에 장화가 뇌환을 풍성 영(豐城令)으로 삼아 그곳 옥사(獄舍)의 바닥에서 춘추 시대의 전설적 보검인 용천검(龍泉劍)과 태아검(太阿劍)을 발굴하였다. 보검 중 하나는 뇌환이 차고 하나는 장화가 가졌는데, 장화의 칼은 그가 복주(伏誅)될 때 함께 없어졌다. 그 후 뇌환의 칼을 아들이 차고 다니다가 복건성 연평진(延平津)에 이르렀는데, 칼이 갑자기 물속으로 뛰어들더니 없어졌던 장화의 칼과 합하여 두 마리 용으로 변한 뒤 사라졌다고 한다.

9 얼마……급제하고 : 이천보는 42세이던 1739년(영조15)에 알성문과에 을과(乙科)로 급제하였다.

10 명철하신……얻었다 : 이천보는 1750년(영조26) 병조 판서에 오른 후 이조 판서 · 우의정 · 좌의정 등을 역임하였으며, 이후 1754년 · 1755년 · 1756년 · 1759년 4차례에 걸쳐 영의정에 제수되었다.

11 이때에……나왔는데 : 오원은 1740년(영조16)에 작고하였으며, 그의 문집인 《월

노쇠하고 지친 상태였다. 매번 젊고 혈기 넘치던 시절에 아래위로 각축을 벌이면서 왕성한 의기(意氣)를 큰소리로 노래하던 일을 서로 함께 이야기하면서 생사(生死)의 즈음에 탄식하고 감개(感慨)하며 눈물을 흘리기에 이르렀다.

이제 공이 또 구천(九泉)의 객이 됨에 종씨(從氏)인 판서공(判書公)[12]이 진암이 남긴 글을 가지고 와서 나에게 서문(序文)을 지어달라고 부탁하였다. 아! 슬프다. 내가 어찌 차마 이 글에 또한 무슨 말을 하여 작별하겠는가?

나는 공과 같은 해에 태어나 같은 마을에 살았는데 처음 교제하기 시작했을 때에 소명(小名 아명(兒名))을 부르고 자(字)를 부르지 않았다. 공은 젊었을 때에 호방하고 아무 데에도 얽매이지 않았으나 조금 자라자 의지를 꺾고 고문사(古文詞)를 익혔다. 시에 있어서는 대개 천부적이었다. 심령(心靈)이 홀로 나아가면 신운(神韻 신묘한 운치)이 저절로 펼쳐져, 정(情)을 펴고 일을 묘사함에 아름답게 꾸미고 다듬지 않았으나 진부한 의경을 변화시켜 참신한 말로 만들었다. 맑고 시원하여 무미건조함에 빠지지 않았고, 준일(俊逸)하여 방종함에 흐르지 않

곡집(月谷集)》은 1752년경에 간행된 것으로 보인다. 한국문집총간《월곡집》 해제 참조.

12 종씨(從氏)인 판서공(判書公) : 이천보의 사촌형인 이정보(李鼎輔, 1693~1766)를 가리킨다. 이정보는 조선 후기의 문신으로, 본관은 연안(延安)이며 자는 사수(士受), 호는 삼주(三洲) 또는 보객정(報客亭)이다. 1732년(영조8) 문과에 급제한 후 정언・경기도사・대사성・대사간・함경도 관찰사・도승지・한성 판윤・이조 판서・대제학・지성균관사 등 요직을 두루 역임하고 세손의 사부를 지내기도 하였다. 1762년 기로소(耆老所)에 들어갔으며, 1763년 판중추부사로 보국숭록대부(輔國崇祿大夫)에 올랐다. 시호는 문간(文簡)이다.

았다. 한 편이 이루어져 붓을 놓으면 솨솨 대숲에 바람 부는 듯한 소리가 있었고, 누군가 한 구절을 얻으면 입으로 외워서 전하였다. 근세에 시로 일가를 이룬 이가 많으나 성당(盛唐)의 풍조(風調)를 독차지하여 한 시대에 명성을 전한 것은 공처럼 성대한 이가 없었다.

책에 있어서는 일찍이 애를 써서 궁구하고 탐색하지 않아도 각각 그 취지를 터득하였으며, 발설하여 문장을 지음에 미쳐서는 호탕하고 간결하며 때로는 혹 자신의 베틀에서 나와[13] 제멋대로 가지고 놀았으나 옛날 작가들의 척도를 잃지 않았다. 일찍이 옛날에 있었던 일의 옳고 그름을 논하는 글을 지었는데 모두 수천 자(字)로 사람의 마음과 시대의 변화를 말함에 시비(是非)를 가리는 것이 매우 지극하여 소씨(蘇氏)[14]의 논(論) 가운데 갖다놓아도 식자(識者)들이 거의 분별할 수 없을 정도였으니, 공은 이 방면에 있어서 가히 능사를 다하였다고 이를 만하다.

13 자신의 베틀에서 나와 : 다른 사람이 제시한 법도에 얽매이지 않고 자신만의 글을 쓴다는 의미이다. 원문의 '機杼'는 '베틀과 북'이라는 뜻으로, 전하여 문장의 구조를 뜻하게 되었다. 중국 위(魏)나라의 문인 조영(祖瑩)이 늘 사람들에게 말하기를, "문장은 모름지기 자신의 베틀과 북에서 나와 일가의 풍골을 이루어야 한다. 어찌 다른 사람들과 함께 생활할 수 있겠는가.〔文章須自出機杼, 成一家風骨. 何能共人同生活也?〕"라고 하였다. 《魏書 卷82 祖瑩列傳》

14 소씨(蘇氏) : 소식(蘇軾, 1037~1101)을 가리킨다. 중국 송(宋)나라의 문신으로, 자는 자첨(子瞻)·화중(和仲)이며 호는 동파거사(東坡居士)이다. 22세 때 진사에 합격하면서 구양수(歐陽修)의 인정을 받아 문단에 등장하였고, 이후 과거에 장원으로 합격하면서 관직에 진출하였다. 시서화(詩書畵)에 재능이 많아 훌륭한 작품을 남겼으며, 특히 중국을 대표하는 문장가로 추앙받아 '당송팔대가(唐宋八大家)'로 일컬어진다. 저서로 《동파전집(東坡全集)》·《동파악부(東坡樂府)》 등이 남아있으며, 시호는 문충(文忠)이다.

비록 그러하나 공과 같은 이를 어찌 가히 일개 문인으로 치부할 수 있을 따름이겠는가. 공은 뛰어난 재주와 커다란 그릇으로 일찍이 명성을 등에 지고 한 가지 재주로 이름나기를 구한 이가 아니었다. 대개 일찍이 당대 세상에 뜻이 있어 처음 관직에 나갔을 때부터 항상 청렴한 절조(節操)를 견지하고 옛 성현(聖賢)과 같이 되기를 스스로 기약하였으나 도리어 시운(時運)에 막혀 시행하고 조처한 데서 보이는 것이 마침내 그의 뜻처럼 되지 못하였다. 지위가 더욱 높아질수록 주상의 인정이 더욱 높아져 비록 몸을 거두어 물러나고자 하여도 또 그럴 수가 없었다.

집에 있을 때의 복식(服食 의복과 음식)과 기거(起居)가 벼슬하기 전과 바뀌지 않았으며 왕왕 먼 곳을 바라보며 깊이 생각하다가 불평(不平)의 울음이 자주 시편에 드러났으니, 이것이 내가 공을 위하여 슬퍼하는 까닭이다. 아! 불후의 공적(功績)과 언어(言語)를 나란히 세우는 것은 예로부터 어려운 일이니,[15] 어찌 하늘의 명(命)이 아니겠는가.

공의 저술이 중간에 화재를 만나 일실(逸失)되었는데 상자에 보존된 것 총 약간 편을 이제 산정(刪定 깎고 다듬어 정리함)하여 8편으로 만들었으니 시는 모두 504수(首)요, 문은 모두 163수이다. 대저 문집의 저술에서 가히 그 사람을 볼 수 있는 것이 있고 가히 그 세상을 논할 수 있는 것이 있다. 이와 같을 따름이니 또 어찌 많을 필요가 있겠는가.

15 불후의……일이니 : 춘추 시대 노(魯)나라의 대부 목숙(穆叔)이 말한 것으로, "최상은 덕행을 수립하고, 그 다음은 공적을 세우고, 그 다음은 후세에 전할 만한 언어를 남겨서 세월이 아무리 오래 흘러도 폐기되지 않는 것을 불후라고 한다.〔大上有立德, 其次有立功, 其次有立言, 雖久不廢: 此之謂不朽.〕"라고 하였다.《春秋左氏傳 襄公24年》

숭정(崇禎) 세 번째 임오년(1762, 영조38) 12월에 의춘(宜春) 남유용(南有容)이 서문을 쓰다.

진암집 서문 황경원[16]

晉菴集序 黃景源

문간(文簡) 이공(李公)이 저술한 바의 문집은 모두 8권으로 시(詩)는 504편이요, 문(文)은 163편이다. 공의 사촌형 대학사(大學士) 정보(鼎輔)[17]와 사촌아우 형조 판서 익보(益輔)[18]가 경원(景源) 및 공의 외사촌 아우인 우참찬 김공 양택(金公陽澤)[19]에게 문집을 산정(刪定

16 황경원(黃景源) : 1709~1787. 조선 후기의 문신이자 예학자(禮學者)로, 본관은 장수(長水)이며 자는 대경(大卿), 호는 강한(江漢)이다. 이재(李縡)의 문인으로, 1740년(영조16) 문과에 급제한 후 대사성·대사간·대사헌·대제학과 형조·예조·공조의 판서 등 청화요직을 두루 역임하였다. 고문(古文)에 밝아 오원(吳瑗)·이천보(李天輔)·남유용(南有容)과 함께 영조조 사가로 불렸으며, 예학에 정통하고 춘추대의(春秋大義)를 자임하였다. 저서로 《강한집》이 남아있으며, 시호는 문경(文景)이다.

17 정보(鼎輔) : 이정보(李鼎輔, 1693~1766)를 가리키는 것으로, 이천보(李天輔)의 아버지인 이주신(李舟臣)의 형 이우신(李雨臣)의 둘째 아들이다. 이정보에 대한 자세한 내용은 54쪽 주12 참조.

18 익보(益輔) : 이익보(李益輔, 1708~1767)를 가리키는 것으로, 이천보(李天輔)의 아버지인 이주신(李舟臣)의 형 이우신(李雨臣)의 셋째 아들이다. 조선 후기의 문신으로, 본관은 연안(延安)이며 자는 사겸(士謙)이다. 1739년(영조15) 문과에 급제한 후 검열·정언 등을 거쳐 대사간·도승지·예조 참판·경상도 관찰사·대사헌·회양부사·병조 판서·이조 판서·좌참찬 등 요직을 두루 역임하였다.

19 김공 양택(金公陽澤) : 김양택(金陽澤, 1712~1777)을 가리킨다. 조선 후기의 문신으로, 본관은 광산(光山)이며 자는 사서(士舒), 호는 건암(健庵)이다. 김장생(金長生)의 5세손이자 숙종의 장인 김만기(金萬基)의 손자로, 이천보의 외사촌 아우이다. 1743년(영조19) 문과에 급제한 후 헌납·원손사부(元孫師傅)·대사성·대제학·우의정·영의정 등 요직을 두루 역임하였으며, 할아버지와 아버지 김진규(金鎭圭)에 이

깎고 다듬어 정리함)하고 종류대로 편차하여 판각해달라고 부탁하였다.

공은 사장(詞章 문장과 시가(詩歌))으로 일세를 풍미하여 학사대부들이 모두 입으로 외워서 전할 정도였으나, 평소 한가할 때에도 즐겨 자주 글을 지으려 하지 않았으며 재상의 지위에 오른 후에는 또 국사(國事)에 노심초사하느라[20] 그 저술이 많을 수가 없었다.

그러나 경원이 공과 노닌 것이 30년인데 공의 뜻을 보건대 하루도 당대의 세상을 근심하지 않음이 없었으니 처음 벼슬에 올랐을 때부터 재상이 됨에 이르기까지 애타게 깊이 염려하지 않는 것을 경원이 보지 못하였다. 재상을 그만두고 강호(江湖)에 물러나 살면서도 오히려 차마 단번에 세상을 잊지 못하여 혹 밤새도록 근심하며 잠들지 못하기도 하고 왕왕 아직 일어나지 않은 일을 가지고 미리 근심하기도 하였다. 근심이 깊어지면 글에 드러났으니, 글이 비록 많지 않으나 또한 가히 공의 뜻을 볼 수 있다.

이전에 경원이 공을 따라 배를 타고 가다가 용산(龍山)[21]에 이르렀는데 오공(吳公) 백옥(伯玉)[22]과 남공(南公) 덕재(德哉)[23]가 함께 배에

어 3대가 대제학을 지내 당대에 이름을 떨쳤다. 저서로 《건암집》이 남아있으며, 시호는 문간(文簡)이다.

20 국사(國事)에 노심초사하느라 : 원문의 '疢疾'은 어렵고 힘든 상황에 처하여 맡은 바 일을 해내려고 노심초사하는 것을 가리키는 말이다. 《맹자》〈진심 상(盡心上)〉에서 "덕혜와 술지가 있는 사람은 항상 진질 속에 있다. 오직 외로운 신하와 서얼의 자식은 마음가짐을 극도로 조심하고 환란을 깊이 걱정하기 때문에 사리에 통달하는 것이다.〔人之有德慧術知者恒存乎疢疾. 獨孤臣孽子其操心也危, 其慮患也深, 故達.〕"라고 하였으며, 주자(朱子)는 이에 주를 달아 "진질은 재환과 같다.〔疢疾猶災患也.〕"라고 하였다.

21 용산(龍山) : 지금 서울 한강변의 용산 일대를 가리킨다.

22 오공(吳公) 백옥(伯玉) : 오원(吳瑗, 1700~1740)을 가리키는 것으로, 자세한 내

타고 있었다. 마침내 손을 잡고 읍청루(挹淸樓)[24]에 올랐는데 공이 한탄하며 경원을 돌아보고 말하기를,

"백옥의 나이가 자네보다 많으니 마땅히 먼저 노쇠할 것이고 나와 덕재의 나이가 또 백옥보다 많으니 더욱 마땅히 먼저 노쇠할 것이라, 어찌 나라가 태평해지는 것을 볼 수 있겠는가."

하였다. 덕재는 탄식하고 백옥은 몇 줄기 눈물을 흘렸으며 경원은 공이 세상에 뜻을 두고 잊지 못하는 것을 남몰래 슬퍼하였다. 그러나 세상 사람들은 다만 그의 문장만을 칭송하고 그에게 세상을 근심하는 뜻이 있음을 알지 못한다.

공은 일찍이 범 문정공(范文正公)[25]의 사람됨을 흠모하여 가슴속이 확 트이고 가려진 것이 없었다. 과거에 급제하기 전부터 능히 당대의

용은 52쪽 주4 참조.

23 남공(南公) 덕재(德哉) : 남유용(南有容, 1698~1773)을 가리키는 것으로, 자세한 내용은 51쪽 주1 참조.

24 읍청루(挹淸樓) : 용산(龍山) 별영창(別營倉) 부근의 한강 절벽에 세워진 정자의 이름으로, 오원·황경원·남유용·이천보 등이 물놀이를 하러 가서 자주 오르던 곳이다.

25 범 문정공(范文正公) : 범중엄(范仲淹, 989~1052)을 가리킨다. 중국 송(宋)나라의 문신·학자로, 자는 희문(希文)이다. 1015년 진사에 합격하여 우사간 등을 역임하고, 인종(仁宗)의 친정(親政)이 시작된 후 부름을 받아 간관(諫官)이 되었다. 곽 황후(郭皇后)의 폐립 문제를 놓고 재상 여이간(呂夷簡) 등과 대립하여 지방으로 쫓겨났고, 그 후 구양수(歐陽修)·한기(韓琦) 등과 함께 스스로를 군자의 붕당이라고 칭하며 경력당의(慶曆黨議)를 불러 일으켰다. 이원호(李元昊)가 서하(西夏)에서 제위(帝位)에 오르자 섬서경략안무초토부사(陝西經略安撫招討副使)가 되어 침입을 막고 대책을 세웠으며, 그 공으로 추밀부사(樞密副使)가 되고 참지정사(參知政事)로 승진하여 내정개혁에 힘썼다. 그러나 그를 미워하는 하송(夏悚) 일파의 저항으로 외직을 전전하다가 병으로 죽었다. 저서에 《범문정공집(范文正公集)》이 있으며, 시호는 문정(文正)이다.

일을 자임(自任 자신의 임무로 삼음)하였으며, 풍도(風度)가 늠름하여 사람들이 그의 칭찬 한 마디를 들으면 마치 얻은 것이 있는 것처럼 큰소리로 기뻐하지 않음이 없었다. 조정에 있을 때에는 대사(大事)에 임하여 의연하게 스스로를 지켰으므로 사람들이 그의 뜻을 빼앗지 못하였다. 그러므로 그가 문(文)을 지음에 천하의 시비와 선악을 분별하여 반드시 말하고 싶은 것을 다하니 의론이 명쾌하고 굴곡진 기운이 없었다. 그가 시(詩)를 지음에 생각이 깊은 것은 슬프고 울울(鬱鬱)하며 생각이 원대한 것은 시원하고 유장하였으니, 쟁그랑거리는[26] 성률(聲律)에 세상을 걱정하여 감개(感慨)한 소리가 있었다. 훗날의 군자가 그 의론을 보고 그 성률을 살피면 세상을 근심하는 마음이 뭉게뭉게 피어올라 책을 덮고 크게 탄식하지 않는 이가 거의 없을 것이다.

공의 휘(諱)는 천보(天輔)요, 자(字)는 의숙(宜叔)이다. 처음 국상(國相)에 제수되었을 때에 그의 나이 55세였다.[27] 대개 이때에 조정이 청명(淸明)하여 경대부(卿大夫)들이 차분하고 의젓하게[28] 국정에 종사하며 성상(聖上)의 덕치(德治)를 돕고 있었다. 그러나 공은 항상 미간

26 쟁그랑거리는 : 원문의 '鏗鏘'은 원래 금속이 부딪쳐서 울리는 소리로, 시에 있어서는 음률(音律)이 절도 있게 펼쳐지는 모습을 표현한다.

27 처음……55세였다 : 이천보(李天輔)는 55세이던 1752년(영조28) 6월에 처음 우의정이 되고, 곧이어 10월에 좌의정이 되었다.

28 차분하고 의젓하게 : 원문의 '委蛇'는 《시경(詩經)》 〈소남(召南) 고양(羔羊)〉에 나오는 말로, "크고 작은 양의 가죽이여. 흰 실로 다섯 곳을 꿰맸도다. 관에서 퇴청하여 밥 먹으니, 차분하고 의젓하도다.〔羔羊之皮, 素絲五紽. 退食自公, 委蛇委蛇.〕"라고 하였다. 이는 남국(南國)이 문왕(文王)의 덕에 감화되어 벼슬아치들이 검소하고 정직하게 살면서, 종용(從容)하고 자득(自得)한 모습을 형용한 것이다.

을 찡그리고 깊이 근심하는 기색이 있었는데, 빈객이 왜 그런지 물어도 또한 말하지 않았다. 대저 국가가 이미 태평하게 다스려져도 군자는 오히려 또 국가를 위한 끝없는 근심으로 황망하니, 그러므로 "천하 사람들이 근심하기에 앞서 근심한다."[29]라고 한 것이 바로 이것이다. 보통 사람들에 이르러서는 그렇지 않아 위태로운 상황을 본 후에야 이에 비로소 근심하니, 공의 뜻과 같은 것을 이른바 "천하 사람들이 근심하기에 앞서 근심한다."라고 하는 것이 아니겠는가.

공은 나이든 후에 강가에 정자를 짓고 살았으며 경원 또한 병이 들어 강가로 돌아가 살았는데 공의 정자와 10리도 채 안 떨어진 곳이었다. 어느 날 저녁에 돛대 그림자가 강 한가운데를 지나가는데 곧 공의 배였다. 공이 경원을 불러 그 배에 태우고 용산을 가리키며 탄식하면서 말하기를,

"우리 네 명이 이 강에 배를 띄우고 논 지 12윤(十二閏 36년)쯤 되었네. 백옥은 이미 작고하였고 나와 덕재는 더욱 나이가 많아 조만간에 죽을 것인데 그대는 훗날 반드시 나의 근심을 알게 될 것일세."

하였다. 다음 해에 공이 작고하고(1761, 영조37) 경원이 죄를 지어 바다 밖으로 쫓겨났다가 주상의 인자함에 힘입어 죽지 않고[30] 다시

29 천하……근심한다 : 중국 북송의 명재상 범중엄(范仲淹)의 〈악양루기(岳陽樓記)〉에 나오는 말로, "묘당의 높은 자리에 있으면 그 백성을 근심하고, 강호의 먼 곳에 있으면 그 임금을 근심하니, 이는 나아가도 근심하고 물러가도 근심하는 것이다. 그렇다면 어느 때에 즐거워할 것인가? 반드시 말하건대, 천하 사람들이 근심하기에 앞서 근심하고, 천하 사람들이 즐거워한 후에 즐거워할 것이다.〔居廟堂之高則憂其民, 處江湖之遠則憂其君, 是進亦憂, 退亦憂. 然則何時而樂耶? 其必曰: "先天下之憂而憂, 後天下之樂而樂歟."〕"라고 하였다.

강가에 이르렀는데 비록 강 한가운데를 지나가는 돛대 그림자를 보고 싶어도 볼 수 없었다.

공이 평생 지은 문장이 이미 많지 않은데다가 또 흩어지고 없어져 전하는 것이 겨우 약간 권(卷)이다. 그러나 문장은 적으면 적을수록 더욱 정예로운 법이니, 어찌 귀하지 않겠는가. 공이 작고한 지 1년이 지난 후에 문집이 비로소 완성되었는데 풍류는 아득하고 강호엔 근심만 남았으니, 슬프도다!

임오년(1762) 12월에 장수(長水) 사람[31] 황경원이 서문을 쓰다.

30 경원이……않고 : 1761년(영조37) 9월에 한산(韓山)의 유학(幼學) 이정(李涏)이 인현왕후(仁顯王后)가 손위(遜位)할 때의 일을 거론하다가 불경죄(不敬罪)로 친국을 받아 물고되었는데, 이때 그의 고모부였던 황경원이 상언(上言) 내용을 산삭(刪削)해 주었다는 죄로 연좌되어 거제도(巨濟島)로 귀양 갔던 사실을 가리킨다. 당시 영조는 유배된 황경원에게 가시울타리를 설치하여 외부와 격리시키는 천극(栫棘)의 형벌을 가하였으나, 이듬해 1월에 슬픈 마음이 든다며 위리안치를 그만두도록 지시하고 합천으로 이배하였다가 고향으로 방환하였다.

31 장수(長水) 사람 : 본관이 장수라는 말이다.

시 詩

화악[32]에 오르다

登華嶽

세 개의 봉우리 하나의 기운에서 갈라져	三峰一氣裂
높다랗게 북쪽 지경에 서려있네[33]	峩峩蟠北極
관방[34]의 역할 이전 왕조로부터 시작되었으니	關防自前朝
전쟁에서 이룬 공로 빗돌 조각에 남아있네[35]	戰功餘片石

32 화악(華嶽) : 서울의 북한산(北漢山)을 가리키는 것으로 화산(華山), 삼각산(三角山), 삼봉산(三峰山)이라고도 한다.

33 세 개의……서려있네 : 북한산을 일명 삼각산(三角山)이라고도 하는데, 백운대(白雲臺)·국망봉(國望峯)·인수봉(仁壽峯) 세 봉우리가 뿔처럼 높이 서있어서 붙여진 이름이다. 국망봉은 만경대(萬景臺)라고도 부른다.

34 관방(關防) : 관문(關門)이 되어 방어한다는 말이다.

35 관방(關防)의……남아있네 : '빗돌 조각'은 553년(진흥왕14)에 신라 진흥왕이 백제의 영토인 한성(漢城) 일대를 점령하고 북한산에 세운 진흥왕 순수비(眞興王巡狩碑)를 가리킨다. 북한산은 지정학적 위치와 함께 산세가 험준하여 일찍부터 국방의 요지로 인식되었다. 132년(개루왕5)에 백제 개루왕이 처음으로 산성을 쌓아 고구려의 남진을 막았으며, 근초고왕은 이곳을 북정군(北征軍)의 중심 거점으로 삼았다. 475년(장수왕63)에는 고구려가 점령함으로써 남진의 발판을 마련하였고, 551년(진흥왕12)에는 신

패자의 기상 너무도 쓸쓸하니　　伯氣一蕭條
흐린 봄날 골짝의 사슴만 우네　　春陰啼洞鹿
성군의 세상에 원대한 계책을 강구하니　　聖代講遠謨
새로 쌓은 성첩이 밝은 하늘을 감싸 안았네[36]　　新堞抱天白
천 개의 바위를 다 뚫었으니　　千巖盡開鑿
흡사 신우의 공력을 거친 듯하네[37]　　似經神禹力
날아가는 새는 비스듬히 피해가고　　飛鳥避逶迤
높은 구름은 연이어 짓누르네　　高雲連控扼
아홉 개의 절은 무기고가 되었고[38]　　九寺作武庫

라가 백제와 맺은 동맹을 어기고 이곳을 차지하여 통일의 기틀을 다졌다. 고려 시대에 들어서 거란이 침략하자 태조의 재궁(梓宮)을 북한산으로 옮긴 후 산성을 증축하였고, 1232년(고종19)에는 이곳에서 몽골군과 격전을 치르기도 하였다.

36 성군(聖君)의……안았네 : 1675년(숙종 원년)에 오삼계(吳三桂)의 난이 일어나자 청(淸)나라에서 조선에 지원병을 요청하려고 하였다. 그 대응책을 논하는 자리에서 북한산에 성을 쌓아 유사시에 대비하여야 한다는 주장이 처음으로 제기되었으나 청나라가 원군을 요청하지 않아 축성론은 물밑으로 가라앉았다. 1691년 북한산성을 쌓아야 한다는 상소가 올라와 다시 논의가 벌어졌으나 뚜렷한 결론 없이 가라앉았다. 1702년에 북한산성의 축조 문제가 본격적으로 논의되기 시작하여 축조론과 반대론이 팽팽하게 맞섰으나, 결국 반대론에 부딪혀 일단 도성(都城)을 먼저 수축하는 쪽으로 결론이 내려졌다. 1710년에 도성 수축이 일단락되자 북한산성 축성론이 다시 고개를 들어 약 1년쯤 논의가 계속되었는데, 이번에는 숙종이 축성키로 결단을 내리고 1711년 4월 결국 공사에 착수하였다.

37 천 개의……듯하네 : '신우(神禹)'는 중국 고대 하(夏)나라의 우(禹) 임금을 높여 부르는 말이다. 우 임금이 9년 동안 홍수를 다스리면서 하수(河水)의 근원인 적석(積石)에서부터 물길을 인도하여 용문산(龍門山)을 깎아 황하(黃河)에 대었는데, 모두 3000여 리에 걸쳐 산을 깎거나 땅을 파서 홍수를 다스렸다고 하였다. 《書經 禹貢》

38 아홉……되었고 : 조선은 북한산성의 수비에 승려들을 적극 활용하기로 하여 총섭

맑은 서리는 산골짜기에 차갑네 　清霜凄澗壑
절에 사는 승려 반은 군복 입었고 　居僧半戎衣
영이 엄하니 제천[39]이 엄숙하네 　令嚴諸天肅
지난날 임금의 행차를 생각하니 　宸遊憶去年
행궁이 바위 모서리에 기대어있네[40] 　行殿凭石角
벽제(辟除) 소리[41] 바람 부는 숲속에 섞이고 　清蹕雜風林
붉은 덮개[42] 구름 낀 절벽에 나부꼈으리 　紫盖轉雲壁
나라 지킴엔 인재 얻는 것이 귀하니 　守國貴得人

(總攝)의 직제를 마련하여 승군들을 지휘하게 하고, 이전부터 존재하던 중흥사(重興寺)·태고사(太古寺) 외에 아홉 개의 사찰과 두 개의 암자를 새로이 창건하여 승군들을 거주하게 하였다. 이때 지어진 아홉 개의 사찰은 보국사(輔國寺)·진국사(鎭國寺)·부왕사(扶旺寺)·국녕사(國寧寺)·보광사(普光寺)·원각사(圓覺寺)·용암사(龍巖寺)·상운사(祥雲寺)·서암사(西巖寺)이며, 두 개의 암자는 봉성암(奉聖菴)·원효암(元曉菴)이다. 유사시에는 승군 또한 산성의 방어를 맡아야하므로 군기고(軍器庫)인 승창(僧倉)을 두어 조총·대포·화약·활과 화살 등 각종 무기를 보관하게 하였다.

39 제천(諸天) : 천상(天上)의 여러 하늘 혹은 부처를 가리키는 불교 용어로, 전하여 산꼭대기에 있는 절을 가리키기도 한다. 여기서는 후자의 의미로 쓰였다.

40 지난날……기대어있네 : 북한산성 축조의 중요한 목적 가운데 하나가 유사시에 국왕의 피난처로 활용하는 것이었으므로 행궁(行宮)을 건설하지 않을 수 없었다. 1711년(숙종37) 8월에 행궁 공사를 시작하여 이듬해 5월에 마무리하였는데, 처음에는 중흥사(重興寺)가 들어선 자리에 지으려 하였으나 산사태의 염려가 있다 하여 상원암(上元菴) 자리로 옮겨 지었다. 완공된 행궁은 내전(內殿)과 그 부속건물이 63칸, 외전(外殿)과 그 부속건물이 51칸이어서 120칸에 가까웠다.

41 벽제(辟除) 소리 : 원문의 '清蹕'은 임금이 거둥할 때 길을 깨끗이 쓸고, 통행인에게 '물러서라.'라고 세 번 외쳐 길을 비키게 하는 것이다.

42 붉은 덮개 : 원문의 '紫蓋'는 임금이 사용하는 의장(儀仗)의 하나인 붉은 일산(日傘)을 가리킨다.

보루와 장벽은 상책이 아니라네 保障非上策
삼한이 작다고 말하지 마소 莫道三韓小
옹색한 오두막에 관중·악의[43]가 살지도 모르니 窮廬或管樂
서남쪽 푸른 바다 광활하고 西南滄海濶
물과 하늘은 아득히 한 빛이네 水天莽一色
길게 노래 부르며 초루에 기대어서니 長歌倚譙樓
울창한 산에 해가 저무네 蒼蒼山日夕

43 관중(管仲)·악의(樂毅) : 원문의 '管樂'은 중국 춘추 시대 제(齊)나라의 명상(名相)인 관중과 전국 시대 연(燕)나라의 명장인 악의를 아울러 일컫는 말이다. 관중의 이름은 관이오(管夷吾, ?~기원전 645)로, 중(仲)은 그의 자이다. 포숙아(鮑叔牙)의 추천으로 정치적으로 반대편이었던 환공(桓公)에게 발탁되어 경(卿)의 벼슬에 올랐다. 환공을 도와 제도를 개혁하고 국토를 효율적으로 구분하였으며, 상업과 수공업의 육성을 통하여 부국강병을 꾀하였다. 대외적으로는 타국의 제후와 아홉 번 회맹하여 환공으로 하여금 제후의 신뢰를 얻게 하고 남쪽에서 세력을 떨치기 시작한 초(楚)나라를 눌러 제 환공을 춘추오패(春秋五覇)의 하나로 만들었다. 악의(樂毅, ?~?)는 위(魏)나라 장수 악양(樂羊)의 후손으로, 연나라의 소왕(昭王)이 현자를 초빙한다는 말을 듣고 건너가 아경(亞卿)이 되었다. 소왕 28년 상장군(上將軍)에 올라 조(趙)·초(楚)·한(韓)·위(魏)·연(燕) 다섯 나라의 군사를 이끌고 제(齊)나라를 토벌하여, 수도 임치(臨淄)를 함락시키고 5년에 걸쳐 70여 개 성을 수중에 넣었다. 이 성들을 모두 연나라의 군현(郡縣)으로 소속시키고 제나라의 재보(財寶)를 연나라로 옮겼으며, 이러한 공을 인정받아 창국군(昌國君)에 봉하여지기도 하였다.

보안역루[44]

保安驛樓

나그네 살면서 누대에 올라 바라보네	客裏登樓目
검푸른 시월의 하늘을	蒼然十月天
구름 가에 기러기 날아가는 겨울 해는 짧고	雲鴻寒日短
산목에 눈 쌓인 봉우리는 둥글게 솟았네	山木雪峰圓
한 자루 칼로 태평성대 이루고자 하였는데	孤劒還平世
비감한 노래 부르다 장년이 되어가네	悲歌且壯年
평생 은거하려는 뜻 가지니	平生棲遁志
세상 밖이 거의 임천이러라	世外幾林泉

44 보안역루(保安驛樓) : 보안역은 지금의 강원도 춘천(春川)에 위치한 역의 이름이다.

수타사[45]에서 글을 읽다

水墮寺讀書

관가의 소란스러움 가장 싫어해	最厭官齋鬧
책을 들고 상방[46]이 어디인지 묻네	携書問上方
덩굴 헤치며 십 리를 가는 말	穿蘿十里馬
게송 들리는 사경[47]의 책상	聽偈四更床
휑한 고벽은 달빛을 머금고	古壁虛含月
저 멀리 겨울 종소리는 서리 기운을 띠었네	寒鐘逈帶霜
나의 마음을 관찰하는 것이 옳은 길이니	吾心觀卽是
새벽에 일어나 다시 향을 사르네	晨起更燒香

45 수타사(水墮寺) : 강원도 홍천(洪川)의 공작산(孔雀山)에 있는 절의 이름이다.

46 상방(上方) : 본래 주지(住持)의 거처를 뜻하였으나, 전하여 사찰의 대명사로 쓰인다.

47 사경(四更) : 하룻밤을 다섯으로 나눈 시간 가운데 넷째 부분으로, 새벽 1시~3시 사이를 가리킨다.

유생 이익휘의 시운을 따라 지었다
次李生益徽韻

책 꾸러미 멀리서 사람을 따라오는데	書帙隨人遠
산으로 가는 행장 한 자루 단출하네	山裝一橐輕
산사에서 외로운 부처를 의지하여	棲依孤佛坐
새벽 종소리 울릴 때까지 책을 읽노라	讀至曉鐘鳴
눈 쌓인 봉우리 빛 내 몸을 둘러싸고	雪嶂身邊色
차가운 시냇물 소리 몸 누이니 들리네	寒溪臥後聲
유유한 삼계[48]의 밖에도	悠然三界外
여전히 고향 그리는 마음 있다네	猶有望鄕情

48 삼계(三界) : 불교에서 중생이 생사유전(生死流轉)한다는 세 단계 미망(迷妄)의 세계로, 욕계(欲界) · 색계(色界) · 무색계(無色界)를 가리킨다. 세간(世間)이라고도 하며, 생사윤회(生死輪廻)를 초월한 출세간(出世間)과 상대되는 말이다.

절에서 즉흥적으로 짓다

寺中卽事

날 저물면 호랑이 두려워 산문에 빗장 걸고　日暮禪扉畏虎扃
사미승 물 길을 제 샛별이 뜨기도 하네　沙彌汲水或晨星
창은 골짝 바닥의 잔설이 비쳐 밝고　窗明壑底將殘雪
등불은 책상머리의 아직 읽지 못한 경을 비추네　燈照床頭未了經
불전이 오래되니 산정[49]이 벽화를 따라 자라고　殿古山精依壁畵
솔숲 깊으니 깃든 송골매가 처마의 풍경소리에 놀라네
松深棲鶻警簷鈴
승려에게 관심법을 묻고 싶으니　憑僧欲問觀心法
야기[50]가 충분히 성령을 기를 만하네　夜氣渾堪養性靈

49 산정(山精) : 우리말로 '삽주'라고 하는 식물의 이름이다.

50 야기(夜氣) : 한밤에 사물의 생장(生長)을 돕는 청명한 기운으로, 인의(仁義)의 마음이 자라도록 돕는다고 한다.

이생[51]의 시운을 따라 지었다

次李生韻

오래된 절에 종 울리고 날 저물려하는데	古殿鐘鳴欲暮天
한가로이 지팡이 짚고 오다보니 혹 소나무 앞이라	閒來扶杖或松前
창틈으로 눈이 책 읽는 자리를 비추고	窗間雪照繙經席
바위 구멍에 얼음이 벼루 씻는 샘에 어네	石竇氷生洗硯泉
나그네는 외로운 등불 앞에서 묵은 빚[52]을 갚고	客向孤燈酬宿債
승려는 해진 장삼으로 여생을 마치려하네	僧將破衲了殘年
요사이 밤 독서는 새로운 과제를 더하는데	邇來夜讀添新課
달은 산봉우리 몇 번째 꼭대기를 지나가는지	月過中峰第幾巓

51 이생(李生) : 유생(儒生) 이익휘(李益徽)를 가리킨다. 이익휘에 대한 자세한 내용은 미상이다.

52 묵은 빚 : 원문의 '宿債'는 남이 지어 달라고 요구한 시를 미처 지어 주지 못하고 있는 것을 뜻하며, '시채(詩債)'라고도 한다.

양근[53] 가는 길에

楊根道中

저 멀리 봄 그늘 속 들 물에 해 저무는데 極目春陰野水昏
물가의 방초엔 비에 젖은 흔적 있네 水邊芳草雨沾痕
몇 마디 뻐꾸기 소리 들리니 어디에서 우는가 數聲布穀啼何處
지난해 말을 쉬던 마을임을 알겠네 知在前年歇馬村

53 양근(楊根) : 경기도 양평(楊平) 지역의 옛 이름이다.

말 위에서

馬上

닭이 산골 주막 가까이서 우니	雞鳴山店近
그때마다 일어났다 안장에 기대어 조네	時起據鞍眠
비는 잡초 태운 밭 밖으로 지나가고	雨過燒畬外
구름은 나무 베는 곳 앞에 자욱하네	雲深伐木前
봄 그늘은 허허벌판에 가득하고	春陰圍曠野
나그네 뜻은 새해로 접어들었네	客意入新年
조용한 속에 농가에서 하는 말 들으니	靜聽農家語
내일 아침에는 무논을 갈 것이라 하네	明朝理水田

미호[54]

渼湖

말 세우자 봄 맞은 강 아득히 펼쳐지는데	立馬春江逈
갓 갠 날씨에 저 멀리 물길이 갈라지네	新晴遠勢分
양근[55]은 돛 너머의 나무숲이요	楊根帆外樹
화악산[56]은 면전의 구름이라	華嶽面前雲
고향 마을에서는 꽃소식 재촉하는데	故里催花事
돌아가는 길은 기러기 떼를 따르네	歸程趁鴈羣
이 몸 곁에 관아의 술 있어	隨身有官酒
시름겨운 곳마다 술에 취하네	愁處輒成醺

54 미호(渼湖) : 한강(漢江)의 물줄기 가운데 하나이다. 지금의 남양주 일대를 말하며, '미수(渼水)' 혹은 '미음(渼陰)'이라고도 한다.

55 양근(楊根) : 경기도 양평(楊平) 지역의 옛 이름이다.

56 화악산(華嶽山) : 서울의 북한산(北漢山)을 가리킨다.

서울에 들어가 종씨[57] 정보 와 밤을 새워 이야기하다

入京 與從氏 鼎輔 夜話

지친 말에 병든 이 몸을 싣고	倦馬馱吾病
유유히 옛 집으로 돌아왔네	悠悠返故棲
길 떠난 후 비 내리는 일 천 고개를 넘고	路經千嶺雨
이야기 나누다 닭 우는 오경[58]이 되었네	語到五更雞
촌가의 술은 등불 앞에 바닥이 나고	村酒燈前盡
봄날의 별은 나뭇가지 끝에 낮게 걸렸네	春星樹杪低
돌아오는 행낭에 시가 얼마나 있나 묻는다면	詩篇問歸橐
이별 후에 새로 지은 것들이 태반이라네	別後幾新題

57 종씨(從氏) : 사촌 형제를 높여 부르는 말로, 여기서는 이천보(李天輔)의 사촌형인 이정보(李鼎輔, 1693~1766)를 가리킨다. 이정보에 대한 자세한 내용은 54쪽 주12 참조.

58 오경(五更) : 하룻밤을 다섯으로 나눈 시간 가운데 다섯째 부분으로, 새벽 3시~5시 사이를 가리킨다.

미호[59]에서 새벽에 출발하다

渼湖曉發

세찬 바람에 명랑[60] 소리 울리며	風急鳴榔動
외로운 한 척의 배 새벽 추위를 뚫고 나서네	孤舟犯曉寒
봄밤의 별은 강안을 따라 넓게 뿌려있고	春星隨岸濶
마을의 등불은 숲에 붙어 둥글게 빛나네	村火着林團
돛을 활짝 펴고 가고자 하니	正欲張帆去
어찌 여울 오르기 어려움을 근심하랴	寧愁上瀨難
머리 돌리니 화악[61]의 빛이요	回頭華嶽色
구름 끝은 장안이라네	雲際是長安

59 미호(渼湖) : 한강(漢江)의 물줄기 가운데 하나로, 지금의 남양주 일대를 말한다.

60 명랑(鳴榔) : 노가 뱃전을 두드리는 소리이다.

61 화악(華嶽) : 서울의 북한산(北漢山)을 가리킨다.

배를 탄 밤에

舟夜

저녁 비 막 개어 구름 걷힌 밤에	夕雨初晴雲捲霄
월계[62] 동쪽 끝에서 아스라이 바라보네	月溪東畔望迢迢
꽃은 잠든 백로를 에워싸고 모래 빛은 광활한데	花圍宿鷺沙光濶
버들이 봄밤의 등을 스치니 물그림자 흔들리네	柳拂春燈水影搖
꿈속의 길은 외로운 섬을 지나 돌아가고	夢裏路經孤島轉
나그네 신세의 몸은 돛과 함께 멀리 가네	客中身與一帆遙
바람 부는 여울 험한 곳은 삼로[63]에게 맡기고	風湍險處須三老
타루에 베개를 높이 베고 누워 긴 밤을 보내네	高枕柁樓度永宵

62 월계(月溪) : 지금의 경기도 남양주시 와부읍(瓦阜邑)과 조안면(鳥安面)의 경계에 있는 곳의 지명이다.

63 삼로(三老) : '장년삼로(長年三老)'의 준말로, 일반적으로 뱃사공을 뜻한다. 《서언고사(書言故事)》 〈인품류(人品類)〉에 "뱃사공을 '장년삼로'라고 한다.〔梢人曰長年三老.〕"라고 하였으며, 그 주(注)에 "삼협 지역에서는 뱃사공을 '장년'이라 하고, 노 젓는 사람을 '삼로'라고 한다.〔峽中以舟師爲長年, 拖工爲三老.〕"라고 하였다.

아침 일찍 출발하다

早發

쑥대 지붕에 새벽이슬 떨어지니	蓬屋晨露滴
베개를 돋우고 뱃노래를 듣네	高枕聞勞唱
물새가 나보다 먼저 일어나	沙禽先我起
마주 목욕하며 봄 물결을 희롱하네	對浴弄春浪
여울 소리 자리에까지 떠들썩하더니	灘瀨聒几席
비로소 외로운 배 흔들림을 느끼네	始覺動孤榜
강 달은 허명한 데 떨어지고	江月落虛明
들판의 구름은 아득하게 펼쳐지네	野雲開泱漭
용문산[64]은 마치 사람을 맞이하는 듯	龍門若迎人
먼 산봉우리가 손을 모아 읍하며 다가오네	拱揖來遙嶂
서로 만났다 곧 서로 이별하니	相逢卽相別
노를 돌려 다시 떠가며 서글퍼하네	回棹更流悵

64 용문산(龍門山) : 경기도 양평(楊平)에 있는 산의 이름이다.

수타사[65]에서 이생[66]의 시운을 따라 짓다

水墮寺 次李生韻

졸다 깨니 솔 그림자 옷자락을 씻어내고	睡餘松影洒衣裳
제멋대로 부는 산들바람 화랑을 돌고 도네	隨意微風轉畵廊
산은 비 개자 산뜻하게 물들고	山到雨晴新着色
꽃은 선정[67]에 든 승려를 따라 절로 향기 나네	花從僧定自生香
상방[68]에선 재 올린 후 외로운 종소리 울리고	上方齋後孤鐘動
하계로 돌아올 때 한 줄기 시냇물 길게 흐르네	下界歸時一水長
어디에서 나는 꾀꼬리 울며 객을 전송하나	何處流鶯啼送客
골짝 어귀에서 돌아보니 그 뜻 잊기 어려워라	洞門回首意難忘

65 수타사(水墮寺) : 강원도 홍천(洪川)의 공작산(孔雀山)에 있는 절의 이름이다.

66 이생(李生) : 유생(儒生) 이익휘(李益徽)를 가리킨다. 자세한 내용은 미상이다.

67 선정(禪定) : 불교의 수행방법 가운데 하나로, 참선(參禪)하여 삼매경(三昧境)에 드는 것을 말한다.

68 상방(上方) : 본래 주지(住持)의 거처를 뜻하였으나, 전하여 사찰의 대명사로 쓰인다.

산행
山行

맑은 시내는 모두 몇 구비인가 清溪凡幾曲
지팡이 짚고 마침내 근원에 이르렀네 扶杖遂窮源
측벽에는 꽃 그림자 드리우고 側壁垂花影
깊은 솔숲은 비온 자취 띠고 있네 深松帶雨痕
그윽한 경치 찾다 도리어 길을 얻으니 幽尋還得路
오묘한 뜻에 오래도록 말을 잊었네 妙意久忘言
홀로 선 산 빛은 석양에 물들고 獨立山光夕
돌아가는 구름은 이미 석문에 이르렀네 歸雲已石門

수타사[69]에 기거하면서 저녁에 읊다
寄棲水墮寺 暮吟

날 저물자 종소리 그치고	日暮鐘聲歇
제천[70]에 두어 점 별이 보이네	諸天見數星
가을 산과 승려 함께 적막하고	秋山僧共寂
늙은 나무와 부처 모두 신령하네	老樹佛俱靈
껍질 벗긴 밤은 잿밥으로 쓰고	剝栗當齋飯
흐르는 반딧불은 도경을 비추네	流螢照道經
고을 관아를 그리워하며 바라보니	却思縣齋望
구름 너머 하나의 봉우리가 푸르네	雲外一峰青

69 수타사(水墮寺) : 강원도 홍천(洪川)의 공작산(孔雀山)에 있는 절의 이름이다.

70 제천(諸天) : 천상(天上)의 여러 하늘 혹은 부처를 가리키는 불교 용어로, 여기서는 산사의 하늘을 가리킨다.

산사의 밤

寺夜

휘장 드리우고[71] 아직 흰 구름 사이에 있으니 下帷還在白雲間
인연 따라 자리 깔고 돌문을 닫아걸었네 枕席隨緣掩石關
외로운 경쇠 소리 속에 낙엽은 우수수 떨어지고 孤磬聲中多落葉
정승[72]의 몸 밖은 온통 차가운 산이네 定僧身外盡寒山
숲 까마귀는 밤들자 산사[73] 곁에서 자고 林鴉夜傍諸天宿
골짝 호랑이는 새벽에 하계[74]에서 돌아오네 洞虎晨從下界還
서책은 삼여[75]에 읽고 묵은 빚[76]도 갚으리니 書卷三餘酬宿債

71 휘장 드리우고 : 원문의 '下帷'는 중국 전한(前漢)의 유학자인 동중서(董仲舒)가 휘장을 드리우고 방 안에 들어앉아 글을 강송(講誦)하면서 3년 동안이나 밖에 나가지 않고 학문에 정진하였다는 데서 온 말이다. 방 안에 깊이 들어앉아 독서에 전념하는 것을 가리킨다. 《漢書 卷56 董仲舒傳》

72 정승(定僧) : 선정(禪定), 즉 참선하여 삼매경(三昧境)에 든 승려를 가리킨다.

73 산사(山寺) : 원문의 '諸天'은 천상(天上)의 여러 하늘 혹은 부처를 가리키는 불교 용어로, 전하여 산꼭대기에 있는 절을 가리키기도 한다.

74 하계(下界) : 인간세상을 가리키는 말로, 여기서는 산 아래 인간이 사는 마을을 의미한다.

75 삼여(三餘) : 책 읽기에 좋은 세 가지 여가(餘暇)로, 삼국 시대 위(魏)나라의 학자 동우(董遇)가 한 말이다. 학자로서 동우의 명성이 높아지자 그에게 배우겠다는 사람들이 각지에서 몰려들었는데, 동우는 "책을 백 번 읽으면 그 뜻이 저절로 드러난다."라고 하며 제자를 받아들이지 않았다. 어떤 사람이 책 읽을 겨를이 없다며 다시 가르침을 청하자 "세 가지 여가만 있으면 책을 충분히 읽을 수 있다."라고 하면서, "겨울은 한 해 중의 여가이고, 밤은 하루 중의 여가이며, 오랫동안 내리는 비는 계절 중의 여가이

불문은 본래 한가함을 탐닉하는 곳이 아니라네　　空門不是故耽閒

'정(定)'은 어떤 곳에는 '노(老)'라고 되어 있다.

다.〔冬者, 歲之餘; 夜者, 日之餘; 陰雨者, 時之餘也.〕"라고 하였다.《三國志 卷63 魏書 王肅傳》

76 묵은 빚 : 남이 지어 달라고 요구한 시를 미처 지어 주지 못하고 있는 것을 뜻한다.

양근[77]의 시골집

楊根村舍

사립문의 밤불은 깜빡이다 밝아지는데	柴扉夜火耿餘明
행로에 마음이 쓰여 꿈에서도 자주 놀라네	行路關心夢屢驚
나무 어두우니 깃든 까마귀는 비 오려나 하고	樹暝棲鴉依雨色
바람 높으니 마구간의 말은 강물 소리 들리는 줄	風高櫪馬聽江聲
옛 사람 중 그 누가 나와 뜻이 같은가	古人與我誰同調
외론 검이 몸을 따르다 도리어 정이 들었네	孤劒隨身却有情
세상 밖에 밭을 구하려던 숙원[78] 수포로 돌아가니	世外求田空宿計
청산이 응당 덧없는 인생을 비웃으리	青山應復笑浮生

77 양근(楊根) : 경기도 양평(楊平) 지역의 옛 이름이다.

78 세상……숙원 : 벼슬을 그만두고 은거하려던 계획을 말한다.

영시암[79]

永矢菴

판잣집 적막하게 시냇가에 있는데	板屋寥寥澗水邊
고인[80]께선 몇 년이나 깃들여 사셨나	高人棲息問何年
누대 머리 봉우리는 연꽃 모양 솟았고	樓頭峰聳蓮花影
골짝 안 승려는 계수편[81]을 전하네	洞裏僧傳桂樹篇
쓸쓸한 흰 구름은 기다리는 것이 있는 듯	怊悵白雲如有待

79 영시암(永矢菴) : 기사환국으로 김수항(金壽恒)이 사사되자 그의 아들 김창흡(金昌翕)이 설악산(雪嶽山)에 들어가 짓고 살았던 정사(精舍)의 이름이다. 김원행(金元行)은 《미호집(渼湖集)》 〈삼연 선생 영시암 유허비(三淵先生永矢庵遺墟碑)〉에서 김창흡이 영시암을 짓게 된 계기와 위치를 자세히 서술하였는데, "선생은 기사년의 큰 화란을 만난 후 더욱 속세에 뜻이 없어졌다. 을유년에 모친상을 마치게 되자 마침내 책을 짊어지고 설악산 골짜기 백담에 들어간 지 3년 만에 처음으로 벽운사 옆에 정사를 지었는데 얼마 후 소실되었다. 기축년에 또 벽운사 동쪽으로 몇 리쯤 더 들어가 조원봉을 직면한 남쪽에 기둥이 아홉인 판잣집을 짓고서 항상 그 곳에 거하셨으니, 이른바 영시암이 바로 이것이다.〔先生旣遭己巳大禍, 益無意於世. 及乙酉終內憂, 遂携書, 入雪嶽之曲百潭三歲, 始起精舍于碧雲寺側, 已而燬. 己丑又轉入寺東可數里, 直朝元峰之南, 爲板屋九楹, 常處其中, 所謂永矢庵, 是也.〕"라고 하였다.

80 고인(高人) : 벼슬을 사양하고 세상에 뜻을 두지 않는 고상한 사람이라는 뜻으로, 여기서는 김창흡(金昌翕)을 가리킨다.

81 계수편(桂樹篇) : 《초사(楚辭)》 가운데 한(漢)나라의 회남 소산왕(淮南小山王) 유안(劉安)이 지은 〈초은사(招隱士)〉를 가리킨다. "계수나무가 무더기로 자람이여, 산의 깊은 곳이로다.〔桂樹叢生兮山之幽.〕"라고 시작하는데, 조정에서 멀리 떨어져 은거하는 은사(隱士)의 삶을 묘사하면서 은사를 불러들이는 내용을 담고 있다.

배회하던 외론 달은 우연히 둥글어졌네	徘徊孤月偶成圓
서쪽으로 날아간 학은 하늘 가로 떠나고	西飛一鶴天邊去
홀로 서있는 서리 내린 벼랑 다시 어둑해지네	獨立霜崖更黯然

가릉[82]에서 감회를 적다

嘉陵志感

서리 내려 무덤가 쌀쌀한데	霜落丘原肅
재실에 앉았노라니 쉬이 슬픔이 이네	齋居易作悲
하늘 바람은 차갑게 소나무를 스쳐가고	天風寒度檜
고개 위의 달은 멀리서 못을 내려다보네	嶺月逈臨池
골짝의 물은 머물 뜻이 없고	峽水無留意
텅 빈 산에는 길이 사모하는 마음 있네	空山有永思
백발이 성성한 이웃 승려는	隣僧生白髮
등불 앞에서 흉금을 털어놓네	燈火語心期

82 가릉(嘉陵) : 지금의 경기도 가평(加平)의 옛 이름으로, 이천보(李天輔)의 생가와 집안의 선영이 있는 곳이기도 하다.

지동[83]에서의 감회

芝洞感懷

고요한 밤 외로운 달만 남았는데	夜靜留孤月
산 빛이 이부자리에 가득하네	山光滿枕衾
소나무 심은 후에 삼대가 늙었고	種松三世老
시냇물 소리 들리는 속에 누대가 깊네[84]	聽澗一樓深
하늘이 우리 도를 궁하게 하려 하니[85]	天欲窮吾道
운손[86]은 응당 고향 숲을 지켜야 하리	雲應守故林
텅 빈 못은 태극을 머금고	虛池含太極
참다운 경지는 사람들이 찾아주기 기다리네	眞境待人尋

83 지동(芝洞) : 경기도 양주(楊州)의 영지동(靈芝洞)을 가리킨다.

84 소나무……깊네 : 이천보(李天輔)의 종숙(從叔)인 이양신(李亮臣)의 집안에서 삼대(三代)에 걸쳐 짓고 보존해온 영지초당(靈芝草堂)의 풍경을 읊은 것으로, 삼대는 이단상(李端相)・이희조(李喜朝)・이양신을 가리킨다. 1666년(현종7)에 이단상이 벼슬에서 물러나 양주(楊州) 쌍수촌(雙水村)에 내려와 지내게 되었다. 우연히 마을 서쪽에 있는 영지동(靈芝洞)에 터를 얻게 되어 그곳에 집을 짓고 여생을 보내고자 하였으나 미처 완성하기 전에 세상을 떠났다. 세월이 흘러 1675년(숙종1)에 이단상의 아들 이희조가 그의 스승을 비롯한 노론의 주요 인사들이 몰락하는 것을 보고 가족들을 데리고 영지동으로 내려갔다. 그 후 아버지 이단상의 뜻을 받들어 새로 집을 짓고 '영지초당'이라 편액을 걸고 선친의 사업을 계승하였다고 한다. 《靜觀齋集 續集 卷10 諸公詩》《退憂堂集 卷10 李甥同甫靈芝草堂上梁文》

85 하늘이……하니 : 이름난 유학자(儒學者)인 이단상(李端相)과 이희조(李喜朝)가 작고한 후에 그 뒤를 이을만한 학자가 나오지 않음을 안타까워하는 말이다.

86 운손 : 원문의 '雲'은 '구름'과 함께 '운손(雲孫)'이라는 뜻을 담고 있는데, 썩 먼 후대의 손자를 이르는 말이다.

화악[87]에서 해질 녘에 바라보다

華嶽晩眺

말머리에 뭇 봉우리 빛나고	馬首羣峰色
구불구불 회칠한 성가퀴 밝네	逶迤粉堞明
높이 솟은 것은 하늘 북쪽 끝에 닿고	高連天北極
평평한 것은 한강 남쪽 성[88]을 어루만지네	平撫漢南城
세 군영[89]의 사기 엄숙하고	兵氣三營肅
아홉 사찰[90]의 종소리 맑게 울리네	鐘聲九寺淸
서생이라 묘당의 계책에 어두워	書生昧廟筭
이리저리 서성이며 갓 갠 경치 바라보네	徙倚眺新晴

87 화악(華嶽) : 서울의 북한산을 가리킨다.

88 한강 남쪽 성 : 남한산성(南漢山城)을 가리킨다.

89 세 군영 : 원문의 '三營'은 '삼영문(三營門)'을 줄여서 부르는 말로, 훈련도감(訓鍊都監)·금위영(禁衛營)·어영청(御營廳)을 가리킨다.

90 아홉 사찰 : 북한산성을 축조할 때 이전부터 존재하던 중흥사(重興寺)·태고사(太古寺) 외에 아홉 개의 사찰과 두 개의 암자를 새로이 창건하여 승군들을 거주하게 하였다. 이때 지어진 아홉 개의 사찰은 보국사(輔國寺)·진국사(鎭國寺)·부왕사(扶旺寺)·국녕사(國寧寺)·보광사(普光寺)·원각사(圓覺寺)·용암사(龍巖寺)·상운사(祥雲寺)·서암사(西巖寺)이며, 2개의 암자는 봉성암(奉聖菴)·원효암(元曉菴)이다. 아홉 사찰은 이를 가리키는 것으로 보인다.

교외 나들이

郊行

한가로이 흐르는 물을 따라 근원을 찾아가고자	閒隨流水欲窮源
봄 그늘에 말을 세우니 먼 데 나무 흐릿하네	立馬春陰遠樹昏
들녘 해오라기는 모내기 철 빗속에 쌍으로 날고	野鷺雙飛移稻雨
숲 꾀꼬리는 뽕잎 따는 언덕에서 울어대네	林鶯百囀採桑原
꽃을 보며 홀로 다리 동쪽 길을 기억하는데	看花獨記橋東路
손님 있어 골짝 어귀 마을에서 맞이하네	有客相迎谷口村
그윽한 곳에서 문득 집 지을 것 생각하니	幽處却思成卜築
어느 산인들 사립문 붙이지 못할까	何山不可着柴門

유태중[91] 언길 과 이별하며

別兪泰仲 彦吉

나그네 길은 하늘 끝에 머나먼데　　客路天涯濶
외로운 마을에서 또 그대와 이별하네　　孤村又別君
술동이를 열어 바다에 내리는 눈을 맞고　　開樽當海雪
말을 타고 삼호[92]의 구름을 향하여 가네　　騎馬向湖雲
장대한 뜻은 흐르는 세월에 놀라고　　壯志驚年邁
이별의 말은 한밤중으로 이어지네　　離言入夜分
평생 이웃하여 살려던 계획　　平生卜隣計
이별에 임하여 다시 은근하네　　臨去更慇懃

91 유태중(兪泰仲) : 유언길(兪彦吉, 1695~1743)로, 자는 태중(泰仲)이며 호는 매호(梅湖)이다. 젊어서부터 시문을 잘하여 이름이 났으나, 상란(喪亂)을 겪은 후 과거를 포기하고 은거하여 살다가 1743년에 별세하였다. 이천보와 절친하였으며, 이인상(李麟祥, 1710~1760), 유언술(兪彦述, 1703~1773) 등과 교유한 자취가 보인다. 《진암집》 권6에 수록된 〈유태중의 시권 서문〔兪泰仲詩卷序〕〉에 의하면, 유언길이 이천보에게 보낸 시를 이천보가 모아 두었다가 수십 편이 되자 서문을 써서 유언길에게 보냈다고 한다. 족제 유언술의 《송호집(松湖集)》에 〈매호문집서(梅湖文集序)〉가 실려 있는데, 《매호문집》은 유언길의 문집이다.

92 삼호(三湖) : 원문의 '湖'는 아래의 시 〈삼호에 우거하며 윤여정의 시운을 따라 지었다.〔三湖僑居 次尹汝精韻〕〉에 나오는 '삼호', 즉 '마포(麻浦)'를 가리키는 것으로 보인다.

두 번째 其二

풍진 속에 이별한 지 몇 년이던가	風塵幾年別
등불 밝히고 밤새도록 이야기하네	燈火一宵言
잔설은 마을길을 에워싸고	殘雪圍村逕
차가운 별은 바다 어귀에 움직이네	寒星動海門
시국 걱정일랑 초야로 돌리고	時憂歸畎畝
오도[93]는 천지에 맡기네	吾道信乾坤
젊은 날 날아오르던 뜻은	少日飛騰意
술동이를 마주하고 길게 노래 부르네	長歌對瓦樽

93 오도(吾道) : '유교(儒敎)의 도'를 가리킨다.

삼호[94]에 우거하며 윤여정[95] 치 의 시운을 따라 짓다
三湖僑居 次尹汝精 治 韻

공들의 훌륭한 저택 장안에 성대한데　諸公甲第盛長安
특별한 땅에 내 이제 홀로 문 닫고 앉았네　特地吾今獨掩關
집은 어룡[96]을 가까이하여 드넓은 물에 임하고　宅近魚龍臨水濶
이 내 몸은 닭과 개를 거느리고 한가로이 성을 나서네　身將雞犬出城閒
한밤에 밀물 들자 사람들이 삼남의 배 왔다 말하고　夜潮人語三南舶
활짝 갠 날 창가에선 여러 고을의 산을 맞이하네　晴日窗迎數郡山
흰 새는 높이 날았다 다시 내려오니　白鳥高飛還復下
맑은 물굽이에서 먹고 사는 것 무방하여라　不妨飮啄在淸灣

94 삼호(三湖) : 서울시 마포구 용산강(龍山江) 하류의 마포(麻浦)를 가리킨다. 이천보(李天輔)는 《진암집(晉菴集)》 제6권 〈현포집서(玄圃集序)〉에서 "지난번 임인년 봄에 내가 남호에 놀러갔는데, 여정의 집이 강가에 있다는 말을 듣고 찾아갔다.……마침내 그와 교분을 맺고 급기야 내가 정자를 사서 여정과 이웃하여 살았다.〔往在壬寅春, 余遊南湖, 聞汝精之家在江岸, 就訪焉.……遂與定交, 及余買亭, 與汝精爲隣.〕"라고 하였는데, 남호(南湖)는 곧 용산강이다.

95 윤여정(尹汝精) : 윤치(尹治, ?~?)를 가리킨다. 조선 후기의 시인으로, 본관은 해평(海平)이며, 자는 여정(汝精), 자호(自號)는 묵와(默窩)·현포(玄圃) 등이다. 거문고를 잘 탔으며, 시를 짓고 논하기를 잘하여 이천보(李天輔)와 시사(詩社)를 결성하여 함께 시를 지었다고 한다. 《현포집(玄圃集)》, 《묵와시권(默窩詩卷)》을 저술하였다. 《晉菴集 卷6 玄圃集序》《晉菴集 卷7 題默窩詩卷後》

96 어룡(魚龍) : 물속에서 사는 모든 동물을 통틀어 부르는 말이다.

강가의 저녁

江夕

저무는 어둠에 짙은 구름 더하는데	暝色兼雲重
마침내 물속에 하늘이 어리비치네	終然水暎天
배에 켠 등불은 저잣거리의 말 같고	舟燈猶市語
섬 나무는 인가에 피어오르는 연기 같네	島樹自人煙
고요히 앉았다가 병든 나귀를 따라나서고	靜坐從驢病
외로운 서재에서 조는 백로를 가까이하네	孤齋近鷺眠
삼경[97]이 가장 맑은 때인데	三更最淸界
이지러진 달이 강 복판에 걸려있네	缺月半江懸

97 삼경(三更) : 하룻밤을 다섯으로 나눈 시간 가운데 셋째 부분으로, 밤 11시~새벽 1시 사이를 가리킨다.

잠두[98]에서 옛 일을 생각하며

蠶頭懷古

기울어진 절벽 천 길 높이로 서있고　　仄壁千尋立
맑은 강은 한 줄기로 뻗어있네　　澄江一道開
유유히 흰 갈매기 일어나는데　　悠然白鷗興
취헌[99]은 함께 오지 않네[100]　　不與翠軒來
천지는 시문에 남았고　　天地留篇翰
강산엔 술잔만 있다네　　湖山有酒杯
복숭아꽃 핀 봄날은 저물어가고　　桃花春日暮
흐르는 슬픔만 누대에 가득하네　　流悵滿高臺

98 잠두(蠶頭) : 서울 마포구 합정동 양화진(楊花津) 동쪽 언덕에 있는 봉우리의 이름이다. 봉우리 모양이 누에머리와 같이 생긴 데서 유래한 이름이다.

99 취헌(翠軒) : 박은(朴誾, 1479~1504)의 호인 읍취헌(挹翠軒)을 줄여서 부른 것이다. 박은은 조선 중기의 학자이자 시인으로, 본관은 고령이며 자는 중열(仲說)이다. 1496년(연산군2) 문과에 급제하여 사가독서한 후 홍문관 정자가 되고 수찬으로 있으면서 경연관을 지냈다. 1498년에 유자광(柳子光)과 성준(成俊)을 탄핵하는 상소를 올렸다가 결국 파직되어 옥에 갇혔으며, 이후 자연에 묻혀 술과 시로 세월을 보냈다. 1504년 갑자사화 때 동래로 유배되었다가 다시 의금부에 투옥되어 사형을 당하였는데, 그의 나이 26세였다. 중종반정 후에 신원되고 도승지로 추증되었다. 해동강서파(海東江西派)의 대표적 시인이며, 《읍취헌유고》가 남아있다.

100 취헌(翠軒)은……않네 : 박은(朴誾)은 잠두봉(蠶頭峯) 아래 한강에서 놀기를 좋아하여 그곳에서 노닐면서 〈유잠두(遊蠶頭)〉를 비롯한 수십 편의 시를 지었다. 또한 1502년(연산군8)에 이행(李荇)이 남곤(南袞)·박은과 함께 잠두봉 아래에서 뱃놀이하고 〈잠두록(蠶頭錄)〉을 지었는데, 이때 박은이 지은 〈제잠두록후(題蠶頭錄後)〉가 걸작으로 평가되어 유명하였다.

봄밤의 강가 누대에서 집안사람 장오[101] 명덕 와 함께 짓다
江樓春夜 與宗人章五 命德 同賦

어두운 빛 강가 나무에 피어나니 瞑色生江樹
외로운 배 유람을 마치네 孤舟竟日遊
높은 누대에 맑은 밤이 들고 高樓有清夜
잘 새는 둥근 모래톱에서 오네 宿鳥自圓洲
등불 그림자는 천 송이 꽃에 고요하고 燈影千花靜
거문고에 실은 마음[102] 한 줄기 여울에 흐르네 琴心一瀨流
탁주 마시고 취하기를 사양치 마오 濁醪莫辭醉
내일이면 시름겨운 도성으로 들어갈 테니 明發入城愁

101 장오(章五) : 이명덕(李命德, 1698~?)의 자이다. 본관은 연안(延安)이며 이천보의 종인(宗人)이다. 자세한 내용은 미상이다.

102 거문고에 실은 마음 : 원문의 '琴心'은 비파 연주를 통해서 애모의 마음을 전하는 것을 말한다. 중국 전한(前漢)의 문인 사마상여(司馬相如)가 임공(臨邛)의 부호인 탁왕손(卓王孫)의 딸 탁문군(卓文君)을 금심으로 유혹하여 함께 성도(成都)로 야반도주하였다는 고사가 전한다. 《史記 卷117 司馬相如列傳》

여정[103]의 시에 차운하였다

次汝精

주렴 걷히자 먼 산 한쪽 면 어둡더니	簾捲遙山一面陰
어디에서 온 가랑비 서쪽 숲을 지나나	何來微雨過西林
구름 움직이니 돛 그림자 더디 흐르고	雲移帆自遲遲影
바람 부니 꽃의 마음 외려 적막하네	風動花猶寂寂心
누대가 툭 트이니 바둑돌은 허공 너머에서 울리고	樓逈碁從空外響
몸이 한가하니 시는 꿈속에 읊어지네	身閒詩向夢中吟
백 년의 오도가 창주에 있으니[104]	百年吾道滄洲在
검은 티끌로 하얀 옷깃 물들이지 말지어다	莫遣緇塵染素襟

103 여정(汝精) : 윤치(尹治, ?~?)의 자(字)이다. 조선 후기의 시인으로, 자세한 내용은 94쪽 주95 참조.

104 백 년의……있으니 : '오도(吾道)'는 주자(朱子)의 성리학을 말한다. '창주(滄洲)'는 물가의 수려한 경치로 보통 은자의 거처를 말하며, 주자의 창주정사(滄洲精舍)를 염두에 둔 표현이기도 하다. 주자는 만년에 무이산(武夷山)에 창주정사를 짓고 거처하면서, 〈수조가두(水調歌頭)〉를 지어 "영원히 인간세상의 일을 버리고, 나의 도를 창주에 부치려 하노라.〔永棄人間事, 吾道付滄洲.〕"라고 하였다. 《晦菴集 卷10》

비온 뒤에

雨後

강 언덕에 간밤의 비 그쳤으니	江皐宿雨歇
꽃소식이 다시 어떠한가	花事更何如
깊은 밤 베갯머리에 갈매기 소리 들리고	夜枕連鷗鳥
봄날의 밥상에는 쏘가리가 올라오네	春盤上鱖魚
모래 빛은 배 밖으로 옮아가고	沙光移艇外
버들은 문틈을 가리네	柳色閉門餘
이미 망언[105]의 묘리를 깨달았는지	已覺忘言妙
홀로 떨어져 사는[106] 이의 안부를 묻는 이 없네	無人問索居

105 망언(忘言) : 뜻을 얻으면 말은 필요가 없어진다는 뜻으로, 《장자(莊子)》 〈외물(外物)〉에 "말이란 뜻을 전달하기 위한 것이니, 뜻을 얻으면 말을 잊는다.〔言者, 所以在意, 得意而忘言.〕"라고 한 데서 나온 말이다. 또한 말을 주고받지 않아도 서로 뜻이 통하는 친구 사이를 '망언지교(忘言之交)'라고 하는데, 중국 진(晉)나라의 산도(山濤)가 완적(阮籍)을 만나 죽림(竹林)에서 사귀면서 망언의 친교를 맺었다고 한다.《晉書 卷43 山濤列傳》

106 홀로 떨어져 사는 : 원문의 '索居'는 '이군삭거(離群索居)'의 준말로, 붕우의 곁을 떠나서 홀로 외롭게 지내는 것을 뜻한다. 공자의 제자 자하(子夏)가 서하(西河)에 은둔해 있었는데 아들이 죽자 너무 슬퍼한 나머지 실명(失明)하였다. 증자(曾子)가 문병을 오자 자하는 죄 없는 자신에게 불행이 찾아왔다고 한탄하였다. 이에 증자가 자하의 죄를 낱낱이 따지자 자하가 그 말에 수긍하면서, "내가 잘못했다. 내가 잘못했다. 내가 벗들을 떠나 홀로 지낸 지가 또한 너무 오래되었다.〔吾過矣. 吾過矣. 吾離羣而索居, 亦已久矣.〕"라고 한 데서 나온 말이다.《禮記 檀弓上》

배를 타고 놀았다

舟遊

거문고 하나와 쌍 젓대 소리	孤琴與雙笛
맑고 깨끗하게 서로 어울리네	瀟灑兩相宜
꽃 기미는 모래가 따뜻해진 것 알고	花氣知沙暖
못물 빛은 느릿느릿 젓는 노 따라 일렁이네	潭光任棹遲
흰 갈매기는 술병 마주한 자리 엿보고	白鷗窺對酒
푸른 산봉우리는 시 짓는 곳에 다가오네	綠嶂近題詩
창주의 일[107] 아직 다하지 않았는데	不盡滄洲事
관아 누대에서 다시 좋은 시절 맞았네	官樓更好期

107 창주(滄洲)의 일 : 은거하며 유도(儒道)를 닦는 것을 가리킨다.

강가 누대에서 비를 읊다

江樓賦雨

사월이라 호숫가에 내리는 비가	四月湖邊雨
부슬부슬 먼 하늘을 씻어내네	霏霏洒遠空
기세 미약해 처음엔 안개에 묻히더니	勢微初入霧
소리 급해지고 다시 바람을 따르네	聲急更隨風
나무 어두워 장차 황새 깃들려하고	樹黑將棲鸛
산 밝아 홀연 무지개가 끊어지네	山明忽斷虹
기우는 해는 밤섬[108]에 내리고	斜光臨栗島
뱃노래는 누대 동쪽에 있네	漁唱在樓東

108 밤섬〔栗島〕: 서울 한강에 있는 섬의 이름으로, 섬의 모양이 마치 밤알을 까놓은 것처럼 생겼다 하여 붙여진 이름이다.

여정이 와서 묵었다

汝精來宿

강물 빛은 나그네 베갯머리에 머물고	江光留客枕
밤 고요하니 달이 뜨락을 굽어보네	夜靜月臨庭
잘 새는 멀리 하얀 모래사장에 깃들고	宿鳥遙沙白
봄 등불은 두어 그루 푸른 버들을 비추네	春燈數柳青
뱃노래 은은하게 들려오는데	漁歌來窈窕
누대 그림자는 맑고 차가운 물속에 잠기네	樓影入淸泠
반갑게도 자네가 자주 들러주어서	喜爾頻相過
써준 시가 굽이굽이 병풍에 가득하다네	題詩滿曲屛

한강
漢江

물 넓고 백사장 긴데 나그네는 뱃전에 기대어	水濶沙長客倚舷
남한산성을 석양 가에서 되돌아보네	南城回望夕陽邊
시는 중국 사신이 뗏목 타던[109] 곳에 전하고	詩傳漢使乘槎地
눈물은 오랑캐가 말 먹이던 때에 흘렸네	淚入胡兒飮馬年
북쪽으로 바라보는 산하는 옛 것이 아닌데[110]	北望山河非昔日
서쪽으로 오는 기러기는 또 다시 가을이네	西來鴻鴈又秋天
강 복판에서 노 두드리며[111] 비장한 노래 부르면서	中流擊楫悲歌發

109 뗏목 타던 : 원문의 '乘槎'는 천자(天子)의 명을 받들고 해외에 사신(使臣)으로 나가는 것을 말한다. 한(漢)나라의 장건(張騫)이 무제(武帝)의 명을 받들고 황하(黃河)의 근원을 찾으러 배를 타고 가다가 은하수 위로 올라가 하늘 궁궐을 구경했다는 전설에서 나온 말이다.《天中記 卷2》

110 북쪽으로……아닌데 : 이제는 중국 땅에 명(明)나라 대신 청(淸)나라가 자리 잡고 있음을 한탄한 것이다.

111 강……두드리며 : 원문의 '中流擊楫'은 '강의 복판에서 노를 두드린다.'는 뜻으로, 잃어버린 땅을 되찾고자 하는 굳은 결심을 말한다. 중국의 진(晉)나라가 흉노에게 중원을 빼앗기고 강남(江南)으로 밀려 동진(東晉)을 세우게 되자 이에 분개한 진나라의 장수 조적(祖逖)이 원제(元帝)에게 북벌(北伐)을 극력 주장하였다. 북벌에 반대할 명분이 없었던 원제는 조적을 분위장군 겸 예주자사(奮威將軍兼豫州刺史)로 임명하고 고작 1000명분의 식량과 3000필의 베를 주어 보냈다. 그러나 조적은 조금도 낙담하지 않고 배를 타고 강북(江北)으로 건너가면서, 배가 강의 한가운데 이르렀을 때 노를 두드리며 "나 조적은 중원을 회복하지 못한다면 결코 돌아오지 않을 것이다."라고 맹세하였다는 데서 나온 말이다.《晉書 卷62 祖逖列傳》

만고에 관중·악의[112]의 어짊을 길이 생각하네　　萬古長懷管樂賢

112 관중(管仲)·악의(樂毅) : 원문의 '管樂'은 중국 춘추 시대 제(齊)나라의 명상(名相)인 관중과 전국 시대 연(燕)나라의 명장인 악의를 아울러 일컫는 말이다. 관중과 악의에 대한 자세한 내용은 67쪽 주43 참조.

국청사[113]

國淸寺

선방 등불 아래 잠 못 이루는데	不寐禪燈下
가을바람이 해진 갖옷을 끌어당기네	西風攬敝裘
천 리 산하는 한스럽고	山河千里恨
사경[114]의 잠자리는 가을이라	枕席四更秋
골짝 울리던 종소리는 구렁에 가라앉고	谷響鐘沉壑
텅 빈 하늘에 달빛만 누대에 일렁이네	天虛月動樓
세상을 평정하고자 하는[115] 서생의 뜻에	書生平世意
추상의 기운이 오구[116]에 엷게 서리네	霜氣薄吳鉤

113 국청사(國淸寺) : 남한산성(南漢山城)에 있는 절의 이름으로, 1624년(인조2)에 벽암(碧巖) 각성(覺性)이 창건하였다. 각성은 팔도도총섭(八道都摠攝) 총절제중군주장(總節制中軍主將)에 임명되어 남한산성을 쌓으면서, 외적의 침입에 대비하여 국청사 등 일곱 개의 사찰을 세우고 이곳에 무기와 화약·군량미 등을 비축하였다.

114 사경(四更) : 새벽 1시~3시 사이를 가리킨다.

115 세상을 평정하고자 하는 : 중원에서 청(淸)나라를 몰아내고 다시 명(明)나라를 세우고자 한다는 말이다.

116 오구(吳鉤) : 중국 춘추 시대의 오(吳)나라에서 만든 갈고리 모양의 병기로, 전하여 명검(名劍)을 뜻한다.

또 읊었다

又賦

낙엽만 쓸쓸한 옛 전쟁터	落木蕭蕭古戰場
서풍이 나그네를 불어 선방에 이르게 하였네	西風吹客到禪房
종소리 들리는 옛 성첩엔 가을달이 걸리고	鐘聲古堞秋懸月
병기 서린 제천[117]엔 밤 서리가 내리네	兵氣諸天夜下霜
산의 형세 천고에 험하다 하더니	已道山形千古險
오랑캐 운세 백 년 감을 부질없이 슬퍼하네[118]	空悲胡運百年長
아침이 오자 다시 삼신의 사당[119]을 향하니	朝來更向三臣廟
늙은 잣나무 황폐한 뜨락에 위엄 있게 늘어섰네	老栢荒庭儼作行

117 제천(諸天) : 천상(天上)의 여러 하늘 혹은 부처를 가리키는 불교 용어로, 전하여 산꼭대기에 있는 절을 가리키기도 한다. 여기서는 산사 혹은 산사의 하늘을 중의적으로 가리키는 것으로 보인다.

118 오랑캐……슬퍼하네 : 옛말에 "오랑캐의 운세는 백 년을 넘지 않는다."라는 말이 있는데, 청(淸)나라는 백 년을 넘어가고 있음을 슬퍼하는 것이다.

119 삼신(三臣)의 사당 : 삼신, 즉 세 명의 신하는 병자호란 때 청(淸)나라에 항복하는 것을 끝까지 반대하였다가 후에 심양(瀋陽)으로 잡혀가 죽음을 당한 홍익한(洪翼漢)·오달제(吳達濟)·윤집(尹集)을 가리킨다. 남한산성에는 이들 삼학사(三學士)를 모신 사당인 현절사(顯節祠)가 있다.

남한

南漢

만 번을 굽이친[120] 한강은 평평하게 흐르는데 江漢平臨萬折濤
성가퀴에 기대어 호걸이 되지 못함을 장탄식하네 長歌倚堞不成豪
산봉우리엔 아직도 비릿한 먼지[121] 남아 있으니 中峰留帶腥塵色
교만한 오랑캐가 당시에 말을 타고 우뚝 섰었네 驕虜當年立馬高

두 번째 其二

첩첩 산봉우리 우뚝 솟아 여장[122]에 기대었는데 疊嶂峩峩倚女墻
송파[123]에서 나르는 군량[124] 구름 속으로 길게 들어가네 松坡飛輓入雲長
까마귀 우는 옛 보루에 단풍나무 숲 붉으니 鴉啼古壘楓林赤
예가 바로 연양[125]이 야전하던 곳임을 알겠네[126] 知是延陽夜戰場

120 만 번을 굽이친 : 원문의 '萬折'은 '만절필동(萬折必東)'의 준말로, 중국의 황하(黃河)가 만 번을 꺾여 흐르지만 반드시 동쪽으로 흘러 황해로 흘러 들어간다는 데서 나온 말이다. 충신의 절개는 꺾을 수 없음을 비유하며, 조선이 한결같이 명나라를 사모하며 받들고 있다는 뜻을 담고 있다.

121 비릿한 먼지 : 누린내 나고 더러운 청나라 오랑캐를 가리킨다.

122 여장(女墻) : 성 위에 낮게 쌓은 담으로, 성가퀴라고도 한다.

123 송파(松坡) : 지금의 서울시 송파를 말하는 것으로, 한강을 건너는 나루였다.

124 나르는 군량 : 원문의 '飛輓'은 '비추만속(飛芻輓粟)'의 준말로, 꼴과 군량을 빨리 수송한다는 뜻이다.

125 연양(延陽) : 이시백(李時白, 1581～1660)을 가리킨다. 조선 후기의 문신으로, 본관은 연안(延安)이며 자는 돈시(敦詩), 호는 조암(釣巖)이다. 성혼(成渾)・김장생

세 번째 其三

오래된 절 종 울리고 달은 성문 비추는데　古寺鐘鳴月照闉
상방[127]의 등불이 다시 사람을 붙잡네　上方燈火更留人
제천[128]의 밤빛은 물처럼 서늘한데　諸天夜色凉如水
행궁에서 북신[129]에 절하던 것 아직도 생각나네[130]　尙憶行宮拜北辰

(金長生)의 문인이며, 1623년(광해군15) 유생의 신분으로 아버지 이귀(李貴)와 함께 인조반정에 참여하여 정사 공신(靖社功臣) 2등에 녹훈되었다. 그 후 수원 방어사·총융사 등의 주요 부대 사령관을 역임하고, 형조·병조·이조 등의 판서를 7번이나 지냈으며 영의정의 자리까지 올랐다. 1623년(인조1) 이괄의 난에 참가하여 반란군을 격파하고, 정묘호란 때에는 수원 방어사로 인조를 강화도로 대피시켰다. 1636년에는 병조참판으로 남한산성 수어사를 겸하다가 병자호란이 일어나자 인조를 맞이하고 서성장(西城將)으로 성을 수비하였다. 패전 후에는 최명길과 함께 상황을 수습하고 대동법 등을 실시하여 사회를 안정시키는 데 큰 공을 세웠다. 효종 대에 연양부원군(延陽府院君)에 봉하여졌으며, 시호는 충익(忠翼)이다.

126 예가……알겠네 : 이시백(李時白)은 1636년(인조14)에 병조 참판으로 남한산성 수어사를 겸하고 있었는데, 이때 남한산성에서 야간훈련을 실시하고 군사들을 격려하였다. 얼마 후 병자호란이 일어나자 인조를 남한산성으로 맞이하여 농성(籠城)하는 한편, 서성장(西城將)이 되어 장수들과 함께 산성 방어에 앞장섰다.

127 상방(上方) : 본래 주지(住持)의 거처를 뜻하였으나, 전하여 사찰의 대명사로 쓰인다.

128 제천(諸天) : 천상(天上)의 여러 하늘 혹은 부처를 가리키는 불교 용어로, 여기서는 산사의 주위를 뭉뚱그려 표현한 것으로 보인다.

129 북신(北辰) : 중국 황제의 조정을 가리키는 것으로, 《논어(論語)》〈위정(爲政)〉에서 "덕으로 정치를 하는 것은 마치 북극성이 제자리에 가만히 있어도 뭇별들이 그를 에워싸는 것과 같다.〔爲政以德, 譬如北辰居其所而衆星共之.〕"라고 한 데서 나온 말이다.

130 행궁(行宮)에서……생각나네 : 병자호란 때 청나라의 침략을 피하여 남한산성에 행궁을 설치하고 조정을 옮겼는데, 그런 가운데에도 명(明)나라에 대한 의리를 잊지 못하고 명나라의 궁궐이 있는 쪽을 향하여 절하고 예를 올렸던 사실을 가리킨다.

역병에 걸렸다가 조금 나아 식구들이 비로소 단란하게 모였다. 우리나라 사람의 문집에 실린 시의 운을 뽑아 따라 지었다

遘癘少愈 室家始團聚 拈次東人集中韻

골육을 만남에 눈이 번쩍 뜨이니	眼明逢骨肉
병석에 엎드려 그 얼마나 그리워하였던가	伏枕幾相思
기쁨이 지극하니 도리어 말이 없고	喜極還無語
정이 사무치니 다시 슬픔이 되네	情多更作悲
어찌 헤어지는 날을 알 수 있을까	豈能知別日
아직도 위독했던 때가 생각나네	猶自記危時
이 모두가 나의 명에 말미암는 것이라 감히 말하며	敢道由吾命
잔 들어 다시 의원에게 사례하네	持杯更謝醫

두 번째 其二

삼십일간의 재앙을 다 겪고	度盡三旬厄
내 이제 건재한 몸을 보게 되었네	吾今見在身
돌이켜 병들었을 때의 일을 생각하니	却思病時事
모든 것이 꿈속의 사람을 보는 듯하네	渾似夢中人
동쪽 창에 꽃 그림자 비치는 낮	花影東牕日
북쪽 동산에 꾀꼬리 우는 봄	鶯聲北苑春
청산이 발 밖에 있는데	青山簾外在
마주 대하니 옛 정신이 나네	相對舊精神

용인[131] 읍촌에서 묵다

宿龍仁邑村

자리에 누워 아산현[132]이 가까운 줄 깨달으니	臥知山縣近
오경[133]의 하늘에 외로운 나팔 소리 들리네	孤角五更天
횃대 위 닭 너머의 이지러진 달	缺月塒雞外
마구간 말 앞의 차가운 등불	寒燈櫪馬前
생계는 삼묘의 택지[134]에 두고	計存三畝宅
시는 〈사수〉 편[135]을 이어 짓네	詩續四愁篇
세밑의 가없는 생각에	歲暮無窮意
우는 벌레가 함께 잠 못 이루네	鳴虫共不眠

131 용인(龍仁) : 지금의 경기도 용인을 가리킨다.

132 아산현(牙山縣) : 원문의 '山縣'은 아산현을 가리키는 것으로 보이며, 지금의 충청도 아산을 말한다.

133 오경(五更) : 하룻밤을 다섯으로 나눈 시간 가운데 다섯째 부분으로, 새벽 3시~5시 사이를 가리킨다.

134 삼묘(三畝)의 택지 : 원문의 '三畝宅'은 '세 이랑 정도의 땅'이란 뜻으로, 한 사람이 먹고 살만한 작은 땅을 말한다. 《회남자(淮南子)》〈원도훈(原道訓)〉에 "한 사람의 능력만 믿으면 삼묘의 택지도 다스릴 수 없다.〔任一人之能, 不足以治三畝之宅也.〕"라고 한 데서 나온 말이다.

135 〈사수(四愁)〉 편 : 중국 후한(後漢)의 신하 장형(張衡)이 지은 〈사수시(四愁詩)〉를 가리킨다. 장형이 외직으로 나가 하간왕(河間王)의 상(相)으로 있을 때, 하간왕이 교만하고 사치한 것을 보고 시국을 근심한 나머지 4장(章)으로 된 〈사수시〉를 지어서 답답한 심회를 토로하였다고 한다. 《文選 卷29》

천안 가는 길에 지어 불렀다[136]

天安道上口占

저 멀리 서리 내린 하늘에 외기러기 돌아오는데	極目霜空一鴈還
나는 쓸쓸하게 호서의 관문을 향하여 가네	吾行蕭瑟向湖關
뜬구름은 무슨 뜻으로 외로운 나그네를 따르나	浮雲何意隨孤客
낙엽은 가없이 우뚝한 산에 쌓이네	落木無邊有斷山
세운은 서책 속에서 상심하게 되고	世運傷心書卷裏
인생은 말발굽 사이에서 다사다난하네	人生多事馬蹄間
천추에 방공의 은거[137]를 추억하지만	千秋却憶龐公隱
세상 밖의 고상한 풍도 아득하여 따라잡을 수 없네	物外高風杳莫攀

136 지어 불렀다 : 원문의 '口占'은 시를 지어 입으로 읊는 것이다.

137 방공(龐公)의 은거 : 방공은 중국 후한(後漢)의 은사(隱士)인 방덕공(龐德公, ?~?)을 가리킨다. 자는 자어(子魚)·상장(尙長)이며, 양양(襄陽) 일대에 은거하면서 사마휘(司馬徽)·제갈량(諸葛亮)·방통(龐統)·서서(徐庶) 등의 인재들과 교류하며 세상사를 토론하였다. 제갈량은 그를 스승으로 예우하였고 방문할 때면 항상 침상 아래에서 절을 하였다고 한다. 당시 형주 자사(荊州刺史)로 있던 유표(劉表)가 여러 차례 간절히 방덕공을 초청하였으나 끝내 응하지 않았고, 처자를 데리고 녹문산(鹿門山)에 들어가 약초를 캐며 살다가 생을 마쳤다. 《後漢書 卷113 龐公列傳》

군재[138]에서 아침 일찍 일어나

郡齋早起

지난밤 내내 잠자리에 벌레 소리 들리더니　臥聽虫聲昨夜長
가을바람에 나그네 옷차림이 서늘함을 깨닫네　西風偶覺客衣凉
간밤 구름 속 기러기는 봉우리의 해를 넘어가고　宿雲鴈度孤峰日
새벽 나팔 소리에 까마귀는 만목의 서리 사이에 파닥이네　曉角鵶翻萬木霜
다병하던 장경은 오랫동안 소갈병을 안고 살았고[139]　多病馬卿長抱渴
슬픈 노래 부르던 초나라 객은 미친 척하길 꺼리지 않았네[140]

138 군재(郡齋) : 고을 수령이 거처하는 관사(館舍)이다.

139 다병(多病)하던……살았고 : '장경(馬卿)'은 사마상여(司馬相如, 기원전 179~기원전 117)의 자(字)로, 중국 전한(前漢)의 문인이다. 부(賦)를 잘 지어 무제(武帝)의 총애를 받았으며 후대 문학에 많은 영향을 끼쳤다. 궁핍한 시절에 지은 〈자허부(子虛賦)〉가 무제의 눈에 띄어 시종관이 된 후 중랑장(中郎將), 효문원령(孝文園令) 등을 역임하였다. 《사기(史記)》 권117 〈사마상여열전〉에 의하면 사마상여는, "평소 소갈증을 앓았다.……그는 벼슬에 나갔으나 일찍이 공경이나 나랏일에는 관여하지 않으려 하였고 질병을 핑계 삼아 한가하게 살면서 관직과 작위를 흠모하지 않았다.……상여는 병이 들어 벼슬을 그만두고 무릉에 있는 집에서 살았다.〔常有消渴疾.……其進仕宦, 未嘗肯與公卿國家之事, 稱病間居, 不慕官爵.……相如旣病免, 家居茂陵.〕"라고 하였다. 소갈병(消渴病)은 당뇨병과 같은 것으로, 물을 많이 마시고 음식을 많이 먹으나 몸은 여위고 소변의 양이 많아지는 병이다.

140 슬픈……않았네 : 원문의 '楚客'은 중국 춘추 시대 초나라의 은자(隱者) 육통(陸通, ?~?)을 가리키는 것으로, 접여(接輿)라는 자(字)로 잘 알려져 있다. 소왕(昭王) 때 나라의 정치에 법도가 없음을 보고 머리를 산발하고 거짓으로 미친 체하며 벼슬에

悲歌楚客不嫌狂

요사이 서울 꿈이 꾸어지지 않았는데　　邇來夢斷長安事

우연히 누대에 올라 고향을 바라보네　　偶爲登樓望故鄕

나아가지 않아 초광(楚狂)이라고 불렸다. 공자가 초나라로 가려고 하자 접여가 그 앞을 지나가면서 노래하기를, "봉이여, 봉이여! 어찌 그리도 덕이 쇠하였는가? 지나간 일은 간할 수 없거니와 오는 것은 오히려 따를 수 있으니, 그만둘지어다, 그만둘지어다! 오늘날 정치에 종사하는 자들은 위태로우니라.〔鳳兮鳳兮! 何德之衰? 往者不可諫, 來者猶可追. 已而已而! 今之從政者殆而.〕"라고 하였다. 공자가 이에 수레에서 내려 이야기하려 하였으나 빨리 걸어 피하였으므로 결국 만나지 못하였다고 한다.

만동[141]
萬東

밝은 태양 아래 화양동[142]에	白日華陽洞
하늘이 거룩한 황제의 사당을 남겨두었네	天留聖帝祠
초나라 백성은 세 집도 남아있지 않고[143]	楚民三戶盡
두견새는 오경[144]에 슬피 우네[145]	蜀魄五更悲

141 만동(萬東) : 만동묘(萬東廟)를 가리키는 것으로, 중국 명(明)나라의 신종(神宗)을 제사지내기 위해 세운 사당이다. 1689년(숙종15)에 송시열이 사사(賜死)되면서 제자인 권상하(權尙夏)에게 유명(遺命)을 남기기를, 임진왜란 때 조선을 도와준 데 대한 보답으로 신종과 함께 의종(毅宗)의 사당을 세워 제사지낼 것을 부탁하였다. 이에 권상하는 동료 및 유생들의 도움을 얻어 1704년에 화양동(華陽洞)에 만동묘를 창건하고, 신종과 의종의 신위를 함께 봉안하여 제사를 지내기 시작하였다.

142 화양동(華陽洞) : 충청북도 괴산군 청천면에 있는 골의 이름이다.

143 초(楚)나라……않고 : 중국 전국 시대 말년에 진(秦)나라가 초(楚)나라 회왕(懷王)을 속여서 청하고는 돌려보내지 않았다. 회왕이 돌아오지 못하고 결국 그 곳에서 죽게 되자 진나라에 대한 초나라 사람들의 원한이 매우 깊어져, "초나라가 비록 세 집〔三戶〕이라도 진나라를 망치는 것은 반드시 초나라일 것이다."라는 말을 하였다고 한다. 그런데 그 뒤에 초나라 항우가 군사를 이끌고 삼호진(三戶津)을 건너 진나라의 장감(章邯)을 격파하고 멸망시켰으니 그 말이 예언이 되었다는 이야기가 있다. 《史記 卷7 項羽紀》 여기서는 더 이상 명(明)나라의 원수를 갚을 만한 세력이 없음을 비유한 것으로 보인다.

144 오경(五更) : 새벽 3시~5시 사이를 가리킨다.

145 두견새는……우네 : 원문의 '蜀魄'은 두견새의 별칭이다. 중국 촉(蜀)나라의 망제(望帝)가 재상 별령(鱉令)에게 대규모 운하 공사를 맡기고 그의 아내와 간음하였다가 왕위를 빼앗기고 달아났다. 망제는 죽어서 두견새가 되어 고향을 그리워하며 밤낮으로

초목엔 구름 그늘이 쓸쓸하고	草樹雲陰肅
풍진 세상엔 오랑캐 운세 오래도 가네[146]	風塵虜運遲
맑은 시내는 아무런 생각도 없이	淸溪無意緖
일백 번을 꺾여서 어디로 가려 하나[147]	百折欲何之

슬피 울었는데, 그 울음소리가 "귀촉도 불여귀(歸蜀道, 不如歸.)", 즉 "촉도로 돌아가자. 돌아감만 못하다."라고 하는 것처럼 들렸다. 이에 촉나라 사람들이 망제를 가엽게 여겨 두견새를 '촉나라의 넋'이라는 뜻의 촉백(蜀魄)' 또는 '망제의 혼'이라는 뜻의 '망제혼(望帝魂)'이라고 불렀다. 여기서는 만동묘(萬東廟)에 봉안된 명(明)나라 신종(神宗)과 의종(毅宗)의 넋이 고향인 중국을 그리워할 것이라는 의미를 담고 있다.

146 오랑캐……가네 : 옛말에 "오랑캐의 운세는 백 년을 넘지 않는다."라는 말이 있는데, 청(淸)나라는 기운이 쇠하지 않고 오래 감을 한탄하는 것이다.

147 일백……하나 : 원문의 '百折'은 '백절필동(百折必東)'의 준말로, 중국의 황하(黃河)가 백 번을 꺾여 흐르지만 반드시 동쪽으로 흘러 황해로 흘러 들어간다는 데서 나온 말이다. 그런데 이제 강물이 "어디로 가려 하나."라고 물은 것은 그러한 확신에 대한 회의를 표현한 것으로, 명(明)나라를 회복할 수 없을지도 모른다는 불안을 표현한 것으로 보인다.

환장암[148]

煥章菴

황제의 사당 옆 선문에	禪扉隣帝廟
서글픈 저녁 종소리	怊悵暮鐘聲
푸른 시내는 천고에 비었는데	碧澗空千古
청산만 홀로 대명하구나	靑山獨大明
비스듬한 언덕엔 사슴이 통해 다니고	側崖通過鹿
깊은 나무엔 우는 꾀꼬리가 있네	深樹有啼鶯
황제의 필적 이끼 낀 절벽에 남았는데	御墨留苔壁
어루만지며 다시 처창한 심정이라	摩挲更愴情

148 환장암(煥章菴) : 화양동(華陽洞)에 있는 암자의 이름이다. 숙종조에 민정중(閔鼎重)이 연경(燕京)에 갔다가 명(明)나라 의종(毅宗)의 어필인 "비례부동(非禮不動)" 4자를 얻어서 돌아왔다. 그것을 본 송시열(宋時烈)이 의종의 어필을 영원히 보존하고자 화양동(華陽洞)의 바위 절벽에 모각한 후, 원본은 근처에 있는 산사(山寺)에 두고 그곳의 승려들에게 지키게 하였다. 이어 그 건물에 '환장(煥章)'이라는 편액을 써서 주었는데, 《논어(論語)》에 나오는 "찬란한 그 문장이여!〔煥乎其有文章!〕"의 뜻을 취한 것이었다. 《文谷集 卷4 爲尤齋寄題煥章菴》《宋子大全 卷47 答洪元九》《宋子大全 附錄 年譜》

늦봄에 남길재[149] 유상 의 시운을 따라 짓다

暮春 次南吉哉 有常 韻

한가로이 지내다 홀연 청명을 보내버리고	閒居忽已送淸明
뜨락의 풀 무성한데 홀로 형문을 닫아걸었네	庭草萋萋獨掩荊
꽃 핀 산의 모습은 우로와 뒤섞이고	花發山容渾雨露
새 우는 하늘 기색은 자주 흐렸다 갰다 하네	鳥鳴天氣屢陰晴
잠든 후에도 술통엔 술이 밤새 떨어지고	夜槽酒向眠中滴
병을 앓고 나니 봄옷 차림 가벼워졌네	春服身從病後輕
《남화경》[150] 다 읽고 그저 안석에 기대어	讀罷南華聊隱几
그 옛날 칠원의 삶[151]에 마음을 의탁하네	心期遙托漆園生

149 남길재(南吉哉) : 남유상(南有常, 1696~1728)을 가리키는 것으로, 길재는 그의 자이다. 자세한 내용은 51쪽 주2 참조.

150 《남화경(南華經)》 : 《남화진경(南華眞經)》의 약칭으로, 중국 전국 시대의 대표적 도가(道家) 사상가인 장자(莊子)가 지은 《장자(莊子)》의 다른 이름이다.

151 칠원(漆園)의 삶 : 자질구레한 예법에 얽매이지 않고, 말단 관리이지만 고위 관리 앞에서도 기가 꺾이지 않는 삶을 의미한다. 장자(莊子)가 몽(蒙) 땅의 칠원(漆園)이란 곳에서 벼슬을 한 적이 있었는데, 초(楚)나라 위왕(威王)이 그가 어질다는 말을 듣고 사자(使者)를 보내 후한 폐백을 주고 재상으로 맞이하려 하였다. 이에 장자가 웃으면서 그 사자에게 이르기를, "나를 더럽히지 말고 빨리 가라."라고 하며 물리쳤는데, 이를 두고 진(晉)나라 곽박(郭璞)이 '오만한 관리'라고 일컬었다고 한다. 《莊子 秋水》

동고[152]

東郊

흥인문 밖에 비 막 개고 나니	興仁門外雨新晴
방죽으로 난 길에 어지러운 물 자국 선명하네	路轉陂塘亂水明
들 빛은 멀리 외론 학 서있는 데서 나뉘고	野色遙分孤鶴立
가을 소리는 홀연 한 마리 매미 우는 데로 들어가네	秋聲忽入一蟬鳴
사람을 만나 전원에 살겠다 실없이 말만 하고	逢人謾說求田計
손님 보내려다 성문 밖으로 나가보네	送客還成出郭行
밭두렁에 호미 멘 이 누구인가	壟上荷鋤者誰子
내 이제부터 자네를 따라 이름을 감추고 살려네	吾今從爾欲藏名

152 동교(東郊) : '동쪽 교외'라는 뜻으로, 동대문 밖의 교외를 가리킨다.

가을밤

秋夜

잠 못 드는 시간에 검을 바라보니[153] 不寐時看劒
벌레 소리도 새벽까지 들리네 虫聲亦到晨
발을 걷으니 서리가 온 집에 가득하고 捲簾霜滿院
지팡이 짚고 서니 달빛이 몸에 내리네 倚杖月臨身
가을빛은 오늘 밤이 남았는데 秋色餘今夕
우리 무리는 몇 명이나 있는가 吾徒有幾人
차가운 꽃이 만고의 세월을 머금고 있으니 寒花含萬古
나의 회포 너와 친히 나눌 수 있으리 懷抱爾相親

153 검을 바라보니 : 우국충정을 지닌 강개한 선비의 모습을 나타낸다.

청평사[154]

清平寺

골짝 나무는 스산한 소리를 내고	谷樹悄生響
종은 객이 도착할 때 울리네	鐘鳴客到時
우연히 온 유수 멀리 흘러가니	偶來流水遠
이 뜻을 고인은 알았다네	此意古人知
누대 고요하니 구름이 자리에 어리고	樓靜雲依榻
산이 텅 비니 달이 연못에 비치네	山虛月倒池
갓 서리 내린 단풍잎 깨끗하여	新霜楓葉淨
하나하나 나의 시를 적어보네	一一寫吾詩

154 청평사(淸平寺) : 강원도 춘천 청평산(淸平山)에 있는 절의 이름이다. 고려 시대에 이자현(李資玄)이 벼슬을 버리고 이곳에 은거하여 수도하였으며, 조선 시대에는 생육신(生六臣)의 한 사람인 김시습(金時習)이 한동안 청평사의 세향원(細香院)에 머물렀다고 한다.

북한산성의 장대[155]

北漢將臺

듣자하니 우리 임금께서 이곳에 거둥하실 때　　聞說吾王御此臺
둥근 옥[156]을 찬 일천 관원이 멀리서 배회하였다네[157]　千官環佩逈徘徊
세 봉우리[158]의 해는 펄럭이는 용기[159]를 둘러싸고　三峰日抱龍旗轉

155 북한산성의 장대(將臺) : '장대'는 전쟁이나 군사훈련 시 장수들이 성(城) 안의 군사들을 지휘할 수 있게 만들어놓은 대(臺)로, 성 전체의 상황이 한 눈에 들어오는 장소에 위치하였다. 이 시의 배경인 1712년(숙종38) 4월경에 완성을 본 장대는 동장대(東將臺)·남장대(南將臺)·북장대(北將臺) 등 모두 세 곳이었는데, 여기서는 그 중 동장대를 가리킨다. 《숙종실록》 38년(1712년) 4월 10일의 기사에 "임금이 북한산성에 행행(行幸)하였다. 아침 일찍 떠나 서교(西郊)를 경유하여 북한산성에 이르렀다. 서문(西門)으로 들어가 수문(水門)을 차례로 관람하고 이어 소석가현(小釋迦峴)에 올라 성(城) 안팎을 두루 보고자 하였으나 길이 험하고 닦아지지 않았기 때문에 단지 시단봉(柴丹峰)에만 올랐을 뿐이었다."라고 하였는데, 시단봉에 최고 지휘관의 지휘소인 동장대가 자리 잡고 있었다.

156 둥근 옥 : 원문의 '環佩'는 관리들이 관복이나 예복의 좌우에 드리워 차는 옥(玉)을 가리킨다.

157 듣자하니……배회하였다네 : 《숙종실록》 38년(1712년) 4월 10일의 기사에 숙종이 북한산성에 행행(行幸)하고 신하들과 함께 북한산성의 형편에 대하여 논한 내용이 실려 있다.

158 세 봉우리 : 북한산을 일명 삼각산(三角山)이라고도 하는데, 백운대(白雲臺)·국망봉(國望峯)·인수봉(仁壽峯) 세 봉우리가 뿔처럼 높이 서 있어서 붙여진 이름이다. 국망봉은 만경대(萬景臺)라고도 부른다.

159 용기(龍旗) : 두 마리 용이 날아오르는 모습을 그린 기(旗)로, 임금의 행차에 쓰이는 의장(儀仗) 가운데 하나이다.

일만 골짜기의 구름은 돌아가는 봉련[160]을 떠받드네 萬壑雲扶鳳輦回
험준함은 다만 지세에 기대는 것이 마땅하고 險阻只應憑地勢
안위는 모름지기 인재를 찾는 것이 시급하다네 安危須急問人材
서생은 태평성세에 한가로이 일이 없어 書生平世閒無事
골짝 안에 꽃구경하러 다시 왔다네 洞裏看花再度來

160 봉련(鳳輦) : 임금이 타는 수레로, 수레 지붕 꼭대기에 황금으로 봉황 모양의 장식을 하였다.

부왕사[161]

扶旺寺

달맞이하는 나그네 누대 동쪽에 오르니	客迎孤月上樓東
달그림자[162] 배회하다 절벽의 단풍을 비추네	素影徘徊射壁楓
깊은 산골 구석에 길이 끊어진 것만 깨닫고	但覺路窮幽澗底
묵은 구름[163] 사이에 몸이 있는 줄 알지 못하네	不知身在宿雲中
선심[164]과 중뢰[165]는 온통 정[166]으로 돌아가고	禪心衆籟渾歸定
야기[167]와 징담[168]은 모두 공[169]이라네	夜氣澄潭併是空
삼경[170]의 잠자리 물처럼 차가우니	枕席三更冷如水

161 부왕사(扶旺寺) : 북한산성(北漢山城)에 있던 절의 이름으로, 1717년(숙종43)에 심운(尋雲)이 창건하였다. 숙종은 북한산성을 수비하기 위하여 산성 안에 11개의 절과 2개의 암자를 새로 지어 승군(僧軍)을 거주시키고 무기를 보관하게 하였는데, 부왕사도 그 중 하나였다. 자세한 내용은 90쪽 주90 참조.

162 달그림자 : 원문의 '素影', 즉 하얀 그림자는 달을 가리킨다.

163 묵은 구름 : 원문의 '宿雲'은 지난밤에 낀 구름을 가리킨다.

164 선심(禪心) : 마음을 한 곳에 집중하여 참선(參禪)할 때의 마음을 의미한다.

165 중뢰(衆籟) : 중생(衆生)의 소리, 삼라만상(森羅萬象)의 소리 등을 의미한다.

166 정(定) : 불교에서 마음을 하나의 대상에 집중하여 전혀 흔들림이 없는 상태를 일컫는 말로, 선정(禪定) 또는 삼매(三昧)라고도 한다.

167 야기(夜氣) : 한밤에 사물의 생장(生長)을 돕는 청명한 기운으로, 인의(仁義)의 마음이 자라도록 돕는다고 한다.

168 징담(澄潭) : 맑은 못과 같은 마음을 의미한다.

169 공(空) : 불교의 근본교리 가운데 하나로, 우주 만물은 인연에 의하여 일시적으로 생겨나고 곧 없어지는 것이므로 영원하고 고정된 실체가 없다는 사상이다.

잠자기는 그만두고 승려와 함께 머물렀네　　　　　閒眠留與一僧同

170 삼경(三更) : 밤 11시~새벽 1시 사이를 가리킨다.

밤에 강가 누각에 앉아서 여정의 시운을 따라 짓다
江閣夜坐 次汝精韻

등불 켠 높은 누각에 밤은 또 긴데 燈火高樓又永宵
강안의 나뭇잎 떨어지는 소리 우수수 들리네 江皐落木聽蕭蕭
빗속의 기러기는 아스라이 멀리 날고 雨中鴻鴈方迢遞
서리 내린 뒤 어룡은 한결같이 적막하네[171] 霜後魚龍一寂寥
술잔을 마주하여 모두 충정이 남아있음을 가련해하고
對酒都憐肝膽在
시를 쓰려다 도리어 귀밑머리 센 것을 애석해하네 題詩還惜鬢毛凋
연명[172]이 만년에 형경을 읊은 시 있으니[173] 淵明晩有荊卿詠

171 서리……적막하네 : 어룡(魚龍)은 물속에서 사는 모든 동물을 통틀어 부르는 말이며, 어룡이 잠겼다는 것은 곧 가을이 되었음을 표현하는 말이다. 중국 북위(北魏)의 학자 역도원(酈道元, 469~527)이 저술한 《수경주(水經注)》에, "어룡은 가을을 밤으로 삼는다. 용은 추분에 내려와 깊은 못에서 칩거하며 잠을 잔다. 그렇기 때문에 가을을 밤으로 삼는 것이다.〔魚龍以秋日爲夜. 龍秋分而降, 蟄寢於淵. 故以秋日爲夜也.〕"라는 말이 보인다.

172 연명(淵明) : 도잠(陶潛, 365~427)의 자이다. 중국 동진(東晉)의 시인으로, 자는 연명 또는 원량(元亮)이며 문 앞에 버드나무 다섯 그루를 심어 놓고 오류선생(五柳先生)이라 자호하였다. 팽택 현령(彭澤縣令)을 지낼 때 오두미(五斗米) 때문에 허리를 굽히는 일을 견디지 못하고 항상 전원생활을 그리워하다가 41세에 누이의 죽음을 핑계로 사임한 뒤 다시는 관직에 나아가지 않았다. 시를 잘 지어 후대의 시인들에게 지대한 영향을 끼쳤으며, 〈오류선생전(五柳先生傳)〉·〈도화원기(桃花源記)〉 등 산문에도 뛰어났다. 저서로 《도연명집》이 남아있으며, 시호는 정절(靖節)이다.

173 연명(淵明)이……있으니 : 형경(荊卿)은 진시황(秦始皇)을 죽이려던 자객 형가

이러한 뜻으로 멀리 만고를 돌아보노라　　　　此意回看萬古遙

(荊軻)의 존칭이다. 형가는 전국 시대 말기의 협객으로, 연(燕)나라 태자(太子) 단(丹)을 위하여 진시황(秦始皇)에게 복수하려다가 뜻을 이루지 못하고 죽었다. 이에 도연명이 그의 죽음을 서글퍼하는 〈영형가(詠荊軻)〉를 지었는데, 이 시가 《도연명집(陶淵明集)》 권4에 실려 있다.

가을 유감

秋感

창주[174]에 일이 없어 적막한데	寂寞滄洲事
가을바람이 작은 누대에 부네	西風一小樓
떨어지는 해를 보자 감회가 이니	有懷當落日
다병한 채 맑은 가을을 보내는구나	多病度淸秋
높이 솟은 나무에는 많은 소리 나지 않고	喬木無多響
차가운 강 또한 절로 흘러가네	寒江亦自流
밤이 오자 귀뚜라미 소리 들리니	夜來聞蟋蟀
사람의 근심을 함께하려는 듯하네	似欲伴人愁

174 창주(滄洲) : 물가를 뜻하는 말로, 은자의 거처를 가리킨다.

밤
夜

호수 위 하늘에 또 어둠이 깔리는데	湖天又暝色
눈 닿는 저 끝에 두어 봉우리 푸르네	極目數峰青
광활한 하늘에 기러기 날아오고	寥濶來鴻鴈
허명한 하늘이 달과 별을 어루만지네	虛明撫月星
긴 노래로 만고를 슬퍼하며	長歌悲萬古
흐트러진 머리로 정자에 누웠네	散髮臥孤亭
이러한 생각 하는 창주의 저녁에	此意滄洲暮
쓸쓸한 술병 하나뿐	蕭條一酒瓶

가을을 떠나보내며 새벽에 짓다

送秋日 曉題

적막한 강변 마을의 새벽에	寂歷沙村曉
차가운 등불만 침상에 깜빡거리네	寒燈耿在床
남은 별은 아직도 달과 짝하고	殘星猶伴月
늙은 기러기는 서리를 이기지 못하네	老鴈不勝霜
가을빛은 오늘 아침으로 다하고	秋色今朝盡
강물 소리만 밤새 들리네	江聲獨夜長
차가운 매화 세모를 머금었으니	寒梅含歲暮
너를 머물게 하여 홀로 향기로운 꽃[175]을 보노라	留汝見孤芳

175 홀로 향기로운 꽃 : 매화를 가리킨다. 원문의 '孤芳'은 중국 당(唐)나라의 문인 한유(韓愈)가 친구인 맹동야(孟東野)에게 준 〈맹생시(孟生詩)〉에 나오는 표현으로, "자질이 남달라 뭇 소인들 속에 끼어 있기를 꺼리니, 홀로 향기로운 꽃이 숲속에 몸을 부치기 어려운 것과 같도다.〔異質忌處群, 孤芳難寄林.〕"라고 하였다.

겨울밤

冬夜

종이창에 달빛 밝은데	紙窗有虛白
밤빛이 숲 속 정자에 쓸쓸하네	夜色悄林亭
담장 머리 고목에 쌓인 눈	老樹墻頭雪
잘 새 깃든 추녀 끝의 별	棲禽屋角星
그윽한 회포는 해 저무는 섣달에 일고	幽懷當暮臘
외로운 촛불은 해진 경전을 짝하네	孤燭伴殘經
암암리에 선천의 묘리를 여니[176]	暗啓先天妙
차가운 매화가 침실 병풍에 어리네	寒梅照寢屛

176 암암리에……여니 : 매화가 천기를 받아 피었다는 의미이다.

강가의 봄

江春

택국[177]에 봄이 일찍 이르니	澤國春生早
엷은 안개 속 버들이 물가를 스치네	輕煙柳拂洲
맑게 갠 산 빛은 성곽을 둘러싸고	山光晴繞郭
새벽 물 기운은 누대를 엄습하네	水氣曉侵樓
게을러서 서책을 잊고자 하고	倦欲忘書帙
가난해도 외려 낚싯배를 사네	貧猶買釣舟
지금 세상에 나아가고 물러나는 일을	行藏今世事
내 장차 모래 위 갈매기에게 물으리	吾且問沙鷗

177 택국(澤國) : 못이나 강과 같은 물이 많은 지역을 의미한다.

매촌에서 태중[178]과 작별하고 떠나다

梅村留別泰仲

산가에 말을 쉬려니 달이 관문 비추는데 山家歇馬月臨關
어이하나 내일 아침 나그넷길 고생스러울 텐데 叵耐明朝客路艱
근심하는 가운데 새벽 베갯머리에 말이 길어지고 曉枕語長憂患際
떠나고 남는 사이 추운 날씨에 술잔이 거듭 도네 寒天酒重去留間
장한 마음에 부질없이 벽에 걸린 검이 있고 壯心有劒空懸壁
만년의 계획인 산을 살만한 돈[179]은 없네 晩計無錢可買山
예로부터 나아가고 물러남에 오직 도를 믿을 뿐이니 從古行藏惟信道
궁한 시름을 장부의 얼굴에 올리지 말라 窮愁莫上丈夫顏

178 태중(泰仲) : 유언길(兪彦吉, 1695~1743)을 가리킨다. 자세한 내용은 92쪽 주 91 참조.

179 산을 살만한 돈 : 원문의 '買山'은 은거하려는 계획을 의미한다. 중국 진(晉)나라의 고승 지둔(支遁)이 심공(深公)에게 사람을 넣어서 인산(印山)을 사려고 하자, 심공이 "소보(巢父)와 허유(許由)가 산을 사서 은거했다는 말은 들어보지 못하였다.〔未聞巢由買山而隱.〕"라고 한 데서 나온 말이다. 《世說新語 排調》

서암사[180]에서 새벽에 읊다

西巖寺曉吟

베개 아래로 밤새 묵었던 구름 움직이니	枕底宿雲動
높은 창문이 쉬이 밝아지네	高窗易得明
봄별 떠있는데 승려 홀로 일어나고	春星僧獨起
새벽 경쇠보다 새가 먼저 우네	曉磬鳥先鳴
산 어두워도 외려 꽃기운 느껴지고	山暝猶花氣
누대 맑으니 물소리 절로 들리네	樓淸自水聲
신선이 사는 곳 몇 리나 남았나	仙源知幾里
오늘도 또 한가로이 걸어가네	今日又閒行

180 서암사(西巖寺) : 북한산성(北漢山城)에 있던 절의 이름으로, 자세한 내용은 90쪽 주90 참조.

길재에게 답하였다

答吉哉

버들가지 낭창낭창 휘늘어진 물가 숲에 洲岸依依楊柳林
한가로이 살며 문 닫고 들어앉은 걸 싫어하지 않네 閒居不厭閉門深
꾀꼬리 소리는 절로 새벽녘 일천 돛배 속으로 들어가고 鶯聲自入千帆曉
물 기운은 온통 일만 우물[181]의 그늘을 이루었네 水氣渾成萬井陰
봄 되자 낚싯대 푸는 아이 어여쁘고 春至却憐僮解釣
병중이라 거문고 들고 온 나그네가 반갑네 病中聊喜客携琴
십 년 동안 부질없이 공명을 생각하였으나 十年謾作功名念
이미 맑은 강을 향하여 이 마음을 씻었노라 已向淸江洗此心

181 일만 우물 : 원문의 '萬井'은 고대에 사방 1리(里)의 땅을 1정(井)이라 했던 데서 유래한 말로, 천가만호(千家萬戶)의 번화한 저자를 뜻한다. 여기서는 천가만호가 있는 강가 고을의 우물 그 자체를 가리키는 것으로 보인다.

장오가 찾아왔기에 함께 읊다

章五來訪 同賦

소매에 시를 가득 넣은 벗이	故人詩滿袖
수레를 타고 어가를 묻네	命駕問漁家
비껴 흐르는 봄 강에 술잔을 마주하니	春江斜對酒
쓰러진 노목에 꽃이 피었네	老木臥生花
한낮의 정원에 노란 꾀꼬리 날아오고	院午來黃鳥
한가로운 뜨락엔 하얀 노새 매여있네	庭閒繫白騾
돌아오는 길 또한 별나서	歸途亦奇事
가랑비에 가벼운 도롱이 축축하게 젖었다네	細雨濕輕蓑

봄날의 흥취

春興

물 흐르고 구름 낀 것 모두 한가로운 정경이라	水流雲在摠閒情
높은 누대에 누웠노라니 고운 햇살이 환하네	偃仰高樓麗景明
곡우에 강을 건너니 물고기 떼 빽빽하고	穀雨度江魚隊密
버들 그늘 물가를 에워싸니 백로의 잠이 맑네	柳陰圍渚鷺眠淸
굽은 난간 활짝 열어 바람을 맞아들이고	已開曲檻迎風入
조각배 새로 사서 달을 싣고 가네	新買扁舟載月行
낮잠 자다 꿈에서 깨니 기이하기도 하여라	午枕夢回有奇事
작은 동산 남쪽 가에서 꾀꼬리 우는 소리 들리네	小園南畔聽啼鶯

여정의 시에 수창하다

酬汝精

밝은 해는 외로이 읊는 시 너머요	白日孤吟外
맑은 강은 권태로운 잠 앞이라	淸江倦枕前
밝은 모래사장엔 때로 백로가 내려앉고	沙明時下鷺
무거운 버들은 안개를 이기지 못하네	柳重不勝煙
빗소리 듣고 꽃소식 알겠으니	聽雨知花信
남들 따라 보리밭을 묻네	隨人問麥田
한 잔 술로 무료하게 계절을 지내니	一杯聊節序
내 그대의 시에 답하고자 하네	吾欲謝詩篇

심원사[182]

深院寺

첫서리 짙게 내렸다더니	已道新霜重
단풍 숲 만 그루 나무 밝게 빛나네	楓林萬樹明
나는 가을이 되어서 이를 수 있었는데	吾能及秋到
스님은 이미 구름 밖으로 나와 맞이하네	僧已出雲迎
돌길은 못 그림자를 지나가고	石路行潭影
바람 불어 경쇠소리 들리네	天風聽磬聲
공문[183]에 묵은 빚[184]이 남아있는데	空門留宿債
내 무생[185]을 배우고자 하네	吾欲學無生

182 심원사(深院寺) : 어느 곳에 있는 절인지 미상이다.

183 공문(空門) : 불문(佛門)과 같은 말이다.

184 묵은 빚 : 남이 지어 달라고 요구한 시를 미처 지어 주지 못하고 있는 것을 뜻한다.

185 무생(無生) : 천지만물이 본래부터 생겨남〔生〕도 없고 소멸함〔滅〕도 없음을 의미하는 불교 용어이다.

병을 앓고 일어나다

病起

산색 고운 한낮의 텅 빈 집에	山色虛齋午
산들바람 불자 홀로 두건 젖히네	微風獨岸巾
솔 그늘은 학의 오솔길에 둥그렇고	松陰團鶴逕
꽃이슬은 꾀꼬리의 몸을 씻어주네	花露淨鶯身
더딘 해는 손님 붙잡기 딱 알맞고	遲日宜留客
새 시는 어김없이 봄을 가지고 짓네	新詩不負春
병 앓은 뒤 다시 시험 삼아 걸어서	病餘還試步
지팡이 짚고 동쪽 이웃을 찾아가네	扶杖過東隣

즉석에서 짓다
卽事

책 읽는 누대 한 면은 온통 안개 낀 파도요	書樓一面盡煙波
앙상한 나무다리 가엔 지나는 객이 드무네	疎木橋頭少客過
장삿배 굿을 하느라 밤 북소리 떠들썩하고	賈舶賽神多夜鼓
어부는 달을 보며 혹 새벽 노래를 부르네	漁人看月或晨歌
세상 밖의 교분은 오직 갈매기뿐이요	交情世外惟鷗鳥
몸에 두른 들옷[186]은 이미 마름과 연잎[187]이라	野服身邊已芰荷
오도[188]가 근래 강호에 적막하니	吾道邇來湖海濶
울적한 마음 어떠한지 묻지 말라	幽懷且莫問如何

186 들옷 : 원문의 '野服'은 시골 사람이 입는 옷을 의미한다.

187 마름과 연잎 : 원문의 '芰荷'는 마름의 잎이나 연잎같이 깨끗하고 향기로운 풀로, 고사(高士)나 은자(隱者)의 복장을 말한다. 《초사(楚辭)》 〈이소(離騷)〉에 "연꽃 잎사귀로 웃옷 해 입고, 부용으로 치마 만들어 입네.〔製芰荷以爲衣兮, 集芙蓉以爲裳.〕"라고 하였다.

188 오도(吾道) : 유가의 도를 가리킨다.

신륵사[189]

神勒寺

구름 걷힌 동대[190]에 이지러진 달 걸리니 雲淨東臺缺月懸
깊은 밤 절에 남아 승려와 잠을 자네 夜深留與一僧眠
강물 소리는 절간 등불 밖에 끊이지 않고 江聲不盡禪燈外
단풍잎은 잠든 백로 앞에 처음 밝았네 楓葉初明宿鷺前
땅은 신라 왕조부터 불계를 열었고[191] 地自羅朝開佛界
하늘은 목은 노인[192]으로 하여금 시편을 두게 하였네[193]

189 신륵사(神勒寺) : 경기도 여주(驪州)에 있는 절의 이름이다.

190 동대(東臺) : 신륵사 근처 강변에 있는 커다란 바위의 이름이다.

191 땅은……열었고 : 신륵사는 신라 진평왕(眞平王) 때 원효(元曉)가 창건하였다는 말이 있다.

192 목은(牧隱) 노인 : 이색(李穡, 1328~1396)의 호이다. 고려 말의 문신·학자로, 본관은 한산(韓山)이며 자는 영숙(穎叔)이다. 1348년(충목왕4) 아버지인 이곡(李穀)을 따라 원(元)나라에 가서 국자감의 생원이 되어 성리학을 공부하였다. 1352년(공민왕1)에 귀국하여 고려의 과거에 합격하였으며, 서장관이 되어 원나라에 가서 회시(會試)·전시(殿試)에 합격하여 응봉한림문자 승사랑 동지제고 겸 국사원편수관(應奉翰林文字承事郎同知制誥兼國史院編修官)을 지냈다. 이어 고려에 돌아와 대사성·정당문학·지공거·문하시중 등 요직을 두루 역임하였다. 저서로 《목은유고》·《목은시고》 등이 있으며, 시호는 문정(文靖)이다.

193 하늘은……하였네 : 이색(李穡)은 신륵사에 자주 드나들며 승려 나옹(懶翁)과 교류하고, 그곳의 아름다운 경치를 읊은 시를 여러 수 남기기도 하였다. 또한 아버지 이곡(李穀)이 대장경 불사(佛事)를 발원하였으나 뜻을 이루지 못하고 죽자 그의 뜻을 계승하여 1382년(우왕8)에 나옹의 제자들과 함께 대장경을 간행하고 이를 신륵사의

天敎牧老有詩篇

새벽 종소리 홀연 귀로를 재촉하니　　晨鐘忽已催歸路

바람 급한 백사장 머리에 낚싯배가 매여있네　　風急沙頭繫釣船

대장각(大藏閣)에 봉안한 인연이 있기도 하다.

가을밤
秋夜

우수수 떨어지는 낙엽 온 집을 가리는데　落木蕭蕭掩一堂
등불 앞에 앉아 이 밤이 깊을 깨닫네　燈前坐覺此宵長
국화떨기 꺾어오자 서리가 뜰을 침범하고　折來叢菊霜侵院
날아가는 기러기 소리 끊기자 달이 침상에 이르네　聽盡飛鴻月到床
따로 맑은 시름 있어 〈구변〉[194]을 노래하고　別有淸愁歌九辯
끝내 멋진 시구 하나 없이 중양절을 보내네　了無佳句送重陽
완생[195]이 만약 지기를 만났다면　阮生若自逢知己
자취를 감추고 취향에 숨을 필요 없었을 텐데[196]　不必沉冥隱醉鄕

194 〈구변(九辯)〉 : 중국 전국 시대 초(楚)나라의 정치가이자 시인인 굴원(屈原)의 제자 송옥(宋玉, 기원전 290?~기원전 222?)이 지은 노래로, 임금에게 충성을 바치고도 참소를 받아 쫓겨난 스승 굴원의 처지를 가을이 되어 영락하는 초목에 빗대어 한탄한 내용이다.

195 완생(阮生) : 완적(阮籍, 210~263)을 가리킨다. 중국 진(晉)나라의 죽림칠현(竹林七賢) 가운데 한 사람으로, 자는 사종(嗣宗)이다. 위(魏)나라 말에 사마의(司馬懿)의 막료를 지내기도 하였으나 위말·진초의 정치적 위기 속에서 뒤로 물러나 술과 기행(奇行)으로 자신을 위장하고 살았다. 노장(老莊)을 모범으로 삼아 유교사상이나 기성권력에 반항하는 언행을 일삼았으며, 그러한 내용을 담은 작품을 남기기도 하였다. 자신의 내면을 철학적으로 노래한 〈영회(詠懷)〉 85수 외에 〈대인선생전(大人先生傳)〉, 〈달장론(達莊論)〉, 〈통역론(通易論)〉 등의 저술을 남겼다.

196 완생(阮生)이……텐데 : 취향(醉鄕)은 술에 의하여 정신이 몽롱한 취중(醉中)의 세계를 말하는 것으로, 중국 당(唐)나라의 문인 왕적(王績)은 〈취향기(醉鄕記)〉에서 "완적(阮籍), 도연명 등 십수 인이 모두 취향에 노닐었다.〔阮嗣宗、陶淵明等十數人竝

遊於醉鄕.]"라고 한 바 있다. 완적(阮籍)은 위말·진초의 난세에 몸을 보전하기 위하여 세상일에 관여하지 않고 술 마시고 취하는 것을 일상으로 삼았다. 보병주(步兵廚)에 술이 1백 곡(斛)이나 저장되어 있다는 말을 듣고 일부러 보병교위(步兵校尉)의 벼슬을 구하여 부임하자마자 매일 술에 취하여 업무를 폐할 정도였으며, 어머니의 상(喪)을 당해서는 술에 취해 통곡하다 피를 쏟고 기절하였다고 한다.《晉書 卷21》

길재의 묘에 곡하다[197]

哭吉哉墓

다닥다닥한 동쪽 교외 무덤 가운데	纍纍東郊塚
새 봉분이 또 길재의 것이라네	新封又吉哉
그대는 응당 금세에 염증을 느꼈을 것이요	君應厭今世
하늘은 혹 높은 재주를 시기하기도 하네	天或忌高才
지는 달은 삼경[198]에 남아있는데	落月三更在
텅 빈 산서 한 바탕 곡하고 돌아왔네	空山一哭回
흐르는 꾀꼬리는 무슨 뜻으로	流鶯何意緖
목이 메여 숲 너머서 슬피 우나	咽咽隔林哀

197 길재(吉哉)의 묘에 곡하다 : 길재는 남유상(南有常, 1696~1728)의 자(字)이다. 1728년(영조4) 소론(少論)의 영수인 이광좌(李光佐)를 배척하다가 당론(黨論)을 일으켰다 하여 전라도 영암에 유배되었다가 곧 풀려났으나 그해에 병으로 일찍 죽었다. 그때 남유상의 나이 33살이었다. 남유상에 대한 자세한 내용은 51쪽 주2 참조.

198 삼경(三更) : 밤 11시~새벽 1시 사이를 가리킨다.

종암[199] 모임에서 김백춘[200] 원행 에게 주다

鐘巖會席 贈金伯春 元行

윙하는 바람 소리 산언덕에 들리니	素籟行山阿
소나무 계수나무 청추[201]에 쓸쓸하네	松桂肅淸秋
아름다운 경치 얻어 감상하고	心賞得佳境
좋은 친구와 다시 함께 노니네	良友復同遊
즐거운 잔치로 긴 밤을 지새우니	歡讌寄永夜
등불만 빈 누대에 깜빡거리네	燈火耿虛樓
새벽에 일어나 흰 구름을 바라보니	晨興望白雲
이별의 길 멀고도 험하구나	別路阻且脩
깊숙한 골짜기를 방황하며	彷徨幽壑中
너의 도는 무엇을 구하고자 하는가	爾道欲何求
시냇물 흘러 흘러 쉬지 않고 가니	溪流逝不息

199 종암(鐘巖) : 지금의 서울 종암동 일대로, 친구 오원(吳瑗)의 별업(別業)이 있던 곳이다.

200 김백춘(金伯春) : 김원행(金元行, 1702~1772)을 가리킨다. 조선 후기의 성리학자로, 본관은 안동, 호는 미호(渼湖)·운루(雲樓)이며, 백춘은 그의 자이다. 당숙에게 입양되어 김창협(金昌協)의 손자가 되었으며, 이재(李縡)의 문인이다. 1719년(숙종 45) 진사시에 합격하였으나 신임사화 때 할아버지 김창집(金昌集) 및 아버지와 형들이 죽임을 당하자 벼슬을 포기하고 학문에 전념하였다. 산림(山林)으로 추앙받으면서 박윤원(朴胤源)·오윤상(吳允常)·홍대용(洪大容) 등 많은 학자를 길러냈다. 저서에 《미호집》이 있으며, 시호는 문경(文敬)이다.

201 청추(淸秋) : 음력 8월의 별칭이기도 하다.

하늘의 운행은 참으로 유유하도다 天運良悠悠
어젯밤에 두견새 울었으니 鶗鴂昨夜鳴
향기로운 풀 피우기 어렵겠네[202] 孤芳難自謀
우리들 각각 중년에 접어들어 吾曹各中年
고인의 근심을 생각하네 心懷古人憂
원컨대 아름다운 덕 밝게 드러내 願言昭令德
선대의 아름다움 따르려 노력하였으면 努力追先休

202 어젯밤에……어렵겠네 : 중국 전국 시대 초(楚)나라의 정치가이자 시인인 굴원(屈原)의 〈이소(離騷)〉에서 나온 표현으로, "제결이 먼저 울까 걱정일세, 온갖 풀이 향기롭지 못하게 될 테니까.〔恐鶗鴂之先鳴兮, 使夫百草爲之不芳.〕"라고 하였다. 제결은 두견 혹은 때까치라고 하는데, 이 새가 춘분에 앞서 미리 울면 초목이 시든다는 속설이 있어 참인(讒人)이 충직한 인사를 모함하는 상황을 비유한 것이다.

백춘과 이별하며

別伯春

필마로 시냇가에서 이별하니　　匹馬溪頭別
빈 산에 벽려 덩굴[203]이 깊네　　空山薜荔深
청추[204]에 온갖 감회 뒤섞이는데　　清秋渾百感
말년에 마음 같은 이 몇이나 될까　　末路幾同心
나그네의 잠자리엔 구름이 골짝서 피어나고　　客枕雲生谷
돌아가는 길엔 비가 숲을 흠뻑 적시네　　歸程雨滿林
만나고 헤어지는 뜻 유유하니　　悠悠離合意
난간에 기대어 매미 소리를 듣네　　倚檻聽蟬音

203 벽려(薜荔) 덩굴 : 오늘날 담쟁이 종류의 향기로운 풀이다. 옛날에 은자(隱者)나 고사(高士)가 이것으로 흔히 옷을 지어 입었으며, 따라서 이들이 머무는 곳을 상징하기도 한다. 《초사(楚辭)》 〈구가(九歌) 산귀(山鬼)〉에 "벽려로 옷을 입고 여라로 띠를 둘렀도다.〔被薜荔兮帶女蘿.〕"라고 하였다.

204 청추(清秋) : 음력 8월의 별칭이기도 하다.

오백옥 원 이 연경에 간 후 매화를 읊어서 뒤미처 부치다[205]

吳伯玉 瑗 赴燕後 賦梅追寄

연계[206]에 시름 깊어 매화 안부 궁금할 텐데　　燕薊幽愁欲問梅
차가운 꽃 예전처럼 사람 향해 피었다오　　寒英依舊對人開
중원의 소식은 지금 어떠한가　　中原消息知何似
봄기운이 막 쌓인 눈을 헤치고 돌아왔겠지　　春意新衝積雪回

두 번째 其二

두어 송이 꽃 막 터져 봄기운 물씬한데　　數花纔拆正氤氳
맑게 갠 창 외로운 그림자에 그대 배나 그리워라　　孤影晴窗倍憶君
매화 한 가지 부치고자 하니 다시금 시름겨운데　　欲寄一枝更愁絶
달빛 아래 오랑캐 피리 소리 들을 만하겠지　　月中羌笛可堪聞

205 오백옥(吳伯玉)이……부치다 : 오원(吳瑗)은 1732년(영조8) 10월에 동지 서장관이 되어 연경(燕京)에 갔으며, 다음 해 4월에 중국에서 돌아와 복명하였다.

206 연계(燕薊) : 연경(燕京) 일대를 가리킨다. '연(燕)'은 연산(燕山)으로 지금의 북경(北京) 지역이며, '계(薊)'는 계주(薊州)로 지금의 하북성(河北省) 계현(薊縣) 지역인데 역시 북경과 인접한 곳이다.

백옥에게 편지 삼아 쓰다

簡伯玉

남호[207]에 봄 다할 때 다시 만날 것 기약하니　南湖春盡且幽期
물가에서 멀리 바라보는 날 시가 있으리　詩在汀洲極目時
지나가는 새와 빛나는 모래 멀리 떨어져 있고　過鳥沙光相與遠
산들바람과 돛 그림자는 더디어도 무방하리　微風帆影不妨遲
말은 버들 밖 맑은 연기 가늘게 피어오르는 데서 울고　馬嘶柳外晴煙細
아전들은 꽃밭 사이 고운 해 옮겨간 곳에서 이야기 나누네　吏語花間麗日移
앞 포구에 터 잡고 산 지 십 년이라　前浦卜居曾十載
백발의 어옹들과 모두 서로 잘 안다네　漁翁白髮揔相知

207 남호(南湖) : 서울 용산 부근의 한강(漢江)을 일컫는 용산강(龍山江)의 별칭이다.

백옥을 방문하여 임천[208]의 시운을 뽑아 짓다

訪伯玉 拈臨川韻

그대 집의 주렴과 책상이 고요하니	君家簾几靜
봄새가 사람 곁에서 잠을 자네	春鳥近人眠
잔풀은 돌아가려는 객을 붙잡고	細草留歸客
맑은 술은 예년과 같네	清樽似去年
못 빛엔 구름 그림자 지나가고	池光雲度影
꽃기운은 비온 뒤 고움이 돋네	花意雨生姸
다시 동정[209]에서 만날 것을 기약하니	更約東亭會
암천의 흥취 아득하네	巖泉興渺然

208 임천(臨川) : 왕안석(王安石, 1021～1086)을 가리키는 것으로, 임천은 그의 출신지이다. 중국 송(宋)나라의 문신으로, 자는 개보(介甫)이며 호는 반산(半山)이다. 1042년 과거에 합격하고 1067년 신종(神宗)이 제위에 오르면서 전격적으로 발탁되었다. 1070년 동중서문하평장사에 올라 신법(新法)을 잇달아 실시하였으나 대지주와 상인, 정부 내 보수파의 반발에 부닥쳐 물러났다. 이듬해 다시 동중서문하평장사에 임명되었으나 전권을 위임받지 못하였고, 결국 모든 관직에서 물러나 은거하였다. 당송팔대가(唐宋八大家)의 한 사람으로 뛰어난 시와 산문을 남기기도 하였다. 사후 형국공(荊國公)에 봉하여졌으며, 《왕임천문집》 등의 저술이 남아있다.

209 동정(東亭) : 친구 오원(吳瑗)의 별업(別業)에 있던 정자의 이름으로, 서울 종암(鐘巖)에 있었다. 이곳에서 이천보(李天輔)·남유용(南有容)·오원·황경원(黃景源) 등을 비롯한 여러 문사들이 자주 모여 시주회(詩酒會)를 가졌다.

종암[210]에 모여서 백옥, 남덕재[211] 유용, 홍양지[212] 자, 황대경[213] 경원 과 함께 읊다

會鐘巖 與伯玉南德哉 有容 洪養之 梓 黃大卿 景源 同賦

빈 창에 자다 깨니 새벽빛 밝은데	虛窗睡起曉光分
베개 너머로 골짝 새들 울면서 날아가네	枕外飛鳴谷鳥羣
산색은 비 지나자 유달리 짙어지고	山意偏濃纔度雨
연못의 꽃은 구름 피려니 이리저리 나부끼네	池華不定欲生雲
말은 버들 가 산봉우리 가까운 곳에 세우고	柳邊立馬孤峰近
사람은 다락 위 시냇물 소리 들리는 곳에 머무네	樓上留人一磵聞
다시 녹음을 기다리며 훗날을 기약하니	更待綠陰成後約
남은 꽃 온 땅에 가득 이미 분분하네	殘花滿地已紛紛

210 종암(鐘巖) : 지금 서울의 종암동 일대로, 친구 오원(吳瑗)의 별업(別業)이 있던 곳이다.

211 남덕재(南德哉) : 남유용(南有容, 1698~1773)의 자로, 자세한 내용은 51쪽 주1 참조.

212 홍양지(洪養之) : 홍자(洪梓, 1707~1781)를 가리킨다. 조선 후기의 문신으로, 본관은 남양(南陽)이며, 양지는 그의 자(字)이다. 1753년(영조29) 문과에 급제하고 1757년 문과 중시에 급제한 후 대사간·승지가 되었다. 1769년에 동지 부사(冬至副使)로 청나라에 다녀왔으며, 한성부 좌윤·대사헌 등 요직을 두루 거쳤다. 문필에 능하였다 하며, 북청의 〈이지란신도비(李之蘭神道碑)〉와 경주의 〈삼강묘비(三綱廟碑)〉가 남아 있다.

213 황대경(黃大卿) : 황경원(黃景源, 1709~1787)을 가리키는 것으로, 대경은 그의 자(字)이다. 자세한 내용은 58쪽 주16 참조.

새벽에 비가 왔다. '미우야래과'[214]로 운을 나누어 '미' 자를 얻어 지었다

曉有雨 以微雨夜來過分韻 得微字

석간[215]의 새벽에 소리 요란하더니	石澗曉多聲
봄비가 산중 사립을 지나갔다네	春雨度山扉
온갖 꽃 골짝에 흐드러졌는데	雜花散中谷
자욱하게 남은 물기 머금고 있네	漠漠含餘霏
꾀꼬리 우니 응당 머무는 곳 있을 것이요	鶯啼應有處
구름 낀 나무 한 가닥 오솔길에 희미하네	雲木一逕微
근원 깊어 끝까지 갈 수 없어	源深不可極
아쉬워하며 산을 나와 돌아가네	怊悵出山歸

214 미우야래과(微雨夜來過) : 중국 당(唐)나라의 시인 위응물(韋應物)의 시 〈유거(幽居)〉 중의 한 구절로, 원시는 다음과 같다. "貴賤雖異物, 山門皆有營. 獨無外物牽, 遂此幽居情. 微雨夜來過, 不知春草生. 青山忽已曙, 鳥雀繞舍鳴. 時與道人偶, 或隨樵者行. 自當安蹇劣, 誰謂薄世榮."

215 석간(石澗) : 산골짜기의 돌이 많은 곳에 흐르는 시내를 이른다.

또 '회' 자를 얻었다

又得會字

새벽 산에 온갖 꽃 선명한데	山曉百花明
개울가 집에 봄 아지랑이 피어나네	磵戶生春靄
걷어 올린 휘장 앞엔 구름이 돌아가고	雲歸捲帷前
기대 앉은 안석 너머 새가 지저귀네	鳥啼隱几外
단비가 향기로운 숲 듬뿍 적시니	時雨藹芳林
콸콸콸 바위 틈 여울 소리 울리네	决决響石瀨
벌여 앉아 시원한 바람 맞이하고	列坐延好風
흔연히 옷깃과 띠를 풀어 헤치네	欣然散襟帶
솔바람은 고아한 노래에 화답하고	松韻和高唱
산 빛은 묵묵한 깨달음을 얻었네	山光得冥會
기나긴 돌길을 배회하노라니	徘徊石路長
그저 티끌 날리는 세상 떠나고 싶네	聊欲謝氛壒

초여름에 덕재를 방문하여 함께 택당[216]의 시운을 따라 짓다

初夏訪德哉 共次澤堂韻

갈건[217] 쓰고 웃으며 손님 맞이하니	葛冠迎客笑
술 없어도 마음만은 즐겁네	無酒也心歡
비 지나자 멀리서 비둘기 울고	過雨鳩鳴遠
외로운 꽃 한 송이 참새가 남은 것을 쪼네	孤花雀啄殘
집안에 내려오는 푸른 전나무 늙었고	傳家蒼檜老
벽에 그려진 두어 산봉우리 차갑네	畵壁數峰寒
마음이 고요하여 능히 여름을 보낼 수 있으니	心靜能消夏
호젓한 방 한 칸이 널찍하네	蕭然一室寬

216 택당(澤堂) : 이식(李植, 1584~1647)의 호이다. 조선 후기의 문신으로, 본관은 덕수(德水)이며 자는 여고(汝固)이다. 1610년(광해군2) 문과에 급제하였으나 폐모론(廢母論)이 일어나자 낙향하여 학문에만 전념하였다. 인조반정이 일어난 후 발탁되어 대사간・대사성・대제학・대사헌 및 형조・이조・예조의 판서 등 요직을 두루 역임하였다. 척화론을 주장했다고 하여 1642년(인조20) 중국의 심양(瀋陽)으로 잡혀갔으며, 돌아올 때에 다시 의주(義州)에서 청나라 관리에게 붙잡혔으나 탈출하여 돌아왔다. 신흠(申欽)・이정구(李廷龜)・장유(張維)와 함께 한문사대가로 꼽혔으며, 시에도 능하였다. 《택당집》 등의 저술이 남아있으며, 시호는 문정(文靖)이다.

217 갈건(葛巾) : 처사나 은사들이 쓰는 갈포(葛布)로 만든 두건을 이른다.

종암문회[218]에서 덕재, 백옥과 함께 읊다
鐘巖文會 與德哉伯玉共賦

지팡이와 안석은 초야의 사립에 훌쩍 부치고	杖几翛然寄野扃
푸른 산봉우리 마주하니 눈앞이 환해지네	眼明聊對數峰青
뽕나무 그늘에 해가 숨으니 외딴 마을 고요하고	桑陰日隱孤村靜
연꽃 향기 바람이 머금으니 굽이진 못 멈춘 곳이라	荷氣風含曲沼停
아름다운 손님 서로 어울려 자주 성곽 나서며	佳客相隨頻出郭
이런저런 책 다 물리고 경서만 끼고 가네	羣書盡屛獨携經
오래 머물며 한 해 마칠 계획 세울 만하니	淹留可作終年計
산을 나누어[219] 따로 정자 세울 필요 없다네	不必分山別起亭

두 번째 거듭 차운하다 二疊

산들바람에 꾸벅꾸벅 졸면서 솔문으로 들어가	微風和睡入松扃
베개에 기대니 마을 연기 골짝 어귀에 푸르네	攲枕村煙谷口青

218 종암문회(鐘巖文會) : 오원(吳瑗)의 별업(別業)이 서울 종암(鐘巖)에 있었는데, 이곳에 이천보(李天輔)·남유용(南有容)·오원·황경원(黃景源) 등 문사들이 자주 모여 술을 마시며 시문을 지었다.

219 산을 나누어 : 원문의 '分山'은 친한 사람끼리 경치 좋은 곳에서 함께 사는 것을 말한다. 중국 송(宋)나라의 문신 장영(張詠)이 화산(華山)에 은거하고 있는 희이 선생(希夷先生) 진단(陳摶)을 만나서, "원컨대 화산 반쪽을 나누어 살고 싶은데 되겠습니까?"라고 하자, 진단이 "다른 사람이면 몰라도 공이라면 내 마땅히 반을 나누어주겠소."라고 하였다는 고사가 있다.《宋史 卷457 隱逸列傳上 陳摶》

산비 지나간 후에 못물 문득 맑아지고　　潭水頓淸山雨過
여름 구름 멈추니 나무 그늘 움직이지 않네　　樹陰不動夏雲停
장생은 사물이 많으나 외려 가지런하다 하고[220]　　莊生多事還齊物
왕자[221]는 이름을 따라 억지로 경을 드러냈네[222]　　王子循名强著經
보리 익는 전가에 새로 빚은 술 넉넉하니　　麥熟田家新釀足
미적거리며 다시 정자에 달 뜨기를 기다리네　　留連更待月臨亭

220 장생(莊生)은……하고 : 장생은 장자(莊子)를 이르는 것으로, 생사(生死)·수요(壽夭)·시비(是非)·득실(得失) 등 세상의 모든 상대적인 현상들에 대해 동등한 가치를 부여하면서 절대적인 도(道)의 관점에서 만물을 인식하여야 한다고 하였다. 그의 책 《장자(莊子)》 〈제물론(齊物論)〉에 이러한 사상이 잘 드러나 있다.

221 왕자(王子) : 왕자진(王子晉, ?~?)을 가리킨다. 중국 주(周)나라 영왕(靈王)의 태자로, 성은 희(姬)이고 이름은 진(晉)이며 자는 자교(子喬)이다. 왕자진(王子晉) 혹은 왕자교(王子喬)라는 이름으로 잘 알려져 있다. 《태평어람(太平御覽)》 등에 따르면 직간(直諫)을 잘해 태자에서 폐위되고 서인(庶人)이 되었다고 한다. 생황(笙簧)을 잘 불어 봉황의 소리를 본뜬 〈봉황곡(鳳凰曲)〉을 만들었으며, 이수(伊水)와 낙수(洛水) 사이에서 노닐다가 도사 부구공(浮丘公)을 따라 숭고산(嵩高山)에 올라가서 선도(仙道)를 닦았다. 30년이 지난 칠월 칠석에 구씨산(緱氏山) 정상에 백학(白鶴)을 타고 내려왔는데, 사람들이 멀리서 바라볼 수는 있었으나 가까이 다가갈 수는 없었다. 산 아래 가족들에게 손을 흔들어 인사하고는 며칠 뒤에 떠나갔다고 한다. 《列仙傳 卷上 王子喬》

222 왕자(王子)는……드러냈네 : 《상학경(相鶴經)》을 말하는 것으로 보인다. 부구공(浮丘公)이 《상학경》을 저술하고 이를 왕자진(王子晉)에게 전수하였는데, 최문자(崔文子)라는 사람이 왕자진에게서 신선의 법을 배우다가 그 책을 얻었다. 최문자가 이를 숭고산(崇高山) 석실(石室)에 간직해 두었는데, 후에 회남(淮南)의 팔공(八公)이 약초를 캐다가 그 글을 얻어 세상에 전하였다고 한다.

세 번째 거듭 차운하다 三疊

발과 안석 서늘한데 산문에 기대니	凉生簾几倚山扃
장하[223]의 구름 낀 숲 겹겹이 푸르네	長夏雲林幾疊青
구학에 인연 있어 적막함을 제공하고	丘壑有緣供寂寞
나아가고 물러남은 도를 믿어 평정할 만하네	行藏信道可平停
바위 꼭대기 가는 폭포는 고침[224]하는 곳에 닿고	巖頭細瀑當高枕
나무 끝 날아다니던 꾀꼬리는 독경 자리로 다가오네	樹杪流鶯近讀經
백 척 누대 위의 원룡[225]은 할 일 많으니[226]	百尺元龍多事在

223 장하(長夏) : 음력 6월의 별칭이다.

224 고침(高枕) : '고침안면(高枕安眠)'의 준말로, 베개를 높이 베고 편안히 잔다는 뜻이다. 중국 동진(東晉)의 시인 도잠(陶潛)이 "여름철 한가로운 때에 북창 아래 베개 높이 베고 누웠으면 맑은 바람이 솔솔 불어온다."라고 한 데서 나온 말로, 곧 마음을 고상하게 가지고 세상을 피하여 은거한다는 의미이다. 《唐書 卷64》

225 원룡(元龍) : 진등(陳登, ?~?)의 자(字)로, 중국 후한(後漢) 말의 신하이다. 하비국(下邳國) 회포 출신으로 패국(沛國)의 재상 진규(陳珪)의 아들이며 동양장(東陽長)에 올랐다. 조조(曹操)에게 귀의한 후 여포(呂布)를 공격할 것을 권하여 주륙한 공으로 복파장군(伏波將軍)이 더해졌으며, 책략을 써서 손책(孫策)의 침략을 격퇴하였다. 동성 태수(東城太守)가 되어 광릉을 떠난 후 광릉이 오(吳)나라 손권(孫權)에게 넘어가자 조조가 그의 부재를 안타까워하였다. 39세의 나이에 사망하였는데, 상벌이 공정하고 다스림에 기강이 분명하였다고 한다.

226 백 척……많으니 : 진등(陳登)은 세상을 붙들고 백성을 구할 큰 뜻을 지니고 있었으며, 호기가 높기로 이름이 났다. 당시 국사(國士)로 이름 높던 허사(許汜)가 진등을 찾아갔는데, 진등이 그를 무시하고 대우를 하지 않았다. 후에 허사와 유비(劉備)가 형주 목사(荊州牧使) 유표(劉表)와 함께 한 자리에서 천하의 인물을 논하였는데, 허사가 "진원룡(陳元龍)은 호해(湖海)의 선비라 그 호기가 없어지지 않았다."라며 불평하였다. 이에 유표가 무슨 일이 있었느냐고 묻자, 허사가 "지난날 난리를 만나 하비(下邳)를 지나다가 그를 방문하였는데 손님을 맞는 예도 갖추지 않고 오랫동안 아무 말도 하지

외론 정자에 누워 쉬어도 무방하리　　不妨偃息臥孤亭

네 번째 거듭 차운하다 四疊

연못의 꽃 넘실넘실 문을 범하려 하고　　池華瀲灩欲侵扃
버드나무 그늘은 비 기운 서려 푸르네　　楊柳陰連雨氣靑
마을 송아지는 이따금 숲을 지나 홀로 가고　　村犢穿林時獨去
들새는 혹 쌍쌍이 물가에 머무네　　野禽臨水或雙停
당우[227]의 태평성세는 천 년 전 머나먼 일이요　　唐虞盛世千年遠
관악[228]의 뛰어난 공적은 한 바탕 지나간 꿈이라　　管樂奇功一夢經
구학을 배회하노라니 성궐이 가까워　　丘壑徘徊城闕近
끝내 가릉[229] 골짝의 옛 산정을 그리워하네　　終思嘉峽舊山亭

않은 채 자신은 큰 침상 위에 올라가 눕고 손님은 침상 아래에 눕게 하였다."라고 대답하였다. 이에 유비가 "그대는 국사의 명망을 지닌 사람으로 지금 천하가 크게 어지러워져 임금이 처소를 잃은 판이라 그대에게 자신을 잊고 나라를 걱정하여 세상을 구제할 뜻이 있기를 바라는 터이거늘 그대는 전답이나 살 집을 구하고 다닐 뿐 아무런 채택할 만한 말이 없으니, 이 때문에 원룡이 당신을 꺼렸던 것이다. 무슨 까닭으로 그대와 말하여야 하는가? 나 같았으면 나는 백 척 누대 위에 올라가 눕고, 그대는 땅바닥에 눕게 했을 것이다. 어찌 침상 위아래의 차이로만 대접했겠는가?"라고 한 데서 나온 말이다. 《三國志 卷7 魏書 陳登傳》

227 당우(唐虞) : 도당씨(陶唐氏)와 유우씨(有虞氏), 즉 중국 고대의 요(堯)·순(舜) 임금을 가리킨다.

228 관악(管樂) : 중국 춘추 시대 제(齊)나라의 명상(名相)인 관중(管仲)과 전국 시대 연(燕)나라의 명장인 악의(樂毅)를 아울러 일컫는 말이다. 관중과 악의에 대한 자세한 내용은 67쪽 주43 참조.

229 가릉(嘉陵) : 지금의 경기도 가평(加平)의 옛 이름으로, 이천보(李天輔)의 생가와 집안의 선영이 있는 곳이기도 하다.

다섯 번째 거듭 차운하다 五疊

벽려 덩굴 휘장을 범하고 바위는 문 가렸는데 薜荔侵帷石隱扃
손님 드문 개울 길에 오래된 이끼 푸르네 客稀澗道古苔青
숲 빛은 깊고 깊은데 외론 꾀꼬리 지저귀고 林光窈窕孤鶯語
산색은 부슬부슬 먼 데 안개 서려있네 山意霏微遠靄停
몸이 늙었으니 평생 품은 뜻 논할 수 있고 身老可能論宿志
시절이 위태로우니 외려 남은 경전을 보전하네 時危猶自保殘經
이제부터는 시골에 밭 구하려던 계획 걷어치우고 從今且寘求田計
시내에 달 뜨고 솔바람 부는 이 정자에 누우리 溪月松風臥此亭

여섯 번째 거듭 차운하다 六疊

그윽한 약속 위해 십 리를 달려 교외 사립에 이르니 幽期十里到郊扃
비 갠 연못에 연잎 푸르네 雨歇方塘荷葉青
고요한 구름은 난간 밀고 들어갈 수 있으나 雲靜故能排檻入
흐르는 물은 어찌 사람과 머물 수 있겠나 水流那得伴人停
다시 놀러온 손님은 꽃 찾으러 가는 길 기억하고 重遊客記尋花逕
새로이 공부 하는 책상에는 나무 심는 책 남아있네 新課牀留種樹經
소매에 부는 바람 시뻘건 더위 너머 서늘하니 風袂泠泠朱暑外
장차 돗자리 옮겨다 암벽 정자에 오르리 且移莞簟上巖亭

일곱 번째 거듭 차운하다 七疊

부슬부슬 산안개 반쯤 닫힌 문에 떨어지고 冉冉山霏滴半扃
밤 숲 울타리엔 대낮 그늘 짙푸르네 栗林籬落晝陰青
구름 깊은데 들판의 학 멀리 날아가고 雲深野鶴飛仍逈

세찬 비에 연잎 구슬[230] 쏟아졌다 멈추네　雨急荷珠瀉却停
멀리 떠나며 다만 오시의 객[231]을 생각하고　長往徒思吳市客
외로운 마음에 때로 초신의 경[232]을 읊네　孤懷時誦楚臣經
한가한 가운데 잠깐 일신의 계책 슬퍼하다가　閒中俛仰悲身計
누워서 석정을 지나는 맑은 시냇물 소리를 듣네　臥聽淸溪度石亭

여덟 번째 거듭 차운하다 八疊

버들 너머 인가는 널판 문 가려졌는데　柳外人家掩板扃
이슬 젖은 박 넝쿨이 울타리 타고 올라 푸르네　露沾瓠蔓上籬靑
텅 빈 못에 이지러진 달빛이 움직이고　池虛缺月孤光動
어두운 숲에 검은 구름 기운이 머무네　林暝幽雲一氣停
고요하니 소를 타고 먼 데 절 찾아가고 싶고　靜欲騎牛尋遠寺

230 연잎 구슬 : 연잎에 맺힌 물방울을 이른다.

231 오시(吳市)의 객(客) : 매복(梅福, ?~?)을 가리킨다. 중국 전한(前漢)의 관리로, 자는 자진(子眞)이다. 《상서》와 《춘추곡량전》에 밝아 명경(明經)으로 군문학(郡文學)이 되었다가 남창위(南昌尉)를 지냈다. 전한 말년에 대장군 왕봉(王鳳) 등 외척 왕씨가 정권을 장악하고 황태후의 조카 왕망(王莽)이 신도후(新都侯)에 봉해지자 잘못된 정사와 왕씨의 전횡을 풍자하는 상소를 올렸다. 평제(平帝) 때 왕망이 제위를 찬탈하고 황제가 되어 신(新)나라를 건국하자 처자를 버리고 구강(九江) 지방으로 간 뒤로는 종적이 묘연하였는데, 얼마 후 회계(會稽)에서 매복을 본 사람이 있는데 이름을 바꾸고 오시(吳市)의 문지기가 되었더라고 하였다. 일설에는 구강에 가서 신선이 되었다는 말도 있다. 《漢書 卷67 梅福傳》

232 초신(楚臣)의 경(經) : 중국 전국 시대 초(楚)나라의 정치가이자 시인인 굴원(屈原)이 지은 《이소경(離騷經)》을 가리킨다. 간신의 모함으로 임금에게서 쫓겨난 후 울분과 우국(憂國)의 정을 참지 못하여 쏟아낸 장편시이다.

한가하니 학을 보며 새로운 경서[233] 지을 것 생각하네
閒思相鶴著新經
시내와 산이 어찌 주인과 손님을 논하겠는가　溪山何必論賓主
유유히 베개를 높이 베고 누우니 이것이 나의 정자라네
高枕悠然是我亭

아홉 번째 거듭 차운하다 九疊

밥 먹은 후 지팡이 짚고 숲 속 문 나서니　飯餘扶杖出林扃
골짝 안개 피어오르는데 어둠이 짙푸르네　谷靄依依暝意青
솔 그림자는 길 떠나는 사람 따라 멀리 가고　松影隨人行處逈
못물 빛은 비추어오는 달빛 얻어 머무네　潭光得月照來停
시냇가엔 손님 떠나고 남은 술 어지러운데　溪邊客去留殘酒
도성 안에서 고경과 함께 답장이 왔네　郭裏書回帶古經
서글피 다시 만날 약속 바라니 덩굴 길이 먼데　悵望幽期蘿逕遠
어느새 바람과 이슬이 정자에 가득하네　不禁風露滿高亭

열 번째 거듭 차운하다 十疊

정오의 산 빛에 홀로 문을 여니　正午山光獨啓扃
아른거리는 이내 뚫고 들어가 온 발이 푸르네　浮嵐透入一簾青
작은 못엔 물고기가 맑은 물결과 함께 움직이고　小池魚與淸波動

233 경서 : 《상학경(相鶴經)》을 가리키는 것으로 보인다. 《상학경》은 부구공(浮丘公)이 저술하여 왕자진(王子晉)에게 전수한 책의 이름으로, 신선이 타고 다니는 학의 모양과 습성 등을 관찰하여 기록한 것이다.

먼 고개엔 구름이 조각 비[234]를 가지고 머무네　遙嶺雲將片雨停
골짝 안은 삼복더위에도 조금은 서늘하고　洞裏微凉三伏日
신변의 귀중한 물건은 몇 편의 책이라　身邊長物數編經
내일 아침 이별하려니 그윽한 감회 서글픈데　幽懷慆悵明朝別
고운 새 시냇가 정자를 울며 날아가네　好鳥飛啼傍澗亭

열한 번째 거듭 차운하다 十一疊

잘 새는 훨훨 저녁 문 가까이 날아오고　宿鳥翻翻近暮扃
인가 연기 속 느릅나무 버드나무 사방에 푸르네　人煙楡柳四隣靑
나무 너머 바위샘 때때로 외로이 울리고　巖泉隔樹時孤響
고개 위 달은 사람을 훔쳐보고 또 한 번 멈추네　嶺月窺人又一停
기하[235]로 만든 들옷은 세속의 옷 아니요　野服芰荷非俗製
용호[236]로 금단[237]을 만드는 법 진경[238]에 있네　金丹龍虎有眞經

234 조각 비 : 일부 지역에만 오는 비를 이른다.

235 기하(芰荷) : 마름의 잎이나 연잎같이 깨끗하고 향기로운 풀로, 고사(高士)나 은자(隱者)의 복장을 가리킨다. 《초사(楚辭)》 〈이소(離騷)〉에 "연꽃 잎사귀로 웃옷 해 입고, 부용을 모아 치마 만들어 입네.〔製芰荷以爲衣兮, 集芙蓉以爲裳.〕"라고 하였다.

236 용호(龍虎) : 감리(坎離)·수화(水火)·수은과 납〔汞鉛〕·정기(精氣) 등을 뜻하는 도교(道敎)의 용어이다. 주희(朱熹)의 《주역참동계고이(周易參同契考異)》에 "감리·수화·용호·연홍 등은 단지 그 이름을 바꿔 부른 것이니, 사실은 정(精)과 기(氣) 두 가지일 따름이다. 곧 정(精)은 물〔水〕·감(坎)·용(龍)·수은〔汞〕이고, 기(氣)는 불〔火〕·이(離)·호랑이〔虎〕·납〔鉛〕이다."라는 말이 나온다.

237 금단(金丹) : 신선이나 도사가 금액(金液)과 단사(丹砂)를 정련하여 만든 단약(丹藥)으로, 이것을 복용하면 불로장생할 수 있다고 믿었다.

238 진경(眞經) : 도교(道敎)의 경전 혹은 신선술에 관한 책을 통틀어 일컫는 말이다.

남몰래 구학의 무궁한 뜻 읊으며　幽吟丘壑無窮意
바람 부는 삼경[239]에 홀로 정자에 기대네　凉籟三更獨倚亭

열두 번째 거듭 차운하다 十二疊

골짝 해 어두운데 나무가 문을 둘러싸고　谷日陰陰樹擁扃
날아와 자리 엿보는 물새가 푸르네　飛來窺榻水禽靑
빈산에 도 닦으려는 뜻은 세월만 저물고[240]　空山道意靈芝晩
둥근 못에 하늘빛은 태극이 멈춤이라[241]　圓沼天光太極停
세월은 양 살쩍을 침범하려 하고　歲月欲侵雙鬢髮
시서는 한 상의 경을 다 읽지 못하였네　詩書未了一床經
한가히 떠있는 구름 가장 다정한데　閒雲最是多情在
사람 붙잡기만 할 뿐 정자로 내려오지 않네　只管留人不下亭

239 삼경(三更) : 밤 11시～새벽 1시를 말한다.

240 빈산에……저물고 : 빈산에 머물면서 도(道)는 닦지 못하고 하는 일 없이 세월만 보내고 있음을 탄식한 말이다. 일찍이 주자(朱子)가 길을 가다가 운당포(篔簹浦)란 곳에서 쉬었는데, 그 벽에 "빛나는 영지는 일 년에 세 번 맺히는데, 나는 홀로 어찌하여 뜻만 있고 이루지 못하는가.〔煌煌靈芝, 一年三秀, 予獨何爲, 有志不就.〕"라고 새겨진 글귀를 보고 감탄하여 여러 번 반복하여 읽었다. 40년 뒤에 다시 그곳을 지나게 되었는데 그 글이 보이지 않자 지난 일을 회상하며 시를 짓기를, "흐르는 백년 인생 얼마나 되는가? 영지가 세 번 맺힘은 무엇을 위함인가? 금단은 세월 늦도록 소식이 없으니, 운당포 벽 위의 시에 거듭 탄식하노라.〔鼎鼎百年能幾何? 靈芝三秀欲何爲? 金丹歲晩無消息, 重歎篔簹壁上詩.〕"라고 한 데서 나온 말이다. 《朱子大全 卷84 題袁機仲所校參同契後》

241 둥근……멈춤이라 : 주자(朱子)의 〈관서유감(觀書有感)〉 가운데 "반 이랑의 반듯한 연못 거울처럼 열리니, 하늘빛과 구름 그림자 그 속에 배회하네.〔半畝方塘一鑑開, 天光雲影共徘徊.〕"라고 한 구절을 점화한 것이다.

열세 번째 거듭 차운하다 十三疊

꾀꼬리 우는데 더딘 해는 마을 문을 둘러싸고 鶯啼遲日繞村扃
안개 낀 넝쿨 속에 누웠노라니 궤석이 푸르네 臥處煙蘿几席青
세상사 백년이 되면 끝내 정해진 바 있으나 世事百年終有定
천기는 만고에 어찌 멈춘 적 있었던가 天機萬古豈曾停
높은 숲의 이슬 기운은 새벽마다 빗는 머리요[242] 高林露氣晨梳髮
굽은 난간의 샘물 소리는 밤마다 외는 경이라[243] 曲檻泉聲夜誦經
멀리서 벗을 생각하니 나의 뜻과 같으리라 遙想故人同此意
청려장 짚고 홀로 무우정에 오르네 扶藜獨上舞雩亭

당시에 백옥(伯玉)이 도봉(道峰)[244]에 가서 놀았다. 그러므로 이렇게 말을 맺은 것이다.

열네 번째 거듭 차운하다 十四疊

어디서 온 산비가 새벽 사립을 지나는가 何來山雨度晨扃
무성하게 늘어진 벼에 사방 들이 푸르네 稻色離離四野青
오래된 벽에 노을이 끼어 비로소 색을 띠고 古壁着霞纔有色
나는 샘물 바위를 만나 문득 멈추네 飛泉遇石却成停
안생은 허기진 뒤 먹어 외려 육식과 진배없고[245] 顔生晩飯猶當肉

242 높은……머리요 : 새벽 숲에 이슬이 내리는 모습이 마치 숲이 머리를 빗는 것처럼 보인다는 것이다.

243 굽은……경(經)이라 : 샘물 소리가 마치 경을 외는 소리처럼 들린다는 것이다.

244 도봉(道峰) : 지금 서울의 도봉산을 가리킨다.

245 안생(顔生)은……진배없고 : 중국 제(齊)나라의 선왕(宣王)이 은사(隱士) 안촉(顔斶)을 접견하였는데, 안촉은 선비가 왕보다 존귀하다며 선비를 잘 대우하라고 조언

변로는 잠만 자고 경서는 안 읽으려 하였네[246] 邊老耽眠欲廢經
성 안의 제군들 일 벌이기 좋아하니 城裏諸君能好事
내일 아침 술을 싣고 깊숙한 정자 찾아가리 明朝載酒問幽亭

열다섯 번째 거듭 차운하다 十五疊

돌아가는 말 유유하게 골짝 문 나서는데 歸騎悠悠出谷扃
너른 들판에 가랑비 오니 도롱이가 푸르네 長郊雨細一蓑青
한가히 흐르는 물은 사람을 따라 멀리 가고 閒情流水隨人遠
게을리 떠있는 구름은 성 안으로 들어가 머무네 倦跡浮雲入郭停
몸 밖의 처자식은 도를 배우는 데 방해가 되고 身外妻兒妨學道
진세에서의 세월은 경서 연구를 저버렸다네 塵中日月負硏經
애오라지 알겠네 오늘밤 산 찾는 꿈은 聊知今夜尋山夢
폭포 소리 높고 비 지나가는 정자에서 꿀 것임을 巖瀑聲高過雨亭

하였다. 이에 공감한 선왕이 안촉을 스승으로 모시고자 최고의 의식(衣食)과 수레를 제공하겠다 약속하였는데, 안촉은 이를 사양하고 초야로 돌아가면서 "허기진 뒤에 늦게 먹는 것으로 육식을 대신하고, 천천히 걷는 것으로 수레에 타는 것을 대신하겠다.〔晩食以當肉, 安步以當車.〕"라고 하였다. 전원의 편안한 생활이 높은 지위에 오르는 것이나 마찬가지라는 말이다.《戰國策 齊策》

246 변로(邊老)는……하였네 : 변로는 변소(邊韶, ?~?)를 가리킨다. 후한(後漢)의 문인으로, 자는 효선(孝先)이며 태중대부·북지 태수(北地太守)·상서령·진상(陳相) 등을 지냈다. 문장으로 이름이 나 수백 명을 가르쳤는데, 한번은 낮잠을 자는 것을 보고 제자들이 선생을 조롱하며 말하기를 "변효선은 배가 빵빵하여 글 읽기는 싫어하고 잠만 자려고 한다."라고 하였다. 입담이 좋은 변소는 그 말을 듣고, "빵빵한 내 배는 오경을 싣는 상자이고, 잠만 자려고 하는 것은 경전을 생각하기 위함이다. 잠이 들어 주공과 꿈으로 통하고 고요히 있어 공자와 뜻을 함께 하는 것이다."라고 한 데서 나온 말이다.《後漢書 卷80 文苑列傳 邊韶》

열여섯 번째 거듭 차운하다 十六疊

솔 그늘 한낮 되자 반쯤 문을 에워싸고	松陰日午半圍扃
바위이끼 위 끌며 가는 나막신 푸름을 깨뜨리네	引步巖苔屐破青
제비의 말 꾀꼬리 울음 무엇이 주인이고 객인가	燕語鶯啼誰主客
구름 모습 산의 빛깔 서로 조화를 이루네	雲容山色與調停
검은 응당 기운 있는데 부질없이 벽에 걸렸고	劍應有氣空懸壁
거문고는 제냥 줄이 없으니 경을 상관치 않네[247]	琴自無絃不管經
비 온 뒤 동호가 열기 씻어낼 만하니	雨後東湖堪濯熱
다시 배 한 척 타고 압구정 찾아가려하네	更謀孤艇問鷗亭

열일곱 번째 거듭 차운하다 十七疊

그윽한 회포에 온종일 홀로 문 닫고 앉았는데	幽懷永日獨關扃
주렴 너머 먼 봉우리 저물녘 푸르름을 보내네	簾外遙峰送晩青
학의 성질은 높은 하늘에 예로부터 광활한데	鶴性雲霄從古濶
닭 울음소리는 비바람 속에 언제나 멈추려나[248]	雞鳴風雨幾時停

247 거문고는……않네 : 중국 동진(東晉)의 시인 도잠(陶潛)은 음률을 몰랐다. 그는 줄 없는 거문고를 하나 두고서 벗들과 술을 마실 때 그 거문고를 어루만지며, "거문고에 있는 흥취를 알면 그뿐이지 어찌 수고롭게 소리를 내랴.〔但識琴中趣, 何勞絃上聲?〕"라고 하였다고 한다. 《晉書 卷94 陶潛列傳》

248 닭……멈추려나 : 《시경(詩經)》〈정풍(鄭風) 풍우(風雨)〉 3장에 "비바람 몰아쳐 어둡거늘 닭 울음소리 그치지 않는도다. 이미 군자를 만나보니 어찌 기쁘지 않으리오.〔風雨如晦, 雞鳴不已. 旣見君子, 云胡不喜?〕"라고 하였다. 주희(朱熹)는 음란한 여자가 비바람 불고 어두운 때에 사랑하는 남자를 몰래 만나는 것을 읊은 시라고 보았으나 〈모시서(毛詩序)〉에서는 '비바람'을 난세(亂世)를 비유하는 것으로 보아 난세에 절개를 변치 않는 군자를 그리워하는 시라고 하였다. 여기서는 후자의 의미를 담고있는

먼 훗날 기약은 산중 계수나무에 서글프고[249] 遐期怊悵山中桂
장대한 포부는 책상 위 경서 안에 배회하네 壯志徘徊案上經
동쪽 시내에 물색이 새로우니 報道東溪新物色
못의 연꽃 처음 피어 텅 빈 정자 둘렀다고 하네 池荷初發繞空亭

열여덟 번째 거듭 차운하다 十八疊

지척의 이별 대궐문[250]에 가로막혔는데 咫尺離懷阻瑣扃
엷은 구름 아침 해에 금원[251]이 푸르네 淡雲朝日禁園青
궁궐 오동에 이슬 맺히니 오사모[252] 정갈하고 宮梧露滴烏紗淨
시강원 버들의 그늘 둥그니 백학이 깃들리 院柳陰團白鶴停
도가 있으니 변변찮은 벼슬 종사하여도 무방하고 道在不妨從拙宦
집이 가난하나 외려 뭇 경서를 소장할 수 있네 家貧猶得貯羣經
두릉의 너른 집[253]이 무슨 의미가 있나 杜陵廣厦曾何意

것으로 보인다.

249 먼……서글프고 : 언젠가 벼슬을 떠나 전원으로 돌아가리라는 기약을 가리키는 것이다. 중국 한(漢)나라 때 회남 소산왕(淮南小山王) 유안(劉安)의 무리가 초(楚)나라의 굴원(屈原)을 동정하며 〈초은사(招隱士)〉라는 시를 지었는데, 그 첫머리에 "계수나무가 무더기로 자람이여, 산의 깊은 곳이로다.〔桂樹叢生兮山之幽.〕"라고 하여 조정에서 멀리 떨어져 사는 은사(隱士)의 삶을 묘사하였다.

250 대궐문 : 원문의 '瑣扃'은 청쇄문(青瑣門)을 가리키는 것으로, 궁궐을 뜻한다. 중국 한(漢)나라의 무제(武帝)가 궁궐의 문을 푸르게 아로새긴 데서 나온 말이다.

251 금원(禁園) : 궁중(宮中)의 동산, 즉 임금의 원유(園囿)를 이른다.

252 오사모(烏紗帽) : 벼슬아치들이 관복을 입을 때에 쓰던 모자로, 검은 사〔烏紗〕로 만든 데서 나온 이름이다.

253 두릉(杜陵)의 너른 집 : 두릉은 중국 당(唐)나라 시인 두보(杜甫)의 호이다. 두

기이한 돌 성근 소나무 속에 오래된 정자 있는데　怪石疎松有古亭
덕재(德哉)는 응당 계방(桂坊)에 입직(入直)하였으리라.[254]

열아홉 번째 거듭 차운하다 十九疊

약 꾸러미에 차 화로 끼고 대낮에도 문을 닫아걸었는데　藥裹茶爐閉晝扃
깊숙한 골목 묵은 홰나무 푸른 속에 객이 찾아오네　客來深巷古槐靑
외론 구름 골짝에 있어 함께 누우니　孤雲在壑須同臥
만 마리 말 치달리는 가운데 홀로 멈출 만하네[255]　萬馬當衢可獨停
발 너머 비는 잠 깬 뒤 안석을 가늘게 적시고　簾雨細霑眠後几
숲속 바람은 경 읽을 때 서늘하게 불어오네　林風凉入讀時經
친구는 취향도 같고 병도 같으니　故人同趣還同病
언제나 대숲 정자에서 술동이를 열까나　幾日開樽竹裏亭

보의 시 〈초가집이 추풍에 부서진 것을 노래하다〔茅屋爲秋風所破歌〕〉에 "어떻게 하면 너른 집 천만 칸을 얻어 천하의 가난한 선비들을 크게 비호하여 모두 즐거운 얼굴이 되게 하고 비바람에도 동요하지 않고 산처럼 안정되게 할 수 있을까?〔安得廣廈千萬間, 大庇天下寒士俱歡顔, 風雨不動安如山?〕"라는 말이 나온다. 《杜少陵詩集 卷10》

254 덕재(德哉)는……입직(入直)하였으리라 : 계방(桂坊)은 세자익위사(世子翊衛司)의 별칭으로, 왕세자의 시위(侍衛)를 맡아보던 관서이다. 남유용(南有容)은 39세 때인 1736년(영조12) 1월에 세자익위사 시직(侍直)이 되었다.

255 만 마리……만하네 : 중국 북송(北宋)의 정치가이자 학자인 사마광(司馬光)이 당시의 관리 왕존(王存, 1023~1101)의 인물을 평한 데서 나온 말로, "만 마리 말이 한꺼번에 치달리는 가운데 능히 발걸음을 멈출 수 있는 사람은 아마도 왕존일 것이다.〔並馳萬馬中, 能駐足者, 其王存乎!〕"라고 하였다. 이는 왕존이 당쟁이 심한 세태에 휩쓸리지 않고 자신의 신념을 지킨 것을 찬탄한 말이다. 《宋史 卷341 王存列傳》

스무 번째 거듭 차운하다 二十疊

새벽 베갯머리에 주룩주룩 빗줄기 사립에 가득하니	曉枕翛翛雨滿扃
빈 뜰의 초목에 짙푸름이 엄습하네	空庭草樹掩濃靑
한가로이 걸으니 흥이 암천에 빨려들어 고요해지고	閒行興入巖泉靜
편안히 앉으니 몸이 지팡이와 신발을 따라 멈추네	宴坐身隨杖屨停
산속에 대약[256]이 남아있단 말 믿지 못하겠고	未信山中留大藥
해외에 전경이 있었다는 말만 들었네[257]	徒聞海外有全經
유유자적 어느 곳에서 석 달 여름을 날까	優游何處消三夏
반은 연꽃 핀 못에서 반은 버들 가 정자에서	半在荷塘半柳亭

256 대약(大藥) : 도가(道家)에서 복용하는 불로장생의 선약인 금단(金丹)의 별칭이다.

257 해외에……들었네 : '전경(全經)'은 중국의 진시황(秦始皇)이 분서갱유(焚書坑儒) 하기 이전의 온전한 모습의 경전을 지칭한다. 방사(方士) 서불(徐市)이 진시황의 명에 따라 동남동녀(童男童女) 3000명을 거느리고 장생불사(長生不死)의 약을 구하기 위해 바다 끝 신산(神山)으로 간 것이 분서갱유 이전이므로, 중국 땅 밖 어딘가에 전경이 있을 것이라고 기대한 것이다.

윤9월 7일에 덕재·백옥·이문원[258] 덕홍·오경보[259] 찬·유생 유성기와 더불어 자하동[260]에서 놀았는데, 노량[261]을 건널 때에 운자를 불렀다

閏九月七日 與德哉伯玉李文遠 德弘 吳敬父 瓚 兪生盛基爲紫霞之遊 渡露梁呼韻

백사장 머리에 들판을 달리던 말 세우니	沙頭停野騎
떠오르는 해에 갯가의 이내 더디 흐르네	初日浦煙遲
나그네 의취는 외기러기가 가져가고	客意孤鴻去
가을의 심회는 늙은 국화가 알리라	秋懷老菊知

258 이문원(李文遠) : 이덕홍(李德弘, 1697~1768)을 가리키는 것으로, 문원은 그의 자이다. 본관은 완산(完山)이며 호는 졸옹(拙翁)·백졸(百拙)이다. 남유상(南有常)·남유용(南有容)의 친구이자 매부로, 시집 《백졸고(百拙稿)》를 남겼다.

259 오경보(吳敬父) : 오찬(吳瓚, 1717~1751)을 가리키는 것으로, 경보는 그의 자(字)이다. 조선 후기의 문신으로, 본관은 해주(海州)이며 호는 청수재(淸修齋)이다. 오원(吳瑗)의 이복 아우이다. 1751년(영조27) 춘당대시에 장원으로 급제한 후 정언이 되어 징토를 엄히 할 것과 시비를 분명히 할 것 등을 상서(上書)하여 영조의 심기를 불편하게 만들었다. 이어서 사직 이종성(李宗城)이 흉역들과 어울린다는 상서를 올리고 내수사(內需司)를 파할 것을 청하였다가 영조의 진노를 사서 사판(仕版)에서 삭제되고 성문 밖으로 쫓겨났다. 후에 삼수(三水)로 귀양 가 그곳에서 죽었는데 관직에 오른 지 1년 만이었다.

260 자하동(紫霞洞) : 서울 관악산(冠岳山) 남동 기슭의 경승지로, 동·서·남·북 네 군데의 자하동이 있다.

261 노량(露梁) : 지금의 서울시 동작구 노량진동 일대를 가리키는 것으로, 나루가 있어 서울과 과천·시흥을 연결하였다.

부해[262]의 계획은 이루지 못하였으나　　未成浮海計
외려 입산의 기약은 있네　　猶有入山期
자하동의 단풍 천 그루가　　霞洞楓千樹
응당 나의 시를 기다리고 있으리　　應須待我詩

벗들과 함께 안산(安山)[263]에 놀러가기로 약속하였는데 결국 가지 못하였으므로 아래 연에서 이렇게 말한 것이다.

262 부해(浮海) : 고향으로 돌아간다는 의미를 담고 있다. 중국 후한(後漢) 말의 은자(隱者) 관녕(管寧, 158~241)이 요동(遼東)에서 37년을 지내다가 문제(文帝)의 부름을 받자 가족과 함께 배를 타고 바다 건너〔浮海〕 고향으로 돌아갔다고 한 데서 나온 말이다. 《三國志 卷11 魏書 管寧傳》

263 안산(安山) : 경기도 안산을 가리킨다.

자하동에서 '원' 자를 얻어 짓다

霞洞得源字

시냇가 다락에 가을빛 깨끗한데	溪閣淨秋色
안개와 서리가 골짝 어귀에 가득하네	煙霜一洞門
높은 바람 서늘하게 바위를 쓸고 가고	高風凉掃石
석양은 고요하게 술동이에 머무네	落景靜留樽
말 세웠다 구름 저편으로 돌아가려는데	立馬還雲際
단풍을 보니 이미 물의 근원이라	看楓已水源
승려가 오매 절이 가까운 줄 알겠으니	僧來知近寺
마주한 채 말을 잊고자 하네	相對欲忘言

또 운을 뽑아 칠언율시를 짓다

又拈七律

적막한 단풍 숲에 석양이 엷으니	寂歷楓林澹夕暉
소정의 풍경 좋다만 찾아오는 손 드무네	小亭雲物客來稀
텅 빈 산 낙엽 진 곳 깊숙이 말을 멈추니	山空落葉深留馬
튀어나온 바위에 나는 샘물이 가늘게 옷을 적시네	石出飛泉細入衣
구학에 은거하자고 우리 약속하였으니	丘壑幽期惟我輩
행장의 말로엔 함께 돌아갈 수 있으리	行藏末路可同歸
서성거리다 봉우리 위의 절 물으려 하는데	徘徊欲問峰頭寺
이지러진 달 차가운 종소리가 돌문을 가리네	缺月寒鐘掩石扉

시냇가에서 잠깐 쉬다

溪上少憩

일백 굽이 산길엔 맑은 시내뿐인데	山蹊百轉只淸溪
오래된 바위가 사람을 붙잡아 말을 쉬게 하네	古石留人歇馬蹄
구름 너머 마을은 얼마나 멀리 있나	雲外有村知遠近
어지러운 봉우리 성근 나무에 석양이 깔리네	亂峰疎木夕陽低

달빛을 타고 남자하동을 지나가다

乘月過南紫霞洞

북두성 빽빽하게 거꾸로 드리운 그림자 긴데	星斗森森倒影長
골짝 안 단풍나무엔 서늘한 기운이 이네	洞中楓樹盡生凉
산이 텅 비어 가을의 소리 일어나기 쉽고	山虛易作三秋響
물이 맑아 서리 내린 오솔길인 줄 알았네	水淨渾疑一逕霜
돌아가는 말은 구름 뚫고 발걸음 절로 옮기고	歸馬穿雲聊自去
깃들일 까마귀는 나무 찾아 저냥 바빠하네	棲鴉尋樹任渠忙
시골 늙은이 손님 맞을 준비했음 잘 알겠으니	深知野老迎人意
막걸리에 국화에 간당을 소제하였네	村酒黃花掃澗堂

반곡초당[264]에서 주인 조생[265]에게 주다
盤谷草堂 贈主人曹生

한가로이 흐르는 물 따라가며 그대 사는 곳 묻노라니	閒隨流水問君居
안개 짙은 사립문에 단풍잎 성근 곳이라네	暝靄柴門楓葉疎
백 년 전 심은 나무 대대로 전해 내려오고	種樹百年傳世遠
사방 벽에 써넣은 시 아이들 가르치기 넉넉하네	題詩四壁訓兒餘
텅 빈 골짝 하얀 구름은 송아지 탄 이를 맞이하고	白雲空谷迎騎犢
앞 시내의 외론 학은 고기 잡는 이를 짝하네	孤鶴前溪伴釣魚
조만간 분산[266]을 허락할 수 있겠는가	早晩分山能許否
풍진이 단연코 내 옷자락 더럽히지 못하리	風塵端不染吾裾

264 반곡초당(盤谷草堂) : 관악산 자하동(紫霞洞) 부근에 있는 조일명(曹一明)의 초당인 것으로 보인다.

265 조생(曹生) : 조일명(曹一明, ?~?)을 가리키는 것으로, 자세한 내용은 알 수 없다. 《월곡집(月谷集)》 권4에 〈반곡초당에서 조생 일명에게 남겨 주다〔盤谷草堂留贈曹生一明〕〉라는 시가 있다.

266 분산(分山) : 친한 사람끼리 경치 좋은 곳에서 함께 은거한다는 말이다. 자세한 내용은 156쪽 주219 참조.

들판을 가면서 운자를 뽑아 짓다

野程拈韻

고목 앞 소 등 위에서 한가로이 조는데	牛背閒眠古木前
먼 데 마을에 대낮 연기 엷게 피어오르네	遙村澹澹晝生煙
뜬 구름 흐르는 물은 나무하고 돌아가는 길이요	浮雲流水樵歸路
짧은 해 높은 바람은 벼를 거둘 철이라	短日高風稻穫天
텅 빈 골짝에 삼묘택[267]을 이루지 못하고	空谷未成三畝宅
길게 빼어 노래하며 〈오희〉 편[268]에 화답하네	長歌聊和五噫篇
시골 늙은이는 가을의 비애 알지 못해	田翁不識悲秋意
사주[269] 놓고 맞이하여 술에 취해 춤추네	社酒相邀醉舞顚

267 삼묘택(三畝宅) : '세 이랑 정도의 땅'이란 뜻으로, 한 사람이 먹고 살만한 작은 땅을 말한다. 자세한 내용은 110쪽 주134 참조.

268 〈오희(五噫)〉 편 : 중국 후한(後漢)의 은사인 양홍(梁鴻)이 지은 시의 제목으로, '슬프다!〔噫!〕'라는 감탄사가 다섯 번 연달아 나온 데서 붙은 제목이다. 양홍은 가난하였으나 학문을 좋아하고 혼란한 세상에서 벼슬하기를 원치 않아 아내 맹광(孟光)과 함께 패릉(霸陵) 산골에서 농사짓고 살았다. 하루는 도성에 들어갔다가 토목공사에 백성들이 시달리는 것을 보고 〈오희가(五噫歌)〉를 지어 잘못된 국정을 개탄하였는데, 이를 듣고 분노한 숙종(肅宗)이 사람을 보내 체포하려고 하자 오(吳) 지방으로 도망가 남의 집에서 품팔이하며 살았다. 〈오희가〉의 내용은 아래와 같다. "저 북망산을 오르니 슬프구나! 서울을 돌아보니 슬프구나! 궁실이 드높으니 슬프구나! 사람들이 수고로우니 슬프구나! 아득한 미앙궁이여 슬프구나!〔陟彼北芒兮, 噫! 顧覽帝京兮, 噫! 宮室崔嵬兮, 噫! 人之劬勞兮, 噫! 遼遼未央兮, 噫!〕" 《後漢書 卷83 逸民列傳 梁鴻》

269 사주(社酒) : 춘분과 추분을 전후하여 가장 가까운 무일(戊日)을 각각 춘사(春社)·추사(秋社)라 하고, 이 날을 통틀어 사일(社日)이라고 한다. 옛날 민속에 사일이 되면 토지신에게 제사를 지내고 풍년을 기원하였는데, 사주는 곧 그 제사에서 쓰고 남은 술을 가리킨다.

삼막사[270]에서 밤에 술을 마시다
三幕寺夜飮

텅 빈 누대에 등불 반짝이는 차가운 밤	虛樓燈火耿寒宵
종소리 울리는 제천[271] 참으로 높고 맑네	鐘動諸天正泬寥
가지 끝에 은하수 걸리고 만물은 적막한데	樹杪星河千品寂
구름 가에 자리 펴고 누우니 이 한 몸 멀리도 떠나왔구나	雲邊枕席一身遙
맑은 서리는 국화주[272]를 당하지 못하고[273]	淸霜不敵黃花酒
적기[274]는 외려 푸른 바닷물을 나누네	積氣猶分碧海潮
노승만은 응당 이러한 뜻을 알리니	老釋秪應知此意
염불 소리가 나의 긴 노래를 막 깨뜨리네	梵聲初罷我長謠

270 삼막사(三幕寺) : 경기도 안양(安養)의 삼성산(三聖山) 서쪽 중턱에 있는 절의 이름으로, 용주사(龍珠寺)의 말사(末寺)이다.

271 제천(諸天) : 천상(天上)의 여러 하늘 혹은 부처를 가리키는 불교 용어로, 전하여 산꼭대기에 있는 절을 가리키기도 한다. 여기서는 산사의 하늘을 지칭한다.

272 국화주 : 국화꽃으로 담근 술로, 중양절(重陽節)에 이 술을 마시는 풍습이 있다.

273 맑은……못하고 : 국화주가 맑은 서리보다 더 맑다는 의미인 듯하다.

274 적기(積氣) : '취적(聚積)한 음양(陰陽)의 기(氣)'란 뜻으로, 곧 '하늘'을 가리킨다. 《열자(列子)》 〈천서(天瑞)〉에 "하늘이란 쌓인 기일 따름이니, 온통 기 아닌 것이 없다.〔天, 積氣耳, 亡處亡氣.〕"라고 하였다.

누대에 올라 시를 지어 부르다[275]

登樓口占

구일[276]이 또 오늘이니	九日又今日
이 일이 기이함을 깊이 알겠네	深知玆事奇
날씨가 족히 가절이라 할 만하니	天應足佳節
내 새로운 시 짓지 않을 수 없네	吾不負新詩
오래된 담엔 가을 국화[277] 가느다랗고	古壁寒花細
먼 바다엔 지나가는 기러기가 슬프네	遙溟過鴈悲
서풍이 나그네 모자를 날리는데	西風吹客帽
호탕하게 큰 술잔 가져오라 부르네	浩蕩喚深巵

275 시를 지어 부르다 : 원문의 '口占'은 시를 지어 입으로 읊는 것이다.

276 구일(九日) : 9월 9일 중구절(重九節)을 가리키며, 중양절(重陽節)이라고도 한다.

277 가을 국화 : 원문의 '寒花'는 추운 계절에 피는 꽃이라는 뜻으로, 보통 국화를 가리킨다.

절의 누대에서 함께 읊다

寺樓同賦

기러기 날아가는 허공에 큰 물결 뿐인데	鴈飛寥廓但洪濤
바람이 세차게 불며 나그네 옷자락을 잡아당기네	風急天空攬客袍
해가 숨어드니 해산[278]이 스스로 비치고	日隱海山元自暎
가을이 맑으니 누각이 높음을 이기지 못하네[279]	秋淸樓閣不勝高
헛된 명성 나에게 있으나 무슨 소용 있으랴	浮名在我終何賴
아름다운 경치가 사람과 우연히 만났네	勝地於人偶一遭
십 년 만에 다시 놀러왔는데 게다가 가절이라	十載重遊又佳節
긴 노래가 소싯적 호기를 덜어내지 못하네	長歌不减少時豪

278 해산(海山) : 바다 밑에서 고립적으로 솟아있는 해저 지형을 말한다.

279 가을이……못하네 : 가을 날씨가 청명하여 누각이 더욱 높이 솟아 보인다는 뜻이다.

수마암[280]에서 묵으면서 '한' 자를 얻어 짓다[281]

宿須摩菴 得寒字

풍로에 옷 적신 채 밤 깊도록 거니는데	風露霑衣步夜闌
가지 끝에 깃든 새도 추위에 놀라네	棲禽樹杪亦驚寒
영험한 샘 이지러진 달 허령하게 서로 통하고	靈泉缺月虛相徹
오래된 바위 외론 구름 교묘하게 어우러지네	老石孤雲巧一團
백발은 더디게 도를 물으라 재촉하고[282]	華髮催人遲問道
청산은 일찌감치 벼슬을 그만두라 권하네	青山勸爾早休官
선등 아래 세 잔의 탁주 있는데	三杯濁酒禪燈下
내일 아침 나그네 말안장 채우는 걸 어찌 견디랴	可耐明朝戒客鞍

280 수마암(須摩菴) : 서울 관악산(冠岳山)의 서자하동(西紫霞洞)에 있는 수마제(須摩題)를 가리킨다.

281 수마암(須摩菴)에서……짓다 : 오원(吳瑗)의 《월곡집(月谷集)》 권4 〈수마암에서 자다〔宿須摩菴〕〉의 발(跋)에, "정사년 계추(季秋)에 의숙(宜叔)·덕재(德哉)·중오(仲五)와 화산(華山)에 올라가서 4일 있다 돌아왔다.……10일 후에 다시 자하동(紫霞洞) 유람이 있었는데 또한 4일 만에 돌아왔다. 이때 날씨가 매우 추워서 술을 계속 마실 수 없었으므로 시를 얻은 것이 돌아보건대 가장 많았으니, 모두 6명의 시가 70여 편이었다.〔丁巳季秋, 與宜叔、德哉、仲五登華山, 四日而歸.……後十餘日, 復有紫霞之遊, 亦四日而歸. 時日甚寒, 酒不能繼, 得詩顧最多, 凡六人詩七十餘篇.〕"라는 말이 있다. 이 시 역시 이때 지어진 것으로 보이니, 1737년(영조13) 가을이며 이천보(李天輔)의 나이 40세였다.

282 백발(白髮)은……재촉하고 : 백발은 은거는 천천히 하고 벼슬을 더할 것을 권한다는 뜻이다.

두 번째 其二

사미승은 나그네 배웅하러 구름 끝에서 내려오는데 沙彌送客下雲端
신비탈의 절에 등불 걸리고 앉은 자리 넉넉하네 崖寺懸燈一榻寬
고개 위 달이 소나무에 누우니 자주 그림자 바뀌고 嶺月偃松頻遞影
하늘 바람이 바위에 부니 멀리 한기가 이네 天風吹石逈生寒
몸이 한가하니 산수가 마음의 부림을 받고 身閒山水爲心役
도를 펴지 못하니 시서가 세모에 느껍네 道屈詩書感歲闌
괴이하여라 얼음서리 속 탐스러운 늦가을 국화가 頗怪氷霜饒晩菊
몇 가지를 남겨 두어 우리에게 보여주네 數枝留與我曹看

덕재·백옥·대경과 함께 두로[283]의 운을 써서 연구[284]를 짓다[285]

同德哉伯玉大卿 用杜老韻聯句

위대하도다! 천지간에	偉哉乾坤內
오도[286]는 어쩌면 그리도 한결같이 졸박한가 _의숙(宜叔)	吾道一何拙
글 읽는 40년 동안	讀書四十年
품어온 뜻 기와 설[287]에 있다네 _덕재(德哉)	雅志在夔契
천리마의 방울 소리 맑게 울리며	良驥鑾和淸
대로를 거침없이 걷고 달렸네[288] _백옥(伯玉)	周道步趨濶

283 두로(杜老) : 중국 당(唐)나라의 시인 두보(杜甫, 712~770)를 가리킨다.

284 연구(聯句) : 한시를 짓는 방법 중의 하나로, 두 명 이상의 사람들이 각자 한 구절 또는 몇 구절을 이어서 짓는 방식으로 한 편의 시를 완성하는 것이다.

285 덕재……짓다 : 이 시는 1737년(영조13) 10월에 이천보(李天輔)·남유용(南有容)·오원(吳瑗)·황경원(黃景源) 4인이 오원의 종암(鐘巖) 별업 내에 있는 계정(溪亭)에 모여 함께 지은 시이다. 이 시는 남유용의 《뇌연집(雷淵集)》 권8에 〈의숙·백옥·대경과 함께 종암에서 밤에 모여 두보의 영회시와 북정시를 내어 읽고서 겹치는 운자는 쓰지 않기로 하고 차운하여 연구를 지으니 모두 850언이다〔同宜叔伯玉大卿鐘巖宵集, 出杜子詠懷北征詩讀之, 仍黜其複韻而步之爲聯句, 八百五十言.〕〉라는 제목으로 실려 있으며, 오원의 《월곡집(月谷集)》 권4와 황경원의 《강한집(江漢集)》 권1에 각각 〈계정연구(溪亭聯句)〉, 〈계정연구(谿亭聯句)〉라는 제목으로 실려 있다.

286 오도(吾道) : '유교(儒敎)의 도'를 가리킨다.

287 기(夔)와 설(契) : 중국 고대 순(舜) 임금 때의 두 명신으로, 기(夔)는 음악을 맡고 설(契)은 문교(文敎)를 맡았다고 한다. 《書經 舜典》

288 천리마의……달렸네 : 원문의 '鑾'은 수레를 끄는 말의 재갈에 다는 방울이며 '和'

마음으로 치세와 난세 상세히 살피고　心究理亂細
눈으로 왕도와 패도 활연히 궁구하네 _대경(大卿)　眼窮帝霸豁
나아가고 물러남은 각자의 상황을 따르고　行藏各所值
갖옷과 베옷은 추위와 더위를 따르네 _의숙　裘褐隨凉熱
상자에 감추어둔 옥 팔지 않았는데[289]　韞櫝玉不沽
화로에 담긴 쇠는 제 혼자 끓네[290] _덕재　在爐金自烈
남다른 생각은 티끌세상에 염증 느끼고　奇想厭埃壒
원대한 기상은 구름 달과 다투네 _백옥　遐標競雲月
길을 떠나 장차 영지를 캐고　逝將掇靈芝
단구[291]에서 보결[292]을 찾으리 _대경　丹丘搜寶訣

는 수레 채 끝에 가로 댄 나무에 다는 방울로, 여기서는 사신의 수레를 의미한다. 또 '周道'는 《시경(詩經)》〈사모(四牡)〉에 나오는 말로, "네 필의 말이 끝없이 달려가니 큰길이 구불구불하도다. 어찌 돌아가길 생각지 않으랴만 왕사를 소홀히 할 수 없기에 내 마음 슬퍼하노라.〔四牡騑騑, 周道倭遲. 豈不懷歸, 王事靡盬, 我心傷悲.〕"라고 하였다. 이는 왕명을 받들고 사신(使臣)으로 나가는 모습을 표현한 것으로, 이 구절의 저자인 오원(吳瑗)은 1732년(영조8) 10월에 동지 서장관이 되어 연경(燕京)에 나갔다가 다음 해 4월에 돌아왔다.

289 상자에……않았는데 : 재덕(才德)을 지니고 있으나 아직 정당한 예우를 받고 세상에 나아가지 못하였음을 의미한다. 공자(孔子)의 제자 자공(子貢)이 "여기에 아름다운 옥이 있는데, 이것을 궤에 담아서 감추어 두시겠습니까? 아니면 좋은 값을 받고 파시겠습니까?〔有美玉於斯, 韞櫝而藏諸? 求善賈而沽諸?〕"라고 묻자, 공자가 "팔 것이다. 팔 것이다. 나는 좋은 값을 기다리고 있다.〔沽之哉! 沽之哉! 我待賈者也.〕"라고 대답하였다. 《論語 子罕》

290 화로에……끓네 : 아직 벼슬에 나아가지 않은 상태에서 재덕(才德)을 연마하고 있음을 의미한다.

291 단구(丹丘) : 선계(仙界)를 말한다. 신선들이 산다는 전설적인 땅의 이름으로,

허나 신선은 결국 허무한 것이라	神仙竟虛無
뜻과 공업 둘 다 어그러졌네 _의숙	志業兩虧缺
일신의 계획 점점 더 고달파지니	身計轉濩落
세상엔 다투고 빼앗음이 많네 _덕재	世故多爭奪
세속을 떠나 고현을 자처하며	逃俗自高賢
빛을 감추고[293] 암혈에 의탁하리 _백옥	葆光托巖穴
소보 허유는 기산 영수에 누웠고[294]	巢許臥箕穎
유안은 요동 발해에 배를 띄웠다네[295] _대경	幼安泛遼渤
큰길가엔 으리으리한 저택들 둘러싸있고	通逵繞甲第

밤이나 낮이나 항상 밝다고 한다.

292 보결(寶訣) : 도가(道家)의 수련 방법이 기록되어있는 비결(秘訣)을 의미한다.

293 빛을 감추고 : 원문의 '葆光'은 재주와 지혜를 밖으로 드러내지 않음을 비유하는 말이다. 《장자(莊子)》 〈제물론(齊物論)〉에 "아무리 부어도 차지 않고 아무리 떠내어도 마르지 않는데 그 까닭을 알지 못하니, 이것을 일러 감추어진 빛이라고 한다.〔注焉而不滿, 酌焉而不竭, 而不知其所由來, 此之謂葆光.〕"라고 하였다.

294 소보……누웠고 : 소보(巢父)와 허유(許由)는 중국 고대 요(堯) 임금 때의 은자로, 기산(箕山)·영수(潁水)에 숨어 살았다. 요 임금의 아들 단(丹)이 불초하므로 천하를 맡길 수 없어서 소보에게 넘겨주려 하였으나 소보가 거부하였다. 이에 허유를 찾아가 선양(禪讓)하고자 하였으나 기산으로 도망가 버렸다. 그 후 다시 허유를 구주(九州)의 장(長)으로 삼으려 하였으나, 이 말을 들은 허유가 영수에 귀를 씻으며 거부하였다고 한다. 《高士傳》

295 유안은……띄웠다네 : 유안(幼安)은 중국 삼국 시대 위(魏)나라의 은사(隱士)인 관녕(管寧, 158~241)의 자(字)이다. 원문의 '遼渤'은 중국 요동(遼東) 지방의 발해만(渤海灣)을 부르는 말이다. 유안은 후한(後漢) 말에 황건적(黃巾賊)의 난을 피해 요동으로 들어가 살았는데, 그곳에서 《시경》과 《상서(尙書)》를 강의하고 제기의 진열 방법과 예식을 올릴 때 지녀야 할 태도 등을 가르쳤다. 《三國志 魏書 卷11 管寧傳》

굽은 길엔 청탁하는 자들 달려가네 _의숙 曲逕走交謁

낯부끄러운 올빼미는 들판에서 소리치고[296] 顔忸野鴟嚇

뜻이 고원한 갈매기는 물결 속에 숨었네[297] _덕재 志遠波鷗沒

연잎으로 홀로 초의[298]를 만들어 입고[299] 荷製獨初衣

상송을 부르며 자주 무릎을 치네[300] _백옥 商謳屢擊節

희성[301]에 화답할 이 적지 않으니 希聲匪寡和

296 낯부끄러운……소리치고 : 이욕에 눈이 어두운 소인배가 고상한 사람의 심중을 알지 못하고 시샘하는 것을 비웃는 말이다. 《장자(莊子)》〈추수(秋水)〉에 나오는 말로, 남방에 원추(鵷鶵)라는 새가 있어 남해(南海)를 출발하여 북해(北海)로 날아갈 때 오동나무가 아니면 쉬지 않고, 대나무 열매가 아니면 먹지 않으며, 단물이 나오는 샘이 아니면 마시지도 않는데, 올빼미가 썩은 쥐를 물고 있으면서 마침 그 위를 날아가는 원추를 보고 제 썩은 쥐를 빼앗길까봐 소리를 질렀다는 데서 나온 말이다.

297 뜻이……숨었네 : 초야에 은거하며 누구에게도 간섭을 받지 않고 자유롭게 살아가는 것을 의미한다. 중국 당(唐)나라의 시인 두보(杜甫)가 자신을 갈매기에 비유하면서, "갈매기가 아득한 물결 속에 숨거든, 만 리 밖 어느 누가 길들일 수 있으리오.〔白鷗沒浩蕩, 萬里誰能馴?〕"라고 하였다. 《杜少陵詩集 卷1 奉贈韋左丞丈二十二韻》

298 초의(初衣) : 벼슬하기 전에 입는 옷을 말한다.

299 연잎으로……입고 : 연잎으로 지은 옷은 곧 은자(隱者)의 옷을 뜻한다. 《초사(楚辭)》〈이소(離騷)〉에 "연잎을 말라 저고리를 짓고, 부용을 모아 치마를 짓네.〔製芰荷以爲衣兮, 集芙蓉以爲裳.〕"라고 한 데서 나온 말이다.

300 상송을……치네 : 상송(商頌)은 빈한한 은자(隱者)의 노래를 말한다. 증자(曾子)가 위(衛)나라에 있을 때 사흘이나 불을 때지 못하고 십 년 동안 옷을 해 입지 못하였으나 그러한 생활 속에서도 "신발을 끌고 상송을 노래하니 그 소리가 천지간에 가득 찼는데, 마치 금석에서 나오는 것과 같았다.〔曳縱而歌商頌, 聲滿天地, 若出金石.〕"라고 하였다. 《莊子 讓王》 이는 빈한한 생활 속에서도 맑은 절조를 고수하였음을 말하는 것이다.

301 희성(希聲) : 보통사람에게는 잘 들리지 않는 위대한 소리라는 말로, 여기서는 뛰어난 시문을 가리킨다. 《도덕경(道德經)》 41장에 "큰 소리는 잘 들리지 않으며, 큰

곡조를 알아줄 이 끊어지지 않았네 _대경　識曲亮無絶
남아는 교유의 의리를 중히 여기니　男兒重交義
그 의기 금석을 깨뜨릴 만하네[302] _의숙　意氣金石裂
현자와 호걸이 함께 모이니　賢豪得合幷
마음속 운율이 번갈아 울려나오네 _덕재　襟韻迭鼓發
문장은 당우삼대[303]로 거슬러 오르고　文章溯灝噩
묘리는 들러붙고 엉킨 것을 풀어내네 _백옥　理竗析膠結
육경의 깊고 넓은 경지를 엿보고　六經窺泓博
백가[304]의 높고 가파름에 올라타네 _대경　百子駕截嶫
근원을 찾아 마음의 심원함을 구하고　求源要中深
화려함을 거두어 외양의 번드르르함을 경계하네 _의숙　斂華戒外滑
주나라의 법도를 전형으로 삼고[305]　典刑周彝古

형상은 모양이 없는 것처럼 보인다.〔大音希聲, 大象無形.〕"라고 하였다.

302 그……만하네 : 단금지교(斷金之交)를 말한다. 《주역(周易)》〈계사전 상(繫辭傳上)〉에 "두 사람의 마음이 같으니 그 예리함이 금석을 자를 만하고, 같은 마음에서 나오는 말은 그 향기가 난과 같다.〔二人同心, 其利斷金, 同心之言, 其臭如蘭.〕"라고 한 데서 나온 말이다.

303 당우삼대(唐虞三代) : 원문의 '灝噩'은 넓고 크다는 뜻으로, 당우삼대(唐虞三代)의 문장을 평론한 말이다. 양웅(揚雄)의 《법언(法言)》에 "우하 시대의 글은 혼혼하고, 상서는 호호하고, 주서는 악악하다.〔虞夏之書渾渾爾, 商書灝灝爾, 周書噩噩爾.〕"라고 하였는데, 혼혼(渾渾)은 밝고 엄숙한 모양이며, 호호(灝灝)는 끝없이 멀고 아득한 모양이며, 악악(噩噩)은 엄숙한 모양, 또는 밝고 곧은 모양이라고 하였다.

304 백가(百家) : 제자백가(諸子百家)를 가리킨다.

305 주나라의……삼고 : 원문의 '彝'는 중국 주(周)나라에서 제사를 지낼 때 울창주(鬱鬯酒)를 담던 제기(祭器)의 이름이다.

순 임금의 음악을 율려로 삼네[306] _덕재 律呂虞球戛
북두성은 어지러이 반짝거리고[307] 星斗紛芒角
천둥소리 혹 수레처럼 요란하네[308] _백옥 震霆或轟轕
보불[309]을 수놓은 그림 없어도 繪無施黼黻
베옷 입은 이들 중에 옥돌 있다네[310] _대경 璞有裹裋褐
벽에 걸린 거문고는 저 혼자 소리를 내고 懸壁琴自響
땅 속에 묻힌 보검은 드러나지 않네[311] _의숙 埋泉劍不出

306 순 임금의……삼네 : 원문의 '球戛'은 《서경(書經)》 〈익직(益稷)〉에 나오는 말로, "명구를 치고 거문고와 비파를 타며 노래하니, 조고의 영혼이 이르고 우빈이 자리에 있었다.〔戛擊鳴球, 搏拊琴瑟以詠, 祖考來格, 虞賓在位.〕"라고 하였다. 이는 순(舜) 임금이 종묘에 제사 지낼 때 쓰는 음악을 이른다.

307 북두성은 어지러이 반짝거리고 : 원문의 '芒角'은 별에서 날카롭게 뻗어 나오는 빛살을 말한다. 조선 전기의 천문학자인 이순지(李純之, ?~1465)가 엮은 《천문유초(天文類抄)》에, "(두(斗)는) 하늘의 사당으로 천기(天機)라고도 부른다.……크고 밝으면 군신이 한마음이 되고 천하가 화평하고 벼슬과 녹봉이 제대로 행해진다. 망각(芒角)이 생겨 움직이고 흔들리면 천자에게 근심이 생기고 병란이 일어난다."라고 하였다.

308 천둥소리……요란하네 : 하늘이 이상기후를 통해 경계를 보임을 의미한다.

309 보불(黼黻) : 옛날에 임금의 대례복(大禮服)인 곤복(袞服)에 수놓았던 화려한 문양을 말한다. 보(黼)는 흰색과 검은색으로 자루 없는 도끼 모양을, 불(黻)은 검은색과 푸른색으로 '아(亞)' 자 모양을 수놓은 것으로, 전하여 유려하고 찬란한 무늬를 의미한다.

310 베옷……있다네 : 원문의 '裋褐'은 해진 베옷으로 빈천한 자들의 옷을 말하며, '璞玉'은 아직 갈지 않은 옥돌을 말한다. 누추한 옷을 입고 있으나 옥돌을 품고 있는 사람이라는 뜻으로, 아직 초야에 묻혀있는 인재를 의미한다.

311 땅……않네 : 알아주는 사람이 없어서 재능을 펼치지 못하고 있음을 의미한다. 원문의 '泉劍'은 용천검(龍泉劍)으로, 태아검(太阿劍)과 더불어 천하의 보검으로 일컬어진 칼이다. 자세한 내용은 53쪽 주8 참조.

유유자적할 곳이 어찌 없으랴마는 優遊豈無所
돌아보며 연모하는 곳은 대궐이라네 _덕재 睠顧戀京闕
큰 산과 물이 왕기[312]에 모였는데 嶽瀆王畿輳
트이고 우뚝한 것이 조물주[313]의 솜씨로다 _백옥 融峙眞宰活
들판에 지팡이 짚고 연화를 희롱하며 野策弄煙華
호수에 배를 띄워 경물을 구경하네 _대경 湖舫攬雲物
먼 바다를 바라보니 눈앞이 광활하고 遙海送目濶
가파른 비탈에 서니 다리 벌벌 떨리네 _의숙 懸磴置脚慄
술 사러 산골 가게를 찾아다니고 貰酒叩山市
거문고[314]를 가지고 승방에 묵네 _덕재 携琴宿僧室
요란한 폭포는 어지러운 마음을 씻어주고 豗瀑盪煩抱
빽빽한 봉우리는 나약한 마음 일으켜 세우네 _백옥 攢峰竦懦質
비 쏟아지니 단풍잎 우수수 떨어지고 雨集楓淅瀝
서리 흠뻑 내리니 바위가 쓸쓸하네 _대경 霜繁石蕭瑟
형체 잊으니[315] 물고기 새와 하나 되고 忘形混禽魚

312 왕기(王畿) : 왕이 있는 서울 부근(附近)의 땅을 말한다.

313 조물주 : 원문의 '眞宰'는 만물을 만들고 다스리는 조물주를 가리킨다. 《장자(莊子)》 〈제물론(齊物論)〉에 "진재가 있을 듯하나 다만 그 조짐을 알 수 없다.〔若有眞宰, 而特不得其眹.〕"라고 한 데서 나온 말이다.

314 거문고 : 이 구절의 저자인 남유용(南有容)의 《뇌연집(雷淵集)》뿐만 아니라 공동 저자인 오원(吳瑗)의 《월곡집(月谷集)》, 황경원(黃景源)의 《강한집(江漢集)》에는 이 글자가 모두 '琴'이 아닌 '衾', 즉 '이불'로 되어있다.

315 형체 잊으니 : 초연히 물외(物外)에서 자신의 형체를 잊는 것을 말한다. 《장자(莊子)》 〈양왕(讓王)〉에 "뜻을 기르는 자는 형체를 잊고, 형체를 기르는 자는 이익을 잊고, 도를 이룬 자는 자신의 마음까지도 잊는다.〔養志者忘形, 養形者忘利, 致道者忘心矣.〕"

글귀 탐닉하니 능금과 귤이 뒤섞이네[316] _의숙　　耽句雜楂橘

우뚝한 성벽은 구름 끝과 나란하고　　崇墉抗雲標

솟은 바위는 가을 되어 앙상하네 _덕재　　矗石劖秋骨

백제의 고사[317]를 얽어　　綢繆百濟故

앞 시대 흥망의 역사를 말하네 _백옥　　興廢前史述

첩첩 비탈길엔 새 지나가기 어렵고　　疊磴劣通鳥

좁은 오솔길엔 수레 들어가기 어렵네 _대경　　窄徑難容轍

창칼은 번개 치듯 번뜩이는데　　戈鋋電掣明

성가퀴는 달빛 아래 덩그렇네 _의숙　　埤堄月抱兀

가을 되자 나뭇잎 다 떨어지니[318]　　秋旻劇搖落

샘이며 땅이며 굴곡진 모습 드러나네 _덕재　　川陸露曲折

술잔은 그윽한 경치에 더욱 기이하고　　樽罍逐幽奇

나귀는 고삐를 버리고 느릿느릿 걷네 _백옥　　驢馬捨牽窣

라고 한 데서 나온 말이다.

316 능금과 귤이 뒤섞이네 : 좋은 것과 좋지 않은 것이 섞여 있다는 말로, 보통 능금은 하찮은 과실을, 귤은 귀한 과실을 의미한다.

317 백제의 고사 : 계정(溪亭)이 있는 종암(鍾巖) 별업에서 가까운 북한산성을 보고 떠올린 것으로 보인다. 북한산성은 백제가 위례성(慰禮城)에 도읍을 정한 뒤 도성을 지키기 위해 쌓은 석축 산성으로, 132년(개루왕5)에 축조하였다. 이후 이곳은 삼국의 치열한 쟁탈지가 되었는데, 475년에 고구려 장수왕이 이 성을 함락하자 백제는 웅진성(熊津城)으로 도읍을 옮겼다.

318 가을……떨어지니 : 낙엽이 떨어지는 쓸쓸한 가을의 모습을 말한다. 《초사(楚辭)》〈구변(九辯)〉에 "슬프다, 가을의 기후여. 쓸쓸하여라, 초목은 낙엽이 져서 쇠하였도다. 처량하여라, 흡사 타향에 있는 듯하도다.〔悲哉! 秋之爲氣也. 蕭瑟兮! 草木搖落而變衰. 憭慄兮! 若在遠行.〕"라는 유명한 구절이 있다.

이미 청담[319]을 지나며 놀고 已經淸潭遊
다시 자계[320]를 따라 건너네 _대경 復從紫溪越
외로운 정자는 운일 아래 고요하고 孤亭靜雲日
세찬 여울은 서리와 눈을 삼키네 _의숙 激湍嗽霜雪
바위에 매달린 하얀 박쥐[321] 야위어있고 控巖白蝙癯
개울로 달려가는 푸른 다람쥐는 목이 마르네 _덕재 走澗蒼鼯渴
누대는 고래를 희롱하는 물결[322] 위에 우뚝하고 樓壓戲鯨浪
조수는 쌍두마차를 모는 병졸처럼 달리네 _백옥 潮奔騈馬卒
서쪽을 바라보니 바로 등주와 내주[323]라 西眺直登萊
중원의 일[324] 비통하여 목이 메네 _대경 中原事悲咽
북쪽에 고하려니 조정이 없고[325] 北控無朝廷
동쪽을 돌아보니 정벌이 떠오르네[326] _의숙 東顧憶征伐

319 청담(淸潭) : 북한산성 부근 지역의 이름이다. 《국역 만기요람(萬機要覽)》〈총융청(摠戎廳) 북한산성〉의 기록에 의하면, "산성 부근의 토지는 구역을 나누어 확정한다."의 주에, "신둔(新屯)·청담(淸潭)·서문하(西門下)·교현하(橋峴下)는 훈련도감창의 구역이다."라고 하였다.

320 자계(紫溪) : 북한산성 부근에 있는 시내의 이름인 것으로 보인다.

321 하얀 박쥐 : 원문의 '白蝙'는 동굴의 종유석에서 흘러나오는 물을 먹고 사는 박쥐로, 천 년을 살면 색깔이 희어진다 한다.

322 고래를 희롱하는 물결 : 파도가 거세게 치는 모습을 형용한 것이다.

323 등주(登州)와 내주(萊州) : 중국 산동 반도(山東半島)에 있는 고을의 이름으로, 우리나라에서 바닷길로 중국에 들어갈 때 가장 먼저 이르게 되는 곳이다.

324 중원(中原)의 일 : 명(明)나라가 청(淸)나라에게 망한 사실을 가리킨다.

325 북쪽에……없고 : 명(明)나라 조정이 망하여 없어진 사실을 가리킨다.

326 동쪽을……떠오르네 : 임진왜란이 일어나 일본과 전쟁을 벌였던 기억이 떠오른

애달픈 노래로 격한 마음 쏟아내니　哀歌寫感激
매서운 바람 쓸쓸하게 불어오네 _덕재　烈風來蕭屑
외로워라 습지의 감초 떨어졌으니[327]　孤懷隰苓賈
벼랑의 국화 캐며 그윽히 살아가네[328] _백옥　幽事崖菊掇
구름 걷혀 하늘이 활짝 개고　開雲天爲霽
윤달인데다 날이 또 길하네 _대경　餘閏辰又吉
깊은 바다[329]를 지척에서 굽어보며　歸墟俯咫尺

다는 것이다.

327 습지의 감초 떨어졌으니 : 현자(賢者)가 등용되지 못하여 멀리서 임금을 그리워하는 것을 의미한다. 원문의 '隰苓'은 《시경(詩經)》 〈패풍(邶風) 간혜(簡兮)〉에 나오는 말로, "산에는 개암이 있고, 습지에는 감초가 있도다. 누구를 그리워하는가. 서방의 미인이로다. 저 미인이여, 서방의 사람이로다.〔山有榛, 隰有苓. 云誰之思? 西方美人. 彼美人兮, 西方之人兮.〕"라고 하였다. 주자(朱子)는 이에 주를 달아, 서방의 미인은 서주(西周)의 훌륭한 왕을 가리킨 것이며, 현자가 쇠한 세상의 하국(下國)에서 뜻을 얻지 못하여 다만 성했을 때의 훌륭한 왕을 생각한 것이라고 하였다. 《모서(毛序)》에서는 또한, "이 시는 현자를 등용하지 않음을 풍자한 시이다.〔簡兮, 刺不用賢也.〕"라고 하였다.

328 벼랑의……살아가네 : 자연 속에서의 유유자적한 생활을 표현한 것으로, 중국 동진(東晋)의 시인 도잠(陶潛)이 지은 〈음주(飮酒)〉의 시경을 차용한 것이다. 도잠은 이 시에서, "동쪽 울타리 밑에서 국화를 따다, 물끄러미 남산을 바라보노라.……가을 국화는 빛깔도 좋으니 이슬 머금은 그 꽃 따다가, 이 시름 잊게 하는 술에 띄워서, 내 세상 잊은 정을 더 멀리하련다.〔採菊東籬下, 悠然見南山.……秋菊有佳色, 裛露掇其英. 汎此忘憂物, 遠我遺世情.〕"라고 하였다.

329 깊은 바다 : 원문의 '歸墟'는 바다 속에 있는 깊이를 알 수 없는 큰 골짜기의 이름으로, 모든 물이 이곳으로 모여든다고 하였다. 《열자(列子)》 〈탕문(湯問)〉에 "발해(渤海)의 동쪽 몇 십만 리나 되는지 알 수 없는 곳에 큰 골짜기가 있는데, 실로 밑이 없는 골짜기이다. 그 아래는 밑이 없고, 이름을 귀허라고 한다."라고 하였다.

호탕하게 지는 해를 바라보네 _의숙　浩蕩觀落日
밝은 빛 뿜어내며 온 세상을 비추다가　揚明閱萬國
광휘를 멈추어 외론 사립 덮어주네 _덕재　駐輝覆孤蓽
교룡과 악어는 다투어 맞이하며 기뻐하고　蛟鰐驩爭迓
무지개와 놀은 없어질까 두려워 보호하네 _백옥　霞霓護恐失
음과 양은 어둠과 밝음을 갈마들고　陰陽遞晦明
기틀과 결쇠는 긴밀함[330]을 엿보네 _대경　機鐍窺密勿
태양[331]이 손에 잡힐 듯 떨어져 가니　羲和逝將攀
해바라기[332]가 고개를 기울임 더욱 간절하네 _의숙　葵藿傾更切
달과 별이 뒤를 이어 찬란하니　月宿嗣璀璨
도깨비[333]가 감히 어지럽히랴 _덕재　魑魅敢怳惚
사마가 틈 지나듯[334] 세월 빠른데　駟隙如斯迅

330 긴밀함 : 원문의 '密勿'은 '어수밀물지계(魚水密勿之契)'에서 나온 말로, 임금과 신하의 사이가 긴밀한 것을 의미한다. 《삼국지(三國志)》〈제갈량전(諸葛亮傳)〉에서 유비(劉備)가 "내가 공명(公明)을 만난 것은 물고기가 물을 만난 것과 같다."라고 한 데에서 유래하였다.

331 태양 : 원문의 '羲和'는 중국 고대 신화에 나오는 태양신의 이름으로, 천제(天帝) 제준(帝俊)의 아내이다. 동해 밖 희화국(羲和國)에서 새벽마다 여섯 마리의 용이 끄는 수레에 태양을 싣고 용을 몰아 허공을 달려 서쪽의 우연(虞淵)에 이르러서 멈춘다고 하였다. 《山海經 卷10 大荒南經》 여기서 태양은 임금을 상징한다.

332 해바라기 : 해를 따라 움직이는 것에서 임금을 향한 충심(忠心)을 비유한다.

333 도깨비 : 원문의 '魑魅'은 사람들을 해치는 산천(山川)의 요괴(妖怪)를 말한다.

334 사마(駟馬)가 틈 지나듯 : 원문의 '駟隙'은 "네 마리 말이 끄는 수레가 벽의 틈을 지나간다."는 뜻으로, 세월이 아주 빠름을 비유하는 말이다. 《예기(禮記)》〈삼년문(三年問)〉에 "삼년상은 스물다섯 달이면 끝나니, 그 기간은 마치 사마가 좁은 틈새를 지나는 것과 같다.〔三年之喪, 二十五月而畢, 若駟之過隙.〕"라고 한 데서 왔다.

갈매기와의 맹세[335]는 언제나 이루려나 _백옥 鷗盟幾時畢
지경이 가까워지자 외려 맘에 맞는데 境近猶會心
시 많이 지으려 어찌 피를 토하랴 _대경 詩多豈嘔血
오래된 종에서 회겁의 세월 징험하고 古鐘驗灰刦
남겨진 탑에서 흥망성쇠를 느끼네 _의숙 遺塔感興滅
좌선하던 감실엔 옷만 남겨두고 衣留坐禪龕
샘물 마시던 굴엔 바가지만 떠있네 _덕재 瓢泛酌泉窟
깊은 숲 한가로이 쉬기에 알맞으니 穹林契寬閒
고해[336]의 거센 물결 사양하려네 _백옥 苦海謝洄潏
교외의 동산은 번뇌를 씻어주고 郊園滌煩紆
시문과 술은 즐거움을 이어주네 _대경 文酒續怡悅
서가에는 업후의 장서 우뚝 쌓였고[337] 架峙鄴侯書
동산에선 두릉의 밤을 줍네[338] _의숙 園拾杜陵栗

335 갈매기와의 맹세 : 물가에서 한가로이 노니는 갈매기와 백로를 벗으로 삼는다는 뜻으로, 벼슬을 버리고 산림에 은거하는 것을 말한다.

336 고해(苦海) : '괴로움의 바다'라는 뜻으로, 인간 세상을 가리키는 불교 용어이다.

337 서가에는……쌓였고 : 장서(藏書)가 많다는 뜻으로, 중국 당(唐)나라 업후(鄴侯) 이필(李泌)의 집에 책이 많았던 데서 나온 말이다. 한유(韓愈)의 〈송제갈각왕수주독서(送諸葛覺往隨州讀書)〉에, "업후의 집에는 책이 하도 많아서 서가에 꽂힌 것이 3만 축이나 되는데, 하나하나 상아 찌를 달아놓았고 깨끗하기가 손도 대지 않은 것 같았네. 위인이 박람강기하여 한번 보고는 다시 읽지 않는다네.〔鄴侯家多書, 插架三萬軸. 一一懸牙籤, 新若手未觸. 爲人强記覽, 過眼不再讀.〕"라고 하였다.《韓昌黎集 卷7》

338 동산에선……줍네 : 은자(隱者)의 소탈한 삶을 묘사한 것이다. 두릉(杜陵)은 중국 당(唐)나라 시인 두보(杜甫)의 일족이 대대로 살았던 곳으로, 두보를 가리키기도 한다. 두보는 〈남린(南隣)〉에서 자신을 '금리(錦里) 선생'이라고 부르면서, "금리 선생

유람하며 금경의 오악[339] 실컷 보고　　觀遊飫禽嶽
편안히 쉬며 장주의 칠원 살이[340]를 사모하네 _덕재　　燕息慕莊漆
싸라기와 우박 매서운 계절에　　霰氷冽天序
솔과 대 공물[341]인 양 빽빽하네 _백옥　　松篠森庭實
울적한 회포에 개탄하기 쉽지만　　幽抱易成慨
지나간 일은 이미 끝난 것 아니겠나 _대경　　昨事毋已末
서성거리며 장하던 마음 애석해하고　　遲回惜壯心
저무는 해에 센 머리만 쓸어 넘기네 _의숙　　晼晚撫衰髮
배우기를 좋아하면 촛불을 켠다[342] 들었으며　　好學聞炳燭

이 오각건을 쓰고서 동산에서 토란 밤을 거두니 가난하지만은 않구나.〔錦里先生烏角巾, 園收芋栗不全貧.〕"라고 하였다.

339 금경의 오악(五嶽) : 금경(禽慶, ?~?)은 전한(前漢) 말 후한(後漢) 초 은자(隱者)의 이름이다. 당시의 은자 향장(向長)과 함께 삼산(三山)과 오악(五岳)을 두루 돌아다니며 자유롭게 여생을 보냈다고 한다.《後漢書 卷83 逸民傳》

340 장주(莊周)의 칠원(漆園) 살이 : 장주가 몽(蒙)이란 곳에서 칠원(漆園)의 벼슬아치로 있었던 것을 말한다. 당시에 초(楚)나라 위왕(威王)이 그가 어질다는 말을 듣고 사자(使者)를 보내 후한 폐백을 주고 재상으로 맞이하려 하였는데, 장주가 웃으면서 "나를 더럽히지 말고 빨리 가라."라고 하며 물리쳤다. 이를 두고 진(晉)나라 곽박(郭璞)이 그를 '초연한 관리〔傲吏〕'라고 일컬은 바 있다.《莊子 秋水》

341 공물(貢物) : 원문의 '庭實'은 제후가 천자를 알현할 때 예물이나 공물을 가지고 가 대궐의 중정(中庭)에 가득 진열하여 놓았던 것을 말한다.

342 촛불을 켠다 : 늙어서도 배움에 힘쓴다는 뜻이다. 중국 춘추 시대 진(晉)나라의 평공(平公)이 악사(樂師) 사광(師曠)에게 "내 나이가 70이라서 배우고는 싶지만 이미 늦은 것 같다."라고 하니, 사광이 "어찌 촛불을 밝히지 않으십니까?……신이 듣건대 어려서 배우기를 좋아하는 것은 떠오를 때의 햇빛과 같고, 장성해서 배우기를 좋아하는 것은 중천에 뜬 햇빛과 같으며, 늙어서 배우기를 좋아하는 것은 촛불을 켜서 밝게 하는 것과 같다고 하였습니다. 촛불을 켜서 밝게 하는 것이 어둠 속에 길을 가는 것과 어느

도를 이루려 버선 신겨줄 것[343]을 생각하네 _덕재　　就道思結襪
〈이소〉는 굴원이 깨어있음을 슬퍼하였고[344]　　騷悲屈原醒
〈양보〉는 무릎을 끌어안고 부르다 전하였네[345] _백옥　　歈餘梁甫膝
세상을 경륜하리라던 염원 이미 어긋났는데　　經世願已違

것이 낫겠습니까?〔何不炳燭乎?……臣聞之少而好學, 如日出之陽; 長而好學, 如日中之光; 老而好學, 如炳燭之明. 炳燭之明, 孰與昧行乎?〕"라고 한 데서 나온 말이다.《說苑 卷3 建本》

343 버선 신겨줄 것 : 자신보다 나이가 많거나 신분이 낮은 사람을 공경하는 것을 말한다. 중국 한(漢)나라의 장석지(張釋之)가 정위(廷尉)로 있을 때, 삼공구경(三公九卿)이 다 모인 조정에서 왕생(王生)이란 노인이 장석지에게 "내 버선 끈을 매달라."라고 하자 장석지가 꿇어앉아서 버선 끈을 매주었다. 어떤 이가 왕생에게 "어찌하여 장 정위를 욕되게 하는가?"라고 하니, 왕생이 말하기를 "나는 늙고 천한 사람이라 장 정위에게 도움을 줄 것이 없는데, 장 정위가 바야흐로 지금 천하의 유명한 신하이므로 내가 짐짓 정위를 욕되게 하여 그로 하여금 꿇어앉아 내 버선 끈을 매게 함으로써 그의 명성을 높이고자 한 것이다.〔吾老且賤, 自度終無益於張廷尉, 張廷尉方今天下名臣, 吾故聊辱廷尉, 使跪結韤, 欲以重之.〕"라고 하였다. 이후로 사람들이 왕생을 어질게 여기고 장석지를 더욱 존경하였다고 한다.《史記 卷102 張釋之列傳》

344 〈이소(離騷)〉는……슬퍼하였고 : 〈이소〉는 중국 전국 시대 초(楚)나라의 정치가이자 시인인 굴원(屈原)이 지은 초사(楚辭)로, 간신의 모함으로 임금에게서 쫓겨난 후 울분과 우국(憂國)의 정을 참지 못하여 쏟아낸 장편시이다. 그가 지은 〈어부사(漁父辭)〉 가운데에, "온 세상이 모두 흐린데 나만 홀로 맑으며, 뭇 사람이 모두 취하였는데 나만 홀로 깨어 있어, 이 때문에 쫓겨났다오.〔擧世皆濁我獨淸, 衆人皆醉我獨醒, 是以見放.〕"라는 말이 나온다.

345 〈양보(梁甫)〉는……전하였네 : 〈양보〉는 중국 촉한(蜀漢)의 제갈량(諸葛亮)이 불렀던 악부 〈양보음(梁甫吟)〉을 말하는 것으로, 무릎을 끌어안고 불렀다하여 〈포슬음(抱膝吟)〉이라고도 한다. 제갈량이 벼슬에 나아가기 전 남양(南陽)에서 농사를 지을 때, 매일 새벽과 저녁에 무릎을 감싸 안은 채 이 노래를 부르며 천하에 뜻을 품은 선비의 우울한 심정을 토로하였다고 한다.《三國志 卷35 諸葛亮傳》

후세에 남을 말만 부질없이 늘어놓았네 _대경　　垂後辭空列
외물에 얽매임을 벗어던지고　　外境捨羈絆
들뜬 생각일랑 씻어낼 것을 기약하네 _의숙　　浮念期洗櫛
천인의 이치[346]는 정미함을 탐구하고　　天人賾精微
문장 지음에 꾸미고 고침을 사양하네 _덕재　　章句辭塗抹
뜻이 큰 옛 성현의 경지[347]를 기약하고　　嘐嘐古賢期
악착같은 어린아이의 행태를 꾸짖네 _백옥　　齪齪纖兒喝
도의 근원인 수사[348]는 아득히 멀고　　道源洙泗邈
이익을 다투는 만촉[349]은 소란스럽네 _대경　　利爭蠻觸聒

346 천인의 이치 : '천인(天人)'은 '천리(天理)와 인성(人性)'의 준말로, 곧 성리학을 가리킨다.

347 뜻이……경지 : 원문의 '嘐嘐'는 뜻이 크고 말이 큰 '광(狂)'의 경지를 의미한다. 《맹자(孟子)》 〈진심 하(盡心下)〉에서 맹자가 공자(孔子)의 말을 인용하며, "중도의 인물을 얻어 더불어 함께하지 못할진댄 반드시 광환(光環)을 할진저! 광자는 진취적이요, 환자는 하지 않는 바가 있다.〔不得中道而與之, 必也狂獧乎! 狂者進取, 獧者有所不爲也.〕"라고 하였다. 이에 만장이 "어떠하여야 광이라고 이를 수 있습니까?"라고 묻자 맹자가 금장(琴張)·증석(曾晳)·목피(牧皮)를 예로 들면서, "그 뜻이 높고 커서 '옛사람이여! 옛 사람이여!'라고 말하되 평소에 그의 행실을 살펴보면 행실이 말을 덮지 못하는 자이다.〔其志嘐嘐然曰: 古之人! 古之人! 夷考其行, 而不掩焉者也.〕"라고 말하였다. 중도(中道)의 인물을 얻는 것이 가장 좋지만 반드시 얻을 수는 없기 때문에 차선으로 제시한 것이 광자(狂者)이다.

348 수사(洙泗) : 수수(洙水)와 사수(泗水)를 아울러 일컫는 말로, 중국 곡부(曲阜)를 지나는 두 개의 강물 이름이다. 공자(孔子)의 고향과 가깝고, 또 공자가 이곳에서 제자들을 가르쳤기 때문에 유학(儒學) 혹은 유학의 발원지를 뜻하는 말로 쓰이게 되었다.

349 만촉(蠻觸) : 하찮은 명리(名利)를 가지고 다투는 것을 말한다. 《장자(莊子)》 〈칙양(則陽)〉에 "달팽이의 왼쪽 뿔 위에 나라를 세운 자가 있는데 촉씨라 하고, 달팽이

초후의 관[350]을 두고 진위를 따지고	眞僞楚猴冠
제인의 말[351]을 두고 시비를 가리네 _의숙	是非齊人說
오동나무에 봉황[352]의 울음 끊겼으니[353]	鳴梧絶威鳳
맑은 숲에서 송골매[354]를 생각하네 _덕재	淸藪憶俊鶻

의 오른쪽 뿔 위에 나라를 세운 자가 있는데 만씨라고 합니다. 당시에 서로 영토를 다투어 전쟁을 일으켜 싸움터에 쓰러진 시체가 수만이나 되었는데, 도망가는 적을 쫓아서 보름이나 지난 후에 돌아왔습니다.〔有國於蝸之左角者曰觸氏, 有國於蝸之右角者曰蠻氏. 時相與爭地而戰, 伏尸數萬, 逐北旬有五日而後反.〕"라고 한 데서 나온 말이다.

350 초후(楚猴)의 관(冠) : 초후는 항우(項羽)를 가리키는 것으로, 사람답지 않은 이가 옷만 훌륭하게 입었음을 의미한다. 항우가 함양(咸陽)에 입성하여 진(秦)나라 궁궐을 불태우고 유방(劉邦)을 추방한 다음 부귀를 누리고 금의환향하겠다고 큰소리치자 사람들이 그의 허영심을 풍자하여 말하기를, "사람들이 초인 항우는 원숭이를 목욕시켜 관을 씌운 것과 같다고 하더니, 과연 그러하구나.〔人言楚人沐猴而冠耳, 果然.〕"라고 하였다는 데서 나온 말이다. 《史記 卷7 項羽本記》

351 제인(齊人)의 말 : 제동야인(齊東野人), 즉 사리에 어두운 시골 사람의 말로 신빙성이 없음을 의미한다. 맹자(孟子)의 제자인 함구몽(咸丘蒙)이 옛말에 순(舜)이 천자가 되자 요(堯)와 고수(瞽瞍)가 북면하여 조회를 하였다고 한 말이 있는데 사실이냐고 묻자, 맹자가 "아니다. 이것은 군자의 말이 아니요, 제나라 동쪽 야인들의 말이다.〔否. 此非君子之言, 齊東野人之語也.〕"라고 한 데서 나온 말이다. 《孟子 萬章上》

352 봉황 : 원문의 '威鳳'은 '위의(威儀)를 갖춘 봉황'이란 뜻으로, 걸출한 인물을 비유하는 것이다.

353 오동나무에……끊겼으니 : 임금이 현자(賢者)를 구하여 등용하지 않음을 비판한 것이다. 《시경(詩經)》〈권아(卷阿)〉에 "봉황이 울어대니 저 높은 언덕이로다. 오동나무가 자라니 저 아침 해가 뜨는 동산이로다. 오동나무가 무성하니 봉황의 울음소리 평화롭도다.〔鳳凰鳴矣, 于彼高岡. 梧桐生矣, 于彼朝陽. 菶菶萋萋, 雝雝喈喈.〕"라고 하였는데, 주자(朱子)가 이에 주를 달아 봉황은 오동나무가 아니면 깃들지 않고 대나무 열매가 아니면 먹지 않는다고 하였다.

354 송골매 : 원문의 '俊鶻'은 힘차고 날랜 송골매라는 뜻으로, 재지(才智)가 출중한

기나라의 어리석은 이처럼 근심을 끌어안고[355] 杞癡抱憂焦
미나리 바치면서 당돌하달까 겁을 내네[356] _백옥 芹獻怯唐突
돌아가 의탁함에 광거[357]가 있고 歸依有廣居
절차탁마함에 어진 짝의 힘을 입네 _대경 磋切資良匹
우뚝 설 젠 드높은 산 같을 것을 기약하고 卓立企嶽峙
용맹스레 나아갈 젠 터진 샘을 따르듯 하네 _의숙 勇進服泉決
의로 옮겨감은 비유하자면 옥을 얻는 것이요 遷義譬獲玉
허물을 고침은 병을 낫게 함과 같네 _덕재 砭過當愈疾
편히 지낼 때엔 자벌레가 몸을 굽히듯 하고[358] 安時蠖用屈

사람을 비유한다.

355 기(杞)나라의……끌어안고 : '기우(杞憂)'에서 나온 말이다. 중국 기(杞)나라에 살던 어떤 사람이 하늘이 무너질 것을 걱정하여 침식을 잊었다는 고사에서 온 말로, 쓸데없는 걱정을 한다는 말이다.

356 미나리……내네 : 원문의 '芹獻'은 남에게 물건을 선사할 때 겸양하여 쓰는 말이다. 《열자(列子)》〈양주(楊朱)〉에 "옛사람이 미나리·콩나물 등을 그 고을 부호에게 자랑하자 부호가 구해다 맛을 보았는데 입이 부르트고 배가 쓰라렸다. 그래서 사람들이 비웃으니 그 사람이 크게 부끄러워하였다."라고 한 데서 나온 말로, 자신의 충정(衷情)을 하찮은 미나리에 비유한 것이다.

357 광거(廣居) : '넓은 집'이라는 뜻으로, 곧 '인〔仁〕'을 의미한다. 《맹자(孟子)》〈등문공 하(滕文公下)〉에 "천하의 넓은 집〔仁〕에 거하며, 천하의 바른 자리〔禮〕에 서며, 천하의 큰 도〔義〕를 행하여, 뜻을 얻으면 백성과 함께 도를 행하고, 뜻을 얻지 못하면 홀로 그 도를 행하여, 부귀가 마음을 방탕하게 하지 못하며, 빈천이 절개를 옮겨놓지 못하며, 위무가 지조를 굽히게 할 수 없는 것, 이를 대장부라 이르는 것이다.〔居天下之廣居, 立天下之正位, 行天下之大道, 得志, 與民由之, 不得志, 獨行其道, 富貴不能淫, 貧賤不能移, 威武不能屈, 此之謂大丈夫.〕"라고 하였다.

358 자벌레가……하고 : 《주역(周易)》〈계사전 하(繫辭傳下)〉에 "자벌레가 몸을 굽혀 움츠리는 것은 장차 몸을 펴기 위함이요, 용과 뱀이 굴속에 숨는 것은 자신의 몸을

도에 나아갈 때엔 잠룡이 확고하듯 하네[359] _백옥　造道龍不拔
절조를 지킴은 한겨울 잣나무와 같고　勵操大冬栢
인욕을 막음은 물 한가운데 우뚝한 바위와 같네 _대경　障慾中流碣
세상을 관찰하여 나아가고 물러나며　觀世用舒卷
기심[360]을 물리쳐 살리고 죽임을 잊네 _의숙　屛機忘活殺
들판의 사슴이 우니 서로 화답하는데[361]　苹鹿鳴相和
방 안의 난초 향기 제 스스로 특별하네 _덕재　室蘭臭自別
구석진 곳에서도 이 마음으로 임하며[362]　屋漏臨此心

보전하기 위함이다.〔尺蠖之屈, 以求信也; 龍蛇之蟄, 以存身也.〕"라고 한 데서 나온 말이다.

359 잠룡이 확고하듯 하네 : 《주역》 〈건괘(乾卦) 초구(初九)〉에 "즐거우면 행하고 근심되면 그만두어, 그 뜻이 확고하여 빼앗을 수 없는 것이 물에 잠긴 용이다.〔樂則行之, 憂則違之, 確乎不可拔, 潛龍也.〕"라고 한 데서 나온 말이다.

360 기심(機心) : 자신의 목적을 이루기 위하여 교묘하게 꾀하는 마음을 말한다. 바닷가에 사는 어떤 사람이 매일 아침 수백 마리의 물새와 벗하며 어울려 노닐었는데, 그의 아버지가 데리고 놀 수 있도록 잡아 달라고 부탁하자, 그 다음날 아침에는 한 마리도 내려와 앉지 않았다는 이야기가 《열자(列子)》 〈황제(黃帝)〉에 나온다.

361 들판의……화답하는데 : 임금과 신하가 정을 나누는 모습을 노래한 것이다. 《시경(詩經)》 〈소아(小雅) 녹명(鹿鳴)〉에 "사슴이 울어라, 들판에서 쑥을 뜯네. 나에게 반가운 손들 있어 비파 뜯고 피리도 부노라.〔呦呦鹿鳴, 食野之苹. 我有嘉賓, 鼓瑟吹笙.〕"라고 하였는데, 임금이 어진 신하들을 불러 잔치를 베풀면서 군신(君臣) 사이의 정을 노래한 것이다.

362 구석진……임하며 : 원문의 '屋漏'는 방의 서북쪽 구석으로, 사람들의 눈에 잘 뜨이지 않는 곳을 말한다. 《시경(詩經)》 〈대아(大雅) 억(抑)〉에 "네 방에 있을 때에 보니, 옥루에 있을 때에도 부끄러울 일이 없었네.〔相在爾室, 尙不愧于屋漏.〕"라고 하였는데, 이는 남들이 보지 않는 구석진 곳에서도 마음에 부끄러움이 없도록 스스로 삼가는 태도를 말한다.

책 속의 옛 철현들 엄연하게 대하네 _백옥	籤簡儼昔哲
장차 조식과 유정의 담장을 밀어내고[363]	且排曹劉墻
함께 주자와 양정[364]의 문으로 나아가세 _대경	共造周程闥
성인의 길에는 다함이 없으니	聖路無窮極
독실하게[365] 날로 나아가기 힘써야 하리 _의숙	慥慥勉日達

363 장차……밀어내고 : 원문의 '曹劉'는 조식(曹植, 192~232)과 유정(劉楨, ?~217)을 가리키는 것으로, 중국 후한(後漢)의 시인들이다. 후한 말기 헌제(獻帝) 건안(建安) 연간에 삼조(三曹)와 건안칠자(建安七子)가 시를 잘 쓰기로 명성이 높았는데, 그중에서도 유정과 조식이 가장 뛰어나 '조유체(曹劉體)'라는 말이 생기기까지 하였다. 두보(杜甫)의 시에 "기개는 굴원(屈原)과 가의(賈誼)의 보루에 도전할 만하고, 눈은 조식과 유정의 담장을 낮게 보네.〔氣劘屈賈壘, 目短曹劉牆.〕"라는 말이 나온다.《杜少陵詩集 卷16 壯遊》

364 주자와 양정 : 원문의 '周程'은 주돈이(周敦頤, 1017~1073)와 양 정자(程子), 즉 정호(程顥, 1032~1085)・정이(程頤, 1033~1107) 형제를 가리킨다. 이들은 모두 중국 송(宋)나라의 유학자로, 주돈이는 성리학의 틀을 만들고 기초를 닦아 정호・정이 형제에게 전수하였으며 이들의 철학은 다시 주희(朱熹)에게 계승되어 성리학을 집대성하게 하였다.

365 독실하게 : 원문의 '慥慥'는 독실한 모양이다.《중용장구(中庸章句)》 제13장에 "말할 때는 행동을 돌아보고 행동할 때는 말을 돌아보니, 군자가 어찌 독실하지 않겠는가.〔言顧行, 行顧言, 君子胡不慥慥?〕"라고 하였다.

장차 가릉[366]으로 돌아가려 하면서 덕재와 베개를 나란히 하고 잤다

將歸嘉陵 與德哉聯枕

만사가 장차 저물어가려 하니	萬事時將晏
된서리가 얼음이 얼 것을 경계하려 하네[367]	嚴霜欲戒氷
차가운 날씨에 산으로 들어가는 말	寒天入山馬
옛 골짝에 글 읽는 등불	古峽讀書燈
초야에서 다시 홀로 분개하는데[368]	畎畝還孤憤
어지러운 세상에 절반이 옛 친구라네	風塵半舊朋
엄동을 무시하는 늙은 잣나무 어여쁘니	凌冬憐老栢
굳은 절개를 너 혼자 지키는구나	苦節爾偏能

366 가릉(嘉陵) : 지금의 경기도 가평(加平)의 옛 이름으로, 이천보(李天輔)의 생가와 집안의 선영이 있는 곳이기도 하다.

367 된서리가……하네 : 서리가 내리니 앞으로 얼음이 얼 것이라는 뜻과 함께, 소인(小人)의 기운이 지금은 비록 미약하나 앞으로 점점 자라날 것을 경계한 표현이다. 《주역》 〈곤괘(坤卦) 초육(初六)〉의 효사(爻辭)에 "서리를 밟으면 단단한 얼음이 이른다.〔履霜, 堅冰至.〕"라는 구절이 있는데, 그 상전(象傳)에 "서리를 밟으면 단단한 얼음이 이른다는 것은 음이 처음 응결한 것이니 그 도를 점차 이루어서 단단한 얼음에 이른다는 것이다.〔履霜堅冰, 陰始凝也, 馴致其道, 至堅冰也.〕"라고 하였다.

368 홀로 분개하는데 : 원문의 '孤憤'은 홀로 외로이 곧아〔孤直〕 세상에 용납 받지 못하여 분개하는 것이다.

두 번째 其二

세모에 이별을 하자니	離懷當歲暮
돌아가는 길에 십탄[369]이 얼었네	歸路十灘氷
막걸리는 산 달을 불러들이고	濁酒延山月
슬픈 노래는 새벽녘 등불을 향해 가네	悲歌向曉燈
거친 밭 사이에 외려 꿈이 있으니	荒田還有夢
쇠퇴한 세상에 벗이 없고자 하네	衰世欲無朋
우리 벗들[370]에게 당부하노니	爲謝同袍子
나아가고 물러남을 각자에게 맡기자고	行藏任各能

369 십탄(十灘) : 경기도 가평(加平)의 십이탄(十二灘)을 가리킨다.

370 우리 벗들 : 원문의 '同袍'는 형제처럼 지내는 매우 절친한 벗을 가리킨다. 《시경(詩經)》〈진풍(秦風) 무의(無衣)〉에 "어찌 옷이 없어서, 그대와 솜옷을 함께 입으리오. 왕명으로 군대를 일으키거든, 우리 창과 방패를 수선하여, 그대와 한 짝이 되리라.〔豈曰無衣, 與子同袍? 王于興師, 修我戈矛, 與子同仇.〕"라고 한 데서 나온 말이다.

달산[371]의 묘사에서 백옥에게 편지 삼아 부치다[372]

達山墓舍 簡寄伯玉

외론 마을 밥 짓는 연기에 나그네 말을 멈추고	孤村煙火客停鞍
우연한 만남에 한바탕 웃으며 기뻐하였네	邂逅還成一笑歡
기러기 내려앉은 묵밭엔 가을 경치 다 저물고	鴈鶩荒田秋色盡
어룡 잠긴[373] 먼 포구엔 밤 서리가 차갑네	魚龍極浦夜霜寒
이 세상에 너무 늦게 태어난 것 잘 알고	深知海內吾生晚
진세에 우의 맺기 어려움 이미 깨달았네	已覺塵中友道難
늘그막에 내 마음 알아줄 이 그대밖에 없는데	老去心期惟爾在
골짝 구름 끝에 이별의 시름 서글퍼라	離愁怊悵峽雲端

371 달산(達山) : 경기도 안산(安山)에 있는 산의 이름으로, 이천보(李天輔) 부모님의 묘소가 있는 곳이다. 이천보는 《진암집(晉菴集)》 권8 〈돌아가신 어머님의 묘지〔先妣墓誌〕〉에서 "돌아가신 어머님께서는 계축년에 태어나시어 회갑이 되던 해에 돌아가셨다. 처음에는 안산 마유리에 장사지냈으나 아버님 상을 당함에 미쳐 안산군 달산 간좌의 언덕에 이장하였다.〔先妣生於癸丑, 卒於周甲之歲. 初葬安山馬遊里, 及先府君之喪, 遷祔于同郡達山艮坐之原.〕"라고 하였고, 또 권8 〈돌아가신 아버님의 묘갈〔先府君墓碣〕〉에서 "돌아가신 어머님 광주 김씨께서는……아버님보다 2년 먼저 돌아가셨는데 안산 달산 간좌의 언덕에 합장하였다.〔我先妣光州金氏,……先於府君二歲卒, 合窆于安山達山艮坐之原.〕"라고 하였다.

372 편지 삼아 부치다 : 원문의 '簡寄'는 '折簡以寄之'의 줄임말로, 간단한 편지에 시를 써서 부치는 것이다.

373 어룡(魚龍) 잠긴 : 어룡은 물속에서 사는 모든 동물을 통틀어 부르는 말이며, 어룡이 잠겼다는 것은 곧 가을이 되었음을 표현하는 말이다. 자세한 내용은 125쪽 주171 참조.

두 번째 其二

세모의 횡문[374]에 나그네 안장을 푸니 歲暮衡門稅客鞍
아름다운 만남에 하룻밤 즐거움을 저버릴 수 없지 佳期不負一宵歡
밝은 달 아래 들판의 학 더욱 조촐해 보일 텐데 月明野鶴應添潔
내리는 서리에 깃든 까마귀 어이 추위를 견딜까 霜落棲鴉更耐寒
세상사 사람을 핍박하니 머리 긁어 짧아지고 世故逼人搔髮短
시가 나를 얽어매니 정을 떼기 어렵네 詩篇累我謝情難
산림만이 오도[375]를 용납할 수 있는데 山林惟可容吾道
기로의 인간 앞엔 만 갈래 길이 있네 歧路人間有萬端

세 번째 其三

바다의 아침 해 돌아가는 말을 비추는데 海天朝日照歸鞍
다시 촌 막걸리를 따라 실컷 마시네 更酌村醪罄一歡
포구 너머 소금 굽는 연기 외론 섬에 자욱하고 浦外鹽煙孤島暝
산 앞 다듬이 소리 두어 마을에 차갑게 울리네 山前杵響數村寒
상 위의 거문고는 지음[376]이 적은 것 상관없고 床琴未害知音少

374 횡문(衡門) : 두 개의 기둥에 막대기 하나를 가로질러 만든 보잘것없는 문으로, 안분자족(安分自足)하는 은자의 거처를 뜻한다. 《시경(詩經)》 〈횡문〉에 "횡문의 아래에서 한가히 지낼 만하다.〔衡門之下, 可以棲遲.〕"라고 하였다.

375 오도(吾道) : 유가(儒家)의 도를 의미하는 말로, 《논어(論語)》 〈이인(里仁)〉에서 공자(孔子)가 증자(曾子)에게 "오도는 하나로 관통한다.〔吾道一以貫之.〕"라고 한 데서 유래한다.

376 지음(知音) : 말하지 않아도 마음이 통하는 참다운 벗을 가리킨다. 중국 춘추시대의 백아(伯牙)가 거문고를 잘 탔는데, 그의 친구 종자기(鍾子期)가 이것을 잘 알아

세상이란 바둑판은 원래 알 놓기 어려운 법이라네 世局元從着子難
월곡[377]의 그윽한 약속이 또 오늘밤인데 月谷幽期又今夜
친구의 모옥이 숲 저 끝에 있네 故人茅屋在林端

들었다. 백아가 높은 산에 뜻을 두고 거문고를 타면 종자기가 "아! 훌륭하다. 높고 높은 것이 마치 태산과 같구나.〔善哉! 峨峨兮若泰山.〕"라고 하였고, 흐르는 강물에 뜻을 두고 거문고를 타면 종자기가 "아! 훌륭하다. 넘실대는 것이 마치 강하와 같구나.〔善哉! 洋洋兮若江河.〕"라고 하였다. 종자기가 죽자 백아는 거문고 줄을 끊어버리고 다시는 타지 않았다고 한다.《列子 湯問》

377 월곡(月谷) : 오원(吳瑗, 1700~1740)의 호이자 그의 별업이 있는 곳의 이름이다. 오원에 대한 자세한 내용은 52쪽 주4 참조.

떠나려고 할 때 '안' 자 운을 다시 써서 시를 짓고, 백옥과 작별하고 떠났다

臨行 疊鞍字 留別伯玉

마판의 말 자꾸 울어 새벽에 안장을 채우니	櫪馬頻嘶曉戒鞍
지난밤엔 동이 술 마시며 애써 즐겁게 보냈네	前宵樽酒强成歡
골짝 하늘 아득한데 구름은 외로이 흘러가고	峽天漠漠雲孤去
뜨락의 회나무 꼿꼿한데 눈과 함께 차갑네	庭檜亭亭雪共寒
고라니 사슴과 벗하며[378] 잘 지낼 줄 알았는데	麋鹿極知爲友好
풍진 세상에 외려 그대와 헤어지기 어렵네	風塵猶覺別君難
남아라면 나아가고 물러날 때를 알아야 할 것이니	男兒要識行藏事
깊은 시름 살쩍 끝에 올린 것이 부끄러워라	羞遣窮愁上鬢端

378 고라니 사슴과 벗하며 : 산림이나 초야에 은거한다는 말이다. 중국 당(唐)나라 시인 백거이(白居易)의 〈서림사에 묵은 후 아침 일찍 동림사 만 상인의 법회에 참석하러 가면서 최 십이원외에게 부치다.〔宿西林寺, 早赴東林滿上人之會, 因寄崔十二員外.〕〉에 "귀양 가며 대궐 떠나매 봉황새가 멀어지고, 늙어서 여산에 들어가니 고라니 사슴이 따르네.〔謫辭魏闕鵷鸞隔, 老入廬山麋鹿隨.〕"라고 하였다.

가릉[379]에 들어가면서 지나는 길에 지동[380]에서 묵고 응교인 종숙[381] 양신 과 작별 인사를 나누었다

入嘉陵 歷宿芝洞 與應敎從叔 亮臣 話別

태극정[382] 앞길을	太極亭前路
상심하며 십 년간 지나다녔네[383]	傷心十載過

379 가릉(嘉陵) : 지금의 경기도 가평(加平)의 옛 이름으로, 이천보(李天輔)의 생가와 집안의 선영이 있는 곳이기도 하다.

380 지동(芝洞) : 경기도 양주(楊州)의 영지동(靈芝洞)을 가리킨다. 이곳에는 이천보(李天輔)의 종숙(從叔)인 이양신(李亮臣)의 집안에서 삼대(三代)에 걸쳐 짓고 보존해온 영지초당(靈芝草堂)이 있다. 영지초당에 대한 자세한 내용은 89쪽 주84 참조.

381 종숙(從叔) : 이양신(李亮臣, 1689～1739)을 가리킨다. 조선 후기의 문신・학자로, 본관은 연안(延安)이며 자는 원량(元亮)이다. 이정귀(李廷龜)의 현손으로, 아버지는 이희조(李喜朝)이며 어머니는 영의정 김수홍(金壽興)의 딸이다. 1727년(영조3)에 문과에 급제하였으며, 홍문관 부수찬으로 있을 때 정미환국으로 집권한 이광좌(李光佐) 등을 탄핵하여 곽산에 유배된 바 있다. 1730년 북평사(北評事)에 임명되었고, 1738년 진주사(陳奏使) 서장관으로 연경(燕京)에 다녀온 공로를 인정받아 통정대부가 되었으며, 예조 참의를 지낸 뒤 삼화 부사가 되어 재직하던 중에 죽었다. 저서로 《대간공유고(大諫公遺稿)》가 있다.

382 태극정(太極亭) : 경기도 양주(楊州)의 영지동(靈芝洞)에 있던 정자의 이름이다. 이천보(李天輔)의 종숙(從叔)인 이양신(李亮臣)의 집안에서 이단상(李端相)・이희조(李喜朝)・이양신 삼대에 걸쳐 영지초당을 짓고 보존해왔는데, 태극정은 이곳에 있던 정자의 이름이다.

383 상심하며……지나다녔네 : 이양신(李亮臣)의 아버지이자 이천보(李天輔)의 집안 할아버지인 이희조(李喜朝)가 죽은 지 10여 년이 지난 사실을 말하는 것으로 보인다. 《경종수정실록》 4년 1월 28일의 기사에 이희조의 졸기(卒記)가 실려있는데, 그가 당쟁

술동이 여니 외로운 달만 있고　開樽孤月在
말을 멈추니 높고 낮은 산이 많네　立馬亂山多
끊어진 골짝에 책과 검을 가지고　絶峽携書劒
온 가족이 벽라 덩굴[384]를 향하여 가네　全家向薜蘿
〈북풍〉[385]에 남겨진 뜻이 있으니　北風有遺意
이별에 임하여 다시 길게 노래부르네　臨別更長歌

으로 죽게 된 경위를 다음과 같이 자세히 서술하고 있다. "전 찬선(贊善) 이희조가 정주(定州)에서 졸(卒)하였다.……젊어서부터 학문에 힘을 써서 문정공(文正公) 송시열(宋時烈)을 사사(師事)하였고……윤증(尹拯)이 배사(背師)하기에 이르러서는 이희조가 이에 송시열이 윤증 부자(父子)에 대해 논한 것을 기록하여 두 편으로 엮어서 아들 이양신을 시켜 가져다가 올리게 하였다. 이 때문에 윤증의 당여가 이희조를 증오하여 그 원한을 보복하려 하였다. 금상(今上) 원년(1721)에 이희조를 불러 세제(世弟)를 위하여 찬선・성균관 좨주를 삼으니, 이진유(李眞儒)가 극력 비난하고 나섰다. 이희조가 처음에는 영암(靈巖)에 찬배되었다가 곧이어 철산(鐵山)으로 이배(移配)되었는데, 이희조가 정주(定州)에 이르러 점사(店舍)에서 졸하였으니, 이때 나이 70세였다."

384 벽라(薜蘿) 덩굴 : 벽라는 벽려(薜荔)와 여라(女蘿) 덩굴을 합하여 부르는 말인데, 옛날에 은자(隱者)나 고사(高士)가 이것으로 흔히 옷을 지어 입었으며, 따라서 이들이 머무는 곳을 상징하기도 한다. 《초사(楚辭)》〈구가(九歌) 산귀(山鬼)〉에 "벽려로 옷을 입고 여라로 띠를 둘렀도다.〔被薜荔兮帶女蘿.〕"라고 하였다.

385 〈북풍(北風)〉 : 《시경(詩經)》〈패풍(邶風) 북풍(北風)〉의 시를 가리킨다. 1장의 내용을 예로 들면, "북풍이 차갑게 불어오며 함박눈이 펑펑 내리도다. 사랑하여 나를 좋아하는 이와 손잡고 함께 길을 가리라. 여유 있으며 느리게 할 수 있으랴. 이미 급박하게 되었도다.〔北風其凉 雨雪其雱. 惠而好我, 携手同行. 其虛其邪, 旣亟只且.〕"라고 하였다. 여기서 북풍과 함박눈은 국가의 위란(危亂)을 상징하는 것으로, 위(衛)나라 사람들이 사납게 굴기 때문에 핍박받은 백성들이 모두 손을 잡고 떠나가는 모습을 노래한 시이다.

가릉 골짝의 산재에서 즉흥적으로 짓다
嘉峽山齋 卽事

옛 골짝은 길이 온통 빙판이고	古峽氷通路
외론 마을은 눈이 산을 덮었네	孤村雪擁山
천시는 시월이 다 저물어가고	天時十月盡
오도[386]는 백 년 가기가 어렵네	吾道百年艱
까마귀 곁에 문 닫고 들어앉아	閉戶烏鴉側
호랑이 표범 사이에서 책을 보네	觀書虎豹間
이웃 승려는 헤어진 지 오래된 것 잊어버리고	隣僧忘別久
내 얼굴 노쇠하였다 괴이해하네	怪我已衰顔

386 오도(吾道) : 유교(儒敎)의 도를 가리킨다.

산재의 밤
齋夜

푸르스름한 등불 아래 자리 휑한데	燈火蒼然一榻空
휘장 너머 저포 놀이[387]는 동복에게 맡기네	摴蒱隔幌任山僮
처마 위 닭은 봉우리 위 달빛 띠고 잠들고	簷雞眠帶孤峰月
마판의 말은 노송의 바람소리에 이어 우네	櫪馬嘶連古檜風
사람의 힘이 하늘이 정하는 걸 이길 수도 있으나[388]	人定可能勝天定
도가 궁하니 감히 몸이 궁한 걸 원망할 수 없네	道窮未敢怨身窮
깊은 밤 창밖에 얼음 서리 쌓였으니	夜深窗外氷霜積
미세한 양의 기운 땅 속에 있음이 믿기지 않네	不信微陽在地中

387 저포 놀이 : 노름의 일종으로, 윷놀이라 하기도 하고 주사위 놀이라 하기도 한다.

388 사람의……있으나 : 사람의 힘으로 하늘의 운세(運勢)를 극복해 나가는 것을 말한다. 《사기(史記)》 권66 〈오자서열전(伍子胥列傳)〉에 "사람이 많으면 하늘을 이기는 경우도 있지만, 하늘의 뜻이 정해지면 또한 사람을 능히 이기는 법이다.〔人衆者勝天, 天定亦能破人.〕"라는 말이 나온다.

종계에 계신 족숙[389] 석신 을 방문하여 시를 지어 올리고 화답을 청하다

訪宗溪族叔 碩臣 賦呈要和

석양에 소를 타고 시냇가 그늘을 찾는데	落日騎牛問磵陰
날이 추워 학사는 문을 닫고 들어앉았네	天寒學士閉門深
예로부터 곧은 도는 세상에 용납되기 어려운 법	古來直道難容世
늘그막에 은거는 마음을 저버리지 않네	歲晩幽居不負心
도성의 의관은 거리 가득한 먼지 뒤집어쓰고	洛下衣冠塵滿陌
골짝 안 우물과 절구는 숲에 내린 눈에 덮였네	洞中井臼雪圍林
선방에서 묵으며 다시 아름다운 만남 이어가리니	佳期更在禪房宿
오늘밤 그대가 달빛 타고 찾아오길 기다립니다	今夜須君帶月尋

두 번째 其二

산 밖엔 분명 세로가 험난할 것인데	山外深知世路難
암혈[390]에 편히 누우니 자리가 넉넉하네	巖扉臥穩一床寬

389 족숙(族叔) : 이석신(李碩臣, 1692~?)을 가리킨다. 조선 후기의 문신으로, 본관은 연안(延安)이며 자는 백윤(伯尹)이다. 1727년(영조3) 문과에 급제한 후 사간원 정언, 홍문관 학록(學錄) 등을 역임하였다.

390 암혈(巖穴) : 원문의 '巖扉'는 자연적으로 만들어진 바위 문을 가리키는 말로, 은사(隱士)의 거처를 뜻한다. 중국 당(唐)나라의 시인 맹호연(孟浩然)의 〈야귀녹문가(夜歸鹿門歌)〉에 "바위 문과 솔숲 길은 늘 적요한데, 오직 유인만이 스스로 오고 가네.〔巖扉松徑長寂寥, 惟有幽人自來去.〕"라는 구절이 있다.

술자리에서 부르는 장가는 임금을 근심함이요　長歌酒所憂明主
밭 사이 머리 허연 이는 나이든 간관[391]이라　白髮田間老諫官
짧은 해에 집으로 돌아가는 까마귀 저물녘까지 날고　短日鴉歸猶及暝
깊은 산 겨울잠 자는 곰은 추운 줄 알지 못하네　深山熊蟄不知寒
요사이 서울서 오는 편지 끊어졌으니　邇來已任京書斷
빙설이 수북이 쌓여 십탄[392]을 가로막았다네　氷雪崢嶸阻十灘

391 나이든 간관(諫官) : 사간원 정언을 지낸 이석신(李碩臣)을 가리키는 것이다.

392 십탄(十灘) : 경기도 가릉(嘉陵), 즉 지금의 경기도 가평(加平)에 십이탄(十二灘)이 있는데, 이를 가리킨다. 이천보(李天輔)의 큰아버지인 이우신(李雨臣)이 이인좌(李麟佐)의 난이 일어난 후에 벼슬의 뜻을 버리고 가릉으로 내려갔다가 근처에 십이탄(十二灘)이 있는 것을 보고 호를 '십탄'이라고 한 바 있다. 가릉은 이씨 집안의 선영이 있는 곳이기도 하다.

옥정암[393]

玉井菴

그대의 방이 곧 나의 방이니	爾室卽我室
누가 주인이고 누가 손님인가	何者爲主賓
말 타고 불전에 도착하니	騎馬到佛殿
반가워하며 서로 성내지 않네	欣然不相嗔
암천이 꼭 승경일 필요 없으니	巖泉不必勝
내 스스로 청진함을 좋아한다네	我自喜淸眞
우정이 새와 물고기에게 미치니	交情及魚鳥
참으로 모두 예전부터 친했다네	信皆宿昔親
그 가운데에 있는 장로[394]는	就中處長老
여윈 모습에 고인의 순후한 마음 가졌네	貌臞古心醇
문을 닫고 한가로이 역사서 읽으며	閉戶閒讀史
오뚝하니 맑은 새벽까지 앉았네	兀兀坐淸晨
내 공부하는 바가 당신들의 도[395]는 아니나	所業非爾道
마음 씀씀이는 참으로 근실하네	用意良亦勤

393 옥정암(玉井菴) : 가릉(嘉陵), 즉 지금의 경기도 가평(加平)에 있는 암자의 이름이다.

394 장로(長老) : 불교에서 지혜와 덕망이 높은 승려를 통칭하는 말로, 주지스님에 대한 존칭으로 쓰이기도 한다.

395 당신들의 도 : 불도(佛道)를 지칭한다.

세월은 희황 시대[396]로부터 머나멀고　日月羲皇邈
요사[397]의 풍류는 인멸되었네　風流姚姒湮
전란이 천지에 가득하니　干戈滿天地
진세의 겁난[398]에 가깝네　世刦幾囂塵
선사에게 책을 덮어달라 청하니　請師且掩卷
지사의 마음 괴롭고 쓰리다네　志士懷苦辛
흰 구름은 근심 걱정 없이　白雲不愁思
뭉게뭉게 사람 곁으로 다가오네　英英來近人

396 희황(羲皇) 시대 : 태평성대를 의미한다. 희황은 황제 복희씨(伏羲氏)를 가리키는 것으로, 중국 고대의 삼황오제(三皇五帝) 가운데 최고의 황제이다. 사람의 머리에 뱀의 몸을 하였으며, 진(陳)에 도읍을 정하고 150년 동안 제왕의 자리에 있었다고 한다. 팔괘(八卦)를 처음 만들고 그물을 발명하여 어획(漁獲)과 수렵(狩獵)의 방법을 가르쳤는데, 이 때문에 인간들에게 해와 달과 같은 큰 성덕(盛德)을 베풀었다 하여 대호(大昊) 또는 대공(大空)이라고도 불렸다.

397 요사(姚姒) : 고대 중국의 성제(聖帝)인 순(舜) 임금과 우(禹) 임금을 가리킨다. '요(姚)'는 순 임금의 성(姓)이고 '사(姒)'는 우 임금의 성이다.

398 진세(塵世)의 겁난(刦難) : 어지러운 세상이라는 뜻이다.

연경으로 가는 김 참판[399] 용경 을 송별하다

送金參判 龍慶 赴燕

옥백[400] 들고 오랑캐 땅에 갈 일 자주 돌아오는데	玉帛胡天歲屢移
압록강 일면의 관문은 느릿느릿 닫히네	鴨江一面閉關遲
중원의 병력은 서쪽 이웃이 고갈되고	中州兵力西隣盡
한밤의 별자리는 북쪽 기운이 쇠약하네	半夜星文北氣衰
필경 장성[401]을 여관 삼아 지낼 터인데	畢竟長城同逆旅
쓸쓸한 사해에 남아가 몇이나 될까	蕭條四海幾男兒
하청[402]의 소식을 그대에게 물으리니	河清消息從君問
쓸쓸히 바람 먼지 바라보며 생각에 잠기노라	悵望風塵有所思

399 김 참판 : 김용경(金龍慶, 1678~1738)을 가리킨다. 조선 후기의 문신으로, 본관은 경주(慶州)이며 자는 이현(而見)이다. 1718년(숙종44) 문과에 급제한 후 정언·지평·수찬·교리 등을 역임하였다. 1727년(영조3) 정미환국으로 물러났다가 1731년에 다시 등용되어 승지·대사간·이조 참의·개성부 유수 등을 역임하였는데, 1738년 진하 겸 사은부사로 청나라에 다녀오다가 객지에서 병사하였다. 노론이면서 비교적 온건하다는 평을 들었으며, 사후 이조 판서에 추증되었다.

400 옥백(玉帛) : 옥과 비단으로, 제후국의 사신이 중국 천자를 조회할 때 예물로 바치던 것이다.

401 장성(長城) : 만리장성(萬里長城)을 가리킨다.

402 하청(河淸) : 청(淸)나라 오랑캐가 망하고 명(明)나라가 재기하는 것을 가리킨다. 중국 고대 전설에 황하(黃河)의 물은 본디 탁하여 맑을 때가 없으나 1천 년 만에 한 번씩 맑아진다고 하는데, 이는 대체로 성군(聖君)이 태어나서 세상을 태평하게 다스릴 조짐이라고 하였다.

저녁에 울타리 밖을 거닐며 느낀 바 있었다

夕步籬外 有感

울타리 밖 차가운 산에 오솔길이 비스듬한데　　籬外寒山一逕斜
저무는 해에 지팡이 짚고 돌아가는 까마귀 소리를 듣네　　日西扶杖聽歸鴉
선인께서 옛날에 심은 두 그루 배나무　　先人舊種雙梨樹
마른 가지에 눈이 가득 쌓여 억지로 꽃이 되었네　　雪滿枯枝强作花

지난 무신년(1728, 영조4) 봄에 남길재가 영등 역촌[403]을 보고 그곳에 집을 짓고 살려고 하였는데 얼마 안 있어 작고하였다. 이제 내가 찾아와서 율시 한 수를 지어 감회를 적는다

往在戊申春 南吉哉見瀛登驛村 有卜居之志 未幾而歿 今余來尋 賦一律書感

성근 소나무 오래된 벽은 촌락 연기를 띠었는데　疏松古壁帶村煙
내 친구 올라와 본 것이 그 옛날 십 년 전이라　吾友登臨杳十年
도가 산림에 있어 그곳에 살 집을 구했는데　道在山林曾問舍
사람은 풍랑을 따라 몇 번이나 배를 돌렸나　人從風浪幾回船
바위와 샘물 둘러보니 외려 여운이 있어　巖泉俯仰猶餘韻
물고기 새와 어울리며 인연을 끊지 못하네　魚鳥徘徊未了緣
서글퍼라 손잡고 함께 살려던 그날의 계획이　怊悵當時携手計
홀로 찾아와 말을 세우고 흰 구름 앞에 섰네　獨來駐馬白雲前

403 영등 역촌(瀛登驛村) : 경기도 가릉(嘉陵), 즉 지금의 가평(加平) 조종현(朝宗縣)에 있는 역촌의 이름이다.

방옹[404]의 시운을 따라 짓다

次放翁韻

등지팡이 짚고 늘 벽에 기대어 있노라니	藤杖尋常倚壁幽
병든 이 몸 문 밖에 놀러나간 지 오래되었네	病夫久廢出門遊
질항아리에 봄기운 도는데 화로는 침상 곁에 있고	瓦樽春氣爐依榻
종이창에 하늘빛 비치는데 누대엔 눈이 덮였네	紙牖天光雪覆樓
해가 짧으니 외려 한가로운 시간 긴 줄 알겠고	短景還知閒處永
소리 높여 노래 부르니 즐거움 가운데 절로 근심 있네	高歌自有樂中憂
산림에 은거하려는 것 평생의 계획이라	山林長往平生計
세모엔 그저 편히 누워 쉬려하네	歲暮聊爲偃息謀

404 방옹(放翁) : 육유(陸游, 1125~1210)의 호이다. 중국 남송(南宋)의 관리이자 시인으로, 자는 무관(務觀)이다. 고종이 재상 진회(秦檜)와 함께 금(金)나라와 화친하고자 하고 명장 악비(岳飛)를 독살하자 악비의 죽음을 한탄하며 애국충정에 찬 시를 남겼다. 이후 과거에 급제하였으나 진회의 방해로 관직에 나아가지 못하고, 효종 즉위 후 관직에 나아가 북벌을 주장하였으나 주화파에 밀려 낙향하였다. 65세에 향리로 내려가 농사를 지으며 살았는데, 32세부터 85세까지 약 50년에 걸쳐 1만여 수에 달하는 시를 남겼다. 전원생활의 기쁨을 노래하는 시와 함께 자신의 파란만장한 생애와 국토 회복의 염원을 담은 우국의 시를 지었다. 저서로 《검남시고(劍南詩稿)》가 남아있다.

밤에 일어나 앉아서

夜坐

텅 빈 서재에서 쓸쓸히 문을 닫고	空齋掩蕭條
가만히 누워 가을바람 이는 소리를 듣네	臥聞商飆生
중양절 또한 무엇이 즐거우랴	重陽亦何樂
고인이 억지로 이름을 따른 것인데	古人强循名
서성거리며 이 계절을 느끼노라니	徘徊感玆辰
하늘은 높고 달빛은 밝네	天高素景明
서늘한 비 숲속에 뿌리니	凉雨洒中林
나무들 가을소리를 함께 내네	衆木共秋聲
세월은 더디 흐르지 않아	日月不相遲
홀연 노년을 향해 가고 있네	忽已向暮齡
친구와의 좋은 만남 격조해	故人阻良晤
술 있으나 혼자서 기울이네	有酒聊自傾
제철 국화에 저녁 빛 깃드니	時菊有晚色
하얀 이슬이 그 꽃에 맺혔네	白露含其榮
그윽한 향기 시들까 두려우니	幽香恐蕪沒
가슴속 감회가 뭉클하네	慨然懷中情
내 마땅히 분수를 지켜야 할 것이니	吾當守吾拙
적막함 속에 무엇을 이루려 하는가	寂寞欲何成

느낀 바 있어 앞 시의 운을 다시 써서 짓다
有感 疊前韻

태평성세 멀어진 지 이미 오래니	盛世去已遠
나는 어쩌면 그리도 늦게 태어났는가	慨余何晚生
군자는 고고한 절개를 지키며	君子秉孤節
공적과 명성을 기약하지 않네	所期非功名
밝은 해가 서쪽 바다에 가라앉으니	白日沉西溟
한 번 간 후 남은 빛이 없구나	一去無留明
거문고 타며 긴 밤 내내 앉았노라니	彈琴坐長夜
곡조에 슬픈 소리 있어라	中曲有悲聲
방황하느라 잠들지 못하고	彷徨不暇寐
흐르는 세월에 울적한 회포 느끼네	幽懷感徂齡
아득히 먼 곳에 기러기 날아가고	渺渺鴻鴈逝
캄캄한 하늘에 은하수 기우네	沉沉河漢傾
된 서리 뜰 가운데 내리니	嚴霜降中庭
초목이 다 시들었네	草木盡凋榮
하늘의 운행이란 것이 참으로 쓸쓸하니	天運正蕭瑟
궁벽한 시골집에 홀로 정을 품고 앉았네	窮廬獨抱情
하늘과 땅 사이에 어떻게 해야 하나	俛仰欲如何
긴 가락 노래를 홀연 다시 부르네	長歌忽復成

눈이 내리니 서울에 있는 벗들이 생각나 백옥에게 편지 삼아 부치다

雪中懷洛中諸友 簡寄伯玉

눈 속에 이별의 회포 일어 홀로 난간에 기대니	雪中離抱獨憑欄
마른 숲 하얗게 뒤덮인 채 온통 차갑네	皓色干林極目寒
도성에 날리는 먼지 응당 가라앉을 것이니	城闕飛塵應壓遍
오늘 밤 비로소 장안 꿈을 꿀 수 있겠네	今宵始可夢長安

우연히 읊다

偶賦

내 뜻대로 시골집에 누워 한 해를 보내며	隨意田廬臥送年
어지러운 봉우리 앞에 횡문을 깊숙이 닫아걸었네	衡門深掩亂峰前
구름 사이로 사슴이 내려오니 소나무 사잇길 보이고	雲間鹿下看松逕
눈 속에 승려들 나뉘어 샘물 긷고 차 끓이네	雪裏僧分瀹茗泉
역사서 읽을 때마다 매양 고사의 전기를 찾고	讀史每尋高士傳
《시》를 논할 때마다 변풍[405]의 시편 없애고 싶네	論詩欲廢變風篇
밤이 오자 쓸쓸히 혼자 걷다가	夜來怊悵成孤步
다시 동쪽 기둥에 달빛 비침을 기뻐하네	更喜東楹納月偏

405 변풍(變風) : 《시경(詩經)》 시체(詩體)의 하나로, 정풍(正風)과 상대되는 말이다. 《시경》의 국풍(國風) 가운데 주남(周南)·소남(召南)은 정풍이요, 패풍(邶風)·용풍(鄘風)·위풍(衛風)·왕풍(王風)·정풍(鄭風)·제풍(齊風)·위풍(魏風)·당풍(唐風)·진풍(秦風)·진풍(陳風)·회풍(檜風)·조풍(曹風)·빈풍(豳風) 등 13개국에서 지어진 시는 변풍이라고 하였다. 주자(朱子)는 이에 대해 〈시경집전 서(詩經集傳序)〉를 지어, "오직 주남과 소남은 친히 문왕의 교화를 입어 덕을 이루어서 사람들이 모두 그 성정의 올바름을 얻었다. 그러므로 그 말에 나타난 것이 즐겁되 너무 지나치지 않고, 슬프되 상함에 미치지 않은 것이다. 이 때문에 주남·소남 두 편은 홀로 풍시(風詩)의 정경(正經)이 되었고, 패풍으로부터 그 이하는……이른바 선왕의 풍이라는 것이 여기에서 변하였다.〔唯周南召南親被文王之化以成德, 而人皆有以得其性情之正. 故其發言者, 樂而不過於淫, 哀而不及於傷. 是以二篇獨爲風詩之正經, 自邶以下,……而所謂先王之風者, 於此焉變矣.〕"라고 설명하였다.

백옥의 합매가 이미 꽃을 피웠을 것이라 생각되어 절구 두 수를 써서 부쳤다
伯玉閤梅想已開花 寄二絶

경서와 향로 놓인 당 낮에도 문 닫혔는데　經卷薰爐晝掩堂
꽃의 마음은 눈이 평상을 뒤덮어도 두렵지 않으리　芳心不怕雪圍床
세상의 맑고 화창한 기운은　世間一種淸和氣
매화와 그대의 시 가운데 누가 더 뛰어난가　梅與君詩占孰長

두 번째 其二
우리 가운데 우정을 논할 이 몇 사람인가　吾輩論交有幾人
매형이야말로 마음으로 친한 사이라네　梅兄最覺素心親
산림과 성시를 분별하지 말라　山林城市休分別
모두 원생이 대설 속에 몸을 누인 곳이니[406]　俱是袁生臥雪身

406 모두……곳이니 : 원생(袁生)은 중국 후한(後漢)의 명재상 원안(袁安, ?~92)을 가리킨다. 원안이 벼슬에 나가기 전에 낙양(洛陽)에 대설(大雪)이 내린 적이 있었다. 낙양 영(洛陽令)이 순찰을 나가 보니 사람들이 모두 눈을 치우고 나와 식량을 구걸하고 있는데, 원안의 집 앞에만 사람의 자취가 없었다. 얼어 죽은 줄 알고 들어가서 보니 원안이 뻣뻣하게 누워 있었다. 왜 밖으로 나오지 않았느냐고 묻자 원안이 "큰 눈이 내려 사람들이 모두 굶주리고 있는데, 먹을 것을 구하는 것은 옳지 않다."라고 대답하였다. 이에 낙양 영이 그를 어진 사람이라 여겨 조정에 효렴(孝廉)으로 추천하였다 한다. 《後漢書 卷45 袁安列傳》

덕재에게 부치다

寄德哉

천 겹으로 쌓인 눈 누대를 뒤덮었는데 積雪千重繞一樓
이별의 회포에 종일 문을 닫고 들어앉았네 離懷終日閉門幽
그림과 책 썰렁한 겨울의 산색에 圖書牢落寒山色
한묵으로 소일하며 옛 마을에서 노네 翰墨盈虛舊社遊
귀향할 계획이라면 가벼이 손을 놓아야하거늘 歸計秖應輕解手
홀로 떨어져 살자니[407] 쉬 근심이 이는 것 어찌하랴 索居其奈易生愁
북풍이 붊에 옛날에는 같이 수레를 타고 떠날 사람 있었는데[408] 北風古有同車客
쇠세의 시인은 느낌을 말함이 많네 衰世詩人說興優

407 홀로 떨어져 살자니 : 원문의 '索居'는 '이군삭거(離群索居)'의 준말로, 붕우의 곁을 떠나서 홀로 외롭게 지내는 것을 뜻한다. 자세한 내용은 99쪽 주106 참조.

408 북풍이……있었는데 : 《시경(詩經)》 〈패풍(邶風) 북풍(北風)〉의 내용을 말하는 것이다. 1장에서, "북풍이 차갑게 불어오며 함박눈이 펑펑 내리도다. 사랑하여 나를 좋아하는 이와 손잡고 함께 길을 가리라. 여유 있으며 느리게 할 수 있으랴. 이미 급박하게 되었도다.〔北風其凉 雨雪其雱. 惠而好我, 携手同行. 其虛其邪, 既亟只且.〕"라고 하였으며, 3장에서, "붉지 않다고 여우가 아니며 검지 않다고 까마귀가 아니랴. 사랑하여 나를 좋아하는 이와 손잡고 한 수레 타고 가리라. 여유 있으며 느리게 할 수 있으랴. 이미 급박하게 되었도다.〔莫赤匪狐, 莫黑匪烏. 惠而好我, 携手同車. 其虛其邪, 其亟只且.〕"라고 하였다. 여기서 북풍과 함박눈은 국가의 위란(危亂)을 상징하는 것으로, 위(衛)나라 사람들이 사납게 굴기 때문에 핍박받은 백성들이 모두 손을 잡고 떠나가는 모습을 노래한 시이다.

백옥에게 부치다
寄伯玉

말미를 받아 근 열흘 죽당에 누웠노라니 乞暇連旬臥竹堂
벼슬에 대한 그대의 뜻 이미 식었음을 알겠네 知君宦意已全凉
도성 거리에 풍진이 쌓임을 괜스레 시름하고 閒愁紫陌風塵積
동짓달[409] 되어 기삭이 길어짐을 생각하네 道意黃鐘氣朔長
시는 응당 눈 덮인 산을 뚫고 멀리서 왔을 터인데 詩至應衝山雪遠
편지는 벌써 그대의 합매가 피었음을 알리네 書來已報閤梅香
근래에 동곽의 모임 몇 번이나 이루어졌나 近日幾成東郭會
술잔을 앞에 두고 뜻만 컸던 그 시절을 추억하네 樽前聊復憶吾狂

409 동짓달 : 원문의 '黃鐘'은 역법(曆法)에서 11월을 의미한다.

백옥이 꿈을 기록한 시[410]의 운을 따라지었다[411]

步伯玉紀夢韻

만나고 헤어짐이 뜬구름과 같으니　　聚散如浮雲
달인은 무심의 경지에 처하네　　達人處無心
홀로 떨어져 삶에 즐거울 일 적으니　　索居余寡悰
비유하자면 저 짝 잃은 새와 같다네　　譬彼失儷禽
세모에 안석과 지팡이 차가운데　　歲暮几杖冷
소리 높여 노래하며 시내 그늘에 누웠네　　高歌臥澗陰
친구가 장안에 있으니　　故人在長安
상성과 삼성을 서글피 바라보네[412]　　悵望商與參

410 백옥(伯玉)이……시 : 오원(吳瑗)의 《월곡집(月谷集)》 권4에 실린 〈서재에서 새벽에 꿈을 꾸었는데 두 아우 및 유생 유성기와 산행을 갔다. 때는 바로 늦가을이었는데 한 암정에 오르니 별다르게 조망하는 승경이 있었다. 잠시 배회하노라니 의숙이 또한 이르렀기에 소요하며 시를 읊었다. 날이 저물어 산사에 묵으면서 한창 시를 짓다가 완성하지 못하고 잠이 깨었으니, 마침내 시 240언을 지어 산골에 사는 의숙에게 부친다〔齋居曉夢, 與二弟及兪生盛基作山行. 時正秋晩, 上一巖亭, 殊有眺望之勝. 徘徊少頃, 宜叔亦至, 逍遙嘯詠. 暮將宿于山寺, 方賦詩, 未就而覺, 遂爲詩二百四十言, 寄宜叔峽居.〕〉를 가리킨다.

411 시의 운을 따라지었다 : 보운(步韻)은 차운(次韻)과 같은 말이다. 화운하려는 시의 운자(韻字)를 글자뿐 아니라 순서까지 똑같이 사용하여 시를 짓는 것을 말한다.

412 상성(商星)과……바라보네 : 상성(商星)은 동방에, 삼성(參星)은 서방에 동서로 서로 등지고 있기 때문에 영원히 한 하늘에 함께 뜨는 일이 없다고 한다. 이 때문에 서로 멀리 떨어져 만나지 못하는 것을 비유하는데, 여기서는 이천보(李天輔)와 오원(吳瑗)이 서로 헤어져 그리워하는 것을 비유한 것이다.

바위와 샘물이 어찌 가깝지 않겠는가	巖泉豈不邇
문을 나서 근심스레 홀로 찾아보네	出門愁獨尋
울창한 숲에 사슴 멧돼지 무리지어 사는데	鬱鬱鹿豕叢
유유자적하며 텅 빈 산을 지키네	偃息守空岑
생각나네 그대들과 더불어	憶與二三子
경치 좋은 곳 찾아 날마다 올라갔던 것이	選勝日登臨
먹물 듬뿍 시문 짓던 마당[413]에서	淋漓翰墨場
술잔을 들어 문득 서로 따라주었지	擧酒輒相斟
빗방울은 연꽃 핀 못에 묵고	雨滴宿荷池
맑은 서리는 단풍 숲에 몸을 부쳤네	霜淸倚楓林
등불 켜고 혹 밤새도록 놀면서	留連或秉燭
농담 주고받는 걸 누가 말리리오	譚謔復誰禁
이별한 지 이제 며칠이나 되었나	別離今幾日
텅 빈 골짜기에 외로운 마음 품고 있네	空谷抱孤襟
오매불망 다시 만날 날 점치다가	寤寐卜幽期
자네가 꿈속을 읊은 시를 보았네	見爾紀夢吟
시내 넓고 가을 난간 툭 트인 곳	溪闊敞秋檻
그곳 선방에 나의 이불을 맡겼네[414]	禪房委我衾
돌길에서 내가 오는 것 맞이하며	石逕迎我至

413 시문 짓던 마당 : 원문의 '翰墨場'은 한묵을 가지고 노는 자리, 곧 여러 사람들이 시문(詩文)을 짓는 자리를 뜻한다.

414 그곳……맡겼네 : 오원(吳瑗)의 〈서재에서 새벽에 꿈을 꾸었는데……산골에 사는 의숙에게 부친다〔齋居曉夢,……寄宜叔峽居.〕〉에 이르기를 꿈속에서 날이 저물어 산사(山寺)에서 묵었다고 하였으니, 그 상황을 묘사한 것이다.

그대의 흥 이미 쓸쓸해 보였네　　爾興已蕭森
두건과 도포 자락 휘날리니　　巾袂兩翛翛
마치 속세의 기운 떨어버리는 듯하네　　若遺世氛祲
맑은 여울 달리며 노래하다　　淸湍赴吟諷
어느덧 거문고 비파와 조화를 이루었네　　俛仰諧瑟琴
잠에서 깬 후 문득 천 리 밖　　覺來便千里
높고 험한 산 너머에 살고 있음을 깨닫네　　山棲隔嶇崟
정기는 감통할 수 있어　　精氣有感通
구름 골짝 깊은 걸 상관치 않네　　不道雲峽深
인생에 있어 나를 알아주는 친구가 중요하니　　人生重知己
만 종 녹봉[415]은 평소 흠모하는 바 아니라네　　萬鍾非素欽
하물며 구학[416]의 동지들이　　丘壑况同好
중년에 부침을 달리하였음에랴　　中歲異浮沉
건곤일몽의 지경 속에　　乾坤一夢境
아름다운 모임 말 달리듯 지나갔네　　佳會逝駸駸
우리가 도를 들음이 늦은 게　　吾儕聞道晩
어찌 시율이 지나쳤기 때문이랴마는　　詩律豈長淫
편지를 보내 묵은 습성 경계함에　　移書戒宿習

415 만 종(萬鍾) 녹봉 : 만종은 '만종록(萬鍾錄)'의 준말로 1년에 1만 종(鍾), 즉 6곡(斛) 4두(斗)의 녹봉을 받는 것을 말한다. 고관대작(高官大爵)의 부귀영화를 뜻한다.

416 구학(丘壑) : '일구일학(一丘一壑)'의 준말로 은거지를 말한다. 《한서(漢書)》 〈서전 상(敍傳上)〉에 "한 골짜기에서 고기를 낚으니 만물이 그의 뜻에 간여하지 않고, 한 언덕에서 소요를 하니 천하가 그의 즐거움을 바꾸지 않는다.〔漁釣於一壑, 則萬物不奸其志 ; 棲遲於一丘, 則天下不易其樂.〕"라고 한 데서 나온 말이다.

세 번 탄식하고 좋은 깨우침을 따르네	三歎服良箴
천고에 초은의 노래 있어	千古招隱曲
길이길이 좋은 가락 주고받았네[417]	永焉酬好音

417 천고에……주고받았네 : '초은(招隱)의 노래'는 《초사(楚辭)》 가운데 전한(前漢)의 회남 소산왕(淮南小山王) 유안(劉安)이 지은 〈초은사(招隱士)〉를 가리킨다. 조정에서 멀리 떨어져 은거하는 은사의 삶을 묘사하면서 은사를 불러들이는 내용을 담고 있다.

섣달 그믐날 밤에

除夜

만사에 아무 생각 없이 안석에 기대어　　萬事忘懷隱几前
오늘 밤 무슨 근심에 잠들지 못하나　　今宵何事悄無眠
가시 사립[418]에 섣달도 다 가는데 외론 마을에 눈 내리고
柴荊臘盡孤村雪
북두성에 봄이 돌아오니 외딴 골짝의 하늘이라　　星斗春回絶峽天
글을 지어 후세에 전하고자 애쓰다가　　强欲著書傳後世
산을 찾아 신선들 만날 것을 생각하네　　還思尋嶽見羣仙
아녀자들 저포 놀이[419] 예나 이제나 똑같은데　　依然兒女撈蒱戲
장안에서 즐겁게 놀던 소년 시절을 이야기하네　　行樂長安說少年

418 가시 사립 : 가난한 은자(隱者)의 거처를 의미한다.

419 저포 놀이 : 노름의 일종으로, 윷놀이라 하기도 하고 주사위 놀이라 하기도 한다.

이른 봄에 즉흥적으로 짓다
早春卽事

겨울 내내 한 시렁의 책을 읽고　事業經冬一架書
문을 여니 이미 늘어진 버들가지 보이네　開門已見柳條舒
등불 켠 휘장엔 그을음 켜켜이 쌓이고　燈帷故着煙煤積
《시경》의 의미 아직 머물러 남아있네　留得詩經意味餘

두 번째 其二

남쪽 시내 거니노라니 어린 풀 돋아났는데　步繞南溪嫩草生
삼척의 등 지팡이가 한가한 걸음을 짝하네　烏藤三尺伴閒行
산중에 쌓인 눈 다 녹은 줄 알겠으니　中峰積雪知消盡
구름 속에서 때때로 나무 베는 소리 들리네　雲裏時聞伐木聲

세 번째 其三

처마에 새 울고 한낮이 가까웠는데　暄鳥鳴簷近午天
봄 산 한 자락에 안개가 엷게 이네　春山一面澹生煙
동쪽 언덕의 늙은 암소는 곤히 자면서　東皐老牸閒眠熟
시냇머리 열 이랑 밭에 있는 꿈을 꾸네　夢在溪頭十畝田

백옥이 아우 경보[420]를 데리고 산속 거처를 찾아왔다. '기' 자를 얻어 함께 읊었다

伯玉率其弟敬父來訪山居 得期字同賦

십이탄[421] 어귀에 홀로 휘장 닫고 앉았는데	十二灘頭獨掩帷
그대가 찾아와 그윽한 약속 저버리지 않았네	君來能不負幽期
나아가고 물러남 고독한 것은 인간의 일이요	行藏落落人間事
만나고 헤어짐 유유한 것은 책 속의 시라	聚散悠悠卷裏詩
한 척의 배로 한가로이 우저[422] 근방을 찾아가고	一棹閒尋牛渚近
세 잔 술에 취하여 천천히 학대[423]로 내려가네	三杯醉下鶴臺遲
만난 김에 산중의 물건 주고 싶으니	相逢欲贈山中物
계수나무 떨기[424] 새봄에 몇 가지나 자랐나	叢桂新春長幾枝

420 경보(敬父) : 오찬(吳瓚, 1717~1751)의 자(字)이다. 오원(吳瑗)의 이복 아우로, 자세한 내용은 171쪽 주259 참조.

421 십이탄(十二灘) : 가릉(嘉陵), 즉 지금의 경기도 가평(加平)에 있는 하천의 이름이다.

422 우저(牛渚) : 현재의 경기도 광주(廣州)에 흐르는 냇물의 이름으로, 경안천(慶安川)의 일부분이다. '우천(牛川)'이라고도 한다.

423 학대(鶴臺) : 영평(永平), 즉 지금의 경기도 포천(抱川)에 있는 승경지로, 백학대(白鶴臺)와 청학대(青鶴臺)를 가리킨다. 조선 중기의 문신으로 영의정을 15년이나 지낸 박순(朴淳, 1523~1589)이 벼슬에서 물러나 이곳에 은거하면서 지은 이름이다.

424 계수나무 떨기 : 은사(隱士)가 사는 곳을 상징한다. 《초사(楚辭)》〈초은사(招隱士)〉에서 "계수나무가 무더기로 자람이여, 산의 깊은 곳이로다.〔桂樹叢生兮山之幽.〕"라고 하여 조정에서 멀리 떨어져 사는 은사(隱士)의 삶을 묘사한 데서 유래하였다.

백옥과 함께 길재[425]가 집을 짓고 살려 하였던 터로 놀러가 '래' 자를 얻어 지었다

與伯玉遊吉哉卜居遺址 得來字

맑은 시내 송라[426]에 가려 있으니	淸溪翳松蘿
그 근원 어느 산에서 나왔나	源出何山來
깊숙이 숨은 절벽에 오르니	幽壁上窈窕
그 아래 푸른 못이 뻥 뚫렸네	下有綠潭開
아스라이 생각나니 태화자[427]가	緬憶太華子
경치 좋은 곳 골라 여기서 배회하였지	選勝此徘徊
돌아보건대 한 언덕에 터를 잡고	眷言卜一丘
고상한 정취로 티끌먼지 씻어냈네	高情洗氛埃
풍류는 글 지으라 명하고	風流命翰墨
물가 바위는 마치 연못가 누대인 듯하네	水石擬池臺
백학의 깃털 정결한데	白鶴羽毛潔
홀로 서서 하늘 모퉁이를 바라보네	獨立望天隈
바위 골짝은 남은 정 흩어놓고	巖壑散餘情
뜬 구름은 가서 돌아오지 않네	浮雲去不回

425 길재(吉哉) : 남유상(南有常, 1696~1728)의 자로, 자세한 내용은 51쪽 주2 참조.

426 송라(松蘿) : 소나무에 기생하는 여라(女蘿) 덩굴을 말한 것으로, 전하여 은자가 머무는 산림을 가리킨다.

427 태화자(太華子) : 남유상의 호이다.

흐르는 물 따라 남긴 자취 어루만지니 循流撫遺跡
인간 세상 빨리 흘러감을 더욱 깨닫네 益覺人世催
마을 연기 깊숙한 골짝에 시름겨운데 村煙悄幽谷
서녘 해는 시냇가 이끼를 비추네 西日照澗苔
평생 읽던 《초사》 〈이소〉[428]를 平生楚騷篇
다 외고 나니 숲에 부는 바람 애달파라 誦罷林風哀

428 《초사(楚辭)》 〈이소(離騷)〉 : 중국 전국 시대 초(楚)나라의 정치가이자 시인인 굴원(屈原)이 지은 작품으로, 간신의 모함으로 임금에게서 쫓겨난 후 울분과 우국(憂國)의 정을 참지 못하여 쏟아낸 장편시이다.

백옥과 아침 일찍 출발하였으니 배를 타고 청평강[429]으로 내려가려는 것이었다. 말 위에서 운을 뽑아 지었다

與伯玉早發 將舟下淸平江 馬上拈韻

버들 마을에 아침 해 뜨고 비둘기 울음 우는데	柳村朝日聽鳩鳴
높은 다리로 길 바뀌더니 돌 잔도 나타나네	路轉危橋石棧生
고개 빛깔 흐릿하나 비 올 기미 아니고	嶺色霏微非雨意
시내 흐름 굽이굽이 모두 봄 소리라네	溪流曲折盡春聲
시 지을 때마다 산에 살 계획[430] 말하더니	題詩每說尋山計
말고삐 나란히 하고 집을 구하러 떠나네	並馬仍成問舍行
다만 진세 밖에서 옷자락 훌훌 털 수 있다면	但得拂衣塵世外
흰 구름 아래 어느 곳인들 밭 갈기 마땅치 않으랴	白雲何處不宜耕

429 청평강(淸平江) : 가릉(嘉陵), 즉 지금의 경기도 가평(加平)에 있는 강의 이름이다.

430 산에 살 계획 : 전원으로 돌아가 은거할 계획을 가리킨다.

배를 띄워 골짜기를 내려가다가 용진[431]에 이르렀다. 배 안에서 '제' 자를 얻어 지었다

放舟下峽 至龍津 舟中得霽字

산에 살면서 그윽한 뜻 품으니	山居抱幽意
다시 강호에 살 계획을 세우네	復作江湖計
강호에 돌아가는 나그네 있으니	江湖有歸客
참으로 내 평생의 단짝이라네	信我平生契
서로 손잡고 소박한 배에 오르니	相携上素舸
한 번 웃음에 백 가지 근심이 걷히네	一笑百憂霽
급한 여울은 가파른 골짝에서 나오고	高灘出急峽
만산의 형세 주위를 둘러쌌네	繚繞萬山勢
솟구친 절벽 갑자기 열리더니	奔峭忽已開
모래사장은 점점 멀어지네	洲渚轉迢遰
어룡이 한낮의 그림자를 품으니	魚龍抱晝影
기색이 울렁울렁 자주 바뀌네	氣色蕩屢遞
물가의 바람은 흩어진 책에 불고	水風吹散帙
구름 낀 해는 저어가는 노에 비치네	雲日映鼓枻
무성한 뽕나무 그늘 아래	翳然桑柘陰
두어 마을이 물가에 임하였네	數村臨水際

431 용진(龍津) : 북한강과 남한강이 만나는 양수리(兩水里)의 옛 이름이다. 우리말로는 '용나루'라고 불렸으며, 용강(龍江)이라고도 하였다.

단비가 포구의 밭을 적시니	時雨潤浦田
푸릇푸릇한 보리가 가느다랗네	青青宿麥細
그대와 더불어 이웃하여 살면서	與君將卜隣
우물 파고 밭 갈며 한 해를 마치리라	耕鑿以卒歲
인생은 제 뜻에 맞게 사는 것이 귀하니	人生貴適意
이 세상을 근심할 필요 없다네	不必憂斯世

또 '래' 자를 얻어 지었다

又得來字

뱃노래 부르며 세찬 바람에 배회하더니	棹歌風急正徘徊
골짝 트이자 용진의 원대한 형세 다가오네	峽拆龍津遠勢來
봄기운은 겹겹이 포구에 이어지고	春氣千重連浦漵
맑은 빛 한 줄기가 술동이를 에워싸네	晴光一道繞樽罍
고깃배는 장차 내 가고 싶은 대로 갈 것이니	漁舟且可從吾好
갈매기는 나그네와 시샘할 필요 있으랴	沙鳥何須與客猜
그 옛날 풍류 넘치던 신 학사[432]를 추억하노니	緬憶風流申學士
텅 빈 서루[433]에 살구꽃이 피었네	書樓寥落杏花開

432 신 학사(申學士) : 신여식(申汝拭, 1627~?)을 가리킨다. 조선 중기의 문신으로, 본관은 평산(平山)이며 자는 옥보(玉甫), 호는 석호(石湖)이다. 1648년(인조26) 식년시에 합격한 후 벼슬이 목사(牧使)에 이르렀다.

433 서루(書樓) : 여기서는 석호정(石湖亭)을 가리킨다. 경안천(慶安川)이 한강과 만나 넓어지는 곳을 석호라고 하는데, 석호가 내려다보이는 검단산(黔丹山) 남쪽 기슭에 신여식(申汝拭)이 창건한 석호정이 있었다.

또 '선' 자를 얻어 지었다

又得船字

동풍에 술을 싣고 우천[434]을 찾아가려니	東風載酒問牛川
나그네길 수역 앞을 빙 돌아가네	客路紆回水驛前
휘늘어진 버들에 봄이 머무니 마을이 고요하고	垂柳春留村意靜
남은 놀에 해가 비치니 물가의 빛 원만하네	餘霞日照渚光圓
외로운 맘으로 우주 안에서 책을 손에 들고	孤懷宇宙携書卷
흐트러진 머리로 강호에서 낚싯배에 의지하네	散髮江湖倚釣船
노를 저어 흥을 타고 가려 하였는데	移棹却思乘興去
소양정[435] 아래에서 한 바퀴 오르내리네	昭陽亭下一洄沿

434 우천(牛川) : 현재의 경기도 광주(廣州)에 흐르는 냇물의 이름으로, 경안천(慶安川)의 일부분이다. '우저(牛渚)'라고도 한다.

435 소양정(昭陽亭) : 강원도 춘천(春川) 봉의산(鳳儀山) 북쪽에 있는 누정의 이름으로, 소양강(昭陽江) 일대를 한눈에 내려다 볼 수 있다.

달산[436]의 묘사에 백옥이 광릉에서 찾아와 운자를 불러 함께 읊었다
達山墓舍 伯玉自廣陵來訪 命韻同賦

어촌에 친구가 왔다고 갑자기 소식을 알리니	漁村忽報故人來
맑게 갠 날 그윽한 약속에 낚시터를 찾아가네	晴日幽期問釣臺
들 빛은 외기러기를 멀리 데려가려 하고	野色欲將孤鴈逈
봄 그늘은 꽃이 일찍 피는 것 허락하네	春陰猶許早花開
지극한 담백은 원래 아무 맛이 없음을 잘 알고	深知至澹元無味
목숨 보전에는 재주가 필요 없음을 이미 깨달았네	已覺全生不要材
초야에선 한 가지 물건만 용납해야 할 것이니	畎畝只應容一物
얼굴 보고 귀밑머리 빨리 셌다고 애석해 마오	相看休惜鬢毛催

두 번째 其二

봄옷 막 지어지자 곡우가 찾아오니	春服初成穀雨來
지팡이 짚고 버들 옆 누대에 자주 오르네	扶藜頻上柳邊臺
호해[437]의 긴 노래는 하늘에 널리 퍼지고	長歌湖海連天濶
풍진 속의 노안은 성곽을 나서자 확 뜨이네	老眼風塵出郭開

436 달산(達山) : 경기도 안산(安山)에 있는 산의 이름으로, 이천보(李天輔) 부모님의 묘소가 있는 곳이다. 자세한 내용은 205쪽 주371 참조.

437 호해(湖海) : 강호(江湖)와 같은 말로, 강이나 바다와 같이 기상이 넓고 크다는 의미를 담고 있다. '호해지사(湖海之士)'는 호탕하고 우뚝한 기상으로 초야에 묻혀 사는 사람을 이른다.

병든 학이 어찌 붉은 수레[438]를 꿈꾸는가	病鶴豈爲朱轂夢
마른 오동은 단연 소금[439]의 재목으로 적합하다네	枯桐端合素琴材
술동이 속에 아직 막걸리 남아있어	樽中尙有殘醪在
돌아가는 객 미적거리니 재촉하지 마소	歸客留連莫遣催

438 붉은 수레 : 높은 벼슬아치의 수레를 가리킨다.

439 소금(素琴) : 원래 아무런 장식을 하지 않은 소박한 거문고를 뜻하며, 중국 동진(東晋)의 시인 도연명(陶淵明) 이후로 줄이 없는 무현금(無絃琴)이라는 의미가 더하여졌다. 《진서(晉書)》 권94 〈도잠열전(陶潛列傳)〉에 "(도잠은) 음률을 모르면서 소금 한 벌을 집에 두었는데 줄과 기러기발을 갖추고 있지 않았다. 친구들과 술을 마실 때마다 손으로 어루만지며 어울리면서 말하기를, '거문고의 흥취를 알면 그뿐이지 어찌 수고롭게 소리를 내랴?'라고 하였다.〔性不解音, 而畜素琴一張, 弦徽不具. 每朋酒之會, 則撫而和之曰 : "但識琴中趣, 何勞絃上聲?"〕"라는 말이 나온다.

의승 유정[440]의 표충사[441]에 지어서 부치다

寄題義僧惟政表忠祠

강개하여 운단[442]에서 무리에게 맹세하던 해	慷慨雲壇誓衆年
가사 입고 삿대를 치며[443] 살주로 가던 배[444]	袈裟擊楫薩州船

440 유정(惟政) : 1544~1610. 조선 중기의 승려이자 승병장이다. 속명은 임응규(任應奎)이며, 본관은 풍천(豐川), 자는 이환(離幻), 호는 사명당(泗溟堂 또는 四溟堂)·송운(松雲)·종봉(鍾峯)이다. 15세 무렵 김천 직지사(直指寺)로 출가하여 신묵(信默)의 제자가 되었다. 1561년(명종16) 승과에 급제하고, 1575년(선조8) 봉은사(奉恩寺)의 주지로 초빙되었으나 사양하고 묘향산 보현사(普賢寺)에 있는 휴정(休靜)을 찾아가서 도를 닦았다. 임진왜란이 일어나자 승병을 모집하여 휴정의 휘하로 들어가 의승도대장(義僧都大將)이 되었다. 평양성 전투 및 우관동 전투에서 공을 세웠으며, 4차례에 걸친 가등청정(加藤淸正)과의 회담에서 강화 5조약을 무효화하였다. 정유재란 때 도산성(島山城) 전투 및 예교(曳橋) 전투에 참여하여 공을 세웠으며, 1604년 선조의 명으로 일본에 가서 강화를 맺고 3000여 명의 동포를 데리고 귀국하였다. 그 후 병을 얻어 해인사에서 요양하다 결가부좌한 채 입적하였다. 《사명당대사집》·《분충서난록》 등의 저서가 있으며, 시호는 자통홍제존자(慈通弘濟尊者)이다.

441 표충사(表忠祠) : 경상남도 밀양(密陽)에 있는 사당의 이름으로, 휴정(休靜)·유정(惟政)·영규(靈圭) 세 대사의 충의(忠義)를 추모하기 위하여 건립한 것이다.

442 운단(雲壇) : '장수의 단(壇)'을 뜻하는데, 승려이므로 '운(雲)'자를 넣어 표현한 것이다.

443 삿대를 치며 : 원문의 '擊楫'은 잃어버린 땅을 수복하여 나라에 보답하겠다는 장렬한 뜻과 감회를 말하는 것이다. 이에 대한 자세한 내용은 103쪽 주111 참조.

444 가사……배 : 풍신수길(豊臣秀吉)이 죽고 일본의 정권을 잡은 덕천가강(德泉家康)은 조선과 화친을 맺기를 희망하며 수신사(修信使)를 보내줄 것을 요구하였다. 이에 선조가 유정(惟政)을 불러 일본에 가서 강화조약을 체결하고 올 것을 명하였다. 유정은 1604년(선조37) 7월 1일에 서울을 떠나 대마도(對馬島)로 건너가 도주(島主) 종의지

바다에 파도 잠잠하니 경을 강하던 땅　　海濤鯨息譚經地
불일[445] 아래 티끌 청정하니 칼 짚고 선 하늘　　佛日塵淸倚劒天
이교라 하여 의로운 지사 없지 않으니　　異教未應無義士
나라의 중흥 마침내 고승에게 힘입었네　　中興終亦賴高禪
시국이 위태로움에 서산[446]의 바리때 저버리지 못하였으니[447]
時危不負西山鉢

(宗儀智)를 만난 다음 본토 도성(都城)으로 들어가 덕천가강을 만나 화친을 맺었고, 일본에 포로로 잡혀갔던 동포 3000여 명을 데리고 이듬해 5월에 귀국하였다. 유정은 이 공으로 가선대부(嘉善大夫) 동지중추부사(同知中樞府事)에 임명되었다. 살주(薩州)는 일본 서해도(西海道) 9국 중의 하나인 살마주(薩摩州)로, 대마도 근방에 있었다.

445 불일(佛日) : 중생을 구제하는 부처의 광명(光明)을 해에 비유하여 일컫는 말이다.

446 서산(西山) : 휴정(休靜, 1520~1604)의 별호이다. 조선 중기의 승려이자 승병장으로, 속명은 최여신(崔汝信)이며 자는 현응(玄應), 호는 청허(淸虛)이고 휴정은 법명이다. 1534년(중종29) 진사시에 낙방하자 지리산에 입산하여 숭인(崇仁)을 스승으로 모시고 출가하였다. 1552년(명종7) 승과에 급제하였으며, 이후 대선(大選)을 거쳐 교종판사(教宗判事)·선종판사(禪宗判事)를 겸임하고 봉은사(奉恩寺)의 주지가 되었다. 임진왜란이 일어나자 73세의 노구로 팔도십육종도총섭(八道十六宗都摠攝)이 되어 승병 1500명을 이끌고 한양 수복에 공을 세우고, 이 공으로 국일도대선사선교도총섭 부종수교보제등계존자(國一都大禪師禪教都摠攝扶宗樹教普濟登階尊者)가 되었다. 그러나 1594년(선조27) 제자 유정(惟政)에게 승병을 맡기고 묘향산으로 돌아가 나라의 평안을 기원하였다. 유·불·도 삼교통합론의 기원을 이루고, 선종(禪宗)과 교종(教宗)을 일원화하는 데 힘썼다. 《청허당집(淸虛堂集)》·《선교석(禪教釋)》·《심법요(心法要)》 등의 저술이 남아있다.

447 시국이……못하였으니 : 임진왜란이 일어나자 유정(惟政)은 승병(僧兵)을 모집하여 스승인 서산대사(西山大師), 즉 휴정(休靜)의 휘하로 들어갔다. 당시 선조는 휴정에게 팔도선교도총섭(八道禪教都摠攝)이라는 직함을 내려 승병을 총괄하게 하였는데, 휴정은 나이가 많다는 이유로 사양하고 제자인 유정을 천거하여 대신하게 하였다. 《陶谷集 卷12 密陽表忠祠松雲大師影堂碑銘》

같은 사당에 함께 봉안되어 전생의 인연을 다하였네[448]

一體同祠儘夙緣

448 같은……다하였네 : 유정(惟政)과 서산대사(西山大師)가 함께 밀양(密陽)의 표충사(表忠祠)에 배향된 것을 말한다.

백옥의 동정[449]에 모여 함께 읊다
會伯玉東亭 同賦

사립문 앞 성근 버들 물가 평지를 덮었는데　柴門疎柳覆平皐
저녁 바람 우수수 나그네 옷자락에 불어오네　夕籟翛翛洒客袍
못 그림자와 인가의 연기는 통하여 그윽하고　潭影人煙通窈窕
매미 소리와 가을 기운은 함께 청고하네　蟬聲秋氣與淸高
인간세상의 〈백설〉[450]은 외려 평범한 곡조요　人間白雪猶凡曲
고개 위 외로운 구름은 우릴 보는 듯　嶺上孤雲信我曹
명리의 절정에서 모름지기 생각을 끊어야　名利關頭須斷念
마침내 세상을 뒤덮는 호걸 될 수 있나니　可能終作盖時豪

449 동정(東亭) : 이천보(李天輔)의 친구 오원(吳瑗)의 별장에 있던 정자의 이름으로, 서울 종암(鐘巖)에 있었다.

450 〈백설(白雪)〉 : 〈백설곡(白雪曲)〉을 가리키는 것으로, 아주 뛰어난 시가(詩歌)를 뜻한다. 중국 초(楚)나라의 시인 송옥(宋玉)이 〈대초왕문(對楚王問)〉에서 "영 땅에서 노래하는 나그네가 있어 처음에 〈하리곡〉·〈파인곡〉을 노래하자 나라 안에 그것을 이어 창화하는 자가 수천 명이었고, 〈양아곡〉·〈해로곡〉을 노래하자 나라 안에 그것을 이어 창화하는 자가 수백 명이었고, 〈양춘곡〉·〈백설곡〉을 노래하자 나라 안에 그것을 이어 노래하는 자가 수십 인에 불과하였으니……곡조가 고상할수록 창화하는 자가 더욱 적었다.〔客有歌于郢中者, 其始曰下里、巴人, 國中屬而和者數千人; 其爲陽阿、薤露, 國中屬而和者數百人; 其爲陽春、白雪, 國中屬而和者不過數十人,……是其曲彌高, 其和彌寡.〕"라고 하였다.

동정의 밤

亭夜

바위 폭포와 솔바람의	巖瀑與松籟
맑고 그윽한 소리 나란히 밤에 들리네	淸幽倂夜聞
하늘은 삼복더위에 비를 내리고	天開三伏雨
누대는 봉우리의 구름을 잠재우네	樓宿一峰雲
풍진 세상의 꿈에 지쳐서	倦矣風塵夢
목석과 어울려 사는 삶 그립네	懷哉木石羣
뜰이 비어 지팡이 짚고 나서니	庭虛仍拄杖
벌레 소리 새벽에도 분주하네	虫語曉紛紛

삼연[451]의 시운을 뽑아 짓다

抽三淵韻

산각에 서늘한 기운 일고 장맛비 개니　山閣生凉積雨晴
기거하는 주변엔 샘물 소리뿐이네　起居惟是一泉聲
천기는 텅 빈 골짝에 매미 소리 자지러지고　天機空谷聞蟬急
들 빛은 먼 밭에 백로 모습 선명하네　野色遙田見鷺明
몸 밖의 세상 인연은 만나고 헤어짐을 따르고　身外世緣隨聚散
시 속 만물의 변화는 자연의 유행에 맡기네　詩中物候任流行
가을 오자 다시 구천[452] 가는 길 물으니　秋來更問龜川路
백 리 밖 창주[453] 찾아 노 젓는 소리 가벼워라　百里滄洲上棹輕

백옥(伯玉)이 장차 구천(龜川)으로 갈 것이기 때문에 이렇게 말한 것이다.

451 삼연(三淵) : 김창흡(金昌翕, 1653~1722)의 호이다. 조선 후기의 학자로, 본관은 안동이며 자는 자익(子益)이다. 1673년(현종14) 진사에 합격하였으나, 기사환국 때 영의정이었던 아버지 김수항(金壽恒)이 진도(珍島)의 배소에서 사사되자 형 김창집(金昌集)·김창협(金昌協)과 함께 영평(永平)에 은거하였다. 이후 일체 관직에 나아가지 않았으며, 신임사화로 유배된 김창집이 사사되자 지병이 악화되어 죽었다. 김창협과 함께 성리학과 문장으로 널리 이름을 떨쳤으며, 사후 이조 판서에 추증되고 숙종의 묘정에 배향되었다. 저서에 《삼연집》·《심양일기(瀋陽日記)》 등이 있으며, 시호는 문강(文康)이다.

452 구천(龜川) : 경기도 광주(廣州)에 있던 개울의 이름으로, 오원(吳瑗)이 기거하던 곳에 있었다.

453 창주(滄洲) : '물가'라는 뜻으로, 은사의 거처를 의미한다.

연경에 가시는 응교 종숙[454]을 받들어 전별하였다[455]

奉贐應敎從叔赴燕

할아버님께서 경사에 조회하신 지 이미 백 년 됐는데[456]
吾祖朝京已百年
계성[457] 가는 사신 행차[458] 또 이별연을 여네 薊城冠盖又離筵
집안 대대로 동한의 한묵이 전하는지라[459] 家傳翰墨東韓國

454 종숙(從叔) : 이양신(李亮臣, 1689~1739)을 가리킨다. 이양신에 대한 자세한 내용은 209쪽 주381 참조.

455 연경(燕京)에……전별하였다 : 이양신(李亮臣)은 1738년(영조14)에 사복시정 겸 한학교수로서 진주사(陳奏使)의 서장관으로 연경에 다녀왔으며, 그 공로를 인정받아 통정대부가 되었다.

456 할아버님께서……됐는데 : 이천보(李天輔)의 증조할아버지이자 이양신(李亮臣)의 할아버지인 이일상(李一相, 1612~1666)이 1654년(효종5)에 정조 겸 진하부사(正朝兼進賀副使)로 청(淸)나라에 다녀온 사실을 가리킨다. 이일상은 이듬 해 귀국하여 청나라의 실정을 보고함으로써 효종의 북벌계획 수립에 도움을 주었다.

457 계성(薊城) : 계주성(薊州城)을 가리키는 것으로, 연경(燕京) 일대의 옛 이름이다. 연행의 노정은 보통 압록강을 건넌 후 책문을 지나 봉황성(鳳凰城)·요양(遼陽)·우가장(牛家庄)·의무려산(醫巫閭山)·사하관(沙河館)·산해관(山海關)·옥전현(玉田縣)·계주(薊州)를 지난 후 연경(燕京)에 이른다.

458 사신 행차 : 원문의 '冠蓋'는 관리의 '관모(冠帽)와 수레덮개'라는 뜻으로, 전하여 사신의 행차를 가리킨다.

459 집안……전하는지라 : 이천보(李天輔)의 6대조인 이정귀(李廷龜)의 뒤를 이어 이명한(李明漢)·이일상(李一相)이 3대에 걸쳐 대제학에 올라 문형(文衡)을 장악하였다. 이후 이천보의 사촌인 이정보(李鼎輔) 역시 대제학에 올랐으며, 이천보는 예문관 제학까지 오른 바 있다.

눈물 흘리며 누린내 나는 북극 천지로 들어가시네 淚入腥膻北極天
들불 피워 사막 가운데 수레를 멈추고 野火停車沙磧裏
가을바람에 저자 문 앞에서 검을 논하시겠지 秋風論劍市門前
각산[460]에서 남은 자취 찾아볼 수 있으리니 角山試可尋遺躅
영겁을 이어온 뜬구름이 석탑 머리에 걸리리 浩刼浮雲石塔巓

460 각산(角山) : 중국 하북성(河北省) 진황도(秦皇島)에 위치한 산으로, 산해관(山海關) 주변을 에워싸고 있다.

김성지[461] 치일 가 연경에 가는 것을 전송하면서 《전목재집》[462]을 사다달라고 청하였다

送金誠之 致一 燕行 乞購錢牧齋集

사람이 역수로 돌아간 후[463] 가을바람 몇 번이나 불었을까

461 김성지(金誠之) : 김치일(金致一, 1700~?)을 가리키는 것으로, 성지는 그의 자이며 '성오(誠吾)'라고 기록된 곳도 있다. 조선 후기의 문신으로, 본관은 청풍(淸風)이다. 영의정 김재로(金在魯)의 장남으로, 1721년(경종1) 진사에 합격하고 이후 강릉 참봉·봉사·직장·호조 및 공조 좌랑·청주 목사(淸州牧使)·장악원 정 등을 지냈다. 청주 목사로 있을 때 보역청(補役廳)과 해원청(解寃廳)을 신설하여 군민(軍民)과 승도(僧徒)의 폐해를 제거하였다는 영세불망비가 현지에 전한다. 1738년(영조14) 아버지 김재로가 주청사(奏請使)로 청(淸)나라에 갈 때 그 일행과 함께 갔던 것으로 추정된다.

462 《전목재집(錢牧齋集)》 : 중국 명말청초(明末淸初)의 문신 전겸익(錢謙益, 1582~1664)의 문집이다. 전겸익은 관리이자 시인·학자이며 동림당(東林黨)의 지도자로, 자는 수지(受之)이며 호는 목재(牧齋) 등이다. 1610년(만력38) 진사에 급제한 후 편수·첨사 등을 거쳐 예부 상서에 올랐으며, 문학으로 명성이 자자하였다. 그러나 1645년(순치2) 청나라의 군대가 강남(江南)을 공략하자 청군에게 항복하여 예부 우시랑이 되었고 5개월 후 병을 핑계로 귀향하였다. 시작(詩作)에 뛰어났는데 청나라가 들어선 후에는 울울한 심정을 토로한 작품을 많이 썼다. 건륭제(乾隆帝) 때 그의 변절이 크게 문제되어 〈이신전(貳臣傳)〉에 편입시키고 저작을 불태웠으며, 그의 저작은 여러 차례 금서(禁書) 조치를 당하였다.

463 사람이……후 : 중국 전국 시대의 협객 형가(荊軻, ?~기원전 227)가 연(燕)나라 태자 단(丹)의 부탁으로 진시황(秦始皇)을 죽이기 위해 역수(易水)를 건너 진(秦)나라로 들어갔던 사실을 가리킨다. 역수는 중국 하북성(河北省)에 있는 강의 이름으로, 옛날 연나라 땅에 있었다. 형가가 비수(匕首)를 끼고 떠나던 날 수많은 사람들이 역수가에서 그를 송별하였는데, 이때 "바람 소리 소슬하고 역수는 차갑구나. 장사 한번 가면

	人歸易水幾秋風
적막한 연남 땅엔 협객의 소굴 텅 비었으리[464]	寂寞燕南俠窟空
전씨의 문장 마치 축을 치는 것[465]과 같으니	錢氏文章如擊筑
백 년 전 남긴 소리 듣고 싶어라	願聞餘響百年中

다시는 돌아오지 못하리.〔風蕭蕭兮易水寒. 壯士一去兮不復還.〕"라고 노래를 부르고 떠났다. 그러나 형가는 끝내 진시황을 죽이지 못하고 자기만 죽임을 당하였다.《史記 卷86 刺客列傳 荊軻》

464 적막한……비었으리 : 연남(燕南)은 옛날에 연(燕)나라가 있던 지역으로, 그 옛날 형가(荊軻)처럼 청(淸)나라에 복수할 인물이 없음을 한탄한 것이다.

465 축(筑)을 치는 것 : 형가(荊軻)의 친구 고점리(高漸離)가 축을 연주하였던 것을 가리킨다. 축은 거문고와 비슷한 악기의 일종인데, 형가(荊軻)는 연(燕)나라에서 개백정〔狗屠〕이자 축을 잘 연주하는 고점리와 친하게 지냈다. 날마다 시장에서 술을 마시고 거나해지면 고점리는 축을 연주하고 형가는 비분강개하여 노래를 부르곤 하였다. 형가가 진(秦)나라로 들어가기 전 역수(易水) 근처에서 태자 단(丹)과 헤어지며 〈역수가(易水歌)〉를 부를 때에도 고점리가 축을 연주하였다.《史記 卷86 刺客列傳 荊軻》

달산[466]에서 길을 떠나 용호[467]에 있는 덕재[468]의 직려[469]에 들러 묵으면서 백옥과 수창한 시의 운을 따라 지었다

自達山歷宿德哉龍湖直廬 次其與伯玉酬唱韻

말 타고 돌아가는 길 어둑한데　　歸驂及暝色
바다 기운 아직도 옷에 남았네　　海氣尙留衣
다듬이 소리는 기러기 우는 소리와 이어지고　　砧杵鴻連響
누대엔 달이 점점 밝아지네　　樓臺月轉輝
헛된 명성은 시가 누가 되고　　浮名詩作累
옛 도는 세상과 서로 어긋나네　　古道世相違
저 멀리 창주[470]가 광활한데　　極目滄洲闊
어찌 이 모임을 드물게끔 하는가　　寧教此會稀

두 번째 其二

나그네길 외로운 배 저녁을 맞으니　　客路孤舟晩
관아 누대에 자리가 맑네　　官樓一榻淸

466 달산(達山) : 경기도 안산(安山)에 있는 산의 이름으로, 이천보(李天輔) 부모님의 묘소가 있는 곳이기도 하다.

467 용호(龍湖) : 지금 서울의 마포구에 있는 용산강(龍山江)을 가리킨다.

468 덕재(德哉) : 남유용(南有容, 1698~1773)의 자로, 자세한 내용은 51쪽 주1 참조.

469 직려(直廬) : 직숙(直宿)하는 곳으로, 여기서는 군자감(軍資監)의 직려를 가리킨다. 남유용(南有容)은 41세이던 1738년(영조14)에 군자감 주부(主簿)로 있었으며, 군자감은 당시 용산강(龍山江) 가에 위치하였다.

470 창주(滄洲) : 물가의 수려한 경치를 말한다.

학은 일 없이 늙어갈 것이요	鶴應無事老
기러기는 혹 평안치 못하여 우네[471]	鴈或不平鳴
문장은 날아오르는 말이요	文字飛騰語
강호는 적막한 정이라	江湖寂寞情
평생토록 오 학사[472]가	平生吳學士
어찌 다시 화려한 벼슬에 연연하겠나	寧復戀華纓

471 평안치 못하여 우네 : 중국 당(唐)나라의 문인 한유(韓愈)가 〈송맹동야서(送孟東野序)〉에서 "대저 만물은 평안함을 얻지 못하면 운다.〔大凡物不得其平則鳴.〕"라고 한 데서 나온 말이다.

472 오 학사(吳學士) : 오원(吳瑗, 1700~1740)을 가리키는 것으로, 자세한 내용은 52쪽 주4 참조.

백옥이 양근[473]에서 와서 미호[474]에 있는 김씨[475]의 정자에 머물렀다. 덕재와 함께 가서 만나 달밤에 배를 띄우고 운을 불러 함께 시를 읊었다

伯玉自楊根來 住渼湖金氏亭 與德哉往會 月夜泛舟 呼韻同賦

우연한 만남 저녁 호수에서 이루어지니	邂逅幽期在晚湖
높은 누대의 등불이 맑은 술병을 비추네	高樓燈火照清壺
벼 익는 구월이라 구름 속 기러기 급하고	稻粱九月雲鴻急
서리 내리는 삼경[476]이라 들판의 학이 외롭네	霜露三更野鶴孤
송옥은 가을을 만나 부질없이 한스러웠고[477]	宋玉逢秋空有恨
영공은 세상에 처하여 도리어 우직하였네[478]	甯公處世却成愚

473 양근(楊根) : 경기도 양평(楊平) 지역의 옛 이름이다.

474 미호(渼湖) : 한강(漢江)의 물줄기 가운데 하나로, 지금의 남양주(南楊州) 일대를 말한다.

475 김씨(金氏) : 김원행(金元行, 1702~1772)을 가리키는 것으로, 자세한 내용은 146쪽 주200 참조.

476 삼경(三更) : 밤 11시~새벽 1시 사이를 가리킨다.

477 송옥은……한스러웠고 : 송옥(宋玉, 기원전 290?~기원전 222?)은 중국 전국시대 초(楚)나라의 문인으로, 굴원(屈原)의 제자이다. 가을을 슬퍼하는 내용의 〈구변(九辯)〉을 지었는데, 이를 흔히 송옥의 〈비추부(悲秋賦)〉라고 일컫기도 한다. 작품의 일부를 인용하면 다음과 같다. "슬프다, 가을의 기후여. 쓸쓸하여라, 초목은 낙엽이 져 쇠하였도다. 처창하여라, 마치 타향에 있는 듯하도다. 산에 올라 물을 굽어봄이여, 돌아가는 이를 보내도다.〔悲哉, 秋之爲氣也. 蕭瑟兮, 草木搖落而變衰. 憭慄兮, 若在遠行. 登山臨水兮, 送將歸.〕"

478 영공(甯公)은……우직하였네 : 《논어(論語)》 〈공야장(公冶長)〉에 "영무자는 나

조각배 타고 앉아 물속의 달 희롱하는데	扁舟坐弄中洲月
어둠 속 뱃노래가 먼 갈대숲서 일어나네	暝裏漁歌起遠蘆

두 번째 其二

사립으로 난 오솔길 맑은 호수를 굽어보는데	柴門一逕俯澄湖
시골 늙은이 사람을 붙잡으니 술이 술병에 가득하네	野老留人酒滿壺
돛 그림자 구르는 모래 위에 누런 잎 떨어지고	帆影轉沙黃葉盡
어부가 이르는 강안에 하얀 갈매기 외롭네	漁歌到岸白鷗孤
안개 낀 물결 위에 집을 띄우니 노년을 마칠 만한데	煙波泛宅堪終老
밭두둑에서 시국을 근심하니 참으로 어리석구나	畎畝憂時信獨愚
그대 따라 소박한 배 한 척 경영하면서	却欲從君營素艇
낚싯대 하나 밝은 달이랑 갈대숲 곁에 있고 싶네	一竿明月傍洲蘆

라에 도가 있을 때에는 지혜롭고 나라에 도가 없을 때에는 우직하였으니, 그 지혜는 따를 수 있으나 그 우직함은 따를 수 없다.〔甯武子, 邦有道則知, 邦無道則愚, 其知, 可及也, 其愚, 不可及也.〕"라고 한 데서 나온 말이다. 주자(朱子)는 이에 주를 달아 "성공이 무도하여 나라를 잃는 지경에 이르렀는데, 영무자는 그 사이에서 주선하여 몸과 마음을 다 바쳐 어렵고 험한 것을 피하지 않았다. 그가 처세한 바는 지혜롭고 꾀 있는 사람들은 모두 깊이 피하고 하지 않는 것이었는데, 영무자는 마침내 자기 몸을 보전하고 그 임금을 구제하였으니 이것이 그의 우직함을 따를 수 없다는 것이다.〔成公無道, 至於失國, 而武子周旋其間, 盡心竭力, 不避艱險. 凡其所處, 皆智巧之士所深避而不肯爲者, 而能卒保其身以濟其君, 此其愚之不可及也.〕"라고 하였다.

배를 타고 뚝섬[479]으로 내려가면서 운을 뽑아 지었다
舟下纛島 拈韻

가을 강 이리도 깨끗한데 秋江淨如許
돌아가는 배 잔물결을 희롱하네 歸棹弄輕波
여울 가까워지니 청산이 가파르고 灘近青山急
마을 환하니 붉은 잎 짙기도 해라 村明赤葉多
우리는 모두 떠도는 신세요 吾徒皆浪跡
세상사는 또 긴 노래라 世事且長歌
적막한 어룡의 뜻이여[480] 寂寞魚龍意
날 추우니 너를 어이할거나 天寒奈爾何

479 뚝섬〔纛島〕: 지금의 성수동・자양동・구의동 일대의 한강변에 펼쳐진 지역의 이름이다. 섬은 아니나 삼면이 강으로 둘러싸여 있어 이러한 이름을 갖게 되었다.

480 적막한 어룡의 뜻이여 : 어룡(魚龍)은 물속에서 사는 모든 동물을 통틀어 부르는 말이며, 어룡이 잠겼다는 것은 곧 가을이 되어 물고기가 물속으로 침잠하였음을 표현하는 말이다. 자세한 내용은 125쪽 주171 참조.

덕재가 화분에 심은 매화가 초겨울 초하룻날[481]에 벌써 꽃을 피웠다. 삼가 백부[482]의 시운을 따라 백옥, 대경과 함께 읊어서 덕재에게 보여주었다

德哉盆梅孟冬初吉已開花 謹次伯父韻 與伯玉大卿同賦 示德哉

순음이 세상에 한창인데[483]	純陰方世界
봄뜻이 매화 가지에 이르렀네	春意到梅枝
기운은 된서리 맞아 단련되고	氣得淸霜鍊
향기는 시든 국화 따라 퍼지네	香從老菊移
가벼이 한 번 웃고 말 일 아니니	未應輕一笑
저절로 새 시를 찾게 되네	秖自要新詩

481 초겨울 초하룻날〔孟冬初吉〕: 음력 10월 1일을 가리킨다.

482 백부(伯父) : 이우신(李雨臣, 1670~1744)을 가리킨다. 조선 후기의 문신으로, 본관은 연안(延安)이며 자는 백열(伯說), 호는 십탄(十灘)이다. 이희조(李喜朝)의 문인이며, 이정보(李鼎輔)·이익보(李益輔)의 아버지이다. 1710년(숙종36) 음보로 사산감역관(四山監役官)이 된 후 의금부 도사·함양 군수·동지중추부사·한성부 우윤·도총부 부총관 등을 두루 역임하였다. 지방 현감으로 있을 때 여씨향약(呂氏鄕約)을 실시하고 향약 12조문을 국문으로 번역하였으며, 사복시 첨정으로 있을 때 《마의방(馬醫方)》을 간행하였다. 문장에 능하고 변려문에 뛰어났으며, 사후 이조 판서에 추증되었다.

483 순음(純陰)이 세상에 한창인데 : 순음의 달인 10월이라는 말이다. 음력 4월에 순양(純陽)의 건괘(乾卦)가 되었다가 5월 하지(夏至)가 되면 음(陰) 하나가 처음 생겨 구괘(姤卦)가 되며, 6월에는 2음(陰)의 돈괘(遯卦), 7월에는 3음의 비괘(否卦), 8월에는 4음의 관괘(觀卦), 9월에는 5음의 박괘(剝卦), 10월에는 순음(純陰)의 곤괘(坤卦)가 되었다가 11월 동지(冬至)가 되면 다시 양 하나가 처음 생겨 복괘(復卦)가 된다.

적막한 뇌연자[484]는 寂寞雷淵子

종이 휘장 벗 삼아 《태현경》[485] 읽고 있네 玄經伴紙帷

484 뇌연자(雷淵子) : 남유용(南有容, 1698~1773)의 호로, 남유용에 대한 자세한 내용은 51쪽 주1 참조.

485 《태현경(太玄經)》: 중국 한(漢)나라의 사상가 양웅(揚雄, 기원전 53~기원후 18)이 《주역(周易)》을 모방하여 지은 책이다. 우주만물의 근원을 논하면서 음양이원론(陰陽二元論) 대신 시(始) · 중(中) · 종(終) 삼원(三元)으로 설명하고, 여기에 역법(曆法)을 가미하였다.

덕재의 집에 백옥과 함께 밤에 모여 운자를 불러 지었다
德哉宅 與伯玉夜集 命韻

종이창에 등불이 밤새도록 빛나는데	紙窗燈火永今宵
부르기도 전에 산달이 사람을 따르네	山月隨人不待邀
때는 삼경[486]이라 북두 자루 보이는데	歲律三更看斗柄
천기 가득한 방에서 매화의 안부를 묻네	天機一室問梅條
읽다 만 책 흐르는 세월 속에 부질없이 늙어가며	殘書急景空催老
말술과 고성방가로 교만을 부리지 않네	斗酒高歌未作驕
돌아가는 말 사립문에 새벽까지 매여 있는데	歸馬柴門留到曉
상림[487]의 솔바람 소리 쓸쓸하게 들리네	上林松籟聽寥寥

486 삼경(三更) : 밤 11시~새벽 1시 사이를 가리킨다.

487 상림(上林) : 천자의 동산으로, 곧 대궐을 가리킨다.

친족아우 자안[488] 국보 의 집에 백옥·덕재와 함께 모여서 명나라 사람의 시운을 뽑아 지었다

族弟子安 國輔 家 會伯玉德哉 拈明人韻

매화와 사람의 마음이	梅花與人意
한 해가 저무는 걸 아쉬워하네	耿耿惜時闌
술잔의 술은 봄의 기운 되돌리는데	樽斝回春氣
띠풀 지붕은 차가운 눈 띠고 있네	茅茨帶雪寒
시 논하는 건 오늘 할 수 있으나	論詩今日可
길 떠나는 건 평생토록 어렵구나	行路百年難
천천히 가까운 곳을 걷다보니	步屧經過近
그윽한 심회 그대 덕분에 풀어지네	幽懷賴爾寬

'대(帶)'자가 어떤 곳에는 '옹(擁)'이라고 되어 있다.

488 자안(子安) : 이국보(李國輔, ?~?)의 자이다. 자세한 내용은 미상이다.

이중오[489] 수득, 덕재, 대경과 함께 백옥의 집에서 술을 마시며 증남풍[490]의 시운을 따라 지었다

與李仲五 秀得 德哉大卿飮伯玉宅 次曾南豐韻

친구가 강호에 뜻을 두었다더니	故人江湖志
어찌 좀 더 일찍 옷자락 떨치고 가지 않았나	胡不拂衣早
눈 내리는 장안에 문 닫고 들어앉으니	閉門長安雪
화려한 수레[491] 자취 마치 쓸어낸 듯하네	珂馬迹如掃
서로 만나자마자 통음하니	相逢卽痛飮
어찌 다시 곤궁함을 한탄하겠나[492]	豈復恨枯槁

489 이중오(李仲五) : 이수득(李秀得, 1697~1775)을 가리킨다. 조선 후기의 문신으로, 본관은 한산(韓山)이며 중오는 그의 자이다. 이색(李穡)의 후손이며, 관찰사 이만직(李萬稷)의 아들이다. 1735년(영조11) 생원시에 합격한 후 제릉 참봉·종부시 주부 등을 지냈으며, 57세이던 1753년 문과에 급제한 후 충청 감사·승지·대사간·대사헌 등을 역임하였다.

490 증남풍(曾南豐) : 증공(曾鞏, 1019~1083)의 별호이다. 중국 북송(北宋)의 문장가이자 정치가로, 자는 자고(子固)이다. 당송팔대가(唐宋八大家)의 한 사람으로, 한유(韓愈)를 모범으로 하는 시문을 짓고 문이명도(文以明道)를 주장하였다. 문장의 수식을 반대하고 변우(騈偶)를 사용하지 않으며 평이하고 간결한 고문(古文)의 부흥을 주도하였다. 저서로 고금의 전각(篆刻)을 모은 《금석록(金石錄)》과 시문집인 《원풍유고(元豊類稿)》 등이 있으며, 시호는 문정(文定)이다.

491 화려한 수레 : 원문의 '珂馬'는 하얀 마노(瑪瑙)로 장식한 굴레를 씌운 말로, 고관(高官)이 타는 거마(車馬)를 가리킨다.

492 곤궁함을 한탄하겠나 : 중국 당(唐)나라의 시인 두보(杜甫)가 〈견흥(遣興)〉에서 "도잠은 속세를 피한 늙은이일 뿐 반드시 도리에 통한 건 아니로다. 그가 지은 시집을

강개하여 시를 읊으며	慷慨風騷際
세모에 회포를 함께하네	歲晏同懷抱
새로 핀 매화 환하게 사람을 반기니	新梅皎迎人
장차 더불어 우정을 논하리	且與論交道
고결한 모습 참으로 속되지 않으니	孤標信不俗
나를 위해 조물이 관심을 기울였다네[493]	爲我一傾倒
눈으로 보고도 도리어 말을 잊었으니	目擊却忘言
천지의 조화를 어찌 세세히 논하리오	天機寧細討
술에 취해 그대 다리 베고 누우니	醉來枕君股
세상사 내 마음대로 하려네	世事從吾好

보면 또한 곤궁함을 한탄한 게 자못 많더군.〔陶潛避俗翁, 未必能達道. 觀其著詩集, 頗亦恨枯槁.〕"이라고 한 데서 나온 말이다.

493 조물이 관심을 기울였다네 : 중국 북송(北宋)의 문인 소식(蘇軾) 이 〈재화잠사(再和潛師)〉에서 "조물이 뭇 고목들 소생시키려 하기 전에, 제일 먼저 찬 매화에 관심을 기울이누나.〔化工未議蘇群槁, 先向寒梅一傾倒.〕"라고 한 데서 나온 말이다.

섣달 그믐날에 성묘하러 가면서 백옥과 함께 금천[494]의 갈림길에 이르러 말 위에서 장완구[495]의 시운을 뽑아 지었다
歲除日爲省墓之行 與伯玉同至衿川分路 馬上拈張宛丘韻

한강 층층 얼음 위로 말을 나란히 하고 가는데	江漢層氷並馬行
쓸쓸한 세월에 굳센 마음 놀라네	蕭條歲月壯心驚
까마귀 우는 들판은 다가오는 봄을 맞이하고	啼鴉野色迎春近
아지랑이 엷게 낀 산엔 하얀 눈이 앉았네	細靄山容着雪明
가절의 선산에 온갖 감회 뒤섞이고	佳節松楸渾百感
늦겨울의 서책에 못 다한 정 남았네	殘冬書卷尙餘情
조문석사라고 선사께서 말씀하셨건만[496]	朝聞夕死先師訓

494 금천(衿川) : 지금 서울의 금천구를 가리킨다.

495 장완구(張宛丘) : 장뢰(張耒, 1054~1114)를 가리킨다. 중국 북송(北宋)의 관리이자 문인으로, 자는 문잠(文潛)이고 호는 가산(柯山)이며 완구선생은 그의 별호이다. 1073년(신종6) 진사에 합격한 후 기거사인·윤주 지주(潤州知州) 등을 지내다 왕안석(王安石)의 신법(新法)에 반대한 원우당적(元祐黨籍)에 연좌되어 지방관을 전전하였다. 휘종 때 다시 불려가 사관 검토(史館檢討)·태상소경(太常少卿) 등을 지냈으나 다시 원우당적에 연좌되어 낙직하였으며, 소식(蘇軾)을 애도하며 복상(服喪)하였다가 방주 별가(房州別駕)로 쫓겨난 후 황주(黃州)에 안치되었다. 소식의 가르침을 받아 '소문사학사(蘇門四學士)'로 불렸으며, 백거이(白居易)와 장적(張籍)의 시풍을 따라 자연과 현실을 평담하게 그려냈다. 저서로 《가산집(柯山集)》, 《완구집》 등이 있다.

496 조문석사(朝聞夕死)라고 선사(先師)께서 말씀하셨건만 : 공자(孔子)가 "아침에 도를 들으면 저녁에 죽어도 괜찮다.〔朝聞道, 夕死可矣.〕"라고 한 것을 말한다. 도(道)를 알면 곧 죽어도 유감이 없다는 뜻이다. 《論語 里仁》

어느새 배움 놓치고 백발만 돋아났네　　失學居然白髮生

두 번째 其二

머뭇머뭇 세밑에 길 떠나는 이 전송하려니　　徘徊殘臘送將行
산곽의 차가운 바람에 나그네 말이 놀라네　　山郭寒風客馬驚
인생 백 년의 출처 정해져 있음을 알겠으니　　出處百年知有定
마음과 양 귀밑머리 모두 밝아졌네　　心期雙鬢與俱明
시내 얼어 아직 어룡의 기운 닫혀 있고　　川氷尙閉魚龍氣
들판의 눈 속에 몰래 초목의 정 돌아오네　　野雪潛回草木情
늙어감에 붓과 벼루 불태우지 말지니[497]　　老去不須焚筆硯
다시 꽃과 새로 나의 삶 위로케 하리　　更教花鳥慰吾生

497 붓과……말지니 : 최군묘(崔君苗)라는 사람이 중국 서진(西晉)의 저명한 문인 육기(陸機)의 글을 보고는 스스로 부끄러워한 나머지 자신의 붓과 벼루를 불 속에 집어넣어 태워버리려 하였다는 고사를 말한다.《晉書 卷54 陸機列傳》

진암집

제2권

詩 시

연경으로 가는 이 서장관 자이 덕중[1] 를 보내며[2]

送李書狀子彝 德重 赴燕

저 멀리 보이는 신주[3]에 슬픈 노래 복받치니	神州極目動悲歌
하늘과 땅 늙고 황폐해지도록[4] 슬픈 감개 많으리	地老天荒感慨多
북쪽으로 날아가는 봄 기러기는 무슨 마음으로	春鴈北飛何意緖
갑자기 사신 행차 따라 요하[5]를 건너는가	却隨冠盖渡遼河

두 번째 수 其二

세상을 마음 아파했던 노나라 역사서를[6]	天地傷心魯史編

1 이……자이 : 이덕중(李德重, 1702~?)으로, 자는 자이(子彝), 호는 결재(潔齋)이다. 1730년(영조6) 경술정시에 급제하여 예문관 검열을 거쳐 사간원 정언·사헌부 지평·홍문관 부교리 등을 역임하였다. 1739년 2월에 밀양군(密陽君) 이완(李梡)이 진위사 겸 사은사(陳慰使兼謝恩使)로 청나라에 갈 때 서장관(書狀官)으로 이완을 수행하였다. 비교적 순탄하게 대사간·이조 참의 등의 요직을 거쳐 정3품 당상관인 통정대부 홍문관 부제학에 올랐다.

2 연경으로……보내며 : 이 시는 1739년(영조15)에 쓴 것이다. 이때 황경원(黃景源)이 쓴 〈연경에 들어가는 이 시독 덕중 을 송별하며 쓴 서〔送李侍讀 德重 入燕序〕〉가 《강한집(江漢集)》 권7에 있다. 이 해에 이천보는 42세로 을과에 합격하여 시강원 겸설서가 되었다.

3 신주 : 중국을 가리킨다. 전국 시대(戰國時代)에 추연(騶衍)이 중국을 적현신주(赤縣神州)라고 했는데, 이로 인하여 후세 사람들이 중국을 신주라고 했다.

4 하늘과……황폐해지도록 : 장구한 세월이 흘러감을 뜻한다.

5 요하 : 중국 동북 지방을 흘러 발해(渤海)로 흘러드는 강으로, 이 강을 경계로 하여 요동(遼東)과 요서(遼西)로 나뉜다. 조선의 사신이 연경을 갈 때 이 강을 건너서 갔다.

금화전[7]에서 시강했던 지난해를 기억하리　　金華侍講憶前年
오만관[8] 속 등불에 매달린 꿈에서　　烏蠻館裏懸燈夢
남겨진 경전 다시 안고 임금님 앞에[9] 오르겠지　　更抱遺經上細氈

세 번째 수 其三

지난 날 태평 누렸던 황명 위해 흐느끼건만　　昇平往事泣皇明
춘삼월 바람에 꽃은 북경에 가득하겠지　　三月風花滿北京
한가한 날 오랑캐 추장[10]은 즐거운 일 많고　　暇日胡酋多樂事
화창한 봄 정원 속엔 꾀꼬리 울고 있으리　　暢春園裏有鶯聲

6 세상을……역사서를 : '魯史'는 《춘추(春秋)》의 별칭이다. 노나라 애공(哀公) 14년 봄에 공자께서 성왕(聖王)의 상서인 기린이 난세에 잘못 나와 잡혀 죽은 것을 보고 몹시 상심(傷心)하여 흐르는 눈물을 옷소매로 닦으면서 "나의 도가 곤궁하도다.〔吾道窮矣〕"라고 말하고, 마침내 《춘추》를 지으면서 "14년 봄에 서쪽으로 사냥을 나가 기린을 잡다.〔十有四年春, 西狩獲麟.〕"라는 말로 끝을 맺었다. 그래서 천지가

7 금화전 : 경연(經筵)을 가리킨다. 원래는 한나라 미앙궁(未央宮) 안에 있던 궁전 이름으로 성제(成帝) 때 정관중(鄭寬中)과 장우(張禹)가 이곳에서 《상서(尙書)》와 《논어(論語)》를 진강(進講)한 고사에서 유래하였다. 《漢書 卷100上 敍傳上》 이덕중의 직임이 이 무렵 시독(侍讀)이었다. 시독은 경연에서 왕에게 경서를 강독하는 직책이다.

8 오만관 : 사신 일행이 묵는 관소를 말한다. 원래는 중국 남쪽 지방의 오랑캐인 오만(烏蠻)의 사신들이 북경에 왔을 때 묵던 관소(館所)로, 변방의 사절들이 묵는 숙소를 지칭한다.

9 임금님 앞에 : 원문의 '細氈'은 궁전 바닥에 까는 고운 융단을 이르는데, 전하여 어전(御前)을 뜻한다.

10 오랑캐 추장 : 청나라 황제를 비하하여 말한 것이다.

네 번째 수 其四

저자 가게의 새 책은 쌓여 숲을 이루고	市肆新書峙作林
전문[11]의 남은 지파 백 년 동안 깊어졌으리	錢門餘派百年深
문장으로 감분한들 끝내 무엇하랴마는	文章感憤終何事
유민[12]의 죽지 못한 마음은 증험할 수 있다네	猶驗遺民未死心

다섯 번째 수 其五

요진[13]을 얻고 잃음은 사람을 슬프게 하는데	要津得失使人愁
도도한 저 경수와 위수[14]는 급히 흘러만 가네	涇渭滔滔摠急流
젊은이라면 모름지기 두 눈을 크게 떴을 터	年少定須開眼大
짐짓 이하[15]의 구분 통해 기이한 유람하소서	故從夷夏辦奇遊

11 전문 : 전겸익(錢謙益, 1582~1664)의 문하를 가리킨다. 전겸익은 명말 청초의 문인이자 문신으로 호는 목재牧齋), 자는 수지(受之)이다. 1610년(만력38) 진사시에 급제한 뒤 예부 시랑(禮部侍郎)에 올랐고 청나라가 북경을 점령하자 명의 황족 주유숭(朱由崧)이 남경(南京)에 세운 조정에서 예부 상서(禮部尙書)가 되었다. 청나라가 남경을 평정하자 투항하여 청조의 예부 시랑이 되어 《명사(明史)》를 편집하였다. 사후에 건륭제(乾隆帝)로부터 두 왕조에서 벼슬한 불충한 신하로 격렬하게 비난받고 모든 저서가 불태워졌다. 당시 문단의 영수로서 시문에 뛰어나 붓끝에 막힘이 없었고, 송대의 문장을 높이 평가하였다. 81권의 《열조시집(列朝詩集)》을 편찬하였다.

12 유민 : 명나라의 유민, 즉 청나라 세상에 살아야 했던 명나라의 백성을 가리킨다.

13 요진 : 승부의 갈림이 되는 요해처를 말한다.

14 경수와 위수 : 중국 섬서성(陝西省)에 있는 황하의 지류로, 경수는 탁하고 위수는 맑아서 청탁(淸濁)·시비(是非)를 상징하곤 한다.

15 이하 : 오랑캐와 중화를 말한다.

이른 봄 우연히 짓다

早春偶題

빈 뜰에 지팡이 짚고 한가로이 거닐며	空庭扶杖一婆娑
얼굴 스치는 동풍에 망건이야 기울건 말건	拂面東風任幘斜
봄기운은 스스로 가랑비 되어 내리고	春意自能成細雨
산 빛은 원래 가난한 집 싫어하지 않는다네	山光元不厭貧家
한가할 때면 바둑판에서 기사[16]를 관찰하고	閒從碁局觀機事
늙어가면서 시편 읊조리며 세월을 보내네	老向詩篇送物華
올핸 계절 일러 더욱 기쁘나니	更喜今年時候早
뜰 가운데 벌써 두견화가 꽃망울 터뜨렸네	園中已拆杜鵑花

16 기사 : 꾀를 부리는 행위를 말한다. 공자의 제자 자공(子貢)이 일찍이 초(楚)나라를 유람하고 진(晉)나라로 가면서 한수(漢水)의 남쪽을 지나다가 한 노인을 만났는데, 그 노인은 한창 밭이랑에 물을 주기 위하여 우물을 깊이 파 놓고 물동이를 안고 우물로 들어가 물을 한 번씩 퍼내 오는데 그 일이 몹시 힘들어 보이므로, 자공이 그 노인에게 용두레를 사용하여 물을 퍼내면 힘을 많이 들이지 않고도 많은 물을 퍼낼 수 있다고 일러주자, 노인이 처음에는 성을 벌컥 냈다가 이내 웃으면서 말하기를, "내가 우리 스승에게 들으니, 기계가 있으면 반드시 꾀를 부리는 일이 있게 되고, 꾀를 부리는 일이 있으면 반드시 꾀를 부리는 마음이 생기게 된다고 하였다.〔吾聞之吾師 有機械者必有機事 有機事者必有機心〕"라고 했다는 고사에서 나왔다. 《莊子 天地》

중양절 다음날 숙부[17]의 회갑 잔치에서 삼가 백부[18]의 시를 차운하다

重陽後一日 叔父周甲晬席 伏次伯父韻

가절 맞아 지팡이 나막신으로 어제 대에 올랐더니[19]	佳辰杖屨昨登臺
중양절을 보내자마자 생신이 돌아왔구나	纔送重陽晬日回
남극성[20]의 문채는 기댄 궤안에 이르렀고	南極星文臨隱几
동쪽 울타리 가을빛은 마시는 술잔으로 들어오네	東籬秋色入含杯
산림의 소나무는 천 길 되도록 늙었고	山林松到千尋老
세월 속에 단약은 아홉 번을 굴렀네[21]	歲月丹從九轉來

17 숙부 : 이여신(李礪臣, 1679~?)이다. 자는 치중(治仲)으로, 1727년(영조3) 증광시에 진사 합격하였다.

18 백부 : 이우신(李雨臣, 1670~1744)으로 자는 백열(伯說), 호는 십탄(十灘)이다. 아버지는 사복시 첨정 이성조(李成朝)이며, 이희조(李喜朝)의 문인이다. 1710년(숙종36)에 음보로 사산감역관(四山監役官)이 되고, 상의원 별제(尙衣院別提)·의금부 도사를 역임하였다. 1714년 정읍 현감이 되어 여씨향약(呂氏鄕約)을 실시하여 풍속을 순화하였으며, 1718년 인제 현감이 되어 3세(稅)를 감면하고 선정에 힘쓰자 김창흡(金昌翕)이 글을 지어 칭송하였다. 1725년(영조1) 의성 현령으로 나가 흉년의 백성들을 구제하고, 1727년 부평 부사에 승진되었다. 동지중추부사·한성부 우윤 등을 지냈다. 이조 판서에 증직되었다. 문장에 능하였다.

19 대에 올랐더니 : 9월 9일 중양절에는 높은 산에 올라가〔登高〕 국화주를 마시며 재액(災厄)을 물리치는 풍속이 있다.

20 남극성 : 노인성(老人星)이라고도 하며, 인간의 수명을 관장한다는 별이다.

21 아홉……굴렀네 : '九轉'은 단약을 아홉 번 제련하는 것을 말한다. 구전한 단약을 구전단(九轉丹)이라 하는데, 도가(道家)에서는 이를 복용하면 신선이 된다고 전해진다.

훈지처럼 운 어우러지는 형제들[22] 모두 백발이건만 韻叶塤篪俱白髮
외로운 나만이 즐거운 중에 슬퍼하는구나[23] 孤生偏作樂中哀

진(晉)나라 갈홍(葛洪)의 《포박자(抱樸子)》 권4 〈금단(金丹)〉에 "아홉 차례 제련한 단약을 3일 동안 복용하면 신선이 될 수 있다.〔九轉之丹, 服之三日得仙.〕"라고 하였다.

22 훈지처럼……형제들 : 원문 '塤篪'의 훈(塤)은 질로 만든 나팔이고, 지(篪)는 대로 만든 저이다. 이 두 악기는 소리가 서로 잘 어울린다. 《시경(詩經)》 〈소아(小雅) 하인사(何人斯)〉에, "형님이 훈을 불면 아우가 저를 분다."라고 하였다. 이는 형제간에 우애가 돈독함을 비유하거나, 형제를 뜻하는 말로 쓰인다.

23 외로운……슬퍼하는구나 : 아버지의 형제분들은 살아계신데, 자신은 부모 잃은 고아임을 말한 것이다. 이천보는 36세인 1733년(영조9)에 모친상을 당하고, 2년 후에 부친상을 당하였다. 부친은 이주신(李舟臣, 1674~1735)으로, 1702(숙종28) 식년시 진사에 합격하였고 옥천 군수(沃川郡守)를 지냈다. 모친은 광성부원군(光城府院君) 김만기(金萬基)의 딸이다.

덕재[24]가 영춘[25]으로부터 성에 들어와 찾아왔기에 운을 집어 함께 읊다

德哉自永春入城來訪 拈韻同賦

사또[26]의 옷소매 빛엔	使君衣袂色
아직도 상류[27]의 가을 띠어있네	猶帶上游秋
공사는 갈매기를 참고하고	公事參沙鳥
행가[28]는 낚싯배에 물었네	行歌問釣舟
강호에서 이별의 꿈 길었고	江湖長別夢
성곽에서의 만남 그 몇 번이었던가	城郭幾交遊
그대의 단사 계획[29] 내가 아나니	知爾丹砂計

24 덕재 : 남유용(南有容, 1698~1773)으로, 자는 덕재(德哉), 호는 뇌연(雷淵)·소화(小華)이다. 증조할아버지는 대제학 남용익(南龍翼), 할아버지는 대사헌 남정중(南正重), 아버지는 동지돈녕부사 남한기(南漢紀)이며, 이재(李縡)의 문인이다. 1721년(경종1)에 진사가 되고, 1740년(영조16) 알성 문과에 급제해 정언이 되었다. 이후 대사성·양관(兩館) 대제학 등을 역임하였다. 한때 원손 보양관(元孫輔養官)이 되어 훗날 정조가 된 세손을 무릎에 앉혀놓고 글을 가르치기도 하였다. 시호는 문청(文淸)이며, 저서에 《명사정강》·《뇌연집》 등이 있다.

25 영춘 : 충청북도 단양의 옛 이름이다.

26 사또 : 남유용(南有容)을 지칭한 것이다. 남유용은 1739년(영조15) 2월에 42세로 영춘 현감(永春縣監)이 되었다.

27 상류 : 원문의 '上游'는 상류와 같은 말로, 여기서는 '한강의 상류'라는 뜻으로 쓰였다. 영춘 즉 단양이 남한강의 상류이므로 한 말이다.

28 행가 : 길 가며 노래하는 것을 말한다.

29 단사 계획 : 단사(丹砂)는 도교(道敎)에서 단약(丹藥)을 제련할 때 쓴다는 광물

오두미[30] 때문에 머무는 것은 아니라네 非緣五斗留

이름이다. 단사 계획은 단약을 만들어 복용하여 불로장생의 신선이 될 계획을 말하는데, 세속을 초탈한 고상한 삶을 의미한다.

30 오두미 : 변변찮은 녹봉을 뜻한다. 도잠(陶潛)이 팽택 영(彭澤令)이 된 지 겨우 80여 일 되어서 마침 군(郡)의 독우(督郵)가 순시하러 오니 의관을 갖추고 뵈어야 한다는 아전의 말을 듣고 탄식하며 말하기를, "오두미의 하찮은 녹봉 때문에 허리를 굽혀 향리(鄕里)의 소인을 섬길 수 없다." 하고, 마침내 인끈을 풀어 던지고 떠나면서 〈귀거래사(歸去來辭)〉를 지어 자신의 뜻을 피력했다.

경신년[31] 정월 2일에 선산[32]으로부터 수성(隋城)[33] 관아로 가서 밤에 술을 마시던 중 운자를 부르게 하다

庚申元月初二日 自楸下往隋城衙中 夜飮命韻

수세[34]했던 간밤의 꿈	守歲前宵夢
나그네의 촛불 여전히 빛나네	依然客燭明
새 봄은 겨우 이틀 지나	新春纔兩日
지난 납월에 아직 정이 남아있네	舊臘尙餘情
뿔피리 소리에 별은 들판에 드리우고	畵角星垂野
차가운 산에 내린 눈은 성을 에워싸네	寒山雪擁城
시름 일어 주량만 더해지는지	愁來添酒量
차례대로 술병이 비워지는구나	取次見壺傾

31 경신년 : 1740년(영조16)으로 이천보가 43세 때이다.

32 선산: 원문의 '楸下' 가래나무 아래란 뜻으로 조상의 산소가 있는 곳을 말한다.

33 수성(隋城) : 수원(水原)의 옛 이름이다.

34 수세 : 섣달 그믐날 제야(除夜)에 밤새도록 잠을 자지 않고 기다려 새해 아침을 맞는 것을 말한다.

삼가 백부의 운을 따라 지어 부백(府伯)이신 형님에게 드리다

敬次伯父韻 贈府伯兄

비단 방석과 향로는 밤의 한기를 깨뜨리고	錦席薰爐破夜寒
사또님의 호기는 선비의 빈궁[35]을 씻어주네	使君豪氣洗儒酸
시절이 평온하니 고각 소리 누대 머리에서 듣고	時平鼓角樓頭聽
봄기운 움직이니 바람 구름을 바닷가에서 보네	春動風雲海上看
서청[36]에 돋은 밝은 달에 외로운 꿈 멀지만	明月西淸孤夢遠
남극에 뜬 수성[37]에 온 집안이 즐거우리	壽星南極一堂歡
산성에 쌓인 겹겹의 눈에 돌아가는 말 세우지만	山城雪重停歸騎
솥 늘어선 관청 부엌에선 손님 밥상 차리겠구나	列鼎官廚且客盤

35 선비의 빈궁 : 원문의 '유산(儒酸)'은 선비의 빈한함, 빈궁한 상태를 말한다.

36 서청 : 궁궐 안의 조용하고 청정한 곳이라는 뜻으로 한림학사들이 출근하던 곳을 말하는데, 조선에서는 주로 홍문관(弘文館)을 가리킨다.

37 남극에……수성 : '壽星'은 곧 남극성(南極星)으로, 노인성(老人星)이라고도 하며 인간의 수명을 관장한다는 별이다.

어목헌[38]에서 삼가 선조고 문충공[39]께서 현판에 쓰신 시운을 따라 짓다

禦牧軒 謹次先祖考文忠公題板韻

조부님의 남긴 시편 벽에 걸렸는데	吾祖遺篇壁上頭
백 년 동안 못가 정자는 몇 번이나 중수했을까	百年亭沼幾重修
어염 나는 바닷가에서 웅장하게 부(府)를 열고	魚鹽海國雄開府
고각 울리는 산성으로 멀리 고을을 압도했네	鼓角山城逈壓州
술자리에 봄바람 부니 촛불 잡을 일[40] 생겨나고	酒席春風生秉燭
군문[41]에 눈 개이니 걸친 갖옷이 반짝이네	轅門晴雪照披裘
태평성대라 좋은 것은 교외에 보루 없는 것이니	時淸好是無郊壘
종이와 먹으로 지금까지 옛 놀이를 이어가는구나	翰墨今來繼舊遊

38 어목헌 : 수원부(水原府)의 관사(官舍) 이름이다.

39 선조고 문충공 : 선조인 월사(月沙) 이정귀(李廷龜, 1564~1635)를 가리킨다. 이천보의 조부인 이성조(李成朝)의 증조부가 이정귀이다. 본관은 연안(延安), 자는 성징(聖徵), 호는 월사・보만당(保晩堂) 등이며, 시호는 문충(文忠)이다. 세조 때의 명신 이석형(李石亨)의 현손으로, 윤근수(尹根壽)의 문인이다. 당대의 문장가로 대제학・병조 판서・우의정・좌의정 등을 역임하였다.

40 술자리에……일 : 좋은 계절에 밤늦도록 노는 것을 말한다. 이백(李白)의 〈춘야연도리원서(春夜宴桃李園序)〉에 "대저 천지는 만물의 여관 같은 것이요, 세월은 백대의 과객 같은 것일세. 덧없는 인생은 한바탕 꿈과 같거니, 즐긴다 해도 그것이 얼마나 되겠는가. 옛사람들이 촛불 잡고 밤에도 놀았던 것이 참으로 까닭이 있었도다.〔夫天地者 萬物之逆旅 光陰者 百代之過客 而浮生若夢 爲歡幾何 古人秉燭夜遊 良有以也〕" 하였다.

41 군문 : 원문의 '轅門'은 군영(軍營)이나 진영(鎭營)의 문으로, 수레의 끌채를 마주 세워 문 모양으로 만든 것이다. 널리 영문(營門)을 뜻한다.

백옥[42]에게 답하다

酬伯玉

원림이 긴 여름 동안 절로 그늘을 드리워 園林長夏自成幽
게으름 키우자니 참으로 온갖 일 쉴 만하오 養懶眞堪百事休
갈림길에서 배회함은 세상에 미련 있어서 아니요 岐路徘徊非戀世
새로 시 짓고 강개함은 가을을 맞고 싶어서라오 新詩慷慨欲逢秋
홰나무 바람은 종일토록 매미를 붙잡아두고 槐風留得蟬終日
산의 정취는 비를 다락으로 맞아들이는구려 山意迎來雨入樓
문득 이별의 정회 느끼자 구름 골짝 멀기만 하여 忽覺離懷雲峽遠
흐르는 시간 속 홀로 사는 시름이 배나 깊어지네 流光倍切索居憂

결어(結語)는 덕재(德齋)[43]를 두고 한 말이다.

42 백옥(伯玉) : 오원(吳瑗, 1700～1740)을 가리킨다. 조선 후기의 문신으로, 본관은 해주(海州)이며 월곡(月谷)은 호, 백옥은 자이다. 김창협(金昌協)의 외손자이며, 이재(李縡)의 처조카로 그의 문하에서 수학하였다. 1728년(영조4) 정시문과에서 장원으로 급제한 후 정언으로 있으면서 탕평책을 적극 반대하다 한때 삭직되었다. 1732년에 동지사 서장관으로 청나라에 다녀왔고, 이후 부제학·승지·공조 참판 등을 역임하고 사후 좌찬성에 추증되었다. 저서로 《월곡집》이 남아있으며, 시호는 문목(文穆)이다.

43 덕재(德哉) : 남유용(南有容). 51쪽 주1 참조.

백옥[44]이 밤에 지은 시의 운을 따라 짓다

步伯玉夜題韻

구름 가고 비 흩어지자 달이 하늘에 떠가는데 雲移雨散月流天
텅 비어 맑은 뜨락 보며 잠들지 못하네 庭院虛明未着眠
가을 회포 이미 있어 들판 학과 같이하고 已有秋懷同野鶴
서늘한 뜻 금할 길 없어 숲의 매미 소리 듣네 不禁凉意聽林蟬
돌아갈 마음 그린 벽화에선 부질없이 낚시만 하고 歸心壁畵空漁釣
늙은 눈으로 보는 구등[45]은 또한 서책처럼 보이네 老眼篝燈且簡編
그래도 기쁘구나, 몸이 한가하니 질병도 물러나 也喜身閒灾疾退
이불 베개와 애오라지 열흘간의 인연 맺었어라 枕衾聊作一旬緣

내가 마침 종기를 앓았는데 병이 겨우 쾌차하려 하므로 결어(結語)에서 그것을 언급한 것이다.

44 백옥 : 오원(吳瑗). 52쪽 주4 참조.

45 구등 : '篝燈'은 바람을 막기 위해 불어리를 씌운 등을 말한다. 불어리는 대바구니 같은 것이다.

문의[46]에 부임하러 가는 박자원 춘보[47] 을 보내며

送朴子元 春普 之任文義

형강[48] 한 굽이가 금당[49]을 둘러 흐르는 곳	荊江一曲繞琴堂
다섯 마리 말[50] 우는 이 봄날 역로는 멀어라	五馬嘶春驛路長
문득 기억나네, 눈보라 치는 밤 감옥에서	却憶圓扉風雪夜
찬 등불 아래 홑이불 덮고 진퇴를 얘기하던 일이	寒燈襆被話行藏

지난겨울 나와 자원이 패초(牌招)를 어긴 일로[51] 금추(禁推)[52]되어 몇 달 동안 함께 고생하였으므로 말한 것이다.

46 문의 : 충청도 문의현(文義縣)이다.

47 박자원 : 박춘보(朴春普, 1694~1748). 본관은 밀양(密陽)이며, 경주 부윤 박수홍(朴守弘)의 6세손이다. 아버지는 예안 현감을 역임한 만취헌(晩翠軒) 박학령(朴學齡)이다. 1717년(숙종43) 진사시에 합격하여 음사로 적성 현감이 되었고, 1738년(영조14)에 식년시, 1746년에 중시(重試) 문과에 급제하였다. 홍문관 수찬 등을 거쳐 외직으로 문의 현감, 영광 현감 등을 역임하였다. 이후 사간원 대사간을 지냈다. 명필이었고 강직하였으며 일 처리에 능숙하여 영조의 신임을 받았다.

48 형강 : 문의(文義)에 흐르는 강이다. 금강(錦江)의 위에 있으며 아래로 금강과 연결되어 있다.

49 금당 : '琴堂'은 고을 수령이 정사를 보는 곳을 말한다. 공자의 제자 복자천(宓子賤)이 노(魯)나라에서 선보 영(單父令)이 되어 고을을 다스릴 때 거문고를 타면서 마루 아래로 내려온 일이 없었으나 고을이 잘 다스려졌다는 고사에서 유래하였다. 《呂氏春秋 卷21 察賢》

50 다섯……말 : 원문의 '五馬'는 고을 수령을 뜻한다. 한나라 때 태수의 수레를 다섯 필의 말이 끌었던 데에 유래하였다.

51 패초(牌招)를……일로 : '違牌'는 왕명으로 부름을 어긴 것을 말한다. 승지가 왕명을 받아 왕명이 적힌 패(牌)를 승정원의 하례를 시켜 신하에게 보낸다.

52 금추(禁推) : 의금부에서 죄인을 신문하는 것을 말한다.

종암[53]에서의 슬픈 회포

鐘巖愴懷

긴 여름날 사립문께 물소리 느릿하니	柴門長夏水聲遲
완연히 지난해 술 싣고 왔던 때와 똑같구나	宛是前年載酒時
덩굴 벽 묵은 구름은 잡은 촛불[54]에 어리었고	蘿壁宿雲依秉燭
연꽃 핀 못 보슬비는 시 두루마리에 떨어졌지	荷池細雨落題詩
풍류는 이미 인간세상에서 다하였으나	風流已向人間盡
우정은 응당 지하에서도 기약할 수 있으리[55]	交道應留地下期
시냇가 새 날아와서 난간 밖에 기대는데	溪鳥飛來憑檻外
구면이라 너 혹시 나의 슬픔 알려나	舊顏爾或識吾悲

53 종암 : 오원의 별업이 있었던 곳으로 서울의 종암동 부근이다. 오원의 벗들은 이곳에서 자주 모여 시를 지으며 교유하였다.

54 잡은 촛불 : 원문의 '병촉(秉燭)'은 밤에 촛불을 손에 잡고 노닌다는 말로, 덧없는 인생을 멋있게 즐기는 것을 뜻한다.

55 풍류는……있으리 : 종암 별업의 주인 오원이 별세한 것을 두고 한 말인 것 같다.

계정[56]에서 운을 불러 덕재[57]와 함께 짓다

溪亭呼韻 與德哉同賦

그윽한 기약으로 계정에 묵던 날 멀리 생각나니　　幽期緬憶宿溪扉
진퇴를 놓고 도란도란 이야기하다 석양 되었지　　細話行藏到夕暉
현금은 적막히 옛 갑에 남아 있고[58]　　寂寞玄琴餘古匣
청금[59]에서 배회하니 초의[60]에 부끄럽네　　徘徊清禁愧初衣
텅 빈 산은 그윽한 앵무새 지저귐 즐겨 듣고　　空山愛聽幽鶯語
늙은 잣나무는 옛 손님 돌아오는 것 반겨주네　　老栢留迎舊客歸
서글피 못가에 지팡이 짚고 섰건만　　悄悵池邊扶杖立
숲과 샘을 감상할 마음 좀체 생겨나지 않네　　林泉猶覺賞心稀

두 번째 첩운 再疊

열 길 높은 도성 먼지가 궁궐을 막고 있어　　十丈城塵隔禁扉
못가 대에서 종일토록 맑은 햇빛 그리워하네　　池臺終日戀清暉

56 계정 : 종암에 있었던 오원의 별업의 정자 이름이다. 이곳에서 오원, 남유용, 황경원, 이천보 등이 모여 시를 지으며 교유하였다. 1737년(영조13)에 이들이 모여 지은 〈계정연구(谿亭聯句)〉가 《월곡집》·《강한집》·《뇌연집》에 수록되어 있다.

57 덕재 : 남유용(南有容)으로, 자세한 사항은 51쪽 주1 참조.

58 현금은……있고 : 지음(知音)이 죽고 없음을 말한 것이다.

59 청금 : '淸禁'은 대궐을 말한다. 청정하고 엄숙하므로 일컫는 말이다.

60 초의 : '初衣'는 벼슬길에 들기 전에 입었던 옷을 말하는데, 지사(志士)의 본분을 뜻한다.

밤 잔치 마치고 돌아가는 꿈은 은촛대를 따르고　夜筵歸夢隨銀燭
여름 나무의 서늘함은 베옷에 스며있네　夏木微凉在葛衣
냇물 소리 높았다 낮아지니 구름은 물기 머금고　溪響高低雲帶濕
산빛 그윽해지니 새도 돌아갈 줄 아네　山光窈窕鳥知歸
하찮은 지조로 감히 벼슬 경시한다 말하랴　敢云微尙輕簪組
게을러서 성[61]에 들어감이 뜸할 뿐이지　懶惰惟應入省稀

세 번째 첩운 三疊

여름 더위 일찍이 바위 문에 이른 적 있던가　朱暑何曾到石扉
골짜기 속 구름 빛깔은 산빛을 맑게 하네　洞中雲物淨山暉
하늘빛 비치는 길은 맑은 못물 속에 있고[62]　天光道在淸池水
시골 정취 가득한 몸은 하얀 겹옷이 가벼워라　野意身輕白袷衣
움직이건 머물건 그저 하찮은 분수를 따르면 그뿐　動靜秖隨微分了
가고 쉼을 감히 고인과 함께 하리오　行休敢與古人歸
빈 다락 베개에 기대자 가까이 꾀꼬리 소리 들리니　虛樓欹枕啼鶯近
산 집에 찾아오는 객 드문 것도 점차 좋아지네　稍喜山居客至稀

네 번째 첩운 四疊

숙직하며[63] 몇 밤이나 바위 문을 꿈꾸었나　靑綾幾夜夢巖扉

61 성 : 관청을 말한다.

62 하늘빛……있고 : 주희(朱熹)의 〈관서유감(觀書有感)〉에 "반 이랑 네모난 연못이 한 거울처럼 열렸는데, 하늘빛과 구름 그림자 함께 배회하네. 묻노니 어이하여 그처럼 맑은 것인가, 근원에 활수가 솟아 나오기 때문이라네.〔半畝方塘一鑑開, 天光雲影共徘徊. 問渠那得淸如許? 爲有源頭活水來.〕" 하였다. 《朱子大全 卷2》

못가 정자에서 그대 만나 해 지도록 앉아 있었지　池榭逢君坐落暉
세상만사에 말을 잊어 간하는 글 짓지 않고　萬事忘言休諫草
평생토록 병이 많아 조의[64] 입기 게을리했네　百年多病倦朝衣
마음 기약한 들판 학은 하늘로 솟구쳐 지나가고　心期野鶴凌空過
가다가 쉬는 산 구름은 비가 되어 돌아오네　動息山雲作雨歸
가만 들으니 바위샘물 소리 거문고 타는 듯하지만　靜聽巖泉如鼓瑟
어찌 탄식하랴, 세간에 소리 감상할 자 적다고　世間寧歎賞音稀

다섯 번째 첩운 五疊

한낮 서늘함이 물가 집에만 치우쳐 있으니　午凉偏在水邊扉
늘어진 버드나무 그늘은 햇빛을 두려워하네　垂柳陰藏畏日暉
푸른 산은 해를 지난 얼굴을 응당 알겠고　碧嶂應知經歲面
누런 먼지[65]는 성을 나온 옷에 묻지 않는다네　黃塵不上出城衣
과한 은혜로 궁정의 얼음 나눠받던 일[66] 멀어지고　誤恩宮井分氷遠
만년 계획이라곤 신선 산에 약초 캐러 가는 것이라　晩計仙山採藥歸

63 숙직하며 : 원문의 '靑綾'은 푸른 깁으로 만든 이불로, 궁중에서 숙직하는 것을 뜻한다. 한나라 때 상서랑(尙書郎)이 번을 서면 푸른 깁으로 만든 이불〔靑綾被〕과 흰 깁으로 만든 이불〔白綾被〕, 또는 비단 이불〔錦被〕을 주었던 데서 유래하였다.

64 조의 : 관리가 조정에 나갈 때 입는 관복(官服)이다.

65 누런 먼지 : 원문의 '黃塵'은 속세의 먼지를 말한다.

66 궁정의……일 : 궁정(宮井)은 궁궐에서 얼음을 보관하던 곳이다. 옥정(玉井)이라고도 하며, 여름 복날에 이곳의 얼음을 대신들에게 나누어주었다고 한다. 두보(杜甫)의 시 〈병이 잦아 열이 나기에 삼가 이 상서를 그리다〔多病執熱奉懷李尙書〕〉에 "길가의 더위 병 황매우에 젖기를 생각할 뿐, 성상의 은혜로운 옥정의 얼음을 감히 바라리오.〔思霑道暍黃梅雨, 敢望宮恩玉井冰?〕"라고 하였다. 《全唐詩 卷232 多病執熱奉懷李尙書》

멀리 상상하노니 관중[67]의 여러 학사들　　遙想館中諸學士

법연[68] 막 파하고 물시계 소리 더디겠지　　法筵初罷漏聲稀

67 관중 : 홍문관(弘文館)을 가리킨다.

68 법연 : 임금이 격식을 갖추고 신하를 접견하는 자리로, 여기서는 경연(經筵)을 말한다.

달산[69]의 병사[70]에서 태중[71]을 기다리며

達山丙舍待泰仲

연기[72] 이는 외로운 마을에서 말 안장 막 벗기니	孤村煙火稅鞍初
느릅나무 버드나무 아련한데 달이 여막을 비추네	楡柳依依月照廬
산림에서 세상일 잊었노라 할 만했는데	可道山林忘世事
시골에서 제서[73]를 받으니 문득 놀라워라	却驚畎畝有除書
어룡의 어두운 빛은 조수 돌아오는 곳에 어리고	魚龍暝色潮歸處
귀뚜라미의 가을 소리는 이슬 내린 뒤에 울리네	蟋蟀秋聲露下餘
매리[74]의 벗에겐 예스러운 뜻이 많으니	梅里故人多古意
내일 아침 지팡이 짚고서 유심한 거처 찾아가리라	明朝扶杖問幽居

69 달산 : 미상. 혹시 이천보가 살았던 가평에 있는 곡달산(鵠達山)이 아닌가 싶다.

70 병사 : '丙舍'는 묘막(墓幕), 즉 묘지 근처에 지은 여막을 말한다.

71 태중 : 유언길(兪彦吉)이다. 자는 태중(泰仲), 호는 매호(梅湖). 젊어서부터 시문을 잘하여 이름이 났으나, 상란(喪亂)을 겪은 후 과거를 포기하고 은거하여 살다가 1743년에 별세하였다. 이천보와 절친하였으며, 이인상(李麟祥, 1710~1760), 유언술(兪彦述, 1703~1773) 등과 교유한 자취가 보인다. 《진암집》 권6에 수록된 〈유태중의 시권 서문〔兪泰仲詩卷序〕〉에 의하면, 유언길이 이천보에게 보낸 시를 이천보가 모아 두었다가 수십 편이 되자 서문을 써서 유언길에게 보냈다고 한다. 족제 유언술의 《송호집(松湖集)》에 〈매호문집서(梅湖文集序)〉가 실려 있는데, 《매호문집》은 유언길의 문집이다.

72 연기 : 원문의 '煙火'는 인가에서 밥 짓는 연기를 말한 것이다.

73 제서 : 나라에서 벼슬을 제수할 때 전조(銓曹)에서 임명된 관리의 명단을 적은 문안(文案)을 말한다.

74 매리 : 유언길(兪彦吉)이 사는 마을인 것 같다. 유언길의 호가 매호(梅湖)이다.

김달부[75] 현행 의 행주[76] 강변 정자에 들러서 《농암집》[77]의 운을 집어 함께 읊다

過金達夫 顯行 杏洲江榭 拈農巖集韻同賦

한 척의 배 노 저어 온 창강[78]의 길	一棹滄江路
그대 찾아온 것이 십 년이나 늦었네	尋君十載遲
간언하던 신하가 도리어 떠도는 몸 되어	諫臣還浪跡
낚싯배에서 또한 맑은 시를 짓는구나	釣艇且清詩
갈매기와 백로는 창공을 따라 날고	鷗鷺隨空濶
누대는 시대의 성쇠를 보여주네	樓臺見盛衰
평생토록 은둔하여 살고 싶으니	平生棲遁意
원컨대 강 서편 기슭을 빌려 주게	願借水西涯

75 김달부 : 김현행(金顯行, 1700~1753)의 자가 달부(達夫)이다. 본관은 안동, 자는 달부・덕부(德夫)이며 호는 행호(杏湖)이다. 아우 김근행(金謹行, 1713~1784)의 《용재집(庸齋集)》과 강규환(姜奎煥, 1697~1731)의 《비수재집(賁需齋集)》에 그에 대한 제문이 실려 있다.

76 행주 : 경기도 고양(高陽)의 행주로, 김현행(金顯行)이 이곳에 거주하였다.

77 농암집 : 김창협(金昌協)의 문집이다.

78 창강 : 창주(滄州)와 같다. 물가 지역으로 은거지, 은사(隱士)가 머무는 곳을 뜻하는 말로 흔히 쓰인다.

강언덕

江岸

성긴 버들 그늘진 가에 두건 젖혀 쓰니	疎柳陰邊岸角巾
모래 물가 곳곳이 낚싯대 드리울 만하네	沙汀處處可垂綸
서울에는 본디 거마가 많은 법	洛中自是多車馬
누대에 주인 적은 것 괴이하게 여기지 말라	莫怪樓臺少主人

회포를 쓰다
書懷

서풍이 홀연 뜨락 나뭇가지에 불어오니	西風忽已到庭柯
인사와 천시를 한번 호탕하게 노래하도다	人事天時一浩歌
서리 내릴 듯한 구름 가엔 기러기 떼 날아가고	霜意雲邊鴻接翅
어둑어둑 먼지 낀 길 위에선 말 방울소리 울리네	暝塵陌上馬鳴珂
행장 사이에서 명성 지킨 이 예로부터 드물고	行藏終古完名少
장가들고 중년이 됨에 자잘한 일이 많아지네	婚嫁中年細累多
시름 저편 고향 산으로 돌아갈 꿈 아득해라	愁外故山歸夢濶
십탄[79]엔 밝은 달이 우거진 덩굴 비추겠지	十灘明月照藤蘿

79 십탄 : 경기도 가평에 있는 하천인 12탄을 가리킨다.

세자궁에 지어 올린 연상시[80]

世子宮延祥詩

봄빛이 상림의 동쪽[81]에 먼저 이르니	韶光先到上林東
좋은 기운 성대히 어림은 팔도가 같사옵니다	佳氣氤氳八域同
보배 같은 몸, 의복에 새해의 자가 더해지고[82]	寶體衣添新歲尺
덕 있는 얼굴, 경연 자리를 봄바람이 휘감습니다	德容筵帶一春風
장난이라면 일찍이 법도를 넘는 바 없으셨고	遊嬉曾不踰規矩
경전이라면 여전히 깨우칠 때까지 기다렸습니다	經傳猶須待貫通
성대한 예 갖추어 근궁에 길일을 가리었으니[83]	盛禮芹宮涓吉日
거듭 빛나는[84] 나라의 경사에 신공[85]이 기뻐합니다	重暉邦慶聳臣工

80 세자궁에……연상시 : 연상시(延祥詩)는 정월 초하루에 대궐에서 문관(文官)이 지어 올려 하례(賀禮)하는 시로, 복을 받기를 기원하는 내용이다. 이때 세자는 장헌세자로 정조의 아버지이다. 이천보는 1749년(영조25) 3월에 52세로 우부빈객이 되었는데, 우부빈객은 세자시강원의 종2품 관직이다. 이듬해에는 좌빈객이 되었는데 이는 세자시강원의 정2품 관직이다.

81 상림의 동쪽 : 비원의 동쪽에 위치한 성균관을 말한 것이다. 상림(上林)은 상림원(上林園)으로 궁궐의 정원을 말하는데 여기서는 비원(秘苑)을 가리킨다. 성균관은 비원의 동쪽에 위치해 있고, 이곳의 문묘(文廟)가 있어 국가적인 큰 행사가 있을 때 참배를 한다. 왕세자가 입학할 때 문묘에 참배한다.

82 의복에……더해지고 : 몸이 자라 옷을 새로 재단했다는 뜻이다.

83 성대한……가리었으니 : 왕세자의 성균관 입학을 말한 것이다. 근궁(芹宮)은 성균관(成均館)을 말한다. 옛날 제후의 학궁(學宮)을 반궁(泮宮)이라 하였는데, 그 반궁의 물〔泮水〕에 미나리를 심었기 때문에 근궁으로 일컫게 되었다. 《시경》 〈반수(泮水)〉에 "즐거워라 반수에서, 잠깐 미나리를 뜯노라.〔思樂泮水, 薄采其芹.〕" 하였다.

오언율시 五律

삼양[86]이 태평시대를 알려주니	三陽報時泰
만복이 봄과 더불어 마땅하오리이다	萬福與春宜
공부 일과는 명협의 잎[87]을 따르고	書課隨蓂葉
어진 마음은 버들가지에서 증험되었습니다[88]	仁心驗柳枝
즐거운 얼굴로 성상을 효성으로 이으셨고	怡顔承聖孝
겸손한 마음으로 빈객을 예로써 접대하셨습니다	遜志接賓儀
새로운 공부의 진보를 날로 느끼나니	日覺新工進
가까운 신하라면 응당 알 것이옵니다	惟應近侍知

84 거듭 빛나는 : 원문의 '重暉'는 중광(重光)과 같다. 이어서 덕을 빛낸다는 뜻으로 부왕을 이은 세자의 덕을 찬양한 말이다. 장헌세자는 태어난 그 이듬해에 왕세자에 책봉되었다.

85 신공 : 군신 백관(群臣百官)을 말한다.

86 삼양 : 음력 정월로, 봄이 시작되는 것을 말한다. 《주역》에 의하면 11월 복괘(復卦)에 일양(一陽)이 처음 생기고, 12월 임괘(臨卦)에 이양(二陽)이 생기고, 1월 태괘(泰卦)에 삼양(三陽)이 생긴다고 하였다.

87 명협의 잎 : 명협은 상서로운 풀 이름이다. 옛날 요(堯) 임금 때 궁궐 뜰에 나서 초하루부터 하루에 한 잎씩 났다가 16일부터는 매일 한 잎씩 떨어져서 30일이 되면 다 떨어졌는데, 작은달에는 29일에 한 잎은 시들기만 하고 떨어지지 않았다고 한다. 요 임금이 이 풀을 보고 달력을 만들었다고도 한다.

88 버들가지에서 증험되었습니다 : 만물을 상하게 하지 않는 것에서 덕이 증험되었다는 뜻이다. 주희(朱熹)가 지은 정이(程頤)의 연보(年譜)에, "어느 날 진강(進講)이 끝나고 아직 물러가지 않고 있을 때, 상이 갑자기 일어나서 난간에 몸을 기대고는 장난삼아 버드나무 가지를 꺾었다. 이에 선생이 앞으로 나아가서 아뢰기를, '지금 봄철이라서 초목이 한창 자라나고 있으니 아무 까닭 없이 꺾으면 안 됩니다.'라고 하자, 상이 불쾌하게 여겼다.〔一日講罷未退, 上忽起憑欄, 戲折柳枝. 先生進曰: '方春發生, 不可無故摧折.' 上不悅.〕"라는 내용이 있다. 《伊洛淵源錄 卷4 伊川先生》

7언절구 七絶

동루[89]에 해 길고 백화가 만발하였는데	銅樓日永百花重
경연의 향로 연기에서 순수한 모습을 우러릅니다	經席爐香仰粹容
보령이 무작[90]에 이르심을 다투어 하례하오니	爭賀寶齡當舞勺
봄빛과 성세를 일시에 만났사옵니다	春光聖世一時逢

오언절구 五絶

대조[91]께서 힘써 가르치고 인도하시려고	大朝勤教誘
자리를 비워놓고[92] 선비를 기다리셨습니다	側席待諸儒
예학[93]은 모두 효성으로부터 비롯되기에	睿學皆由孝
병풍에 문침도[94]를 그려놓았습니다	屛留問寢圖

89 동루 : 동룡루(銅龍樓)의 준말로 한(漢)나라 태자궁(太子宮)의 누각 명칭이었다. 여기서는 세자시강원을 가리킨다.

90 무작 : 〈작(勺)〉 시에 맞추어 춤을 춘다는 뜻으로 13세를 가리킨다. 작(勺)은 작(酌)이라고도 하는데, 《시경》의 〈주송(周頌) 작(酌)〉을 말한다. 《예기》 〈내칙(內則)〉에 "13세가 되면 음악을 배우고 시가(詩歌)를 읊으며 작무(勺舞)를 배운다. 15세 이상이 되면 상무(象舞)를 배우고 활쏘기 및 말 다루는 법을 배운다. 20세가 되면 관례(冠禮)를 행하고 비로소 예(禮)를 배운다.〔十有三年, 學樂誦詩舞勺. 成童舞象, 學射御. 二十而冠, 始學禮.〕"라고 하였다.

91 대조 : 부왕인 영조(英祖)를 가리킨다. 1749년(영조25)에 영조가 장헌세자에게 대리청정을 명하였다.

92 자리를 비워놓고 : 원문의 '측석(側席)'은 어진 이를 존대하기 위하여 상석(上席)을 비워 놓고 옆 자리에 앉는 것을 말한다.

93 예학 : 왕세자의 학문을 말한다.

94 문침도 : 문침(問寢)의 그림을 말한다. 문침은 왕세자가 아침저녁으로 부왕의 침소에 문안하는 일을 말한다. 주 문왕(周文王)이 세자로 있을 때 아침 · 점심 · 저녁 등

하루에 세 차례씩 부왕인 왕계(王季)에게 문안을 올리고 수라상을 살폈다는 '문침시선(問寢視膳)'의 고사가 있다. 《禮記 文王世子》

김 진사 한열[95] 에 대한 만사

金進士 漢說 輓

야윈 학과 차가운 매화, 속세 기운 씻은 자태라	瘦鶴寒梅洗俗姿
그대 집안 형제들과 마음의 기약 의탁했네	君家兄弟托心期
뼈가 비록 썩는다 해도 외려 맑은 기운 남아있고	縱令骨朽猶淸氣
육신과 더불어 죽지 않은 것은 훌륭한 시라	不與身亡卽好詩
돌아가는 관에 봄은 기러기 그림자를 슬퍼하고	歸櫬春悲鴻鴈影
드높았던 재주에 하늘은 봉황지를 애석해하네[96]	高才天惜鳳凰池
가련타! 만사를 지어 호역[97]에 부치노니	可憐題輓憑湖驛
구름 나무[98] 아득하게 죽어 이별하는구나	雲樹蒼蒼死別離

95 김 진사 : 김한열(金漢說). 동명으로 김한철(金漢喆, 1701~1759)의 아우가 있고, 《동춘당집(同春堂集) 속집》 제11권 부록에 송준길과 송시열을 문묘에 배향하자는 상소를 올린 관학 유생의 대표가 있으며, 강규환(姜奎煥, 1697~1731)의 《비수재집(賁需齋集)》에 제문의 작자로 실려 있다.

96 드높았던……애석해하네: 봉황지는 대궐 안에 있는 연못으로 중서성(中書省), 대궐 또는 재상을 가리킨다. 원래 위진 남북조 시대(魏晉南北朝時代)에 금원(禁苑)에 파 놓았던 연못으로, 가까이에 임금을 측근에서 보좌하는 중서성이 있었으므로 중서성을 뜻하게 되었다. 중서성은 조선에서는 승정원, 혹은 의정부를 가리켰다. 즉 높은 재주로 이와 같은 자리에 오르지 못한 것을 애석해하였다는 뜻이다.

97 호역 : 미상. 충청도 지역의 어느 역참인 것 같다.

98 구름 나무 : 원문의 '운수(雲樹)'는 멀리 떨어져 있는 벗, 또는 벗을 그리워하는 뜻을 담고 있다. 두보(杜甫)가 위북(渭北)에 있으면서 강동(江東)에 있는 이백(李白)을 그리며 지은 시 〈봄에 이백을 추억하며〔春日憶李白〕〉에 "위수 북쪽엔 봄 하늘의 나무요, 강 동쪽엔 해 저문 구름이로다. 어느 때나 한 동이 술을 두고서, 우리 함께 글을 자세히 논해 볼까.〔渭北春天樹, 江東日暮雲. 何時一樽酒, 重與細論文?〕"라고 한 데서 온 말이다.

이 만호 필언[99]의 동음초당에 쓰다

題李萬戶弼彦桐陰草堂

제공들의 훈업은 기린각[100]에 그려졌는데	諸公勳業畫麒麟
시골에서 오래도록 노래하며 무신년[101]을 기억하네	畎畝長歌憶戊申
옛날 검은 칼집에 넣어두고 활은 벽에 걸고서	古劒藏鞘弓掛壁
오동나무 아래 한가로운 사람이어라	梧桐樹下一閒人

99 이……필언 : 만호(萬戶) 이필언(李弼彦)으로, 이 시의 내용으로 보건대 무신난 때 공을 세웠으나 공신은 되지 못하고 시골에 은퇴하여 살았던 것으로 보인다.

100 기린각 : 한나라 무제(武帝) 때 장안(長安)의 미앙궁(未央宮) 안에 세워진 전각(殿閣)의 이름으로 공신각(功臣閣)을 뜻한다. 선제(宣帝) 때(51년) 곽광(霍光)과 소무(蘇武) 등 11인의 공신(功臣) 초상을 벽에 그려서 그들의 공을 기렸다.

101 무신년 : 1728년(영조4) 이인좌(李麟佐)의 난이 일어난 해로, 이인좌의 난을 가리킨다.

명을 받들어 안핵하고[102] 문의 유 사또 언탁[103] 와 황간[104]의 이 사또 석리[105] 에게 써서 보이다

承命按覈 題示文義兪使君 彦鐸 黃澗李使君 錫履

태평성대에 형옥을 긍휼히 여기라는	聖代恤刑獄
윤음을 받는 것이 외람되이 근신에게 이르렀습니다	承綸忝近臣
우공[106]은 감히 복을 구하였고	于公敢徼福

102 명을……안핵하고 : '按覈'은 옥사(獄事)를 다스리는 것을 말한다. 《영조실록》 8년(1742) 1월 6일 기사에 "이천보를 옥천 안핵어사로 삼았는데, 옥천에 살인 사건이 났기 때문이었다.〔李天輔爲沃川按覈御史, 以沃有殺獄也.〕"라고 하였다. 이때 이천보의 나이 45세였으며, 옥천 사건에 대한 자세한 내용은 미상이다. 황경원(黃景源)의 《강한집(江漢集)》 권7에 〈옥천의 옥사를 조사하러 가는 이의숙 천보 을 송별하며 쓴 서〔送李宜叔 天輔 案獄沃川序〕〉에, "옥천(沃川)의 유생 수십 명 가운데 논사(論死)되는 자가 있는데 관찰사가 감히 스스로 결단을 내릴 수가 없어서 조정에 청하니 이의숙 공께서 홍문관 교리로서 어사(御史)에 충원되어 임금의 명을 받들고 옥사를 살피러 가시게 되었습니다. 조정의 대신(大臣) 이하 여러 사람들이 모두 말하기를 '유생들은 법으로는 마땅히 죽어야 하나, 공께서는 차마 그렇게 하지 못하실 것이다.'라고 하였다." 하였다. 그리고 진공(晉公) 왕우(王祐)가 부언경(符彦卿)의 무죄를 밝힌 고사를 들어 유생들의 처지가 부언경과 다르지 않다고 하였다.

103 유 사또 : 유언탁(兪彦鐸, 1690~1763)으로 본관은 기계(杞溪), 자는 천이(天以)이다. 교하 군수(交河郡守), 인천 부사(仁川府使), 돈녕부 도정(敦寧府都正)을 지냈고, 동지중추부사(同知中樞府事)에 임명되었다. 조카인 유한준(兪漢雋)의 《자저(自著)》 권22에 〈세부 도정 부군을 제사하는 글〔祭世父都正府君文〕〉과, 권25에 그의 묘표인 〈백부 도정 부군의 묘표〔伯父都正府君墓表〕〉가 실려 있다.

104 황간 : 충청북도 영동(永同) 지역의 옛 지명이다.

105 이 사또 : 이석리(李錫履)로 미상이다.

우임금은 본래 인을 미루셨습니다[107] 虞帝本推仁
간밤에 대궐을 꿈꾸었는데 禁闥中宵夢
호수와 산에 한 줄기 봄기운이 맴돌았습니다 湖山一氣春
마음가짐이란 모름지기 측은히 여김이 있어야 하니 存心須惻怛
사형수라 하여도 또한 우리 백성 아니겠습니까 重辟亦吾民

106 우공 : '于公'은 한나라 때의 옥리(獄吏)로, 옥사(獄事)를 매우 공정하게 처결하여 훌륭한 명성을 얻고 생사(生祠)가 세워졌다. 그의 여문(閭門)이 무너져서 수리할 때 우공이 인부들에게, "문을 더 높여서 사마고거(駟馬高車)가 출입할 수 있게 해 달라. 내가 평소에 옥사(獄事)를 다스리면서 음덕(陰德)을 많이 베풀었으니, 내 자손 중에 반드시 현달한 자가 나올 것이다."라고 말하였다. 훗날 과연 그의 아들 우정국(于定國)이 역시 공평한 법관으로 명망이 높았고 벼슬이 승상(丞相)에 이르렀으며, 손자 우영(于永)은 어사대부(御史大夫)가 되어 모두 봉후(封侯)가 되었다. 《漢書 卷71 于定國傳》

107 인을 미루셨습니다 : 원문의 '推仁'은 자기 한 몸에서 집안으로, 집안에서 국가로, 국가에서 온 세계로, 사랑의 영역을 점차로 확충하여 베푸는 것을 말한다.

옥천으로부터 재종제 중옥[108] 규보 의 보은 임소에 가서 머물며 회계[109]를 기다리던 중 운을 뽑아 뜻을 쓰다

自沃川往留再從弟仲玉 珪輔 報恩任所 待回啓 抽韻書意

화각[110] 문 깊숙이 버들 그림자 비꼈는데	畵閣門深柳影斜
산머리에 막 뜬 해가 남긴 광채 찬란하네	山頭初日照餘霞
봄옷 갈아입고 오히려 나그네 되었더니	春衣換着猶爲客
공관에 묵으니 도리어 내 집 같구나	公舘投來却似家
근력이 나라 은혜 갚을 만하다 감히 말하랴마는	筋力敢言堪報國
술 몇 잔이라면 또한 꽃구경 나가 마실 수 있다네	酒杯且可趁看花
삼월 삼짇날 좋은 절기가 내일 아침이라	重三佳節明朝是
들판 물가로 말 타고 놀러 가자 기약해 보네	遊騎相期野水涯

108 중옥 : '仲玉'은 이천보의 6촌 아우 이규보(李珪輔, 1708~1783)의 자이다. 이규보의 본관은 연안(延安), 호는 은재(隱齋)이다. 월사(月沙) 이정귀(李廷龜)의 5세손으로 아버지는 의금부 도사를 지낸 이징신(李徵臣)이다. 1735년(영조11) 진사시에 합격하였고, 의금부 도사·형조 좌랑·광주 목사 등을 지냈다.

109 회계 : 임금이 하문(下問)한 안건을 심의하여 상주(上奏)하는 것을 말한다.

110 화각 : 그림을 그린 화려한 누각으로, 공관(公舘)을 미화하여 말한 것이다.

법주사[111]

法住寺

생황 노래 종일토록 절간 문에 요란터니	笙歌盡日鬧禪扉
누운 곳엔 봄 밤 별빛이 푸른 산을 흔드네	臥處春星動翠微
꽃내음은 고운 기녀들 앉은 자리를 밤에 에워싸고	花氣夜圍佳妓席
산빛은 선정에 든 스님 옷에 맑게 방울지네	山光晴滴定僧衣
공문이지만 또한 다시금 노닐러 온 감회가 있고	空門亦有重遊感
뜬세상엔 한번 웃음 드문 것 바야흐로 알겠구나	浮世方知一笑稀
노쇠한 다리라도 아직 산꼭대기에 오를 수 있으니	老脚猶堪凌絶頂
짚신 대지팡이와 헤어지지 말지어다	芒鞋竹杖莫相違

111 법주사 : 충청북도 보은의 속리산에 있는 절이다.

무금헌에서 중옥[112]에게 보이다

撫琴軒示仲玉

왕사로 나그네 길 더뎌지는 것을 어찌 걱정하랴	王事寧愁客路遲
타향에서의 좋은 만남 꽃 피는 시절에 가졌다네	異鄕佳會在芳時
거문고 소리는 긴 낮 미풍 부는 뜰에 울리고	琴聲晝永微風院
꽃소식은 추운 봄 보슬비 내리는 가지에 와있네	花信春寒細雨枝
작은 통에 든 관성[113]의 술 멀리서 가져왔고	小榼遠携管城酒
고운 종이에 쓴 속리산의 시 한가롭게 살펴보네	華牋閒檢俗離詩
깊이 알겠구나, 모이고 흩어짐은 인연에 따르는 것	深知聚散隨緣是
지난해 그대 방문했을 때 아무렇게나 기약했었지	前歲尋君謾設期

'원휴(遠携)'는 '세경(細傾)'으로 되어 있는 곳도 있다.

112 중옥 : 이규보(李珪輔)이다. 300쪽 주108 참조.

113 관성 : '管城'은 옥천의 신라 때 이름이다. 《세종지리지》에 충청도 충주목의 옥천군(沃川郡)은 신라의 고시산군(古尸山郡)인데 경덕왕이 관성군(管城郡)으로 고쳤다고 하였다.

'호(豪)' 자를 집어 시를 쓰다
拈豪字

객지에서의 외로운 노래엔 호방한 소리 없는데	客裏孤吟不作豪
봄바람은 만 리 밖에서 내 도포로 불어오네	東風萬里灑人袍
중년 되니 이별 회포 괴로움을 배나 느끼겠고	中年倍覺離懷惡
이 세상에서 이은[114]의 고상함을 이제야 알겠네	今世方知吏隱高
문 밖 버들 그늘은 세워놓은 수레를 맞이하고	門外柳陰迎駐蓋
다락 머리 산색은 휘두르는 붓 속으로 들어오네	樓頭山色入揮毫
졸옹[115]은 일흔에도 외려 강건하여	拙翁七十猶强健
촛불 잡고[116] 노닐며 가끔 탁주에 취하기도 한다네	秉燭時能醉濁醪

114 이은 : 원문의 '吏隱'은 벼슬살이를 하고 있더라도 이익과 녹봉을 마음에 두지 않아 초야의 은자(隱者)와 같이 사는 것을 말한다. 두보(杜甫)의 시 〈막부에서 저물녘 비가 개자 서쪽 성곽의 초당이 생각나다〔院中晚晴懷西郭茅舍〕〉에 "완화계 속에 꽃이 사뭇 웃으니, 이은 이름 겸한 나를 믿어주려는지.〔浣花溪裏花饒笑, 肯信吾兼吏隱名.〕" 라고 하였다. 완화계(浣花溪)는 두보가 성도(成都)로 피난했을 때 초당을 짓고 살았던 곳이다.《全唐詩 卷228 院中晚晴懷西郭茅舍》

115 졸옹 : 이덕홍(李德弘, 1697~1768)이다. 자는 문원(文遠), 호는 졸옹·백졸(百拙)이다. 이천보·남유용 등과 가까이 교류했다.

116 촛불 잡고 : 원문의 '秉燭'은 밤에 촛불을 손에 잡고 노닌다는 말이다. 283쪽 주54 참조.

무금헌에서 달을 대하여

撫琴軒對月

등불이 나를 붙들기에 굽은 난간에 기댔더니	燈火留人倚曲欄
객지의 쓸쓸한 회포가 술잔만큼 드넓네	客中懷抱酒杯寬
버들 그늘은 느릿느릿 가는 달을 방해하지 않고	柳陰不礙遲遲月
꽃내음은 옅은 추위 속에 다시금 돋아나네	花氣還生細細寒
정 걸어놓은 대궐은 하늘 저 멀리 멀어지고	禁闥懸情天上逈
꿈과 같은 호수와 산을 말 앞에 서서 바라보네	湖山如夢馬前看
좋은 때 술 취함은 남북이 따로 없으니	佳辰取醉無南北
모름지기 오늘 밤에 다시 실컷 즐기리라	須向今宵更盡歡

'취(醉)'는 '흥(興)'으로 되어 있는 곳도 있다.

'소(疎)' 자를 집어 시를 쓰다

拈疎字

봄 되자 나그네 머리털 더욱 성근 듯한데 春來旅鬢覺全疎
가릉[117]으로 돌아갈 생각에 꿈에 오두막이 보이네 歸意嘉陵夢弊廬
신선 산이야 인연 있으면 다시 찾아올 테고 仙岳有緣還命駕
관리의 여정엔 일이 많아 책을 지니고 다니네 王程多事尚攜書
아지랑이 저 너머 마을 진창 위엔 제비가 날고 村泥燕颺遊絲外
가랑비 온 뒤 들판 물가에선 소가 밭을 가네 野水牛耕細雨餘
고을 누각엔 열흘 머물러도 무방하지만 縣閣不妨留十日
길의 먼지 옷자락에 앉을까 몹시 근심스럽네 行塵愁殺上衣裾

117 가릉 : 경기도 가평(嘉平)으로, 이천보가 살았던 곳이다.

객관[118]에서 문중 사람 주상 을 만났기에 써서 주다
客館 逢宗人 柱相 書贈

꽃잎이 머리 위 술 거르는 갈건[119]으로 떨어질 때	花撲頭邊漉酒巾
관청 누각에서 서로 만나니 감회가 새로워라	官樓相對感懷新
슬프고 기쁜 세세한 얘기는 삼대를 이어왔고	悲歡細話仍三世
만났다 헤어지는 타향에서 또 봄을 맞이했네	聚散他鄉又一春
지난날 날아간 기러기는 공연히 자취만 남겼지만[120]	往事飛鴻空印跡
다정한 옛 제비는 여전히 사람을 따르네	多情舊燕尙依人
칠순의 늙은 다리로 응당 강건함을 과시하여	七旬老脚應誇健
걸어서 동대 오르기를 다섯 번이나 하였다네	步上東臺五度頻

118 객관 : 객사(客舍)로 지역은 미상이다. 객사는 각 고을에 설치했던 관사(館舍)로, 지방에 나가는 관리나 사신의 숙소로 사용되었다.

119 술……갈건 : 갈건은 갈포건(葛布巾)으로 은사(隱士)가 썼던 두건이다. 도잠(陶潛)은 술이 익으면 머리에 쓰고 있던 갈포건(葛布巾)으로 술을 거르고 나서 다시 머리에 썼다고 한다. 이백(李白)의 시 〈희증정율양(戱贈鄭溧陽)〉에 "도령은 날마다 취하여, 다섯 그루 버들에 봄이 온 것도 몰랐네. 소박한 거문고는 본래 줄이 없었고, 술을 거르는 덴 갈건을 사용했네.〔陶令日日醉, 不知五柳春. 素琴本無絃, 漉酒用葛巾.〕"라고 하였다. 도령(陶令)은 도잠이 팽택 영(彭澤令)을 지냈으므로 일컬은 것이다.

120 지난날……남겼지만 : 설니홍조(雪泥鴻爪)를 말한 것이다. 눈밭 위에 기러기가 날아가며 남겨둔 발자국이 눈이 녹으면 사라지는 것을 말한 것으로, 과거의 사적이 흔적도 남지 않고 없어지는 것이나 인생무상을 뜻한다.

'하(何)' 자를 집어 시를 쓰다

拈何字

봄이 되니 수염과 머리털이 어떠한가	春事其如鬢髮何
흐르는 세월은 굳이 객지 향해 지나가네	流光偏向客中過
평생의 누런 서책은 이 몸 따라 원행하고	百年黃卷隨身遠
가는 길의 청산엔 낯익은 곳 많다네	一路青山識面多
버들은 아른아른 온통 아지랑이에 덮혀있고	柳意霏微渾着靄
술잔 속은 남실남실 가늘게 물결이 이네	杯心瀲灩細生波
우연한 좋은 만남에 게다가 좋은 절기라	偶然勝會仍佳節
그대가 시 쓰려 함에 나는 또 노래하네	君欲題詩我且歌

윤 교리 득경[121] 에 대한 만사

尹校理 得敬 輓

고요한 절조로 늘 처자가 몸 지키듯 하였고	靜操常持處子身
영화로운 길[122]에서 그대만은 천진[123]을 보전했네	榮塗君獨保天眞
마음엔 기사[124] 없어 세상을 잊은 듯하였고	心無機事如忘世
기운은 진한 술 같아 되려 사람 취하게 했지[125]	氣若醇醪却醉人
친구를 대할 때에 설령 간소하고 과묵했을지라도	縱對親朋猶簡嘿
매번 곧은 길 앞에서는 머뭇거리지 않았네	每當直道不逡巡
가련하다! 근심스레 꽃벽돌 길 걸었던[126]	可憐草草花磚步

121 윤교리 : 윤득경(尹得敬, 1702~1742)으로 자는 성직(聖直)이다. 1736년(영조12) 알성시에 장원하였고, 교리·지평·사서·이조 좌랑 등을 역임하였다. 1736년 사헌부 정언(司憲府正言)을 할 때 경상 감사(慶尙監司) 오명서(吳命瑞)가 삭탈관직된 것을 안타까워하여 이에 대한 의견을 올렸다가 삭탈관직을 당하였다가, 재임용되었다. 1739년(영조15) 농사 장려를 위해 임금이 몸소 적전(籍田)에 나가 농사짓는 일에 진심을 다할 것을 상소하였다. 1741년(영조17)에, 삼성(三聖)인 기자(箕子)·공자(孔子)·주자(朱子)의 서원(書院)을 헐어버리라는 분부를 거두어줄 것을 청하여 윤허를 받았다. 정조의 신임을 받으며 우의정을 지낸 김종수(金鍾秀, 1728~1799)가 그의 사위이다.

122 영화로운 길 : 원문의 '영도(榮塗)'는 벼슬길을 뜻한다.

123 천진 : 천연(天然) 그대로의 참됨을 말한다.

124 기사 : 이욕을 위해서 꾀를 부리는 일을 말한다.

125 진한……했지 : 진한 술을 마셔서 취해오는 것처럼 마음이 훈훈해진다는 말이다. 원문의 '순료(醇醪)'는 진국 술이다. 삼국 시대 오(吳)나라 정보(程普)가 주유(周瑜)와의 두터운 교분을 비유하면서 "주공근과 사귀다 보면 마치 순주(醇酒)를 마신 것처럼 나도 모르게 절로 훈훈하게 취해 온다.〔與周公瑾交, 若飮醇醪不覺自醉.〕"라고 하였다.

사십년 세월이 한바탕 꿈으로 새롭도다　　四十光陰一夢新

두 번째 其二

숙직하며[127] 몇 밤이나 그대 짝하여 잤던가　　青綾幾夜伴君眠

진퇴에 관해 도란도란 얘기하노라면 새벽 물시계 소리 들려왔지　　細講行藏曉漏傳

의론을 놓고 사람들은 호광[128]의 학식이라 칭송했고　言議人多胡廣學

벼슬할 때는 세상이 건중[129]의 시대로 들어섰네　　衣冠世入建中年

126 꽃벽돌……걸었던 : 원문의 '화전(花磚)'은 꽃무늬를 넣은 벽돌로 대궐 안 섬돌에 깔았던 것이다. 원래 당나라 때 학사가 근무하는 내각(內閣) 북청(北廳)의 앞 섬돌에 화전이 있었던 데에서 유래한 것으로, 한림원(翰林院)을 가리킨다. 한림원은 예문관(藝文館)의 별칭으로 쓰였다.

127 숙직하며 : 원문의 '青綾'은 푸른 깁으로 만든 이불로, 궁중에서 숙직하는 것을 뜻한다. 한(漢) 나라 때 상서랑(尚書郎)이 번을 서면 푸른 깁으로 만든 이불〔青綾被〕과 흰 깁으로 만든 이불〔白綾被〕, 또는 비단 이불〔錦被〕을 주었던 데서 유래하였다.

128 호광 : '胡廣'은 후한(後漢) 때의 문신으로 자는 백시(伯始)이다. 안제(安帝) 때에 효렴(孝廉)으로 천거된 이후 순제(順帝)・충제(沖帝)・질제(質帝)・환제(桓帝)・영제(靈帝) 등 여섯 조정을 30여 년 동안 섬겼으며 삼공(三公)의 지위에 이르렀다. 성품이 겸손하고 온공하며 사리에 밝고 사체(事體)를 잘 알았으므로 비록 직신(直臣)의 풍도는 없었으나 임금을 잘 보좌하였다. 나이 80에도 제반 사무에 통달하여 조정에 언쟁이 벌어지면 그를 찾아가서 해결하곤 하였으므로, "어떤 일이든 잘 모르면 백시에게 물어보라. 천하의 중용은 호공에게 있나니라.〔萬事不理問伯始 天下中庸有胡公〕"라는 말이 유행했다 한다. 《後漢書 卷44 胡廣列傳》

129 건중 : '建中'은 군주가 중용의 도를 세운다는 뜻이다. 《서경(書經)》〈상서(商書) 중훼지고(仲虺之誥)〉에, 중훼(仲虺)가 탕왕(湯王)에게 고하기를 "왕께서는 힘써 큰 덕을 밝히시어 온 천하 백성들에게 중용의 도를 세우십시오.〔王懋昭大德, 建中于民.〕"라고 하였다. 이상적인 세계를 의미한다.

높은 충절은 상자 속 봉사[130]에 남았고[131]　危忠篋裏留封事
떠도는 자취는 호숫가에 낚싯배에 두었지　散跡湖邊閣釣船
말년에 사귄 정이 대완[132]에 남아있어　末路交情餘大阮
갈바람에 죽림[133] 앞에서 눈물마저 말랐구나　秋風淚盡竹林前

130 봉사 : 밀봉하여 올리는 건의서를 말한다. 고대에 관료들이 임금에게 기밀의 사안을 건의할 때 누설을 방지하기 위해서 검정 주머니에 담아 밀봉하여 올렸기 때문에 이른 말이다. 《한서(漢書)》 권8 〈선제기(宣帝紀)〉에 한 선제(漢宣帝)가 말하기를, "지금 신하들이 봉사를 올리므로 아랫사람들의 마음을 알았다."라고 하였다.

131 상자……남았고 : 황경원의 《강한집》 권2의 〈윤성직을 곡하다〔哭尹聖直〕〉에 "성상께 드릴 봉사가 아직 주머니에 있는데, 수문랑 되시는 게 무에 그리 바빴던가〔封事猶在囊, 修文何其促?〕"라고 하였다. 수문랑은 하늘에서 문장을 관장하는 관리를 말한다.

132 대완 : 진(晉)나라 때 죽림칠현(竹林七賢)으로 자가 중용(仲容)인 완함(阮咸)과 그의 숙부 완적(阮籍)이 함께 문인으로 명성이 높아 완적을 대완(大阮), 완함을 소완(小阮)으로 칭하였다.《晉書 卷49 阮咸傳》 이 만사의 대상인 윤득경에겐 윤득민(尹得民)이라는 아우가 있는데, 한 집안 사람의 사람을 표현하기 위해 '대(大)'・소(小)'를 사용한 듯하다. 즉 대완이라 표현한 이는 형인 윤득경을 뜻한다.

133 죽림 : 죽림칠현(竹林七賢)의 고사를 인용했기에 죽림이라 한 것이다.

숙종께서 임오년 2월 2일에 사단[134]에 친히 임어하셨다.[135] 임술년 8월 2일에 상이 또 사단에 친히 제향을 하시고 어제(御製)가 계시었는데, 근신에게 명하여 화답해 올리게 하였으므로 머리 조아려 받들어 화답하다[136]

肅宗壬午二月初二日 親臨社壇 壬戌八月初二日 上又親享社壇 有御製命近臣和進 稽首奉和

법가[137]로 신령한 단에 올라 이해를 느꺼워하시니 法駕靈壇感此年

길일 다시 돌아옴이 선조(先朝)[138] 때와 같사옵니다 天回吉日更符前

집안[139]에 전해오는 일덕[140]의 향기가 남아 있기에 家傳一德馨香在

134 사단 : 토지신에게 제사를 지내는 제단(祭壇)으로 사직단(社稷壇) 안 동쪽에 있다. 오색(五色)의 흙으로 덮어서 제단을 꾸몄다. 사직단은 사단(社壇)과 직단(稷檀)의 합칭이다.

135 숙종께서……임어하셨다 : 《숙종실록》 28년(1702) 2월 6일(무오) 기사에 따르면, "임금이 사직단의 춘향대제(春享大祭)를 친히 행하였다."라고 하였다.

136 임술년……화답하다 : 《영조실록》 18년(1742) 8월 2일 기사는 다음과 같다. 임금이 친히 추향 대제(秋享大祭)를 지내고, 예를 마친 후 "선조의 춘향이 임오년 2월 2일에 있었으니, 봄과 가을의 계절은 비록 같지 않지만, 날짜가 우연히 꼭 부합됨은 그 또한 이상한 일이다." 하고 7언절구 1수를 짓고 새겨서 재실에 걸어 두라고 명하였다. 그리고 여러 신하들에게 갱진하게 하였다.

137 법가 : '法駕'는 임금의 수레이다. 임금이 거둥할 때의 의장(儀仗)의 하나로 규모에 따라 대가(大駕)·법가·소가(小駕)의 세 종류가 있었다.

138 선조(先朝) : 숙종 대를 가리킨다.

139 집안 : 왕실을 말한 것이다.

140 일덕 : '一德'은 순일한 덕으로, 임금과 신하가 모두 순일한 덕이 있음을 뜻한다.

푸른 구슬과 검은 홀[141]에 뜻이 서글퍼집니다 蒼璧玄圭意愴然

《서경》〈함유일덕(咸有一德)〉에 이윤(伊尹)이 연로하여 사직하고 돌아갈 때 태갑(太甲)에게 경계시킨 말 가운데, "저는 몸소 탕왕(湯王)과 더불어 모두 일덕을 소유하여 능히 천심(天心)에 합당하여 하늘의 밝은 명을 받아서 구주(九州)의 무리를 소유하여 이에 하(夏)나라의 정삭(正朔)을 바꾸었습니다.〔惟尹躬暨湯, 咸有一德, 克享天心, 受天明命, 以有九有之師, 爰革夏正.〕"라고 하였다.

141 푸른……홀 : 원문의 '蒼璧玄圭'는 모두 하늘에 제사 지낼 때 올리는 예물이다. 정현(鄭玄)의 《주례》주에 "옥진과 큰 보기는 옥서(玉瑞)와 옥기(玉器) 중에 아름다운 것으로 체협(禘祫)과 큰 상사에 이것들을 진열하여서 나라를 아름답게 하는 것이다.〔玉鎭、大寶器, 玉瑞、玉器之美者, 禘祫及大喪, 陳之以華國也.〕"라고 하였는데, 가공언의 소에 "여기에서 말한 '옥진'은 바로 〈대종백〉에 '옥으로 육서를 만든다.'라고 한 것이니, 진규의 따위가 바로 여기의 보진인 것이다. 〈대종백〉에 또 '옥으로 육기를 만든다.'라고 하였는데, 창벽으로 하늘에 예를 행하는 따위가 바로 여기의 '보기'인 것이다.〔此云玉鎭, 卽《大宗伯》云'以玉作六瑞', 鎭圭之屬, 卽此寶鎭也. 彼又云'以玉作六器', 蒼璧禮天之屬, 卽此寶器也.〕"라고 하였다. 여기에 근거하면 '옥진'은 진규(鎭圭), 환규(桓圭), 신규(信圭), 궁규(躬圭), 곡벽(穀璧), 포벽(蒲璧)의 '육서'이고, '큰 보기'는 창벽(蒼璧), 황종(黃琮), 청규(青圭), 적장(赤璋), 백호(白琥), 현황(玄璜)의 '육기'이다.

홍 영월 성보[142] 에 대한 만사
洪寧越 聖輔 輓

선조 때 서릿발처럼 늠름했던 그 사필[143]은	史筆先朝凜雪霜
나라의 기강 붙든 기다란 낚싯줄이었네[144]	王綱扶得一絲長
하늘과 땅 갈라지는 곳에 몸을 돌렸고	乾坤蕩析回身處

142 홍 영월 : 홍성보(洪聖輔, 1685~1742)로 영월 부사를 지냈으므로 이른 말이다. 홍성보의 자는 유량(幼亮), 호는 삼성와(三省窩), 본관은 풍산(豊山)이다. 할아버지는 홍만종(洪萬鍾)이고, 아버지는 생원 홍중화(洪重華)이다. 1710년(숙종36) 증광시에 급제하여 참봉을 지냈다. 1721년(경종1) 증광문과에 을과로 급제하여 설서·정언·지평 등을 역임하였다. 1727년(영조2) 수찬(修撰)으로 경연검토관(經筵檢討官)과 부교리를 겸하다가 광주 부윤(廣州府尹)이 되었으나 정미환국 때 파직되었다. 이인좌의 난 때 북로안무사(北路安撫使) 윤헌주(尹憲柱)의 종사관(從事官)이 되어 공을 세웠고 지제교·병조 정랑을 거쳐, 동지사(冬至使)의 서장관(書狀官)이 되어 청나라에 다녀왔다. 그 뒤 교리·수찬·승지·대사간 등을 거친 후 영월 부사로 부임하였는데, 1741년(영조17)에 단종이 죽었을 때 강물에 투신자살한 시녀(侍女)의 충절을 기념하여 민충사(愍忠祠)를 세워 매년 한식제(寒食祭)를 올리게 하였다. 군덕의 소홀함과 형벌이 고르지 못함을 누차 상소하여 시정할 것을 주장하였다.

143 사필 : 사관(史官)의 붓을 말한다. 홍성보가 사관인 수찬(修撰)을 지냈으므로 이른 것이다.

144 기다란 낚싯줄이었네 : 이른바 "동강의 낚싯줄 하나가 한나라의 구정을 붙들어 매었다.〔桐江一絲繫漢九鼎〕"에서 인용한 것으로, 여기서는 나라를 지탱시킨 공적을 말한 것이다. 후한 광무제(後漢光武帝)의 어릴 적 친구인 엄광(嚴光)이 높은 벼슬을 주려는 광무제의 호의를 거절하고 부춘산(富春山)에 들어가 숨어 살며 동강에서 낚시로 소일하였는데, 이러한 그의 청절(淸節)이 선비들의 기개를 높여 주어 후한의 국운을 유지하게 했다는 말이다.《後漢書 卷83 逸民列傳 嚴光》

강과 바다 횡류하는 곳에 발을 디뎠네	江海橫流立脚場
쌓인 비방이 고집스런 뼈를 녹일 만했으나[145]	積毁可能銷傲骨
성군께서 외려 다시 굳센 마음 아시었네	聖君猶復識剛腸
월주의 옛 꿈[146]이 도리어 예언이 되어	越州舊夢還成讖
슬픈 만사 지어 와서 이별의 글을 잇네	哀輓題來續別章

145 쌓인……만했으나 : 적훼소골(積毁銷骨)을 말한 것이다. 사람들의 악담이 많으면 굳은 뼈도 녹는다는 뜻으로 여러 사람의 악담이 무서운 것임을 비유한 말이다. 《영조실록》 11년(1735) 7월 16일 기사에 따르면, 정언 박필갑(朴弼幹)이 아뢰기를, "승지 홍성보(洪聖輔)는 본래 비방을 많이 당하여 여러 차례 탄핵을 받았다."라고 하며 그를 체차시키기를 청하였으나, 왕이 윤허하지 않았다.

146 월주의……꿈 : 월주(越州)는 홍성보가 부사로 있었던 강원도 영월(寧越)을 가리키는 것으로 보이나, 내용은 미상이다.

집 동산에 올라 우연히 읊조리다

登家園偶吟

동산의 나무 우거져 잎이 담장을 에워싸는데	園木蕭蕭葉擁墻
한가로이 지팡이 짚고 세월의 흐름을 느끼네	閒來扶杖感年光
차가운 소나무는 참으로 절로 고상한 선비 같고	松寒政自如高士
시든 국화는 외려 능히 은은한 향기 뿜어내네	菊老猶能作細香
외로운 꿈 실은 창주[147]엔 낚싯배 남아 있고	孤夢滄洲留釣艇
갖가지 근심 둔 대궐엔 봉장[148]이 있네	百憂閶闔有封章
천심이 우리 도를 꼭 곤궁케 하진 않으리니	天心未必窮吾道
남겨진 경전[149] 홀로 끌어안고 평상에 누웠노라	獨抱遺經臥一床

147 창주 : 경치 좋은 물가로 선경(仙境)을 뜻한다.

148 봉장 : 봉사(封事)와 같다. 310쪽 주131 참조.

149 남겨진 경전 : 원문의 '유경(遺經)'은 성현이 남긴 경전을 말한다.

10월 16일에 사촌과 사촌 아우 사겸[150] 익보, 윤덕휘[151] 득화, 정자겸[152] 익하, 이평일[153] 형만, 이효백[154] 하술 과 함께 달밤에 서호[155]에 배를 띄우고 이어서 복파정[156]에서 자며 운을 집어 짓다[157]

十月旣望 與從氏及從弟士謙 益輔 尹德輝 得和 鄭子謙 益河 李平一 衡萬 李孝伯 河述 泛月西湖 仍宿伏波亭 拈韻

선유봉 그림자는 멀리 배회하는데　　仙遊峰影遠徘徊

150 사겸 : '士謙'은 이익보(李益輔, 1708～1767)의 자이다. 본관은 연안(延安), 이일상(李一相)의 증손으로, 할아버지는 이성조(李成朝), 아버지는 참판 이우신(李雨臣)이다. 1739년(영조15) 알성문과에 급제하였고, 1741년에 검열·예문관 봉교로 재직 중 김상복(金相福)·황경원(黃景源) 등과 함께 의금부에 투옥되었다. 그 뒤 대사간을 지내고 충청도 관찰사로 나가 치적을 남겼다. 대사헌·좌참찬·회양 부사·판돈녕부사 등을 역임하였다.

151 윤덕휘 : '德輝'는 윤득화(尹得和, 1688～1759)의 자이다. 본관은 해평(海平)이며 윤두수(尹斗壽)의 후손으로, 아버지는 금천 현감 윤상명(尹商明)이다. 1725년(영조1) 증광문과에 급제하였다. 1727년 검열(檢閱)로, 시사를 논하는 상소문을 올렸다가 삭직되었다. 1729년에는 사서로 재상 조문명(趙文命) 등의 탕평론에 반대하였고, 대사헌이 되어 송인명(宋寅明)을 탄핵하다가 파직되었다. 그 뒤 개성 유수·강원도 관찰사·대사헌 등을 지냈다. 특히 송시열을 사모하여 윤증이 스승을 배반한 죄를 규명하는 소를 포의(布衣)의 몸으로 올렸다. 글씨를 잘 써서 이름이 높았다.

152 정자겸 : '子謙'은 정익하(鄭益河, 1688～?)의 자이다. 본관은 연일(延日), 호는 회와(晦窩), 시호는 충헌(忠獻)이다. 정양(鄭瀁)의 증손으로, 아버지는 정천(鄭洊)이다. 1721년(경종1) 증광문과에 급제하였다. 1727년(영조3)에 검열(檢閱)에 재직하면서 《숙종실록》의 개수를 반대하였다. 이후 의주 부윤·경상도 관찰사 등을 지냈고 1741년에는 무신란(戊申亂)에 공이 있는 고(故) 감사 황선(黃璿)의 사당을 인정해주고 면

산 나무 일제히 우니 젓대소리 한 가닥 구슬퍼라　山木齊鳴一笛哀
땅은 취헌이 시를 쓴 후에 승경이 되었고[158]　地到翠軒詩後勝

세전 10결을 하사하여 그것을 수호하게 해줄 것을 요청했으나 영조의 허가를 얻지 못하였다. 도승지·대사헌·형조 참판·대사성이 되었으며, 함경도 관찰사로 재직하면서 기근 타개책으로서 영남 지역의 곡식 수송을 제시하였다. 1751년에는 지의금부사(知義禁府事)가 되었으며, 1755년에는 형조 판서를 역임하였다.

153 이평일 : '平一'은 이형만(李衡萬, 1711～?)의 자이다. 본관은 경주(慶州)로 할아버지는 여주(汝柱)이고 아버지는 성룡(聖龍)이다. 1735년(영조11) 증광문과에 급제하였고, 이해에 병조 참판(兵曹參判)을 지냈으며, 이어 설서(說書)·정언(正言)을 역임하였고 1744년에는 정언의 직책을 수행하다가 기장현(機張縣)으로 귀양을 갔다. 1746년에는 수찬(修撰)·사서(司書) 등을 역임하면서 숙마(熟馬) 한 필을 하사받았다. 이후 집의(執義)·승지(承旨) 등의 직책을 수행하였고 1751년에는 판결사(判決事)로서 민백창(閔百昌)·이태(李泰) 사건의 진위를 가려서 보고하였다.

154 이효백 : '孝伯'은 이하술(李河述, 1701～1777)의 자이다. 종실 금평군(錦平君) 이제(李濟)의 손자이며 증 참판 이흥소(李興紹)의 장남이자 증 참판 이덕소(李德紹)의 양자이다. 1729년(영조5) 식년시에 급제하였다. 이후 가주서(假注書)·성균관 직강·사예(司藝) 등을 거쳐 동부승지·김해 부사·동지중추부사 등을 지냈다. 사후 1783년(정조7)에 효행으로 예조 판서에 증직되었다.

155 서호 : 한강의 줄기 가운데 서강(西江)에서 마포에 이르는 한강 유역을 가리키는데, 호수처럼 넓고 잔잔하여 붙여진 이름으로 많은 물산이 모이던 곳이었다. 서강이라고도 한다.

156 복파정 : 서호(西湖)에 있었던 정자이다.

157 10월……짓다 : 이 시와 관련하여, 황경원(黃景源)의 《강한집(江漢集)》 권2의 시 〈10월 16일에 이의숙이 달밤에 서호에 배 띄우고 시를 지어 나에게 보내 주었기에 그 시에 차운하여 답하다〔十月旣望 李宜叔汎月西湖 賦詩見投 遂次其韻 以酬之〕〉 2수가 있다. 이 시는 임술년(1742, 영조18)에 지었다고 한다. 이천보의 자가 의숙이다.

158 땅은……되었고 : 취헌(翠軒)은 박은(朴誾, 1479～1504)의 호 읍취헌(挹翠軒)으로, 박은의 〈잠두록(蠶頭錄)〉 시가 유명하였으므로 이른 말이다. 서호(西湖) 가까이에 잠두봉이 있어 그 아래에서 박은 등이 뱃놀이를 하며 시를 지어 남겼다. 박은의

해는 적벽에 배 띄운 때로부터 다시 돌아왔네[159] 年從赤壁泛餘廻
창강[160]이 꼭 인간세상 아니라는 법 없으니 滄江未必非人世
밝은 달은 응당 나의 술잔 알아주리[161] 明月秖應識我杯
바람 이슬 속 밤 깊어 맑음이 베개 가득하니 風露夜深淸滿枕
꿈속에 머무르며 신선 오기를 기다리네 夢中留待羽衣來

본관은 고령(高嶺), 자는 중열(仲說), 호는 읍취헌이다. 박은은 1495년(연산군1) 17세로 진사가 되었고, 이듬해에 식년문과에 급제하여 사가독서자(賜暇讀書者) 선발에 뽑혔다. 홍문관 정자를 거쳐, 수찬으로 경연관을 지냈다. 1498년(연산군4) 20세의 약관으로 유자광(柳子光)과 성준(成俊)을 탄핵하는 소를 올렸으나 오히려 파직되어 옥에 갇혔다. 1504년 갑자사화 때에 동래로 유배되었다가 다시 의금부에 투옥되어 사형을 당했으니, 26세였다. 3년 뒤인 1507년(중종2) 신원되고 도승지로 추증되었다. 박은은 해동강서파(海東江西派)의 대표적 시인으로, 벗 이행(李荇)이 그의 시를 모아 《읍취헌유고》를 냈다.

159 해는……돌아왔네 : 이 시를 지은 임술년은 소동파의 〈적벽부〉에서, 적벽에서 뱃놀이를 한 해이다. 박은의 〈잠두록〉 시는 임술년 7월 16일으로 동파의 적벽 뱃놀이와 연월일이 일치한다.

160 창강 : 창주(滄洲)와 같다. 경치 좋은 물가로 선경(仙境)을 뜻한다.

161 밝은……알아주리 : 박은의 7언고시 〈잠두록 뒤에 적다〔題蠶頭錄後〕〉에서 "술잔을 들어 달에게 묻고 소선을 부르니, 날개가 돋아 광활한 허공을 나는 듯하여라.〔擧觴問月喚蘇仙, 浩浩憑虛生羽翰.〕"라고 하였다.

또 취헌의 잠두[162] 운을 따라서 짓다

又次翠軒蠶頭韻

달빛이 천고를 머금은 채 비추니	月色含千古
멀리 적벽의 배를 회고하도다	遙懷赤壁舠
우리 무리는 방랑의 자취 많아	吾徒多浪跡
세상일에선 조정의 도포 게을리했네	世事倦朝袍
한강에는 산이 성곽을 둘러쌌고	河漢山圍郭
모래톱엔 물이 상앗대를 잠기게 하네	汀洲水沒篙
뜬구름은 오초[163] 밖으로 떠가는데	浮雲吳楚外
광활한 속 기러기 한 마리 울며 날아가네	寥闊一鴻嘷

162 취헌의 잠두 : 취헌(翠軒)은 읍취헌(挹翠軒) 박은(朴誾, 1479~1504)을 가리킨다. 잠두(蠶頭)는 잠두봉(蠶頭峯)으로 서울 양화(楊花) 나루 동쪽에 있는 누에머리 모양의 언덕이다. 1866년 병인박해 때 가톨릭 교인들이 대량 참수당한 곳으로 이후 절두산(切頭山)으로 불리는 곳이다. 박은은 임술년인 1502년(연산군8) 7월 16일에 이행(李荇)·남곤(南袞)과 함께 잠두(蠶頭)를 유람하면서 시를 지어 〈잠두록(蠶頭錄)〉을 남겼다. 잠두봉 아래 한강에서 노닐며 지은 이들 시에서 그 흥취를 송(宋)나라 소식(蘇軾)이 적벽(赤壁) 아래 노닌 것에 견주어 읊었다. 이때 박은·이행·남곤 세 사람이 지은 연구시 5수가 《읍취헌유고》 권3의 연구(聯句)에 〈잠두봉에서 노닐며〔遊蠶頭〕〉에 실려 있다. 이는 이행의 《용재집》 권4 〈잠두록〉 가운데에도 실려 있다.

163 오초 : 중국의 강남 지역으로 옛날 오나라와 초나라가 있었던 곳을 말한다. 양자강(揚子江) 동쪽, 즉 강소성(江蘇省) 지방 및 양자강 하류인 호남(湖南)·호북성(湖北省) 지방을 가리킨다. 소식(蘇軾)의 〈적벽부(赤壁賦)〉의 배경이 된 적벽이 호북성 양자강 왼편 언덕에 있었으므로 여기서는 이 적벽을 가리켜 말한 것이다.

두 번째 其二

외로운 배 저어 가는 창주[164]의 길　孤艇滄洲路
한가로이 가니 먼 줄도 모르겠네　閒行未覺遙
유유히 올해도 저물어가고　悠悠今歲暮
쓸쓸히 장한 마음도 사라져버렸네　落落壯心消
별과 달은 차가워서 더욱 정결하고　星月寒逾潔
어룡은 고요하여 물결 잔잔하네　魚龍靜不驕
마을에서 사온 술, 어찌 옅다고 꺼리랴　村沽豈嫌薄
또한 맑은 밤을 지샐 만하거늘　且可了淸宵

세 번째 其三

강호에 한 척 배 띄워 노니는 흥취　江湖一棹興
나는 금년에 약속을 지켰다네　吾不負今年
들판 해는 옮기는 자리에 기울고　野日欹移席
물가 구름은 두드리는 뱃전에 비치네　汀雲照叩舷
술병과 술잔은 참된 짝이고　壺觴眞偶爾
갈매기와 백로는 한창 유유하여라　鷗鷺正悠然
또한 거듭 노닐 약속 말하노라니　且說重遊約
놀이에 취하여 온전한 흥취를 얻었도다　沉冥得趣全

164 창주 : 경치 좋은 물가로 선경(仙境)을 뜻한다.

족형 몽여 영보[165] 가 찾아왔는데 다음날 시를 지어 부쳐왔기에 차운하여 드리다

族兄夢與 英輔 來訪 翌日有詩寄來 次呈

종이창이 객을 붙들어 고요히 말을 잊었더니 紙牕留客靜忘言
둥지로 날아든 새가 날 저문 걸 알려주는군요 一任棲禽報日昏
세상 일 바빠 시든 국화에 관심 둔 적 있을까마는 世事何曾關老菊
산빛은 절로 한가로운 문에 이릅니다 山光偏自到閒門
근자에 부화한 명성 잘못되었음을 문득 깨닫고 年來轉覺浮名誤
서책 밖에 지극한 도 있음을 바야흐로 알았습니다 書外方知至道存
지팡이와 신발로 소요함이 만년 계획으로 적합하니 杖屨周旋宜晚計
작은 시내 남북으로 원림을 대하고 있어서지요 小溪南北對林園

두 번째 첩운 二疊

나의 진퇴 오래 전에 그대의 말 저버렸더니 行藏久已負君言

165 몽여 : 이영보(李英輔, 1687～1747)의 자가 몽여(夢與)이다. 본관은 연안(延安), 호는 동계(東溪)이다. 유가뿐만 아니라 제자백가에 통하였고, 《사기(史記)》를 깊이 연구하여 역사학에 일가견을 가지고 고대 인물의 선과 악, 정치의 잘잘못을 기탄없이 비판하였다. 특히 당시에 이단으로 지목되던 《장자》·《이소경》·《노자》 및 불경 등을 깊이 연구하여 유가의 경전과 비교분석하였다. 1714년(숙종40) 진사시에 장원으로 급제하여 1717년 정릉 참봉(靖陵參奉)에 기용된 뒤 영동 현감·호조 좌랑 등을 지냈다. 이후 여러 관직에 제수되었으나 나아가지 않고 고향에서 후진을 육성하였고, 마을에 충신과 효자, 열녀 등을 찾아 포상을 상신하고 정려각을 세우는 등 지방문화 발전에 기여하였다. 저서로는 《동계유고(東溪遺稿)》 4권이 있다.

성 대궐의 먼지에 눈 침침해진 걸 깨달았습니다　城闕飛塵覺眼昏
맑은 거문고 외로운 학은 고을살이하던 날이요[166]　獨鶴淸琴爲郡日
성긴 나무에 깃든 까마귀는 관청 문을 사절합니다　棲鴉疎木謝官門
중년의 머리털은 서로 바라보니 늙었고　中年鬢髮相看老
묵은 습관 된 풍소[167]엔 온갖 감회가 담겼습니다　宿習風騷百感存
꽃 피는 시절 노닐던 옛일 아직도 기억하나니　尙記舊遊花節最
봄옷 입고 매번 기옹[168]의 동산에 올랐지요　春衣每上企翁園

세 번째 첩운 三疊

시를 부쳐오니 상을 마주하고 말하는 것만 같아　詩來可敵對床言
등불 앞에서 쾌히 읽고 어리석음 깨우쳤습니다　快讀燈前警我昏
눈 녹은 소나무 대나무에 세월의 흐름 슬퍼하고　殘雪松篁悲歲律
맑은 하늘 뜬 별에 그대 계신 곳을 바라봅니다　淸宵星斗望君門
풍파는 빈 배의 고요함을 용납지 않지만　風波不貸虛舟靜
의기 있어 때론 아직 남아있는 옛 검을 봅니다　意氣時看古劒存

166 맑은……날이요 : 지방 수령의 청백함을 말한 것이다. 거문고와 학은 청고(淸高)함과 염결(廉潔)함을 의미한다. 송(宋)나라의 조변(趙抃)이 성도(成都)의 전운사(轉運使)로 부임할 때 오직 거문고 하나와 학 한 마리를 가지고 떠나가서 간편한 정사를 하였다는 고사에서 나온 것이다. 《夢溪筆談 人事1》

167 풍소 : '風騷'는 시문(詩文)을 뜻한다. 원래는 《시경》의 〈국풍(國風)〉과 《초사(楚辭)》의 〈이소(離騷)〉를 가리킨 말이다.

168 기옹 : 기재(企齋) 신광한(申光漢, 1484~1555)을 가리키는 것으로 보인다. '신기옹(申企翁)'·'신기재(申企齋)'로 불리며, 오도일(吳道一, 1645~1703)의 《서파집(西坡集)》 권7에 시 〈신기재의 원림〔申企齋園林〕〉이 수록되어 있다.

세상일은 끝없는데 도 들음[169]은 늦으니　世事無窮聞道晚
다시 서책 옮겨 그윽한 원림에 누웠습니다　更移書帙臥幽園

네 번째 첩운 四疊

술통 가져와 하룻밤 얘기 나누려 하였는데　攜樽準擬一宵言
눈이 오려는지 날 어두워 시냇길이 되려 걱정됩니다　溪路還愁雪意昏
열 식구 굶주림 참으며 묵수를 던졌고[170]　十口忍飢投墨綬
평생 병이 많아 금문에 숨었습니다[171]　百年多病隱金門
등불 앞 꾸는 꿈에 강호는 광활하고　燈前有夢江湖濶
세상 밖 논하는 글엔 기개가 살아있습니다　世外論文氣槩存
조만간 찬 매화가 납월 맞추어 피리니　早晚寒梅開趁臘
나귀 타고 시내 서쪽 동산 꼭 찾아가리다　騎驢須問澗西園

169 도 들음 : 원문의 '문도(聞道)'는 공자의 말로 《논어》 〈이인(里仁)〉에 "아침에 도를 들으면 저녁에 죽어도 좋다.〔朝聞道, 夕死可矣.〕"라고 하였다.

170 묵수를 던졌고 : 수령(守令) 노릇을 그만두었다는 뜻이다. 묵수는 수령의 직책을 가리킨다. 구리〔銅〕로 된 인신(印信)을 검은 인끈으로 묶어 찼으므로 이른 말이다.

171 금문에 숨었습니다 : 금문(金門)은 대궐, 조정을 뜻하는데 '금마문(金馬門)'의 준말로, 한(漢)나라 미앙궁(未央宮)의 궁문 이름이었던 데서 유래하였다. 진(晉)나라 왕강거(王康琚)의 〈반초은시(反招隱詩)〉에 "소은은 산이나 숲 속에 숨고, 대은은 조정이나 저자에 숨는다.〔小隱隱陵藪, 大隱隱朝市.〕"라고 하였다. 한 무제(漢武帝) 때의 동방삭(東方朔)은 "나 같은 사람은 조정 사이에서 세상을 피한 자라고 하겠다." 하였고, 혹 술이 취하면, "궁전 안에서도 세상을 피하고 몸을 온전히 할 수가 있거늘, 굳이 깊은 산 속의 오두막 생활을 할 필요가 있겠는가."라고 노래하였다. 《文選 卷22》《史記 卷126 滑稽列傳》

다섯 번째 첩운 五疊

귀 막았는데 어찌 구태여 속된 말을 듣겠습니까　塞耳何須聽俗言
차 화로와 경전으로 아침저녁 보냅니다　茶爐經卷了朝昏
그대의 시정은 불 때 밥 지어먹지 않은 듯하고　詩情君不餐煙火
사람들의 교유는 모두 저자 문을 향해 달립니다　交道人皆向市門
수레 탄 학[172]은 능히 세상의 쓰임 되겠지만　軒鶴可能爲世用
못 속의 용은 스스로 몸을 지킬 수 있습니다　潭龍政自得身存
진공은 부질없이 누대 벽을 품었지만[173]　陳公謾抱樓臺癖

172 수레……학 : 원문의 '헌학(軒鶴)'은 분수에 걸맞지 않은 높은 벼슬을 차지하며 총애를 받는 신하를 비유한 말이다. 춘추 시대 위(衛)나라 의공(懿公)이 학(鶴)을 좋아하여 대부가 타는 수레에 태우고 다녔는데, 전쟁이 나자 무기를 받아 쥔 백성들은 "학에게 싸우게 하라. 학이 대부의 작위를 차지하고 있는데 우리가 어찌 싸울 수가 있겠는가."라고 한 고사에서 유래하였다. 《春秋左傳 閔公2年》

173 진공은……품었지만 : 진공(陳公)은 진등(陳登)을 가리킨다. 시에서 '원룡백척루(元龍百尺樓)'라는 말이 쓰이는데 이는 호방한 정신을 나타낸다. 원룡(元龍)은 삼국 시대 위(魏)나라 진등의 자이다. 진등은 호방한 성품으로 문무를 겸전하여 당시에 명사로 불리었다. 후한(後漢) 말엽에 허사(許汜)가 난리 통에 진등을 찾아가서 집안일에 대해서만 이야기하자, 진등이 아무 말도 하지 않은 채 자기는 위에 있는 큰 침상에 눕고 허사는 아래의 침상에 눕게 하였다. 허사가 푸대접을 받았다며 원룡의 호기(豪氣)가 아직도 없어지지 않았다고 유비(劉備)에게 하소연하자, 유비가 "천하가 난리 통인데 그대가 세상을 구제할 뜻은 전혀 없이 집안일만 챙길 뿐 채택할 만한 말이 하나도 없으니 원룡이 그대를 꺼린 것이다. 나 같았으면 자신은 백척루 위에 눕고 당신은 땅바닥에 눕게 했을 것이다."라고 하며 진등을 옹호했던 고사가 전한다. 《三國志 卷7 魏書 陳登傳》 이에 대해 장유(張維)의 《계곡만필(谿谷漫筆)》 제1권의 〈전대의 시인은 '원용백척루'라는 말을 즐겨 썼다〔前代詩人喜用元龍百尺樓語〕〉에서 《세설신어(世說新語)》를 상고하여 그 내용을 서술하고 나서, "백척루라는 말은 바로 현덕 자신이 한 말일 뿐, 원룡과는 아무 관계도 없는 말이다. 그런데도 뒷사람들이 잘못 사용한 나머지 마침내

호젓한 세 오솔길[174]이 바로 나의 정원입니다 三逕蕭條是我園

여섯 번째 첩운 六疊

지극한 맛을 그대의 담박한 말씀 통해 듣노라니 至味從君聽淡言
고개머리 막 뜬 달이 숲의 어둠을 깨뜨립니다 嶺頭初月破林昏
청산은 궤안에 기대 엿보는 것만 허여하고 青山只許窺憑几
백간[175]은 닫힌 문에 이른 것 도리어 놀라워합니다 白簡還驚到閉門
대각[176]이라면 바야흐로 몽환임을 능히 알겠지만 大覺方能知夢幻
좋은 관리[177] 중 그 누가 또 시를 남기겠습니까 好官誰復有詩存
한가한 차에 점점 소요하는 이치를 터득하게 되어 閒來漸得逍遙理
천고의 마음 기약을 칠원[178]에 의탁하렵니다 千古心期托漆園

일곱 번째 첩운 七疊

몸 밖의 빈 직함,[179] 납언[180]이 부끄러워 身外空銜愧納言

하나의 고사(故事)처럼 되고 말았으니, 정말 우스운 일이다."라고 하였다.

174 세 오솔길 : 원문의 '삼경(三逕)'은 은사(隱士)의 뜰을 의미한다. 한(漢)나라의 장후(蔣詡)는 왕망(王莽)이 집권하자 벼슬에서 물러나 향리인 두릉(杜陵)에 은거하였는데, 집의 대밭에 세 갈래의 오솔길을 내고 벗인 구중(求仲)과 양중(羊仲) 두 사람만 교유하였다고 한다.《蒙求 蔣詡三逕》이후 도잠(陶潛)의 〈귀거래사(歸去來辭)〉에서 "세 오솔길은 묵어가는데, 솔과 국화는 아직도 남아 있도다.〔三逕就荒, 松菊猶存.〕"라고 하였다.

175 백간 : 관리의 잘못을 탄핵하는 소장이다.

176 대각 : 크게 깨친 사람을 말한다.

177 좋은 관리 : 원문의 '호관(好官)'은 청렴결백한 관리를 말한다.

178 칠원 : 장자(莊子)를 가리킨다. 장자가 몽(蒙) 땅의 칠원(漆園)이라는 곳에서 관리로 있었으므로 일컫게 된 것이다.

간서[181] 넣은 상자는 먼지 속에 맡겨버렸습니다 諫書藏篋任塵昏
벼슬길 험한 곳에선 모름지기 수레 돌리고 名途險處須回轍
속세의 일이 찾아올 때는 문 닫으면 되지요 俗事來時可掩門
늙은 소나무는 이 세상에 응당 지기 적을 테지만 松老世應知己少
돌아가는 구름은 나와 더불어 마음이 잘 맞습니다 雲歸吾與會心存
찬 하늘엔 서글프게 옅은 구름도 저무는데 寒天怊悵輕陰暮
깃든 까마귀는 이미 울며 동산으로 올라갔습니다 已見棲烏噪上園

여덟 번째 첩운 八疊

임금님 은혜로 매번 광언[182]을 용서받았으나 君恩每荷恕狂言
기이한 자취로 세상의 혼탁함 어찌 헤쳐나가리오 畸跡其如涉世昏
일하다 혹 감정에 내맡기니 자주 외물과 부딪히고 事或任情頻忤物
글 써도 쓰임에 맞지 않으니 어찌 전문이라 하리오 文非適用豈專門
얼음 서리 낀 땅 밑엔 미양[183]이 먼데 氷霜地底微陽遠
술병 놓인 화로 속엔 묵은 불씨[184] 남았습니다 樽酒爐中宿火存

179 빈 직함 : 원문의 '공함(空銜)'은 하는 일 없이 명목만 가지는 벼슬을 뜻한다.

180 납언 : 여기서는 간관(諫官)을 가리킨 것으로 보인다. 《서경》 〈순전(舜典)〉에 따르면, 납언은 국정을 담당한 아홉 관직의 하나로 왕명출납을 맡았다.

181 간서 : 임금에게 간하는 서장을 말한다.

182 광언 : '狂言'은 임금에게 한 직언을 겸양하여 말한 것이다.

183 미양 : 동지(冬至)에 일양(一陽)이 처음 생길 때의 아주 미약한 양으로, 아직 위력을 발휘하지 못하는 상태이다. 《일주서(逸周書)》 〈주월(周月)〉에 "동짓달에 '미세한 양의 기운'이 황천에서 움직인다.〔微陽動于黃泉〕"라는 말이 있다.

184 묵은 불씨 : 원문의 '숙화(宿火)'는 재에 파묻어 놓은 불씨를 말한다.

숲 골짜기로 영영 갈 계획 이루지 못한 채 林壑未成長往計

부질없이 성시에 새 동산을 정하였습니다 謾從城市卜新園

연경으로 가는 홍 서장 중일[185] 을 보내며
送洪書狀 重一 赴燕

고을 수령[186] 지낸 세월 몇 년이나 되었나	墨綬棲遲問幾年
금화 강석[187]은 제현들에게 양보했네	金華講席讓諸賢
도원의 관리된 건 참된 은거 아니었으니	桃源作吏非眞隱
진나라 성 만 리 하늘로 말을 달려가소서	驅馬秦城萬里天

홍 서장이 막 정선(旌善)으로부터 체직되어 돌아왔다. 도원은 바로 정선의 별호이다.

185 홍 서장 : 홍중일(洪重一, 1700~?)로, 자는 수이(壽爾)이다. 서장관으로 청나라에 다녀왔기에 홍 서장이라 칭한 것이다. 1730년(영조6) 정시문과에 급제하여, 1734년 지평에 처음 부임하였다. 그 뒤 정언・사서・수찬을 지내다가 1738년 금성위(錦城尉) 박명원(朴明源)의 아버지인 박사정(朴師正)을 강화 유수로 임명하려 하자 서차(序次)를 뛰어넘어 가자(加資)에 오점을 남기는 조치라고 논핵하다가 외임으로 출보되어 경성 판관(鏡城判官)과 북평사(北評事)로 나갔다. 1740년에 돌아와서 필선・교리를 지냈고, 1742년 11월에 동지 겸 사은사의 서정관(書狀官)이 되어 청나라에 다녀왔다. 1751년 경흥 부사(慶興府使)로 부임하여 선정을 베풀고 돌아 와 이듬해 다시 대사간에 등용되었으나 1763년 죄를 받아 오랫동안 벼슬을 지내지 못하다가 1769년 동지의금부사에 특별히 발탁되고 이어 좌윤・대사헌, 예조 참판을 지냈다.

186 고을 수령 : 원문의 '묵수(墨綬)'는 수령의 직책을 말한다. 구리〔銅〕로 된 인신(印信)을 검은 인끈으로 묶어 찼으므로 이른 말이다.

187 금화 강석 : 금화지연(金華之筵)으로 경연(經筵)을 말한다. 한나라 성제(成帝)가 금화전(金華殿)에서 《상서》와 《논어》 등의 강론을 들은 고사에서 유래하였다. 《漢書 卷100上 敍傳上》

두 번째 수 其二

요동 하늘 쌓인 눈은 궁려[188]를 덮었을 터라　遼天積雪覆穹廬
미양[189]의 맥 하나 펼쳐진다는 말 믿지 못하리　不信微陽一脉舒
문자는 또한 기수[190]를 관찰할 만하니　文字且堪觀氣數
반드시 오랑캐 저자에서 새 책을 찾아보시라　須從虜市問新書

188 궁려 : 유목민의 천막을 말한다. 여기서는 청나라 여진족의 주거 천막을 가리킨다.

189 미양 : 처음 생기는 미약한 양기를 말한다. 326쪽 주183 참조.

190 기수 : 길흉화복의 운수를 말한다.

홍 의주 계유[191] 에 대한 만사

洪義州 啓裕 輓

옥같이 조정 맨 위에 서있던 충성스런 신하였으나	玉立朝端讜直臣
얼굴 대하고 보면 언제나 천진하기만 했었지	對顔都是一天眞
명예의 길 요란한 곳엔 바삐 걸음하지 않았고	名途鬧處無忙步
선비의 절개 쇠해진 때 몸을 떨쳐 일어났네	士節衰時有奮身
희끗한 머리로 염황[192]에서 장기[193]에 걸렸고	鬢髮炎荒猶帶瘴
풍류로는 낭묘[194]에서 가히 순주를 머금었네[195]	風流廊廟可含醇

191 홍 의주 : 홍계유(洪啓裕, 1695~1742)로, 의주 부윤(義州府尹)을 지냈으므로 홍 의주라 이른 것이다. 자는 문요(文饒)이다. 1732년(영조8) 성균관의 제술시험에서 수석을 차지하여 직부전시(直赴殿試)되었고, 이듬해 식년문과에 급제한 뒤 1734년에는 정언(正言)에 올라 이양제(李亮濟)의 옥사(獄事)와 관련된 남태적(南泰績)·밀창군(密昌君) 등을 탄핵하였으나 오히려 대신(臺臣) 신만(申晩)을 신구(伸救)한 이유로 파직되었다. 이듬해 초 정언으로 복귀하였으나 대론(臺論)의 문제로 다시 진도군(珍島郡)에 귀양 갔다가 1737년 부수찬(副修撰)에, 이듬해에는 교리(校理)에 제수되었다. 1739년 당시 단경황후(端敬王后)가 복위되자 중종반정공신인 박원종(朴元宗)·성희안(成希顔)·유순정(柳順汀) 등을 중묘정향(中廟庭享)에 제외시킬 것을 주장하였다. 그 뒤 수찬으로 재직 시 삼복(三覆)을 행할 때 배석하지 않았다는 이유로 종중추고(從重推考) 당하였고, 그 뒤 이조 좌랑·헌납·응교 등을 거쳐 사간(司諫)으로 재직 시 대론의 문제로 삭직되었다가 직첩을 되돌려 받았다. 1742년 의주 부윤(義州府尹)으로 파견되었다가 48세의 일기로 죽었다.

192 염황 : 먼 남쪽의 무덥고 거친 지방을 말한다. 이는 홍계유가 진도군(珍島郡)에 귀양 간 사실을 가리킨다.

193 장기 : 열병을 일으키는 산천(山川)의 독기(毒氣)로, 주로 남방의 덥고 습기 많은 지역에서 생기는 나쁜 기운을 말한다.

서주[196]로의 한번 이별이 천고의 이별 되었으니	西州一別成千古
눈 가득한 시대 근심으로 선한 이를 곡하도다	滿目時憂哭善人

194 낭묘 : 대신들이 정사(政事)을 의논하고 집행하는 곳으로 묘당(廟堂), 조정(朝廷)을 가리킨다.

195 순주를 머금었네 : 순주(醇酒)를 마셔서 취해오는 것처럼 마음이 훈훈해진다는 말이다. 순주는 진국술이다. 삼국 시대 오(吳)나라 정보(程普)가 주유(周瑜)와의 두터운 교분을 비유하면서 "주공근과 사귀다 보면 마치 순주를 마신 것처럼 나도 모르게 절로 훈훈하게 취해 온다.〔與周公瑾交, 若飮醇醪不覺自醉.〕"라고 하였다.

196 서주 : 서쪽 지역의 고을로 여기서는 홍계유가 부윤으로 있다 별세한 의주(義州)를 가리키는 것 같다.

유생 언손[197] 에 대한 만사

愈生 彦孫 輓

쓸쓸하신 삼주[198]에게 외손이 있었으니	蕭瑟三洲有外孫
남기신 글 자세히 읽고서 일찍이 근원을 보았도다	遺書細讀早窺源
시편이 간략 담박하여 속된 기운 없으니	詩篇簡澹無塵氣
선생[199]의 한 맥이 남아있음을 알겠도다	知是先生一脉存

두 번째 其二

선장[200]께서는 재주와 명성에도 단명하셨는데	先丈才名且短期
가련하다, 돌아가신 후 좋은 자식 남겼건만	可憐身後有佳兒
평생의 뜻과 사업 모두 운명에 없어	平生志業俱無命
한 청산에 두 세대 묻힘이 슬프도다	一種青山兩世悲

197 유생 : 유언손(兪彦孫, ?~1743)이다. 유수기(兪受基)의 3남으로 숙부 유부기(兪阜基)에게 입양되었다. 유언민(兪彦民, 1709~1773)의 아우이다.

198 삼주 : '三洲'는 농암(農巖) 김창협(金昌協)의 별호이다. 김창협은 늦게 자식을 보아 2남 5녀를 낳았으나 두 아들은 자식 없이 요절하였다. 장자인 김숭겸(金崇謙)이 19세에 사망하여, 종질(從姪)인 미호(渼湖) 김원행(金元行)이 입양되었다. 차자인 김청상(金淸祥)은 두 살에 사망하였다.

199 선생 : 김창협을 가리킨다.

200 선장 : 유언손의 아버지 유수기(兪受基, 1691~1729)이다. 자는 수보(守甫)이며 일헌(逸軒)이라 자호하였다. 농암의 제자이자 막내 사위이다. 유수기는 지극한 효행으로 죽음에 이르러 사헌부 지평(司憲府持平)에 추증되었다. 《雷淵集 卷25 贈司憲府持平逸軒兪公行狀》

유태중[201]에 대한 만사

愈泰仲輓

추억하노라 호수 위 정자에서 맺은 우정	却憶論交湖上亭
말년에 서로 마음 맞아 형체조차 잊었지[202]	心期末路兩忘形
상전벽해[203] 세상에 남은 외로운 학이요	滄桑世界餘孤鶴
비바람 몰아치는 하늘 길에 뜬 하나의 별이로다	風雨天街有一星
태평성대에 시대를 근심하여 공연히 눈물 훔치고	聖代憂時空攬涕
깊은 산에서 죽을 때까지 홀로 경전 궁구했었지	深山抵死獨窮經
매촌[204]에서 촛불 심지 자르며 밤새도록 얘기할 때	梅村剪燭終宵語
그대는 길게 노래하며 술병을 두드렸지	君發長歌拍酒甁

두 번째 수 其二

재주와 명성은 젊은 날에 노왕[205]처럼 성대했고	才名少日盛盧王

201 유태중 : 유언길(兪彦吉)이다. 자세한 사항은 268쪽 주71 참고.

202 형체조차 잊었지 : 원문의 '망형(忘形)'은 나이, 신분, 지위 등 모든 외형적 조건을 초월하여 마음으로 우정을 맺는 것을 말한다. 두보(杜甫)가 친구 정건(鄭虔)에게 준 〈취시가(醉時歌)〉에 "형체 모두 잊고서 너니 나니 하는 사이, 통음하는 것이야말로 진정 나의 스승일세.〔忘形到爾汝, 痛飮眞吾師.〕"라고 하였다. 《杜少陵詩集 卷3》

203 상전벽해 : 원문의 '창상(滄桑)'은 창해상전(滄海桑田)으로 상전벽해와 같다. 상전(桑田)이 벽해(碧海)가 되는, 세상사의 변화를 비유한 말이다.

204 매촌 : 유언길이 사는 마을을 가리킨다. 본권 〈달산의 병사에서 태중을 기다리며〔達山丙舍待泰仲〕〉에서 유언길을 '매리의 벗〔梅里故人〕'이라 칭하였다.

205 노왕 : 초당(初唐)의 문인(文人) 노조린(盧照隣, 637~689)과 왕발(王勃, 650~

놀치는 필력은 일찍이 문단을 뒤흔들었지　筆力廻瀾早擅場
북 피리 울리던 사단에선 이전의 꿈 끊어지고　鼓角詞壇前夢斷
강호에 띄워놓은 낚싯배엔 늦은 인연 길었도다　江湖釣艇晩緣長
눈발 속 장막의 등불은 〈서명〉[206] 벽에 비치고　雪帷燈照西銘壁
봄날 화분의 매화는 《주역》 읽는 책상에 피었지　春閣梅開大易床
한가로이 풍화 희롱함은 안락법[207]이라　閒弄風花安樂法
그대에게 새로 빚은 태화탕[208]을 권하노라　勸君新釀太和湯

676)을 가리킨다. 이들은 양형(楊炯)·낙빈왕(駱賓王)과 함께 초당사걸(初唐四傑)로 불린다. 노조린은 자는 승지(昇之), 호는 유우자(幽憂子)로 칠언가행(七言歌行) 〈장안고의(長安古意)〉가 특히 유명하다. 저서에 《오비문(五悲文)》·《노승지집(盧昇之集)》이 있다. 왕발은 자는 자안(子安)으로 특히 5언절구에 뛰어났고 저서에 《왕자안집(王子安集)》이 있다.

206 〈서명〉 : '〈西銘〉'은 송나라 때 성리학자인 장재(張載, 1020~1077)가 지은 명(銘)으로, 자신의 서재 서쪽의 창 아래에 걸어놓았던 잠명(箴銘)이다. 동쪽의 것은 동명(東銘)이라 하였다. 〈서명〉의 내용은, 천지는 부모와 같고 천하는 한집안과 같으며 백성은 우리의 동포라는 것이다. 《張子全書 卷1》 장재는 호가 횡거(橫渠), 자는 자후(子厚)로 인종(仁宗) 때에 과거 급제하여 운암 현령(雲巖縣令)을 지냈고, 신종(神宗) 때에 숭정원 교서(崇政院校書)를 하다가 사퇴하고 남산(南山) 밑에 은거하면서 강학(講學)하였다. 저서로는 《정몽(正蒙)》·《서명(西銘)》 등이 있다. 《宋史 卷427 道學一 張載》

207 안락법 : 송나라 시인 황정견(黃庭堅)의 〈사휴거사시서(四休居士詩序)〉에 "태의(太醫) 손군 방(孫君昉)이 사휴거사라 자호하였으므로 산곡(山谷)이 그 설(說)을 물었더니, 사휴가 말하기를 '거친 차와 싱거운 밥에 배부르면 곧 쉬고, 해진 옷 기워 추위 가려 따뜻하면 곧 쉬고, 평평하고 온온하게 지낼 만하면 곧 쉬고, 탐하지 않고 시기하지 않고 늙으면 곧 쉬는 것이다.〔麤茶淡飯飽卽休 補破遮寒暖卽休 三平二滿過卽休 不貪不妬老卽休〕' 하니, 산곡이 말하기를 '이것이 바로 안락법이다.〔此安樂法也〕' 하였다."라고 하였다. 《山谷集》

세 번째 수 其三

천 수의 맑은 시가 나의 품평 허여하니 千首淸詩許我評
좋은 구절 만날 때마다 문득 마음이 놀라네 每逢佳處輒心驚
부화함은 낙엽 진 나무의 뿌리에 숨기고[209] 浮華落木靈根晦
빼어난 기운은 맑은 못의 흰 달처럼 밝아라 秀氣澄潭素月明
궁해진 후라야 정교해지기 쉽다고 쉬이 말하지만[210] 謾道易工窮者語
한창 때의 명성 헛되이 저버림이 가련도 하구나 可憐虛負盛時鳴
남겨놓은 시편이 물고기 굴에 흩어져 있으니[211] 遺篇散在魚鰕窟
해안가 맑은 밤이면 보석처럼 빛나리라 海岸晴宵寶彩生

208 태화탕 : 술의 이칭이다. 원래 속을 편하게 해주는 한약이었는데, 송나라 소옹(邵雍)의 〈무명공전(无名公傳)〉에 "천성적으로 술을 좋아했는데 일찍이 술을 명명(命名)하여 태화탕(太和湯)이라 했다."라고 한 데서 유래하여 술을 가리키게 되었다.

209 부화함은……숨기고 : 낙목(落木)의 원기(元氣)가 뿌리에 숨겨져 있다는 말로, 영달하지 못했던 유태중의 자질을 칭송하는 뜻이다. 남송의 학자인 유자휘(劉子翬)가 주희의 자(字)를 원회(元晦)라고 지어 주며 쓴 축사에 "나무는 뿌리에 감추어야 봄의 자태가 찬란히 펴지고 사람은 몸에 감추어야 신명이 안에서 넉넉하다.〔木晦於根, 春容燁敷. 人晦於身, 神明內腴.〕"라고 한 데서 나왔다.

210 궁해진……말하지만 : 북송(北宋)의 구양수(歐陽脩)가 벗 매요신(梅堯臣)이 남긴 시집에 쓴 서문인 〈매성유시집서(梅聖兪詩集序)〉에 "대체로 세상에 전해 오는 시들은 대부분이 옛날 곤궁한 사람들에게서 나온 것이다.……대체로 곤궁해질수록 시는 더욱 훌륭해지게 되는 것이다. 그렇다면 시가 사람을 곤궁하게 만드는 것이 아니라, 곤궁하게 된 뒤에야 시가 훌륭해진다고 해야 할 것이다.〔蓋世所傳詩者, 多出於古窮人之辭也.……蓋愈窮則愈工.然則非詩之能窮人, 殆窮者而後工也.〕"라고 한 데서 온 말이다.

211 남겨놓은……있으니 : 유태중이 물가에 은거하였음을 뜻하는 말이다. 소식(蘇軾)의 〈적벽부(赤壁賦)〉에, "물고기 새우와 짝하고, 고라니 사슴과 벗 삼는다.〔侶魚鰕而友麋鹿〕"라고 한 데서 유래하였다.

네 번째 수 其四

호수 마을로 머리 돌려 옛 놀던 곳 찾아오니 湖社回頭問舊遊
안개 서리 낀 팔월, 다시 슬픈 가을 찾아왔구나 煙霜八月更悲秋
낡은 서책은 평생의 뜻을 마치지 못하였고 殘書未了平生志
짧은 베옷은 만고의 근심을 길이 품었도다 短褐長懷萬古憂
빈산에 검을 걸어[212] 우정은 남긴다만 交道空山留掛劒
푸른 바다에 뗏목 타자던[213] 이전 기약 저버렸네 前期滄海負乘桴
흰 갈매기는 마치 삶과 죽음을 아는 듯 白鷗似識存亡事
영유[214] 가까이 날아와 옛 물가를 맴도네 飛近靈帷繞故洲

212 빈산에……걸어 : 죽은 자에게 신의를 지킨다는 뜻이다. 춘추 시대 오(吳)나라의 계찰(季札)이 사신 가는 길에 서(徐)나라에 들렀는데, 서군(徐君)이 계찰의 보검을 마음에 들어 하였다. 계찰이 그의 마음을 알고서도 사신의 길이라 주지 못하고 떠났다가 돌아오는 길에 들르니 서군이 이미 죽은 뒤였다. 이에 계찰이 서군의 묘소에 있는 나무에 보검을 걸어 놓고 돌아왔다고 하는 고사가 전한다. 《史記 卷31 吳太伯世家》

213 푸른……타자던 : 《논어》 〈공야장(公冶長)〉에, 공자(孔子)가 난세를 개탄하면서 "도가 행해지지 않으니, 뗏목을 타고 바다로나 나갈까 보다.〔道不行, 乘桴浮于海.〕"라고 말한 내용이 실려 있다.

214 영유 : 영실(靈室)의 휘장, 즉 위패(位牌)를 모신 곳을 말한다.

김치명 시찬[215] 의 〈춘방[216]에서 당직하던 중에〉의 운을 따라 짓다

次金稚明 時粲 春坊直中韻

이연[217]에서 책명 받들어 세자[218]를 모셨으니	離筵捧冊侍重闈
향로에 남겨진 향기가 아직도 옷 가득 배어 있네	留得爐香尙滿衣
바람서리 치는 고개 너머엔 남은 꿈이 있건만	嶺外風霜餘夢在
검과 패옥 찬 조정 높은 자리에 옛 얼굴 드물구나	朝端劒珮舊顔稀
상림[219]이 어둑해지니 둥지 찾는 새들이 지저귀고	上林暝色棲烏噪

215 김치명 : 김시찬(金時粲, 1700～1766)의 자가 치명(稚明)이다. 호는 초천(苕川)으로 홍주(洪州) 출신이다. 김상용(金尙容)의 현손이며, 아버지는 좌랑 김성도(金盛道)이다. 1721년(경종1) 진사가 되고, 1735년(영조11) 증광문과에 급제하여 사관(史官)으로 등용되었다. 대교(待敎)로 있을 때, 조태구(趙泰耈)·유봉휘(柳鳳輝)·이광좌(李光佐) 등 소론(少論) 일파의 처벌을 청했다가, 탕평책에 반대한다 하여 흑산도(黑山島)에 유배되었다. 1740년 수찬(修撰)으로 복관(復官)되고 1755년 대사간이 되었다. 1759년 부제학에 임명되자 이를 사양하는 글을 올렸는데, 글 속에 불경(不敬)한 구절이 있다 하여 다시 흑산도에 유배되었다. 1764년에 풀려나왔으며, 1806년(순조6)에 이조 판서에 추증(追贈)되었다. 문집에 《초천집(苕川集)》이 있다. 시호는 충정(忠正)이다.

216 춘방 : 세자시강원의 별칭이다.

217 이연 : '離筵'은 왕세자에게 학문을 강론하는 자리로, 서연(書筵)과 같다. 세자시강원에서 담당하였는데, 유학 경전과 사서(史書)를 강의하였다.

218 세자 : 원문의 '중위(重闈)'는 깊고 그윽한 궁중을 말하는데, 여기서는 세자를 가리킨다.

219 상림 : 상림원(上林園)으로, 궁중의 비원(秘苑)을 말한다.

맑은 은하수가 가을 품으니 묵은 기러기 돌아오네	淸漢秋懷老鴈歸
헤진 갈옷 입고 소 타는 게 원래 분수인데	敝褐騎牛元素分
즐비하게 늘어선 제공들은[220] 사치[221]를 일삼네	諸公袞袞事輕肥

220 즐비하게……제공들은 : 원문의 '제공곤곤(諸公袞袞)'은 두보의 〈취시가(醉時歌)〉에 "수많은 고관들 즐비하게 관청에 오르는데, 광문 선생은 벼슬이 유독 썰렁하다오.〔諸公袞袞登臺省, 廣文先生官獨冷.〕"라고 한 데서 유래하였다. 《杜少陵詩集 卷3》

221 사치 : 원문의 '경비(輕肥)'는 '가벼운 갖옷과 살진 말〔輕裘肥馬〕'로 부귀하고 호화로운 생활을 말한다. 《논어(論語)》 〈옹야(雍也)〉에 자화(子華)가 공자의 심부름으로 제나라에 사신을 가게 되자, 염유(冉有)가 자화의 어머니를 위하여 멋대로 많은 양의 곡식을 주었는데, 공자가 말하기를 "적이 제나라에 갈 때에 살진 말을 타고 가벼운 갖옷을 입었다. 내가 들으니, '군자는 궁핍한 자를 돌보아 주고 부유한 자를 계속 대주지 않는다.' 하였다.〔子曰: "赤之適齊也, 乘肥馬, 衣輕裘. 吾聞之也, 君子周急, 不繼富.〕" 라고 하였다.

윤 선달 득민[222] 에 대한 만사

尹先達 得敏 輓

형님은 천진이요 아우는 시라[223] 伯氏天眞季氏詩
헌걸찬 그대는 또 가슴에 품은 기약을 좋았지 頎然君又好襟期
죽림 옛 골목엔 남겨진 운치 남아있고 竹林舊巷留餘韻
지는 봄 가시나무엔 가지 하나 달렸구나[224] 荊樹殘春有一枝

222 윤 선달 : 윤득민(尹得敏, 1706~?)으로, 자는 성구(聖求)이다. 선달(先達)은 과거에 급제하였으나 벼슬하지 않은 사람을 칭하는 말이다. 윤두수(尹斗壽)의 후손으로, 통덕랑(通德郎) 윤식(尹湜)의 둘째아들이다. 영조 16년(1740) 증광시에 진사 1등 3위에 입격하였다. 영조 19년 3월 21일에, 홍문 제학(弘文提學) 서종급(徐宗伋)에게 명하여 반궁(泮宮)에서 선비들에게 시험을 보여 진사(進士) 윤득민(尹得敏)을 뽑아 직부전시(直赴殿試)하게 하였다고 하였다.

223 형님은……시라 : 윤득민의 형은 윤득경(尹得敬, 1702~1742)으로 자는 성직(聖直)이며, 영조(英祖) 12년(1736)의 병진(丙辰) 알성시(謁聖試)에 장원급제하였다. 교리(校理)·이조 좌랑(吏曹佐郎) 등을 역임하였다. 1739년(영조15)에 농사 장려를 위해 임금이 몸소 적전(籍田)에 나가 농사짓는 일에 진심을 다할 것을 상소하였다. 1741년에는 삼성(三聖) 즉, 기자(箕子)·공자(孔子)·주자(朱子)의 서원(書院)을 헐어버리라는 분부를 거두어줄 것을 청하여 윤허를 받았다. 아우는 윤득서(尹得敍)로 자는 성범(聖範)이며, 시를 잘 지은 것을 알 수 있다. 황경원의 《강한집》 권7의 〈윤성범 〔득서〕에게 준 서〔贈尹聖範 〔得敍〕 序〕〉에 "윤성범(尹聖範) 군은 시를 잘 지어 일찍이 악부 20편을 지어서 아송(雅頌)을 배우고자 하였습니다. 그러나 악부가 궁(宮)에 맞지 않고 상(商)에 맞지 않으니, 아송을 배운 보람이 어디에 있습니까. 내가 듣건대 사마상여(司馬相如)가 악부를 지을 때 먼저 율려(律呂)를 논하여 합하였다 하니, 성범이 만약 12율에 통달하게 된다면 거의 악부를 지을 수 있을 것입니다." 하였다.

224 가시나무엔……달렸구나 : 형수(荊樹)는 형제간의 우애를 의미한다. 한나라 때

청금[225]에 장명[226]할 때 선비들 사이 중망 높았고	士望靑衿將命日
금방에 이름 걸리던 날[227] 집안 명성 떨쳐졌네	家聲金榜掛名時
구름 거리[228] 지척에서 바람에 등불 꺼지고	雲衢咫尺風燈盡
애석하다! 봉지[229]에 이를 인연 없었구나	可惜無緣到鳳池

전진(田眞) 삼형제가 재산을 똑같이 나누고 나서, 남은 자형수(紫荊樹) 한 그루를 셋으로 쪼개서 나누기로 하고 다음날 그 나무를 베러 가 보니 나무가 이미 말라 버렸다. 전진이 놀라서 아우들에게 말하기를, "이 나무의 뿌리가 하나인지라, 장차 쪼개 나눈다는 말을 듣고 이렇게 마른 것이니 우리는 나무만도 못하다." 하고 나누었던 재산을 다시 합하여 형제간에 화목하게 되니, 자형수 또한 무성하게 되었다는 고사에서 온 말이다. 가지 하나 남았다는 것은 세 형제 중 이제 한 사람만 남았다는 뜻인 듯하다.

225 청금 : 푸른 깃을 단 도포로, 유생을 뜻하는 말이다. 성균관과 사학(四學)의 유생들이 입었다. 《시경》 〈정풍(鄭風) 자금(子衿)〉에 "푸르디푸른 그대 옷깃이여, 길이 생각하는 나의 마음이로다.〔靑靑子衿, 悠悠我心.〕"라고 한 데서 유래하였다.

226 장명 : '將命'은 왕세자가 성균관에 입학할 때 유생 중에서 선발하여 시위(侍衛)하게 하는 소임이다. 《영조실록》 18년 3월 26일 기사에, 왕세자가 입학하였는데 장명은 윤득민이었으며 장명은 유생의 극선(極選)이었다고 하였다.

227 금방에……날 : 과거급제를 말한 것이다. 금방(金榜)은 급제자의 이름을 써서 걸어놓는 패이다.

228 구름 거리 : 원문의 '운구(雲衢)'는 청운의 뜻을 펼쳐 높은 지위로 올라가는 벼슬길을 말한다.

229 봉지 : 봉황지(鳳凰池)이다. 궁중의 못을 의미하는 말로, 대궐을 가리킨다.

현호[230]의 감은정으로 윤덕휘[231]를 방문하여 시를 지어 남기다

玄湖感恩亭 訪尹德輝留題

싸늘한 날 파리한 말 타고 성곽 먼지 벗어나	寒日羸驂出郭塵
난간 한 굽이에서 오건[232]을 정돈했지요	闌干一曲整烏巾
구름 하늘 걷는 이들 중엔 새로 귀인 된 자 많고	雲霄步武多新貴
산과 바다 떠돌던 이들은 절반이 고인 되었습니다	嶺海流離半故人
등불 밖 누각 그늘은 한창 눈을 맞았는데	燈外樓陰方帶雪
화로 가운데 술기운은 봄을 맞으려 하는군요	爐中酒氣欲迎春
시골 노인 한번 웃음에 자리다툼[233] 일으키며	村翁一笑來爭席
머물러 봄바람 기다리면서 낚싯줄 손질하겠지요	留待東風理釣綸

230 현호 : 지금의 마포구(麻浦區) 현석동(玄石洞) 일대를 흐르는 한강을 가리킨다. 강폭이 넓고 물결이 잔잔하여 현호(玄湖)라고 칭하였다고 한다.

231 윤덕휘 : 윤득화(尹得和)로, 자세한 내용은 316쪽 주151 참조.

232 오건 : 검은색 두건으로 은거하던 이들이 즐겨 쓰던 것이다.

233 자리다툼 : 원문의 '쟁석(爭席)'은 꾸밈없이 순박하게 사람들과 어울리는 것을 말한다. 춘추 시대 양자거(陽子居)란 사람이 여관에 묵을 적에 처음에는 그가 예모를 엄격히 차린 까닭에 사람들이 그를 두려워하여 매우 조심스럽게 대접했는데, 그가 노자(老子)의 가르침을 받고 나서 소탈한 태도를 보인 이후로는 사람들이 그와 더불어 '좋은 좌석을 서로 다툴〔爭席〕' 정도로 친숙해졌다는 고사가 전한다.《莊子 寓言》

배를 타고 읍청루[234]로 가서 덕재[235]와 평일,[236] 아우 김사서[237] 양택 와 함께 시를 지어 김 지부 사빈[238] 문행 에게 보이다
舟往挹淸樓 與德哉平一 金弟士舒 陽澤 同賦 示金地部士彬 文行

봄 조수 드넓은 속 돛대 두드리며　　鼓枻春潮濶

234 읍청루 : 용산(龍山)의 별영(別營)에 있던 누각으로 황경원·남유용·이천보·오원 등 사가(四家)가 물놀이를 하러 가서 자주 오르던 곳이다.

235 덕재 : 남유용(南有容)으로, 자세한 사항은 51쪽 주1 참조.

236 평일 : 이형만(李衡萬)으로, 자세한 사항은 317쪽 주153 참조. 위의 시와 관련된 것으로 《뇌연집》 권5에 〈배를 띄워 읍청루에 이르렀다. 호부 김원외 사빈 문행 이 술을 싣고 와서 서로 맞이하였다. 취하여 악양루의 시를 차운하였는데 이의숙·이평일·김사서 양택 가 모두 화답하였다〔汎舟至挹淸樓, 戶部金員外士彬 文行 載酒相邀, 醉次岳陽樓韻, 李宜叔, 李平一, 金士舒 陽澤 俱和〕〉 등이 실려 있다.

237 아우 김사서 : 김양택(金陽澤, 1712~1777)으로, 자는 사서(士舒), 호는 건암(健庵)이다. 1741년(영조17) 생원시에 합격하였고, 1743년 알성 문과에 급제한 뒤 원손사부(元孫師傅)·대제학 등을 역임하였다. 이후 우의정, 영의정에 올랐다. 그러나 아들 김하재(金夏材)가 역신(逆臣)으로 몰려 벼슬을 추탈당하였다가 뒤에 복관되어 영돈녕부사(領敦寧府事)가 되었다. 할아버지와 아버지에 이어 3대가 대제학을 역임하여 이름을 떨쳤다. 저서로는 《건암집(健庵集)》이 있다. 시호는 문간(文簡)이다.

238 김 지부 사빈 : 김문행(金文行, 1701~1754)의 자가 사빈(士彬)이다. 본관은 안동(安東), 호는 화음(華陰)이다. 지부(地部)는 호조의 별칭으로, 호조는 육조(六曹)의 둘째라는 뜻에서 천지춘하추동(天地春夏秋冬)으로 구분한 옛 관습대로 일컫는 말이다. 김문행이 호조에 재직하고 있었던 것으로 보인다. 부친은 돈녕도정(敦寧都正)을 지낸 김치겸(金致謙)이다. 1726년(영조2)의 병오 증광 사마시(丙午增廣司馬試)에 진사(進士) 합격하여 해주 판관(海州判官)이 되었다. 1746년(영조22) 병인 정시문과(丙寅庭試文科)에 급제하여 응교(應敎) 및 동지사서장관(冬至使書狀官)을 역임했다. 이후 좌승지(左承旨)와 대사간(大司諫)을 지냈다.

꽃 핀 곁으로 그림 누각 찾아왔네	花邊問畫樓
갈매기 마음은 한가로이 자유롭고	鷗心閒自在
버들 빛은 멀리 떠있는 것 같아라	柳色遠如浮
술기운은 거문고 자리에 퍼지고	酒氣薰琴席
지은 시편은 낚싯배에 가득하네	詩篇滿釣舟
꽃다운 시절 객들을 머물게 한 것은	芳辰留客意
미관말직인 그대의 풍류 때문이리라	薄宦爾風流

읍청루
挹淸樓

관현의 악기소리 쉬이 슬픔 일으키는데	豪竹淸絲易作哀
한 척 배로 호탕하게 돌아가는 봄을 보내네	孤舟浩蕩送春廻
모래 빛은 홀연 조수와 함께 멀어지고	沙光忽與潮俱逈
언덕은 빈번히 나무에게 다가오려 하네	岸勢頻將樹欲來
만사는 사람 재촉해 거마를 다 떠나게 하는데	萬事催人盡車馬
한 관직은 너를 용납해 정대[239]에 나아오게 했네	一官容爾卽亭臺
거듭 노닐며 도화랑[240]을 머물러 기다리다	重遊留待桃花浪
은빛 물고기 잘게 회쳐 또한 술잔 기울이네	細鱠銀鱗且酒杯

두 번째 수 其二

바람에 지는 만 점 꽃잎은 슬픔 일으키지 않고	萬點風花莫惹哀
봄 물결은 낚싯배 돌려보내기 좋네	春流好放釣船廻
생황과 노래 소리는 하늘가로 향해 들어가고	笙歌路向空邊入
갈매기와 백로는 그림 속으로부터 날아오네	鷗鷺飛從畫裏來
좋은 계절은 짧은 머리[241] 재촉함을 견딜 만하고	佳節可堪催短髮

239 정대 : 누정(樓亭)으로, 읍청루를 가리킨다.

240 도화랑 : 복사꽃 필 무렵에 이는 물결을 말한다. 두보(杜甫)의 〈춘수(春水)〉에 "삼월의 복사꽃 물결, 강물은 옛 자취 회복하네.〔三月桃花浪, 江流復舊痕.〕"라고 하였다.

241 짧은 머리 : 노년을 뜻한다.

새로 지은 시는 참으로 높은 대를 저버리지 않네	新詩定不負高臺
붉은 글씨 쓰인 묵은 바위는 선유벽이라	丹書石老仙遊壁
서글프게 안개 낀 모래밭에서 술 한 잔 붓노라	悵望煙沙酹一杯

세 번째 수 其三

갈매기는 봄과의 이별을 슬퍼하지 않아	沙禽不作別春哀
물결 잔잔하고 바람 자니 한 길 따라 돌아가네	浪靜風恬一路廻
외로운 배야 당세의 일에 무슨 관심 있으랴만	孤艇何關當世事
푸른 강은 응당 우리들이 온 것 알리로다	滄江應識我曹來
꽃가지는 또렷하게 옮기는 닻줄을 맞이하고	花枝的的迎移纜
돛 그림자는 느릿느릿 기댄 누대와 함께하네	帆影遲遲與倚臺
성 남쪽에 있는 황학사[242]에게 말을 부치노니	寄語城南黃學士
술 마시자는 멋진 약속 아쉽게도 가로막혔네	佳期怊悵阻含杯

242 황학사 : 이천보 · 남유용 · 오원 등과 자주 어울리던 황경원(黃景源)을 가리키는 것 같다.

운상인[243]에게 지어서 주고 이어서 사천 이장[244] 병연 에게 부치다

贈雲上人 仍寄槎川李丈 秉淵

물병과 지팡이[245]로 장안의 인연 다하지 못했는데	甁錫長安未了緣
시권 중의 멋진 구절은 모두 사천의 것이라네	卷中佳句盡槎川
세간에서 제일가는 관심법[246]은	世間第一觀心法
어른[247]은 시를 그만두고 그대는 선에 드는 것이네	翁且休詩爾入禪

243 운상인 : 백운상인(白雲上人) 지선(至禪)을 가리킨다. 남유용(南有容)의 《뇌연집》 권5의 〈진암의 운을 따라 지어서 지선상인에게 주다[次晉菴韻贈至禪上人]〉에, 백운상인 지선이 진암(晉菴)의 운으로 시를 구하기에 썼다고 하였는데, 그 시의 운자가 천(川)·선(禪)이다. 진암(晉菴)은 이천보의 호이다.

244 사천 이장(槎川李丈) : 이병연(李秉淵, 1671~1751)으로, 자는 일원(一源), 호는 사천(槎川), 또는 백악하(白嶽下)이다. 김창흡(金昌翕)의 문인이며, 벼슬은 음보(蔭補)로 부사(府使)에 이르렀다. 영조 시대 최고의 시인으로 일컬어졌다. 문인 김익겸(金益謙)이 그의 시초(詩抄) 한 권을 가지고 중국에 갔을 때 강남(江南) 문사들의 극찬을 받았다고 한다. 일생동안 무려 10,300여 수에 달하는 많은 시를 썼다고 하나, 현재 500여 수가 전할 뿐이다. 그의 시는 서정이 두드러지는데 특히 매화를 소재로 지은 55수의 시는 대개 은일적인 기분을 표현한 것이다. 저서로는 《사천시초(槎川詩抄)》가 있다.

245 물병과 지팡이 : 승려가 사방을 돌아다닐 때 반드시 휴대하는 물병과 석장(錫杖)으로, 승려를 상징한다.

246 관심법 : 마음을 관조하는 수행법을 말한다.

247 어른 : 원문의 '옹(翁)'은 이병연(李秉淵)을 가리킨다.

앞의 시의 운자를 거듭 써서 사빈[248]에게 부치다
疊前韻 寄士彬

봄바람은 북성의 슬픔[249]을 다 풀어주지 못하니	春風不盡北城哀
서호[250]에서 한번 취해 돌아온 때와 우연히 같네	偶似西湖一醉廻
키 큰 나무에 가련히도 꽃이 담담히 피려하니	喬木可憐花澹意
고향 동산엔 응당 학이 다시 올 것만 같아라	故園應似鶴重來
벼슬아치[251] 오가는 구가[252]엔 먼지가 말을 따르고	九街烏帽塵隨馬
고깃배 노니는 삼월엔 물이 누대 가까이 차올랐네	三月漁舟水近臺
낮은 벼슬이라도 남은 녹봉 있으니	薄宦猶留餘俸在
다시 한가한 날에 거하게 마셔보세나	更從暇日問深杯

248 사빈 : 김문행(金文行)으로, 자세한 사항은 342쪽 주238 참조.

249 북성의 슬픔 : 미상. 성 북쪽에 사는 친구를 잃은 슬픔을 이야기하는 듯하나, 정확히 누구를 지칭하는지는 알 수 없다.

250 서호 : 한양 도성 서쪽 10리 지점의 마포(麻浦)와 15리 지점의 서강(西江) 사이를 흐르는 한강 유역을 이른다. 《新增東國輿地勝覽 卷3 東國輿地備考 第2篇 漢城府》

251 벼슬아치 : 원문의 '오모(烏帽)'는 오사모(烏紗帽)를 말한다. 조선 시대에 관리들이 관복을 입고 썼던, 검은 사(紗)로 만든 모자이다.

252 구가 : 도성의 넓은 거리를 말한다.

윤경유[253] 급 가 일신[254]으로부터 양주로 이보(移補)되어 가는 도중에 여호[255]를 지나가므로 가서 작별하며 써서 주다

尹景孺 汲 自一新移補楊州 路過黎湖 往別書贈

갈매기는 쫓겨난 신하[256]의 시름 상관하지 않는데　沙鷗不管逐臣愁

아쉬움 속 이별 잔에 버들은 눈물을 훔치네　怊悵離杯柳拂流

강한인데 선실이 멀다 감히 말하랴[257]　江漢敢言宣室遠

253 윤경유 : 윤급(尹汲, 1697~1770)으로, 자는 경유(景孺), 호는 근암(近庵)이다. 영의정 윤두수(尹斗壽)의 5대손으로, 이재(李縡)·박필주(朴弼周)의 문인이다. 1744년(영조20)에 이조 참의에서 일신 현감(一新縣監)으로 좌천되었다. 이듬해 양주 목사로 부임하였다가 그 해 말에 형조 참의로 중앙에 복귀하였다. 대사헌·이조 판서·좌참찬 등을 역임하고 기로소(耆老所)에 들어갔다. 노론의 준론으로 영조의 탕평책을 반대하여 자주 파직 혹은 좌천되었고 유배를 당하기도 했다. 글씨에 뛰어났다. 저서에 《근암집》·《근암연행일기》 등이 있다. 시호는 문정(文貞)이다.

254 일신 : 전라도 남원을 가리키는 것으로 보인다. 《영조실록》 15년(1739) 9월 23일 기사에, 남원부를 고쳐 일신현(一新縣)으로 삼았다고 하였다.

255 여호 : 경기도 과천의 지명으로, 여호(黎湖) 박필주(朴弼周)가 살았던 곳이다. 《신증동국여지승람》 권8에, 과천현의 북쪽으로 20리에 노량진(露梁津)이 있는데 한강의 하류라고 하였다.

256 쫓겨난 신하 : 윤급이 좌천되었으므로 이른 말이다.

257 강한인데……말하랴 : 강한은 여기서 한강을 가리키며, 선실(宣室)은 한나라 미앙궁(未央宮)의 정전(正殿)으로 대궐을 뜻한다. 가의(賈誼)가 좌천되어 장사왕(長沙王)의 태부(太傅)로 있다가 1년 남짓 만에 소명(召命)을 받고 조정으로 돌아오니, 문제(文帝)가 선실에 있다가 그에게 귀신의 본원(本源)에 대해 물었다. 이에 가의가 귀신의 유래와 변화 등을 자세히 이야기하다가 한밤에 이르자 문제가 그 이야기에 빠져서 자기도 모르게 자리를 앞으로 당겨 가의 가까이로 다가왔다고 하는 고사가 전한다. 《史記

망신루[258]라면 하룻밤 숙박을 능히 용납하리　　　能容一宿望宸樓

망신은 여호에 있는 정자 이름이다.

卷84 屈原賈生列傳》

258 망신루 : 망신(望宸)은 대궐을 바라본다는 뜻이다.

윤태복 경이[259] 심재 가 화양정[260] 역마를 조련하며 지은 시축을 보내 주셨기에 그중 칠언율시를 차운하다
尹太僕敬以 心宰 寄示華陽亭調馬詩軸 次其七律韻

봄바람 부는 성곽 밖은 드넓어 끝이 없고	東風郭外浩無倪
푸른 장막 친 화양정엔 풀빛이 아련하네	翠幕華陽草色迷
징과 피리 소리 울리며 멀리 꽃향기와 이어지니	鐃角響連花氣逈
준마[261]들이 나란히 버들 그늘에서 우네	驊騮齊拂柳陰嘶
시절 태평하니 공사 중에도 술 마실 여가 있고	時平公事淸樽在

259 윤태복 경이 : 윤심재(尹心宰, 1701～?)의 자가 경이(敬以)로, 대제학을 지낸 포암(圃巖) 윤봉조(尹鳳朝, 1680～1761)의 아들이다. 태복(太僕)은 태복시(太僕寺)로, 윤심재가 태복시에 임직을 두고 있었던 것 같다. 태복시는 조선 시대에 여마(輿馬)·구목(廐牧) 및 목장에 관한 일을 관장하기 위해 설치되었던 관서로 사복시(司僕寺)와 같다. 예천 군수, 부사 등을 지냈다.

260 화양정 : 태복시(太僕寺)의 목장에 세운 정자이다. 유사눌(柳思訥)이 지은 기(記)는 이러하다. 아조(我朝)의 도읍을 정하던 처음에 화산(華山) 동쪽 한수(漢水) 북쪽 교외(郊外)를 말 사육장으로 삼았고, 세종 14년(1432)에 제조(提調) 최윤덕(崔潤德) 등에게 명하여 북쪽 언덕에 정자를 짓도록 하셨다. 정자의 이름은 《서경》 〈주서(周書) 무성(武成)〉에서 귀마(歸馬)의 뜻을 취하여 화양(華陽)이라 편액을 달았다고 하였다. 《林下筆記 20卷 文獻指掌編 華陽亭記》 귀마의 뜻은, 무왕(武王)이 상(商)나라를 정벌하고 돌아와 풍(豐)에 이르러서 무(武)를 쉬고 문(文)을 닦아 군마(軍馬)를 화산(華山)의 남쪽〔華陽〕으로 돌려보내고 소를 도림(桃林)의 들에 풀어 놓아 이제 천하에 무력(武力)을 쓰지 않을 것임을 보였던 일을 말한다.

261 준마 : 원문의 '화류(驊騮)'는 준마의 종류이다. 주 목왕(周穆王)의 팔준마(八駿馬) 중 하나로 대추 빛이며, 목왕이 이 말을 타고 서왕모를 만나러 갔다고 한다.

늙어가며 시로 이름 얻음은 벼슬이 낮아서라 老去詩名薄宦低
시내 흐르는 다리 가에서 귀로가 늦었건만 流水橋邊歸路晚
날리는 말발굽에 묻은 구가[262]의 진흙을 씻네 飛蹄留洗九街泥

262 구가 : 도성(都城)의 넓은 거리를 말한다.

또 칠언절구를 차운하다
又次七絕

천구[263]는 그림자 돌아보며 맑은 봄을 희롱하는데 天駒顧影弄春晴
안개 낀 교외로 말 타고 나가니 무성한 버들이 맞아주네 騎出煙郊萬柳迎
말단 관직이나 울짱에 갇혔다 누가 말하랴 末宦誰言柴駕困
은 안장에 수놓은 굴레로 유쾌하게 행차한다네 銀鞍繡勒快心行

두 번째 수 其二

호기롭게 안장에 기대니 고운 해 맑기도 한데 豪氣憑鞍麗日晴
바람에 갈기 휘날리는 말의 무리를 들꽃이 반기네 風騣百隊野花迎
화양정에 만약 높다란 금대[264]를 세운다면 華陽倘築金臺峻
연인이 뼈 사러 가는 것[265]을 저버리지 않으리 不負涓人買骨行

263 천구 : 천리마 망아지를 말한다.

264 금대 : 황금대(黃金臺)를 말한다. 연대(燕臺)라고도 한다. 춘추 시대 때 연(燕)나라 소왕(昭王)이 지어서 그 위에 천금(千金)을 비치해 놓고 천하의 선비를 초빙하였기 때문에 황금대라고 명명한 것이다. 《戰國策 燕策1》

265 연인이……것 : 인재를 구하기 위해 노력하는 것을 말한다. 연인(涓人)은 내시(內侍)를 말한다. 전국(戰國) 시대 때 연 소왕(燕昭王)이 곽외에게 인재를 천거하게 하자, 곽외가 말하기를 "옛날에 어떤 임금이 연인(涓人)에게 천금(千金)을 주어 천리마를 사 오도록 하였는데, 연인은 말이 이미 죽고 없으므로 5백 금을 주고 그 말의 뼈를 사 가지고 왔다. 그러자 천리마를 간절히 구한다는 소문이 나서 곧이어 살아 있는 천리마 세 마리가 이르렀다."라고 하면서 인재를 구하려면 이 곽외부터 등용하라고 한 고사

세 번째 수 其三

봄 냇물에 말 씻긴 후 오던 비 개니	馬洗春流宿雨晴
길게 울며 때때로 물가에서 부는 바람 맞네	長嘶時與水風迎
태평시대엔 안개 꽃 그림자 밟기 좋으니	昇平好踏煙花影
꼭 만 리 먼 길을 날아올라 달릴 필요 없다네	不必飛騰萬里行

에서 따온 말이다.《戰國策 燕策1》

'예(倪)' 자를 거듭 써서 경이[266]에게 부치다
疊倪字 寄敬以

목장 풀 펼쳐진 교외는 사방 끝이 푸른데	場草平郊碧四倪
천 무리의 천리마, 비단 광채 눈부셔라	千羣逸驥錦光迷
준마 꼬리 내에 길게 비추니 쓸쓸히 그림자 지고	川長駿尾蕭梢影
화려한 안장엔 꽃 떨어지니 배회하며 우짖네	花撲雕鞍蹀躞嘶
사랑스러운 방울 소리 하늘에 가까우니	可愛鳴鑾九霄近
마판에 누워[267] 양 눈썹 늘어졌다 누가 가련해하리오	誰憐伏櫪兩眉低
서생들은 지기 없음을 한탄하지 말라	書生莫恨無知己
기린이 진흙에 빠졌던 곳이 그 몇 군데던가[268]	幾處麒麟困在泥

266 경이 : 윤심재(尹心宰)로, 자세한 사항은 350쪽 주259 참조.

267 마판에 누워 : 원문은 '복력(伏櫪)'으로, 삼국 시대 위(魏)나라 조조(曹操)의 시 〈보출하문행(步出夏門行)〉에 "늙은 준마는 마판에 엎드려 있어도 뜻은 천 리 밖에 있고, 열사는 늘그막에도 웅대한 뜻은 그치지 않는다.〔老驥伏櫪, 志在千里; 烈士暮年, 壯心不已.〕"라고 하였다.《樂府詩集 卷37 步出夏門行》

268 기린이……군데던가 : 인재가 때를 만나 쓰이지 못하고 세속에 묻혀 있다는 뜻이다.

이성보[269] 명익 가 찾아와서 운을 집어 함께 짓다

李聖輔 明翼 來訪 拈韻同賦

북산의 옛 원림 쓸쓸하기도 한데	北山蕭瑟舊園林
외딴 골목의 가련한 그대, 시냇가 그늘에 누웠구나	窮巷憐君臥澗陰
일 끝나자 영웅호걸은 눈 깜짝할 사이 사라졌고	事去英豪終瞥眼
근심 생기자 성시에는 지기(知己)도 적어졌네	愁來城市少知心
집에 흩어놓은 거문고와 책에 천금을 다 썼고	琴書家散千金盡
봄 돌아온 주렴 장막에 오류[270]가 깊었어라	簾幕春歸五柳深
서글퍼라 이별의 회포! 지금 며칠이나 되었나	怊悵離懷今幾日
꽃 옆에는 그윽한 새들이 온갖 울음 우네	花邊百囀有幽禽

269 이성보 : 이명익(李明翼, 1702~1755)으로, 자는 성보(聖輔), 호는 담존재(湛存齋)이다. 중종대왕(中宗大王)의 후손으로 할아버지는 이홍일(李弘逸)이며, 아버지는 사재감 직장을 지낸 이세정(李世禎)이다. 1721년(경종1) 식년시에 진사 입격하였다. 임인년(1722, 경종2)의 옥사로 유배를 당한 이후 벼슬을 사양하고 초야에 묻혀 살다가 다시 관직을 받아 홍천 현감(洪川縣監) 등을 지냈다. 시에 능하였다.《鳳麓集 卷4 李聖輔墓誌銘》

270 오류 : 다섯 그루 버드나무로, 유유자적한 은거생활 또는 은사(隱士)를 의미한다. 동진(東晉)의 시인 도잠(陶潛, 365~427)은 스스로 오류선생(五柳先生)이라 자호하였는데, 그의 자서전인 〈오류선생전(五柳先生傳)〉에, "집 옆에 버드나무 다섯 그루가 있기에 이를 나 자신의 호로 삼았다.〔宅邊有五柳樹, 因以爲號焉.〕" 하였다.

남쪽으로 가는 홍순보[271] 계희 를 보내며 덕재[272]의 시를 차운하여 부채에 쓰다

送洪純甫 啓禧 南歸 次德哉韻 題扇面

책 보따리 메고 쓸쓸히 필마로 돌아가면	書槖蕭然匹馬歸
고향에서 응당 대나무 속 사립문 찾겠지	故山應問竹間扉
십 년 동안 기로에서 무궁한 일 겪었으나	十年歧路無窮事
한번 도성 문 벗어나면 이내 옷깃 떨쳐버리리	一出都門便拂衣

271 홍순보 : 홍계희(洪啓禧, 1703~1771)로, 자는 순보(純甫), 호는 담와(澹窩)이다. 이재(李縡)의 문인이며, 아버지는 참판 홍우전(洪禹傳)이다. 1737년(영조13) 별시문과에 장원급제해 정언이 되고, 우의정 조현명(趙顯命)의 천거로 교리로 특진하였다. 좌의정 송인명(宋寅明)의 추천으로 공조 참의가 되었고, 1748년 통신사로 일본에 다녀왔다. 이후 병조 판서로 발탁되어 영의정 조현명과 함께 균역법 제정을 주관하여 〈균역사목(均役事目)〉을 작성하고 시행하였다. 1762년 경기도 관찰사로 있을 때 김한구(金漢耉)·김상로(金尙魯)와 함께 나경언을 사주하여 사도세자(思悼世子)의 비행을 고변하게 하였다. 이후 중추부 판사가 되고 봉조하(奉朝賀)에 이르렀다. 1777년(정조1)에 두 손자가 정조시해미수사건에 연루되어 그의 두 아들과 일가가 처형당하게 되자, 관작이 추탈되고 역안(逆案)에 이름이 올랐다.

272 덕재 : 남유용(南有容)으로, 자세한 사항은 51쪽 주1 참조.

사천[273]의 운을 써서 이 상서[274] 어른 병상 의 소헐정[275]에 받들어 쓰다

用槎川韻 奉題李尙書丈 秉常 少歇亭

겹겹의 성 종루[276] 저 너머로	重城鐘漏外
공은 홀로 그윽한 숲을 사랑하셨네	公獨愛幽林
머리카락 희끗해지도록 세 조정을 섬기는 동안[277]	鬢髮三朝老
관직에 있으면서 오로지 은거할 뜻 지녔네	衣冠一壑心
외로운 소나무는 겁화의 재[278] 보냈고	松孤刦灰過

273 사천 : 이병연(李秉淵)으로, 자세한 사항은 346쪽 주244 참조.

274 이 상서 : 이병상(李秉常, 1676~1748)으로, 자는 여오(汝五), 호는 삼산(三山)이다. 이제(李穧)의 증손으로, 아버지는 이항(李沆)이다. 1705년(숙종31) 생원시에 합격하고, 1710년 춘당대 문과에 급제하였으며, 좌상 이관명(李觀命)의 천거로 관계에 진출하였다. 1721년(경종1)에 대사헌・이조 참판 등을 지내며, 노론으로 소론에 맞서다가 신임사화 때 파직되었다. 1725년(영조1)에 대제학이 되었고, 이후 대사헌・형조 판서・광주 목사(光州牧使) 등을 역임하였으며, 1742년 공조 판서・판돈녕부사에 이르러 기로소에 들어가 치사하고 봉조하(奉朝賀)를 받았다. 영조의 탕평책을 반대하였다. 시호는 문청(文淸)이다.

275 소헐정 : 이병상이 벼슬에서 물러나 집의 북쪽에 지은 정자이다. 《진암집》 권6에 〈소헐정기(少歇亭記)〉가 실려 있다.

276 종루 : 종과 물시계로, 여기서는 벼슬살이를 의미한다. 조정 관리들이 출근과 숙직 등의 시각을 알려준 데서 유래한 뜻이다.

277 머리카락……동안 : 이병상은 숙종・경종・영조 세 조정을 섬겼다.

278 겁화의 재 : 원문의 '겁회(刦灰)'는 '겁화(刦火)의 재'라는 뜻으로, 재앙을 뜻하는 불교 용어이다. 하나의 세계가 끝날 즈음에 겁화가 일어나서 온 세상을 다 불태운다고

차가운 우물엔 만수(萬壽)의 잔이 깊었어라　井冽壽杯深
아직도 조천[279]의 꿈을 품고서　尙有朝天夢
붉은 섬돌[280]에서 옛 자취를 찾네　丹墀舊步尋

'노(老)'는 '사(事)'로 되어 있는 곳도 있다.

두 번째 수 其二

상소 가득 적은 사직하겠다는 말은　滿牘乞身語
신하가 옛 숲을 그리워해서가 아니었네　臣非戀故林
맑은 시절에도 눈물을 훔치거늘　淸時猶攬涕
한가하게 산다고 해서 어찌 마음을 잊었으랴　閒處豈忘心
북두성 비치는 임금님 계신 궁궐 멀지만　星斗天門逈
신선을 기약하는 만년의 복 깊으리　神仙晩福深
원우의 당적[281]에서 이름을 보존했음은　完名元祐籍

하는데, 한 무제(漢武帝) 때 곤명지(昆明池) 밑바닥에서 나온 검은 재에 대하여, 인도 승려 축법란(竺法蘭)이 "바로 그것이 겁화를 당한 재〔劫灰〕"라고 대답했다는 고사가 전한다.《高僧傳 卷1 竺法蘭》 여기서는 오랜 세월을 의미한다.

279 조천 : 명나라의 천자에게 조회 가는 것을 말한 것이다. 명나라에 대한 의리를 의미한다.

280 붉은 섬돌 : 원문의 '단지(丹墀)'는 대궐의 섬돌로, 천자의 궁전 뜰에 붉은 칠을 하였으므로 이른 말이다. 여기서는 옛 명나라의 궁궐 지대(址臺)를 가리킨다.

281 원우의 당적 : 원문은 '원우적(元祐籍)'이다. 원우(元祐)는 송 철종(宋哲宗)의 연호로, 원우 당인(黨人)은 당시 채경(蔡京)이 주도하는 정국에서 왕안석(王安石)의 신법을 반대하다 처벌을 받은 정이(程頤)·사마광(司馬光)·문언박(文彦博) 등 119인의 문인·학자를 말한다. 중국 역사상 극심했던 당쟁이었다. 여기서는 신임사화 때 노론으로서 소론에 맞서다 화를 입은 사람들을 가리킨다.

기다렸다 책 속에서 찾을 수 있으리 留待卷中尋

세 번째 수 其三

온화하고 관대한 정자 이름도 좋아서 醞藉亭名好
훤한 얼굴로 한 숲에 누웠네 韶顏臥一林
맑음으로는 빈한한 선비의 지조를 보겠고 淸看寒士操
고요함은 고인의 마음을 얻었도다 靜得古人心
수레를 거니[282] 산빛이 가깝고 山色懸車近
궤안에 기대니 꽃그늘이 깊어라 花陰隱几深
풍진은 도성 거리로 이어졌으니 風塵連九陌
찾아오는 손님 응당 적으리라 應少客來尋

282 수레를 거니 : 원문의 '현거(懸車)'는 치사(致仕)하여 타고 다니던 수레를 걸어놓고 집에서 쉬는 것을 말한다. 한(漢)나라의 설광덕(薛廣德)이 연로하여 관직을 그만두고 고향인 패군(沛郡)으로 돌아갈 때 황제가 안거(安車)와 사마(駟馬)를 하사하였는데, 설광덕은 이 안거를 매달아 놓고 자손에게 전하였다고 한다. 《漢書 卷71 薛廣德傳》

서재종형 덕보 의 부채에 적다

題庶再從兄 德輔 扇

백발은 듬성듬성 두 귀는 먹었다만	白髮蕭然兩耳聾
갈건에 등지팡이 든 한가한 노인이어라	葛巾藤杖一閒翁
세상일 꼭 알아들을 필요 없거니	不須解聽人間事
자연의 소리가 기대앉은 궤안에 맑게 울려오네[283]	天籟泠泠隱几中

283 자연의……울려오네 : 《장자(莊子)》 제물론(齊物論) 첫머리에, 자신의 집착을 떨쳐 버린〔喪我〕 남곽자기(南郭子綦)가 궤안에 기대어 앉아 있었는데〔隱几而坐〕, 그 모습은 고목(枯木) 같고 그 마음은 꺼진 재〔死灰〕와 같다고 하였으며, 이어서 하늘 피리 소리〔天籟〕에 관해 설명하는 내용이 나온다. 천뢰(天籟)는 대자연의 음향(音響)을 말한다.

경유[284]에게 부치다
寄景孺

큰 나무에서 매미 울고 온 마을이 그윽한데	喬木鳴蟬一巷幽
시원한 저녁 베옷 입고 서재에 기대었네	晩凉巾袟倚書樓
창은 연잎 옆에 나있어 자주 빗소리 들리고	窗臨荷芰頻聞雨
몸은 오동나무 같아 일찍 가을을 느끼네	身似梧桐早覺秋
베개 기대면[285] 삼복의 더위를 식힐 수 있지만	欹枕可消三伏熱
높은 수레[286]엔 응당 백년의 근심 실렸으리	高車應載百年憂
남곽에 사는 오랜 벗과 같은 생각 갖고 있으니	故人南郭同懷抱
강한의 멋진 기약에 낚싯배를 수소문하네	江漢佳期問釣舟

284 경유 : 윤급(尹汲, 1697~1770)으로, 자세한 사항은 348쪽 주253 참조.

285 베개 기대면 : 원문의 '의침(欹枕)'은 물러나서 한가로이 사는 것으로 이천보 자신의 현재 처지를 대변한다. 소옹(邵雍)이 벗의 집을 찾아가 낮에 누워 있다가 병풍에 아이들이 눈 감고 술래잡기하는 그림이 그려진 것을 보고 그 위에 쓰기를, "마침내 은거해 사는 사람으로 하여금 베개에 기대어 아이들 놀이를 구경하게 하네.〔遂令高臥人, 欹枕看兒戲.〕"라고 하였다.《宋名臣言行錄 外集 卷5 邵雍》

286 높은 수레 : 원문의 '고거(高車)'는 신분 높은 사람들이 타는 높고 큰 수레로, 이 시를 받는 대상, 윤경유의 입장을 대변한다.

윤계장[287] 봉오 의 계방[288]에서 당직하던 중 지은 시를 차운하여 감제[289]에 오른 것을 축하하다

次尹季章 鳳五 桂坊直中韻 賀登柑製

계화가 그대 머리에 오름이[290] 어찌 이리 늦었는지	桂花何晚上君頭
기쁜 소식에 등불 식었어도 일어나 갖옷 걷었네	喜報寒燈起攬裘
경전으로 세 조정[291]에서 학금을 따랐고[292]	經卷三朝趨鶴禁

287 윤계장 : 윤봉오(尹鳳五, 1688~1769)로, 자는 계장(季章), 호는 석문(石門)이다. 1714년(숙종40) 사마양시에 합격하였다. 영조가 왕세제였을 때 세자익위사의 세마로서 보필하였으며, 1746년(영조22) 정시에 병과로 급제하였고, 동지의금부사와 대사헌을 역임하였다. 1763년 특진관(特進官)으로 판돈녕부사를 겸하고 1768년 기로소(耆老所)에 들어갔다. 저서로 《석문집(石門集)》이 있다. 1799년(정조23) 2월 숙간(肅簡)이라는 시호가 내렸다. 《正祖實錄 23年 2月 5日》

288 계방 : 조선 시대, 세자익위사(世子翊衛司)의 별칭이다.

289 감제 : 황감제(黃柑製)와 같다. 해마다 제주도(濟州島)에서 그곳의 특산물인 황감을 진상하면, 이를 성균관(成均館)과 사학(四學)의 유생(儒生)에게 나누어 주고 실시하였던 과거를 말한다. 《영조실록》 21년(1745) 12월 1일 기사에, "홍문관 제학(弘文館提學) 서종급(徐宗伋)에게 명하여 반궁(泮宮)에 가서 황감(黃柑)을 나누어 주고 시사(試士)하게 한 다음 대궐에 나아가 과차(科次)를 정하여 수석을 차지한 진사(進士) 윤봉오(尹鳳五)에게 급제를 내리고, 그 나머지는 각각 급분(給分)하였다." 하였다.

290 계화가……오름이 : 윤봉오가 계방(桂坊), 즉 세자익위사에 오른 것을 빗대어 표현한 말이다.

291 세 조정 : 숙종, 경종, 영조 대를 가리킨다.

292 학금을 따랐고 : 학금(鶴禁)은 왕세자가 거처하는 궁을 말한다. 윤봉오(尹鳳五)는 경종과 영조 대에 동궁의 세마를 역임하였다. 《경종실록》 2년(1722) 6월 17일 기사에, 사간원에서 아뢰기를, "세마(洗馬) 윤봉오와 영소전(永昭殿) 참봉(參奉) 김치후를

풍류로 하룻밤에 용루[293]를 가까이했네 風期一夕近龍樓
천시는 매화가 움터 미양의 기운 돌고 天時梅動微陽氣
세상일은 바둑판 끝나가 패전을 도모하려 하네 世事碁殘敗局謀
꿈속의 강호로 돌아갈 계획 늦어졌지만 夢裏江湖歸計晩
나를 위해 걱정할 겨를일랑 있지 않으리라 秪應不暇爲吾愁

모두 태거(汰去)하도록 명하소서."라고 하였다. 《승정원일기》 영조 2년 6월 16일 기사에 따르면, 홍치중이 아뢰기를, "지금 부솔(副率) 윤봉오(尹鳳五)는 경학(經學)으로 사람들 모두에게 인정을 받았는데 지난번 은전을 내려 포상하라고 하교하셨습니다. 전하께서 책봉(冊封)되실 때 세마였는데 이번에 동궁(東宮)이 책봉될 때 다시 세마를 맡았으니 그도 드물게 있는 일입니다. 지난번 이세환(李世煥)을 6품으로 올릴 때 윤봉오만 올라가지 못하여 사람들이 모두 안타까워하였으니 이 사람도 함께 6품으로 올리는 것이 어떻겠습니까?" 하니 임금이 허락하였다.

293 용루 : 동궁(東宮), 즉 세자궁을 말한다. 용루는 원래 한(漢)나라 때 태자궁의 문 이름으로, 문루(門樓) 위에 동용(銅龍) 장식이 있었기 때문에 이런 이름이 붙었다고 한다. 뒤에는 세자가 거처하는 집 또는 세자를 가리키게 되었다. 《漢書 卷10 成帝紀 顔師古注》

홍순보[294]가 병석에서 일어나 김사적[295] 한철 과 함께 찾아왔기에 함께 짓다
洪純甫病起 與金士廸 漢喆 來訪同賦

질질 끌던 병마와 동거했으나	支離同病意
지금부터 베개 이불을 사절하려네	枕席謝從今
매화는 사람을 반기는 기색을 띠었고	梅有迎人色
소나무는 눈을 견디는 마음을 품었네	松含耐雪心
술잔엔 일양[296]이 따스하고	杯觴一陽暖
서책엔 하늘[297]이 비추네	方冊上穹臨
죽지 않은 대장부가 있어	不死男兒在
한해가 깊어감을 길게 노래하노라	長歌歲律深

294 홍순보 : 홍계희(洪啓禧)로, 자세한 사항은 356쪽 주271 참조.

295 김사적 : 김한철(金漢喆, 1701~1759)의 자가 사적(士廸)이다. 본관은 경주(慶州)이며, 김세진(金世珍)의 증손으로 아버지는 이조 참판 김용경(金龍慶)이다. 1731년(영조7) 정시 문과에 급제하여 검열을 거쳐 사간원·홍문관의 청요직(淸要職)을 두루 거쳤다. 특히 1734년 사간원 정언으로 재임할 때 붕당(朋黨) 타파와 보민(保民)의 요체를 상소하였다. 대사간·경기 관찰사·함경도 관찰사 등 내외 요직을 두루 역임하였다. 1757년 대사헌으로 재임할 때 백성의 고통을 덜어주기 위한 양전(量田)의 실시를 주장하였고, 나중에 우참찬에 이르렀다. 시호는 효간(孝簡)이다.

296 일양 : 동지에 처음 생기는 한 가닥의 양기를 말한다. 동지 이전까지는 음(陰)이 극도로 왕성해지다가, 동지부터 일양이 회복되어 점차 왕성해진다. 《주역(周易)》〈복괘(復卦)〉의 소(疏)에 "동지에 양 하나가 생기니, 이는 곧 양은 움직여서 용사하고 음은 고요함으로 돌아가는 것이다.〔冬至一陽生, 是陽動用而陰復於靜也.〕"라고 하였다.

297 하늘 : 원문의 '상궁(上穹)'은 상천(上天)과 같다.

밤에 앉아 '금(今)' 자를 거듭 써서 순보[298]에게 올리다

夜坐疊今字 奉純甫

평생토록 오직 명만을 믿을 것이요　　百年惟信命
만사를 지금은 논하지 말지어다　　萬事莫論今
비바람은 이웃의 닭울음소리요　　風雨隣雞響
얼음서리는 마굿간 말의 마음이로다　　氷霜櫪馬心
우리 도가 졸렬함을 잘 알면서도　　極知吾道拙
여전히 위에 임하시는 성군 우러르리로다　　猶仰聖君臨
한밤중 잠 못 드는 가운데　　不寐中宵意
외로운 등불은 기댄 궤안 가에 깊구나　　孤燈隱几深

298 순보 : 홍계희(洪啓禧)로, 자세한 사항은 356쪽 주271 참조.

탐라로 부임하여 목백이 된 한 어사 대숙[299] 억증 을 보내다[300]

送韓御史大叔 億增 赴耽羅 仍爲牧伯

어사의 재주는 목백의 어짊을 겸하였으니	御史才兼牧伯賢
한라산 빛이 관선을 이끌어 주리라	漢拏山色引官船
봄이 돌아오니 섬에서 윤음을 펼칠 수 있고	春回島嶼宣綸處
물결 고요하니 고래 앞에서 의대 풀어도 좋겠네	浪靜鯨鯢緩帶前
바다 가운데 땅이지만 오히려 성상의 교화 있고	地到溟中猶聖化
천상으로부터 온 사람이 바로 진정한 신선이라네	人從天上是眞仙
알겠도다, 그대 떠남에 왕의 위령(威靈) 의지하기에	知君仗去王靈在

299 한 어사 대숙 : 한억증(韓億增, 1698~?)으로, 자는 대숙(大叔)이다. 1733년(영조9) 성균관 시험에 2등하여 전시에 곧바로 나가 식년문과에 급제하였다. 1733년 사간원 정언으로 노론 당론을 펴던 대사간 김치후(金致垕)를 옹호하는 언론을 펴다가 해도(海島)로 유배당하였다. 1737년 석방되어 홍문록(弘文錄)에 입록되었고, 수찬을 지냈다. 이듬해 북평사로 나가서 흉년에 구제된 자를 노비로 삼는 법의 제정을 상계(上啓)하여 허락받았다. 지평·헌납·수찬 등 언관직에 있으면서 노론 당론을 행사하여 소론 이광의(李匡誼)와 민창수(閔昌洙)의 석방을 반대하다가 삭탈관작당하였다. 1746년(영조22), 제주의 대기근의 피해를 수습하기 위해 감진어사(監賑御史)로 파견되었다가, 진휼 업무를 위해 특별히 제주목사에 발탁되었다. 이후 승지·대사간을 지냈다.

300 탐라로……보내다 : 탐라는 제주도이다. 목백(牧伯)은 목사(牧使)를 말한다. 《영조실록》 22년(1746) 1월 13일 기사에, "제주에 큰 기근이 들어 임금이 어사(御史)를 보내어 감진(監賑)하려 하였으나, 그 합당한 사람이 없어서 난처하게 여겼다. 영의정 김재로(金在魯)가 엄우(嚴堣)와 한억증(韓億增)을 천거하니, 한억증을 보내라고 명하였다." 하였다. 윤3월 21일 기사에, "한억증을 발탁하여 제주 목사로 삼고 진구(賑救)가 끝날 때까지 어사(御史)의 직임을 맡게 하였다." 하였다.

남쪽 변방의 장기 안개[301]도 두렵지 않을 것임을　　不怕南荒有瘴煙

301 장기 안개 : 장기(瘴氣)가 자욱하게 어린 것을 말한다. 장기는 열병을 일으키는 산천(山川)의 독기(毒氣)로, 주로 남방의 덥고 습기 많은 지역에서 생기는 나쁜 기운을 말한다.

백림정[302]에서 통판[303] 김사빈[304]에게 보이다
栢林亭 示通判金士彬

늦봄 객지에서 보냄을 견딜 수 없어	殘春叵耐客中過
한가한 날 거문고 끼고 북쪽 언덕에 올랐네	暇日携琴上北阿
노년에도 풍류 있어 기생 자리에 나아가고	暮境風流臨妓席
타향에서 계절 바뀌어 꾀꼬리 노래를 듣네	異鄕時序聽鶯歌
장부 들고 온 아전 물러가니 꽃그늘도 옮겨갔고	簿書吏退花陰轉
창[305] 늘어선 문이 깊숙하니 버드나무 빛도 짙어라	棨戟門深柳色多
다시금 신은[306]이 있어 멋진 모임 함께 하니	更有新恩同勝會
오늘 아침 취하지 않으면 시름을 어찌 견디랴	今朝不醉奈愁何

302 백림정 : 황해도 해주(海州)에 있는 정자 이름이다. 위 시는 김사빈이 해주 판관으로 재임하고 있었던 때 지은 것이다. 《정조실록》 14년(1790) 3월 16일 기사 중에, 만력 임진년(1592)에 선조가 용만으로 피난 갔다가 이듬해 환도하던 중 8월 18일에 해주에 머물면서 부용당(芙蓉堂) 서쪽에 행궁을 짓고 또 백림정 옛터에 종묘를 세우고 9월 23일에 돌아갔다고 하였다.

303 통판 : 판관(判官)을 말한다.

304 김사빈 : 김문행(金文行)으로, 자세한 사항은 342쪽 주238 참조.

305 창 : 원문의 '계극(棨戟)'은 지방관이 밖에 나다닐 때 앞에서 길을 인도하는, 나무로 만든 의장용 창을 말하는데, 여기서는 관아 문에 세워 놓은 창을 가리킨다.

306 신은 : 새로 과거에 급제한 사람을 말한다. 여기서는 해주 판관인 김사빈이 과거에 급제한 것을 가리킨다. 370쪽 시 〈부용당에서 통판의 신은연이 베풀어졌는데, 진퇴부시의 고사를 써서 운을 부르고 응대하기를 재촉하므로 이에 그 시를 차운하다〔芙蓉堂設通判新恩宴 用進退賦詩古事 呼韻督對 仍次其作〕〉 참조.

밤에 앉아 김생 익겸[307] 및 여러 사람과 함께 짓다

夜坐與金生益謙諸人同賦

성 머리에서 뿔피리 소리 들리는데	城頭聞畫角
안개가 먼 숲에서 담담히 피어오르네	煙靄淡遙林
달은 저 멀리 원문[308]에 이르렀고	月到轅門逈
꽃은 깊숙한 연침[309]을 에워쌓네	花圍燕寢深
누대는 온통 밤기운에 휩싸였고	樓臺渾夜氣
부첩[310]의 반은 시심이라	簿牒半詩心
화려한 연석의 촛불을 다 태우고도	燒盡華筵燭
그대 붙잡아 놓고 다시 거문고 소리를 듣네	留君更聽琴

307 김생 익겸 : 김익겸(金益謙, 1701~1747)으로, 호는 잠재(潛齋)이며 청음 김상헌(金尙憲)의 증손 김창국(金昌國, 1644~1717)의 서자이다. 1735년(영조11) 진사 입격하여 상의원 별제 등을 지냈다. 1740년에 북경에 다녀왔다. 저서에 《잠재고(潛齋稿)》가 있다. 사천(槎川) 이병연(李秉淵, 1671~1751)의 문인이다.

308 원문 : 수레의 끌채를 마주 세워 문의 모양을 만든 것으로, 병영(兵營)의 문을 가리킨다.

309 연침 : 한가롭게 쉬는 방을 말한다.

310 부첩 : 관아의 장부와 문서를 말한다.

부용당[311]에서 통판[312]의 신은연[313]이 베풀어졌는데, 진퇴부시[314]의 고사를 써서 운을 부르고 응대하기를 재촉하므로 이에 그 시를 차운하다

芙蓉堂 設通判新恩宴 用進退賦詩古事 呼韻督對 仍次其作

악부에 새로이 입혀 성상의 은혜를 기리는데	樂府新翻頌聖恩
그대 오니 기쁨이 원문에 가득 흘러넘치네	君來喜氣溢轅門
비단 도포는 궁중 빛을 구름이 옹위하고	錦袍雲擁宮中色
교목은 겁후[315]의 뿌리에 봄이 돌아왔네	喬木春回刼後根
옛 사업이 응당 문헌[316]에 멀리 전할진대	舊業應傳文獻遠

311 부용당 : 황해도 해주에 있는 정자이다. 선조의 어가가 잠시 머물렀던 곳으로, 효종조에 우암 송시열(宋時烈)이 기문(記文)을 써서 양조(兩朝)의 휘호가 기문 가운데 있었는데, 권환(權瑍)이 황해도 관찰사가 되었을 때 이 기문을 부수어 땔감으로 썼고 이 때문에 그는 1694년(숙종20)에 귀양을 갔다. 《肅宗實錄 20年 5月 26日, 31年 2月 28日》

312 통판 : 김문행(金文行)으로, 자세한 사항은 342쪽 주238 참조.

313 신은연 : 과거에 새로 급제한 사람을 축하하는 연회를 말한다. 김사빈은 1726년(영조2)의 병오 증광 사마시(丙午增廣司馬試)에 진사(進士) 합격하여 해주 판관(海州判官)이 되었다. 1746년(영조22) 병인 정시문과(丙寅庭試文科)에 급제하였다.

314 진퇴부시 : 한 번 나아갔다 물러나는〔進退〕 짧은 시간 동안 1연씩 짓는 시를 말한다.

315 겁후 : 오랜 세월이 흘렀음을 뜻한다. 겁(刼)은 겁(劫)으로 불교에서, 범어 kalpa의 음역인 겁파(劫簸)의 약칭이니, 천지가 한 번 생겼다가 없어지는 동안의 한없이 멀고 긴 시간을 뜻한다.

316 문헌 : 해동공자(海東孔子)로 일컬어지는 최충(崔沖)을 제향하는 문헌서원을 말

평소 마음을 어찌 안락함[317]을 향해 가지리오　素心寧向飽溫存
알겠도다, 조만간 징서[318]가 내려오면　也知早晩徵書下
축하주가 도리어 시름겨운 이별 잔 될 것임을　賀酒還愁作別樽

하는 듯하다. 황해도 해주에 있다. 1551년(명종6) 주세붕(周世鵬)이 황해도 관찰사로 있으면서 최충의 고향인 해주에 문헌서원을 세우고 그를 제향하였다.

317 안락함 : 원문의 '포온(飽溫)'은 배부르고 등 따스하다는 뜻으로, 편안함을 의미한다.

318 징서 : 임금이 신하를 부르는 문서를 말한다.

통판[319]이 지나가다 들러 운을 집어 짓다

通判來過拈韻

구름 그림자 배회하며 오색 난간에 기대니	雲影徘徊倚畫欄
공관 뜰에 아전 물러가고 뿔피리 소리 막 잦아들 제	公庭吏退角初殘
시절이 평안하니 바닷가에 파도 소리도 잔잔하고	時平海國濤聲偃
객이 이르니 원문에 주령[320]조차 너그럽네	客至轅門酒令寬
연꽃 기운 퍼지는 누대는 물에 떠 있는 듯하고	荷氣樓臺疑汎水
버들 바람 부는 평상 대자리는 싸늘해지려 하네	柳風床簟欲生寒
세월은 흘러 다시 단오절 가까워 옴을 느끼니	流光更感端陽近
좋은 절기 타향이지만 한번 즐겨볼 만하겠구나	佳節他鄕可一歡

319 통판 : 김문행(金文行)으로, 자세한 사항은 342쪽 주238 참조.

320 주령 : 술자리의 흥을 더하기 위하여 마련한 음주의 규칙을 말한다.

통판[321] 등 여럿이서 결성[322]에 배를 띄워 청포 바다 어귀에 이르다

與通判諸人 泛舟潔城 至靑浦海口

돛 너머 아득하게 물결이 허공을 치니	帆外微茫浪拍空
배[323]가 바다 문 동쪽을 배회하네	柁樓徙倚海門東
강과 산은 관방[324] 속에 끊임이 없고	河山不盡關防裏
종이와 먹은 의기 중에 서로 만나네	翰墨相逢意氣中
구름은 지나가며 검은 염정[325]을 가로 나누고	雲過橫分鹽井黑
조수는 잔잔하여 붉은 깃발을 거꾸로 꽂네	潮平倒揷畵旗紅
청명한 시대라 전함은 한가로이 일이 없기에	時淸戰艦閒無事
편안히 생황 노래 싣고서 저녁 바람에 내려오네	穩載笙歌下晩風

321 통판 : 김문행(金文行)으로, 자세한 사항은 342쪽 주238 참조.

322 결성 : 황해도 해주에 있는 경치 좋은 곳이다.

323 배 : 원문의 '타루(柁樓)'는 키를 잡는 선실(船室)의 다락이다.

324 관방 : 군사적인 요충지로 관소(關所)를 설치하여 수비를 하는 곳을 말한다.

325 염정 : 소금을 만들 바닷물을 모아두는 염전의 웅덩이를 말한다.

밤에 누워 김생이 하당[326]에 와서 앉아 시 읊는 소리를 듣다

夜臥聞金生來坐荷堂有吟

더위 먹어 몽롱한 채 밤은 깊었기에	病暍昏眠夜色闌
바람 이슬이 주렴 가득 싸늘한 줄 몰랐네	不知風露滿簾寒
부용당 위에 뜬 외로운 둥근 달은	芙蓉堂上孤輪月
오직 시인이 난간에 기대 보는 것만 허락하네	獨許詩人倚檻看

326 하당 : 부용당(芙蓉堂)을 가리킨다. 자세한 사항은 370쪽 주311 참조.

이튿날 하당[327]에서 김생을 맞이하여 앞 시의 운을 거듭 쓰다

翌日 荷堂邀金生 疊用前韻

못에 핀 꽃들 잔잔하고 버들 바람도 잦아드니	池華不動柳風闌
마음 고요하여 유월에도 능히 한기가 이네	心靜能生六月寒
한 바탕 연꽃 향기 퍼져와 자리에 가득하니	一陣荷香來滿座
다시 미인을 데려와 봐도 좋을 듯하네	更堪携得美人看

두 번째 첩운 再疊

한가한 날 생황 노래는 흥이 그지없고	暇日笙歌興未闌
연꽃 막 피어나 물 위엔 바람이 싸늘하네	荷花初發水風寒
짙은 향기지만 도리어 맑고 고고한 취향 있어	濃香却有淸孤趣
모름지기 고상한 이의 처세를 가져 보이도다	須把高人處世看

327 하당 : 부용당(芙蓉堂)을 가리킨다. 자세한 사항은 370쪽 주311 참조.

앞의 시 운을 거듭 써서 연꽃을 읊다

疊前韻詠荷

맑은 달 고운 구름에 밤 그림자 짙으니　淡月纖雲夜影闌
수정궁[328] 속에 맑고 차가움을 고이 간직해두었네　水晶宮裏貯淸寒
선계의 꽃은 인간계의 물건 아니라서　仙葩不是人間物
맑은 물결에 씻어 내어 특별히 보여주었네　洗出晴波特地看

또 읊다 又

활짝 피니 도리어 좋은 시절 끝날까 두려운데　全開還恐好時闌
못 가운데 한 송이 거꾸로 비친 그림자 차가와라　一朶池心倒影寒
마음 맞으면 어찌 꼭 주객을 따지리오　會意何須論主客
황혼의 초승달은 그대 마음대로 보시게나　黃昏微月任君看

328 수정궁 : 전설 속의 수신(水神), 용왕(龍王)의 궁전을 말한다.

하당[329]에서 통판[330]에게 보이다

荷堂示通判

매미 울고 산에 비 지나가니　　蟬鳴山雨過
정원엔 맑은 햇살 담백하여라　　庭院澹淸暉
연꽃 이슬은 백성의 첩지[331] 적시고　　荷露霑民牒
홰나무 바람은 아전 옷에 가득하네　　槐風滿吏衣
거문고는 물가에서 울릴 테고　　琴應臨水響
편지는 서울에 드문드문 들이고자 하겠지　　書欲入京稀
한번 웃음에 손과 주인 잊었으니　　一笑忘賓主
소광[332]한 탓인지, 잘못인 줄도 몰랐네그려　　疏狂未覺非

두 번째 첩운 再疊

천 개의 연꽃 그림자 어지러운데　　撩亂千荷影
못에는 저녁 햇살이 옮겨가네　　池塘轉夕暉
비 지나가니 술자리에 술이 깨고　　雨過醒酒席
가을 드니 겹옷에 의지하네　　秋入倚樓衣
기생이 새로 지은 오묘한 시를 읊고　　妓誦新詩妙

329 하당 : 부용당(芙蓉堂)을 가리킨다. 자세한 사항은 370쪽 주311 참조.

330 통판 : 김문행(金文行)으로, 자세한 사항은 342쪽 주238 참조.

331 백성의 첩지 : 백성들의 민원(民願)을 말한 것이다.

332 소광 : 너무 호방하여 구속을 받지 않는 것을 말한다.

꽃은 듬성듬성 짧은 머리를 부끄럽게 하네　花羞短髮稀
다른 방법으로 애오라지 즐거움을 찾지만　殊方聊取樂
처음 뜻이 틀렸다고는 믿지 않겠네　不信素心非

세 번째 첩운 三疊

연꽃 향기가 손님을 좋이 맞이하니　荷香迎客好
발 걷고 맑은 햇빛 속에 앉았네　捲箔坐淸暉
병든 나그네 여전히 술 들이키지만　旅病還樽酒
시의 명성은 포의 때보다 높다네　詩名尙布衣
하늘빛은 누각 안은 채 고요하고　天光抱樓定
공무일은 꽃밭에 들기 드무네　公事入花稀
아름다운 이 서주의 땅[333]에　佳麗西州地
눌러 앉는다 해도 꼭 틀린 것은 아니리라　留連未必非

333 서주의 땅 : 황해도 해주를 가리킨다.

통판[334]이 밤에 들러서 운을 집어 함께 짓다

通判夜過 拈韻共賦

잎 진 버들에 부는 서풍이 초가을을 알리니	西風疎柳報新秋
맑고 서늘한 못가 난간이 더욱 그윽하게 느껴지누나	池檻泠泠轉覺幽
주묵[335]이 오묘한 시구를 방해할 순 있겠지만	朱墨可能妨妙句
신선은 본디 높은 누각을 좋아한다네	神仙本自好高樓
매미 소리는 문득 거문고로 들어와 멀리 퍼지고	蟬聲忽入淸琴迥
연꽃 향기는 좋은 술과 어우러져 한데 퍼지네	荷氣渾將綠酒流
찬 이슬 가득한 주렴엔 초승달 그림자 어리니	凉露滿簾纖月影
오늘 밤 또한 만났으니 남은 정을 다 풀어 볼까	今宵且合盡情留

334 통판 : 김문행(金文行)으로, 자세한 사항은 342쪽 주238 참조.

335 주묵 : 관청의 장부를 작성하는 데 사용하는 주필(朱筆)과 묵필(墨筆)로, 관청의 사무를 뜻한다.

칠석날에 부용당[336]에서 통판[337] 및 여러 사람들과 모이다

七夕 芙蓉堂 會通判諸人

천 겹 화운(火雲)엔 아직도 찌는 기운 남아 있어	火雲千疊尙餘蒸
못가 난간에서 바람 맞으며 종일 기대 있네	池檻迎風盡日憑
꿈은 간절하여 금장 이슬[338]에 젖기를 생각하고	夢渴思霑金掌露
마음은 청량하여 옥병 얼음[339]을 간직하려고 하네	心凉欲貯玉壺氷
몸에 찬 붉은 인끈[340]엔 세속의 인연 무겁건만	身邊朱紱塵緣重
베갯가 붉은 연꽃엔 물 기운이 맑아라	枕畔紅蕖水氣澄
저 멀리 천손 향해 어찌 좋은 솜씨 빌어볼까[341]	遙向天孫誰乞巧
평생도록 졸렬한 것이 오직 나의 능력인 것을	百年惟拙是吾能

336 부용당 : 자세한 사항은 370쪽 주311 참조.

337 통판 : 김문행(金文行)으로, 자세한 사항은 342쪽 주238 참조.

338 금장 이슬 : 금장은 한 무제(漢武帝) 때 장생불사를 위해 선약(仙藥)을 만들 때 사용할 이슬을 받는 승로반(承露盤)을 받치는 금으로 만든 선인(仙人)의 손이다. 여기서는 대궐을 뜻한다.

339 옥병 얼음 : 원문의 '옥호빙(玉壺氷)'은 청정하고 고결한 품격을 뜻한다. 남조 송(南朝宋) 포조(鮑照)의 시 〈백두음(白頭吟)〉에 "충직하기론 붉은 색 밧줄이요, 청정하기론 옥병 속의 얼음일세.〔直如朱絲繩, 淸如玉壺冰.〕"라고 한 데서 유래하였다.《文選註 卷28 樂府詩八首》

340 붉은 인끈 : 원문의 '주발(朱紱)'은 관리들의 인장(印章)에 단 붉은색의 인끈으로, 벼슬을 뜻한다.

341 저……빌어볼까 : '걸교(乞巧)'는 칠월 칠석날 밤에 부녀자들이 과일과 떡을 차려 놓고 직녀와 견우에게 길쌈과 바느질 솜씨가 좋아지게 해 달라고 빌던 풍속이다.

신천 군수 조사취[342] 명규 와 이아[343]에서 만나기로 약속하였으나 비에 막혀 성사되지 못하였기에 섭섭한 마음으로 읊다

與信川守趙士聚 明奎 約會貳衙 阻雨未果 悵然有吟

장맛비가 아침 내내 푸른 연잎에 떨어지더니	積雨終朝響碧荷
금당[344]엔 대로 엮은 가마 지나갈 길조차 막혔네	琴堂還阻竹輿過
지척에서 멋진 모임 틀어졌다 근심치 말라	莫愁咫尺違佳會
돌아갈 사람 며칠 동안 잡아둘 수 있으니	留得歸人幾日多

342 조사취 : 조명규(趙明奎)로, 자가 사취(士聚)이다. 1741년(영조17)에 교하 군수를 지냈고, 1746년에 황해도 신천 군수를 지냈다. 《신천군읍지(信川郡邑誌)》에 의하면, 1746년에 군수 조명규가 문란한 전정(田政)을 개량하기 시작했고 이듬해 군수 조집명(趙集命)이 이어서 완성하였다고 하였다.

343 이아 : 감영(監營) 소재지에 있는 군아(郡衙)를 말한다. 군아는 군수가 사무를 보는 관아이다. 감영은 관찰사가 직무를 보는 관아로, 황해도 감영은 해주에 있었다.

344 금당 : 수령이 정사(政事)를 보는 곳을 가리킨다. 공자의 제자 복자천(宓子賤)이 선보(單父) 고을의 수령이 되었을 적에, "거문고만 연주할 뿐, 마루 아래로 내려오는 일이 없었는데도 잘 다스려졌다.〔彈鳴琴, 身不下堂而單父治〕"라는 고사에서 유래하였다.《呂氏春秋 卷21 察賢》

또 두 사군에게 부치다

又寄兩使君

벽성[345]의 가을빛이 연꽃을 침범하더니	碧城秋色已侵荷
주렴장막에 쓸쓸히 비 지나가는 소리 들리네	簾幕蕭蕭聽雨過
맑은 대자리와 화로 연기가 편한 잠자리 제공하니	淸簟爐煙供穩睡
남쪽 누각에 일찍 추위 많은 것 그나마 기쁘구나	南樓差喜早涼多

345 벽성 : 황해도 해주(海州)의 별칭이다. 광해군 때 해주의 읍호가 강등되어 벽성이 되었다.《光海君日記 8年 10月 27日》

사취[346]의 시운을 따라 짓다

次士聚韻

공문[347]의 번잡한 일들 일소에 붙이고	一笑公門百事纒
벗이 나를 맞이해주니 더욱 즐거워라	故人邀我更欣然
남쪽 누각에서 술에 의지해 가을 기운 슬퍼하고	南樓倚酒悲秋氣
북쪽 마을에서 우정 논하며 소년 시절 추억하네	北里論交憶少年
바다 학은 그대 같이 병골이 많은데	海鶴同君多病骨
관아 연꽃 내게 보내 이름 인연 맑게 하네	官荷寄我淨名緣
새 시름과 옛 감회가 끝도 없이 많다마는	新愁舊感無窮事
타향에서 이 모임 이루어짐이 또한 기쁘도다	且喜殊方此會圓

두 번째 수 其二

신변의 세상사야 백 번 얽히고설키건	世事身邊任百纒
술 있으면 어디인들 한적하지 않으랴	杯樽何處不蕭然
성에는 성조께서 수레 머물렀던 곳이 남아있고[348]	城留聖祖停鑾地
누각에선 문성공이 난간에 기댔던 때 생각하네[349]	樓憶文成倚檻年

346 사취 : 조명규(趙明奎)로, 자세한 사항은 381쪽 주342 참조.

347 공문 : 관청의 문으로, 관청을 뜻한다.

348 성에는……남아있고 : 부용당(芙蓉堂)을 가리킨다. 임진왜란 때 선조의 어가가 잠시 머물렀다. 370쪽 주311 참조.

349 누각에선……생각하네 : 문성(文成)은 율곡(栗谷) 이이(李珥)의 시호이다. 율곡이 39세 때인 1575년(선조8)에 황해도 관찰사를 지냈다. 부용당에 그의 시가 있다.

먼 허공을 지나가는 새는 그림자를 멈추지 않고　過鳥遙空無住影
푸른 바다에 뜬 구름은 잠시 인연을 따른 것이네　浮雲滄海蹔隨緣
우정 나눔에 더욱이 풍류 아는 군수가 있으니　交情更有風流守
시축에 넘치도록 새로 지은 시 얻었구나　贏得新詩滿軸圓

세 번째 수 其三

벼슬길에 굴레 사양치 않음을 한탄하고　名途恨不謝覊纒
오랜 배움도 머리 돌리니 마음 근심스러워지네　宿學回頭意悄然
등불 아래 마주보며 빗소리 듣는 밤　燈火相看聞雨夜
수염은 글 읽던 시절을 헛되이 저버렸구나　鬢毛虛負讀書年
춤 자리[350] 노래 부채[351]로 애오라지 손을 접대하고　舞筵歌扇聊供客
약 봉지와 차 화로로 만년의 인연 맺네　藥裹茶爐晚作緣
우스워라! 시편에 옛 버릇 남아있으니　自笑詩篇餘舊癖
응당 가득 피어난 연꽃 두루 지을 걸 알겠네　知應題遍亂荷圓

이후 조정에서 물러난 후 다시 석담에 돌아와 강학하며 머물렀다. 석담서원(石潭書院)은 이이가 해주 석담에 주자의 사당을 세우고 조광조(趙光祖)와 이황(李滉)을 향사하였는데, 이이 사후에 사액되어 이이와 성혼(成渾), 김장생(金長生), 송시열(宋時烈)을 뒤이어 배향하였다. 서원 오른편에 있는 청계당(聽溪堂)은 바로 율곡이 강학하던 장소였다.

350 춤 자리 : 원문의 '무연(舞筵)'은 기녀들이 춤추는 자리를 말한다. 두보의 〈성서피범주(城西陂泛舟)〉 시에 "고기는 잔물결 불어 가선 그림자 흔들리고, 제비는 나는 꽃을 박차서 무연에 떨어지네.〔魚吹細浪搖歌扇, 燕蹴飛花落舞筵〕"라고 하였다.《杜少陵詩集 卷3》

351 노래 부채 : 원문의 '가선(歌扇)'은 기녀가 노래할 때 손에 드는 부채이다.

네 번째 수 其四

늙은 둔마가 도리어 비단 고삐에 얽매여 老駘還受錦韁纏
계극[352] 세워 서쪽 오니 머리털이 허옇구나 棨戟西來鬢颯然
가협[353]의 계수나무 잡던[354] 골짝을 꿈에 그리고 嘉峽夢懸攀桂洞
현호[355]에 배 띄우던 해를 시에서 추억하네 玄湖詩憶泛舟年
한밤중 그림 촛불 아래 시사를 근심하는데 中宵畵燭憂時事
책상 가운데 읽던 서책엔 묵은 인연이 있네 半榻殘書有宿緣
행장을 곰곰 생각하며 난간에 한참 기댔자니 細筭行藏憑檻久
맑은 가을 옷소매엔 이슬 꽃이 초롱초롱 秋淸衣袂露華圓

352 계극 : '棨戟'은 적흑색 비단으로 싼 나무창으로, 고대에 관리가 쓰던 의장의 일종이다. 출행할 때에는 맨 앞의 병사가 이 창을 들고 인도하며, 임소에 당도한 뒤에는 문정(門庭)에 세워 놓는다.

353 가협 : 가평을 가리킨다. 이천보가 살던 곳이다.

354 계수나무 잡던 : 원문의 '반계(攀桂)'는 은거를 뜻한다. 《초사》〈초은사(招隱士)〉에 "계수나무 가지를 부여잡으며 편히 오래 머무른다네.〔攀援桂樹兮聊淹留〕"라고 한 데서 나온 것으로, 은사(隱士)가 향기로운 계수나무를 사랑하여 산중에 머물러 산다는 뜻이다.

355 현호 : 지금의 마포구(麻浦區) 현석동(玄石洞) 일대를 흐르는 한강을 말한다. 강폭이 넓고 물결이 잔잔하여 현호(玄湖)라고 불렀다 한다.

하당에서 밤에 술을 마시다
荷堂夜酌

못의 연꽃 두루 피고 뜨락 오동잎 지는데	池荷開遍落庭梧
맑은 날 좋은 손과 함께 난간에 기대었네	晴日憑欄好客俱
검무 출 제 가을바람이 소슬히 불어오고	劒舞秋風生颯爽
거문고 소리에 구름 그림자가 청고함을 보내네	琴絃雲影度淸孤
하늘에 은하수 맑으니 간밤에 비가 내리고	天晴河漢前宵雨
몸이 누대에 있으니 한 폭의 그림이로다	身在樓臺一幅圖
벽 위의 자고시[356]는 울림이 절묘하니	壁上鷓鴣詩響絶
관아 술통 끌어와서 못 마시니 한이로다	携來恨不對官壺

두 번째 첩운 再疊

막부[357]에 서늘함 감돌아 벽오동이 흔들리니	幕府微凉動碧梧
높은 누각에서 그대와 함께 배회하네	高樓徙倚與君俱
매미 소리는 물 가까워 유독 멀리 퍼지고	蟬聲近水偏添逈
학의 마음은 가을 만나 더욱 외롭게 느끼네	鶴意逢秋轉覺孤

356 자고시 : 미상. 자고시의 자고(鷓鴣)는 남방(南方)의 새로, 시문에서 흔히 고향을 그리워하는 심정을 나타내는 데 소재로 쓰인다. 자고시는 원래 당(唐)나라 시인 정곡(鄭谷, 851~910)이 지은 시로, 이 시가 워낙 유명하여 사람들이 정곡을 정자고(鄭鷓鴣)라고 불렀다.

357 막부 : 장수가 있는 진영 또는 관아를 가리킨다. 작자는 당시 황해도 관찰사로 재임하였는데, 관찰사는 병마절도사와 수군절도사를 겸임하였으므로 이른 말이다.

긴 젓대로 창해에 뜬 달을 부르고 싶고	長笛欲呼滄海月
짧은 병풍에 석담도[358]를 새로 그리고 싶어라	短屛新寫石潭圖
시정이 문득 소슬하게 일어나기에	詩情忽爾生蕭瑟
옥항아리 베고 취한 채 시든 연꽃 바라보네	醉對殘荷枕玉壺

세 번째 첩운 三疊

나그네 마음 가을에 놀라는 것이 늙은 오동과 같아	客意驚秋似老梧
거문고 가지고 밤에 하당으로 자리 옮겼네	夜堂移席一琴俱
첩첩 성에 울리는 고각소리에 은하수는 가깝고	層城鼓角天河近
어둔 숲에 날아든 까마귀에 고개 위 달 외로워라	暝樹烏鴉嶺月孤
못가에서 연꽃 보는 것은 오직 늙은이 뿐이나	池上看荷惟短髮
등 앞에서 검 논하며[359] 간혹 웅대한 포부 펼치네	燈前論劍或雄圖
거대한 바다는 지척이요 고향 산은 아득하니	滄溟咫尺鄕山遠
붉은 난간에 높이 기대어 취해 술병 두드리네	高倚朱欄醉拍壺

358 석담도 : 〈고산구곡도(高山九曲圖)〉를 가리킨다. 율곡(栗谷) 이이(李珥, 1536~1584)가 지은 〈고산구곡가(高山九曲歌)〉를 그림으로 그린 것이다. 이이는 황해도 관찰사를 지낸 후 조정에서 물러나 황해도 해주의 고산(高山)에 있는 석담(石潭)에 은거하여 강학을 하였는데, 석담을 율곡과 함께 그의 호로 삼았다. 〈고산구곡가〉는 1578년(선조11)에 이이가 석담을 주자(朱子)의 무이구곡(武夷九曲)에 견주어 지은 시조이다. 이 〈고산구곡가〉를 그림으로 옮긴 것이 〈고산구곡도〉인데, 이이가 별세한 후 문인들에 의해 제작되었을 것으로 추정된다. 현존하는 〈고산구곡도〉는 병풍 형식으로 민간에 널리 유포되었으며, 민화(民畵)로까지 발전되었다.

359 검 논하며 : 무사(武事)를 담론함을 뜻한다.

오 홍려 도옥[360]이 교서를 반포하는 차원[361]으로서 감영에 도착하였는데 작별할 때 써서 주다
吳鴻臚道鈺 以頒教差員到營 臨別書贈

첫 가을의 좋은 기운 경루[362]에 가득하여	新秋喜氣滿瓊樓
성후[363] 이튿날 쾌차하셨단 소식 멀리서 받들었네	聖候遙承翌日瘳
한 도[364]의 어룡들에게 은택 흠뻑 적셔주고	一路魚龍涵霈澤
금함[365] 받들고 바다 서쪽 고을 지나가네	金函擎過海西州

360 오……도옥 : 홍려시(鴻臚寺)는 조선 시대에 통례원(通禮院)의 별칭이다. 통례원은 국가 의례를 관장하던 관청이다. 오도옥은 미상이다.

361 차원 : 차사원(差使員)으로, 중요한 임무를 지워 임시로 파견하는 관원을 말한다.

362 경루 : 경루옥우(瓊樓玉宇)로, 신화 속에 나오는 월궁의 누각이다. 여기서는 임금이 계신 궁궐을 가리킨다. 송나라 신종(神宗) 대에 소식(蘇軾)이 황주(黃州)로 귀양 가서 지은 〈수조가두(水調歌頭)〉에 "나는 바람 타고 돌아가고 싶나니, 경루옥우 높은 곳이 추위를 이기지 못할까 또 걱정일세.〔我欲乘風歸去, 又恐瓊樓玉宇, 高處不勝寒.〕"라고 하였다. 이 노래가 유행하니 신종이 듣고 "소식이 끝내 임금을 사랑하는구나.〔蘇軾終是愛君.〕"라고 탄식하며 여주(汝州)로 유배지를 옮기라고 명했다 한다.《古今事文類聚 前集 卷11 坡詞愛君》

363 성후 : 성상의 체후(體候)로, 임금의 건강을 말한다.

364 한 도 : 즉 황해도를 말한 것이다.

365 금함 : 조서(詔書)를 넣은 상자를 말한다.

허정[366]

許亭

그윽한 신선 구역 예전에 명성 들었는데 仙區窈窕昔聞聲
품평이 이름에 못 미친다 그 누가 말하리 題品誰言不及名
소나무는 고상한 이 난간에 기댄 듯하고 松似高人當檻偃
정자는 물에 떠다니는 작은 배 같아라 亭如小舫泛流行
바람과 샘물 소리 거문고 울림에 함께 들어오고 風泉倂入孤琴響
하늘과 바다가 한 기운으로 맑아 나누기 어려워라 天海難分一氣淸
승경은 석담[367]만이 오직 견줄 만하거니 形勝石潭惟伯仲
구가[368] 부르며 멀리 백운이 이는 것을 바라보네 九歌遙望白雲生

366 허정 : 해주에 있는 정자 이름으로, 허보(許宲, 1585~1659)의 정자이다. 허보는 자가 유선(惟善), 호가 동강(東岡)이다. 경상도 관찰사를 지낸 초당(草堂) 허엽(許曄)의 손자이며, 이조 판서(吏曹判書) 허성(許筬)의 아들이다. 1610년(광해군2), 숙부 허균(許筠)이 고시관이 되었을 때 허보가 과거급제를 하였으나, 사정(私情)을 두었다는 비방을 받아 삭과(削科)되었다. 이후로 과거를 포기하였다. 1623년(인조 원년)에 비로소 바다로 나가 서호(西湖)의 삼포(三浦)에 살 곳을 잡아 이안당(易安堂)을 개척하여 명화(名花)와 가훼(嘉卉)를 심고 금기(琴碁)와 병장(屛幛)을 갖추고 유유자적하며 손님을 맞이하기를 즐거워하였다. 이민구(李敏求)가 쓴 묘갈명이 《국조인물고》 권59 〈광해 시 이화인(光海時罹禍人)〉에 수록되어 있다.

367 석담 : 해주의 지명으로 율곡(栗谷) 이이(李珥)가 은거하여 강학하였고, 경관이 빼어나 〈고산구곡가〉를 지었다. 387쪽 주358 '석담도(石潭圖)' 참조.

368 구가 : 율곡의 〈고산구곡가(高山九曲歌)〉를 가리킨 것 같다.

두 번째 수 其二

적막한 빈 난간 가에 물소리 들으며 앉아 蕭瑟虛欄坐水聲
벽 위에 적힌 시에서 먼저 율곡의 이름을 찾네 壁詩先問栗翁名
바위 갈라지니 못의 용은 구름 습기 머물게 하고 潭龍石拆留雲濕
바람 높으니 바다 기러기는 해를 등지고 날아가네 海鴈風高背日行
땅이 멀어 솟아오른 여러 섬들이 평평하게 보이고 地逈平臨諸島聳
가을 깊어 한 누각의 맑음이 배나 느껴지네 秋深倍覺一樓清
시름겹다, 첩소[369]가 가는 곳마다 이르니 却愁牒訴隨身至
백성의 일이며 거친 밭이며 온갖 근심 생기누나 民事荒田百慮生

369 첩소 : 문서로 호소하는 것을 말한다.

사람들을 이끌고 탁열정[370]에 올랐는데 통판[371]이 뒤따라 이르렀다

携諸人登濯熱亭 通判追至

못물 빛에 화려한 창[372] 멈춰서있고 潭光駐畵戟
종일토록 들판 정자 한가롭구나 盡日野亭閒
직무로 바다 살피고자 하였지만 王事將觀海
시정 때문에 산을 저버리지 못하였네 詩情不負山
가판[373] 저 밖으로 흰구름이 떠가고 白雲歌板外
술잔 사이로 시냇물이 흘러가네 流水酒杯間
북성의 길에 이미 익숙해졌으니 已慣北城路
가벼운 가마에 실려 취해서 돌아가리 輕輿載醉還

순로(巡路)[374]는 장차 먼저 해방(海防)[375]을 살펴보려 하였다. 그러므로 수련(首聯)[376]에서 언급하였다.

370 탁열정 : 황해도 해주에 있는 정자 이름이다. 해주목의 북녘 마을에 있다.

371 통판 : 김문행(金文行)으로, 자세한 사항은 342쪽 주238 참조.

372 화려한 창 : 원문의 '화극(畵戟)'은 채색한 목창(木槍)으로 의장(儀仗)의 하나이다. 병졸들이 들고 관부의 문을 지키며, 지방 수령이 행차할 때 앞에서 들고 인도한다.

373 가판 : 옛날에 노래의 박자를 맞추기 위해 두드리던 판을 말한다.

374 순로(巡路) : 도(道)를 순시(巡視)하는 것을 말한다. 작자가 황해도 관찰사로서 행하는 직무이다.

375 해방(海防) : 바다를 방비하는 것으로, 연해(沿海)와 영해(領海)에 군사 장비를 설치한 것을 말한다.

376 수련(首聯) : 함련(頷聯)이어야 맞다.

하당에서 달 밝은 밤에 통판[377]과 함께 운을 집어 짓다

荷堂月夜 與通判拈韻

시든 연꽃 위 이슬방울이 밤에 차가워지고	殘荷露滴夜生凉
화려한 누각 동편 머리에 달빛이 흐르네	畵閣東頭泛月光
달그림자는 드넓은 먼 바다를 비추어야하건만	素影應臨遙海濶
외로운 달은 굳이 반쯤 드리운 발로 들어오네	孤輪偏入半簾長
한 마리 학으로 하여금 꿈에서 놀라 깨게 하여	政教獨鶴驚山夢
참된 신선을 불러와 술잔 권하고 싶구나[378]	欲喚眞仙勸酒觴
옥우경루[379] 향한 한량없는 마음에	玉宇瓊樓無限意
좋은 계절 타향에서 보내는 것 더욱 가련하여라	更憐佳節在他鄉

377 통판 : 김문행(金文行)으로, 자세한 사항은 342쪽 주238 참조.

378 참된……싶구나 : 소식의 〈후적벽부(後赤壁賦)〉의 끝부분에 나오는 학과 도사를 원용하였다. 그 내용은, 밤중의 뱃놀이 중 외로운 학 한 마리가 강을 가로질러 날아와 배를 스쳐서 서쪽으로 날아간 후, 잠이 들었는데 꿈에 한 도사가 새털 옷을 펄럭이며 날아서 임고정 아래를 지나와 읍하며 "적벽의 놀이가 즐거웠소?" 하고 물었는데 이가 바로 지난밤에 울며 날아간 학이었다는 것이다.

379 옥우경루 : 신화 속에 나오는 월궁(月宮)의 누각으로 신선이 사는 곳이다. 여기서는 임금이 있는 궁궐을 가리킨다.

중추절에 비를 만나 동각의 사안[380]을 기록해 올리다

仲秋對雨 錄呈東閣詞案

가을 비 아침 내내 못 가득 울리기에	秋雨終朝響滿池
가절 맞이하고도 쓸쓸히 깊은 휘장 안에 누웠네	佳辰寥落臥深帷
바다 기러기는 어둑함 속에 무겁게 날아가고	海鴻飛過冥濛重
성의 나팔 소리는 빗소리 속에 느릿느릿 이어지네	城角聲連淅瀝遲
만고토록 오늘밤 달 몇 번이나 돌았으랴마는	萬古幾回今夜月
올해는 늙은이의 시를 헛되이 저버렸구나	一年虛負老夫詩
맑은 빛은 무한하고 흐리고 갬은 허환(虛幻)이니	淸光無限陰晴幻
또한 서루 향하여 훗날의 기약 묻노라	且向西樓問後期

380 동각의 사안 : 원문은 '동각사안(東閣詞案)'으로, 동각(東閣)은 지방 수령의 관아를 말한다. 사안(詞案)은 소송 문서이다.

저녁 이후에 비가 개어 구름 속 달이 몽롱하였는데 통판[381]이 와서 만나 앞의 운을 거듭 써서 짓다

夕後雨晴 雲月朦朧 通判來會 疊前韻

소나기 막 그치자 못이 온통 맑더니	急雨初歸湛一池
다시 외로운 달을 불러와 빈 휘장으로 맞이하네	更邀孤月入虛帷
둥근 달은 정녕 은하수에 깔끔히 씻기었겠고	圓輪定洗明河潔
흰 달무리는 도리어 엷은 안개를 느릿느릿 헤치네	素暈還披薄霧遲
일은 혹 마음을 거슬러 물리[382]를 보아야 하지만	事或違心看物理
하늘은 응당 내 뜻 알아 나의 시를 기다리리	天應會意待吾詩
그대가 와서 중추절을 저버리지 않았으니	君來不負中秋節
비단 자리에 생황 노래로 좋은 시절 만끽하였네	錦席笙歌儘好期

두 번째 수 其二

하얀 넋[383]이 몇 이랑의 못에 희미하게 비추더니	素魄微明數畝池
홰나무 그늘 틈새로 비로소 휘장 안을 엿보네	槐陰缺處始窺帷
정이 많아 스스로 멀리 구름을 헤쳤지만	情多故自開雲逈
사귐이 담담하여 그저 더디게 얼굴 드러냈네	交淡秖應見面遲
일렁이다 문득 하늘 밖에 그림자를 드리우니	蕩漾忽生空外影

381 통판 : 김문행(金文行)으로, 자세한 사항은 342쪽 주238 참조.

382 물리 : 사리(事理)를 말한다.

383 하얀 넋 : 원문의 '소백(素魄)'은 달의 별칭이다.

그 고고함은 세간의 시에 붙이기 어렵구나 孤高難着世間詩
오늘밤 화려한 자리에서 거문고 뜯으면 그 뿐 華筵錦瑟聊今夕
천주봉[384]에 어찌 꼭 먼 기약을 물을까 天柱何須問遠期

세 번째 수 其三

걸어가며 맑은 달 끌고 앞 못을 돌았으니 步携晴月繞前池
좋은 밤에 어찌 휘장 닫고 누워있을 수 있으랴 良夜寧敎臥掩帷
맑은 하늘 가까우니 어룡은 바다에서 활보하고 淸逼魚龍臨海濶
달빛 반짝이니 까마귀는 숲에서 늦도록 전전하네 光翻烏鵲轉林遲
외로운 회포는 누각에서 부는 피리에도 다하지 않고 孤懷不盡憑樓笛
선배들은 벽 가득한 시를 부질없이 남겼구나 先輩空留滿壁詩
가절일수록 상로의 감회[385]가 가장 크게 이니 最是佳辰霜露感
벼슬살이 중 서글프게 고향 산을 기약하네 宦遊怊悵故山期

384 천주봉 : 멋있게 달구경하는 곳을 뜻한다. 금나라의 술사(術士) 조지미(趙知微)가, 비 오는 밤에 제자들에게 "오늘 밤에 천주봉에 달을 구경하러 가자." 하여 제자들이 따라갔는데, 가는 길에 비가 오지 않았고 천주봉에 올라가서 달을 구경하고 술을 마시며 놀다 내려오니 산 아래에는 여전히 바람과 비가 몰아치고 있었다고 한다. 《古今事文類聚 前集 卷11 天柱峯望月》

385 상로의 감회 : 원문의 '상로감(霜露感)'은 세월이 흐름에 돌아가신 부모나 선조를 사모하며 그리워함을 뜻한다. 《예기》 〈제의(祭義)〉에 "군자는 천도에 맞추어 봄에는 체제를 지내고 가을에는 상제를 지낸다. 가을에 서리와 이슬이 내리거든 군자가 그것을 밟아보고 반드시 슬픈 마음이 생기나니 이는 날이 추워져서 그런 것이 아니고, 또 봄에 비와 이슬이 내려 땅이 축축해지거든 군자가 그것을 밟아보고 반드시 섬뜩하게 두려운 마음이 생겨 마치 죽은 부모를 곧 만날 것 같은 생각이 들게 된다.〔君子合諸天道, 春禘秋嘗. 霜露旣降, 君子履之, 必有悽愴之心, 非其寒之謂也, 春雨露旣濡, 君子履之, 必有怵惕之心, 如將見之.〕" 한 데서 온 말이다.

네 번째 수 其四

밤 깊어 북두성이 싸늘하게 못을 침범하는데　夜深星斗冷侵池
높은 누각에서 그대 맞아 종이 휘장을 걷네　高閣迎君捲紙帷
산 위에 뜬 달은 정히 가선[386]을 따라 가득하고　山月正隨歌扇滿
바다 위 구름은 때로 무연[387] 지나기를 더디 하네　海雲時過舞筵遲
출렁출렁 술동이 기울여 점의주[388]를 마시고　攲樽瀲灩霑衣酒
비스듬히 난필 휘갈겨 각촉시[389]를 쓰노라　亂墨橫斜刻燭詩
흰 이슬과 갈대[390]가 도리어 감회를 일으키니　白露蒹葭還惹感
머리 돌려 서글프게 미인을 기약하네　回頭悵望美人期

386 가선 : 가기(歌妓)가 노래를 부를 때 손에 쥐는 부채이다.

387 무연 : 기녀들이 춤추는 자리를 말한다.

388 점의주 : 옷이 흠뻑 젖도록 마시는 술을 말한다.

389 각촉시 : 각촉부시(刻燭賦詩)로, 초에 눈금을 긋고 촛불이 그 눈금까지 타는 동안에 시(詩)를 짓는 것을 말한다. 《남사(南史)》 권59 〈왕승유열전(王僧孺列傳)〉에 "경릉왕(竟陵王) 왕자량(王子良)이 일찍이 밤에 학사들을 소집하여 각촉으로 시를 짓게 했다. 사운(四韻)일 경우는 일촌(一寸)을 새겼는데, 이것으로 비율을 삼게 했다."라고 했다. 분운(分韻)은 시회(詩會)에서 여러 사람이 몇몇 운자(韻字)를 정한 다음 이것을 각자 집어서 그 잡힌 운자로 한시를 짓는 것을 말한다.

390 흰……갈대 : 원문의 '백로겸가(白露蒹葭)'는 《시경》 〈겸가(蒹葭)〉를 인용한 것이다. 〈겸가〉는 어떤 사람을 향한 그리운 마음을 나타낸 시이다. 그 첫 수에, "갈대가 창창하니, 흰 이슬이 서리가 되었도다. 이른바 저 분이 저 물가의 한쪽에 있도다. 물결을 거슬러 올라가 따르려 하나 길이 막히고 또 길며, 물결을 따라 내려가 따르려 하나 완연히 물의 중앙에 있도다.〔蒹葭蒼蒼, 白露爲霜. 所謂伊人, 在水一方.〕"라고 하였다.

하천포에서 되는 대로 읊다

下川浦漫吟

만 리 밖 서풍이 나그네 도포로 스미는데	萬里西風透客袍
평평한 숲 푸른 장막에서 높은 산을 마주하네	平林翠幕對山高
구름 속 기러기 비 지나가자 온몸이 젖었고	雲鴻過雨全身濕
바닷가 학 서리 맞아 뜻이 온통 호걸스럽구나	海鶻迎霜盡意豪
중추 가절에 천주봉에 뜬 달[391]을 이미 보았고	佳節已觀天柱月
장한 마음 광릉의 물결[392]을 아직도 기억하네	壯心還憶廣陵濤
태평성세라 관방[393]에 아무 일도 없기에	關防聖世渾無事
시 짓는 시름만 잔뜩 머리털로 들어왔네	剩得詩愁入鬢毛

391 천주봉에……달 : 멋있는 달구경을 뜻한다. 395쪽 주384 참조.

392 광릉의 물결 : 멋있는 파도 구경을 뜻한다. 한나라 매승(枚乘)이 지은 사부(辭賦) 〈칠발(七發)〉에, "팔월 보름날에 여러 공후(公侯) 및 먼 지역에서 사귄 형제들과 함께 광릉의 곡강(曲江)에 파도가 치는 것을 구경하러 가겠습니다.〔將以八月之望, 與諸侯遠方交遊兄弟, 並往觀濤乎廣陵之曲江〕"라고 하였다. 《文選 卷34》

393 관방 : 군사적인 요충지로 관소(關所)를 설치하여 수비를 하는 곳을 말한다.

석담서원[394]

石潭書院

나그네 옷소매가 숲 바람에 숙연해지니	客袂林風肅
깊은 산 속에 사당이 열려서라	山深廟宇開
임금과 백성에게 삼대의 뜻을 품었건만[395]	君民三代志
골짜기엔 백년의 슬픔이 서렸도다	洞壑百年哀
못에는 관심수[396]처럼 맑고	潭淨觀心水
구름은 강역대[397]에 일어나네	雲生講易臺

394 석담서원 : 율곡 이이가 낙향하여 후진을 양성하고 학문을 연구하던 곳에 세운 서원이다. 석담천 맑은 물이 아홉 굽이를 돌면서 돌못〔石潭〕을 이루는데, 이름난 석담 구곡 중에서도 가장 아름다운 다섯 번째 굽이 '은병(隱屛)'에 자리 잡고 있다. 1575년(선조8) 율곡이 청계당을 지어 제자들을 가르쳤고, 1578년에 운병정사(雲屛精舍)를 지어 주자(朱子)의 영정을 모셨다. 1586년(선조20)에 사당을 건립하면서 '석담서원'으로 불렸는데, 당시에는 이이를 비롯하여 주희 · 조광조 · 이황을 모셨다. 임진왜란 때 불타버린 것을 1604년(선조38) 관찰사 정양호(鄭陽浩)와 목사 김상준(金尙寯)이 복원하였다. 1610년(광해군2)에 '소현(紹賢)'이라는 사액을 받았으며, 조광조 · 이황 · 이이 · 성혼 · 김장생 · 송시열을 추가로 배향하였다. 소현서원(紹賢書院)으로도 불리며, 현재 황해남도 벽성군 고산면 석담리에 있다. 강릉의 오죽헌, 안동의 도산서원, 개성의 숭양서원 등과 함께 대표적인 서원의 하나로 꼽힌다.

395 임금과……품었건만 : 율곡의 이상으로, 임금과 백성을 삼대(三代)의 임금과 백성이 되게 할 뜻을 품었던 사실을 말한 것이다. 삼대는 하(夏) · 은(殷) · 주(周) 시대로, 태평성대를 의미한다.

396 관심수 : 마음을 관하는 물이라는 뜻으로, 맑고 고요한 물을 말한 것이다.

397 강역대 : 《주역》을 강의하던 대(臺)를 말한다.

도 들음 늦은 것이 스스로 가련하여 自憐聞道晚
머리 허연 채로 홀로 배회하네 頭白獨徘徊

두 번째 수 其二

계수나무 숲[398]에는 가을빛이 남았는데 叢桂餘秋色
쓸쓸하여라 이 도[399]가 그릇되고 말았구나 蕭條此道非
바위 언덕에선 부질없이 격세의 감회[400]에 젖고 巖阿徒曠感
갈랫길에선 어디로 돌아가려 하는가 歧路欲何歸
누각 그림자는 맑은 냇물에 어리고 樓影臨淸澗
향로 향기는 푸르름 속으로 들어가네 爐香入翠微
그리워라 바람 쐬고 시 읊던 모임이여[401] 懷哉風詠會
나는 아직 봄옷을 마련하지 못했구나 吾未攝春衣

398 계수나무 숲 : 원문의 '총계(叢桂)'는 무성히 자란 계수나무로, 은자가 사는 곳을 뜻한다. 회남왕(淮南王) 유안(劉安)의 문객이 지은 〈초은사(招隱士)〉에, "계수나무 숲 우거져 산이 그윽하니, 구불구불 길게 뻗어 가지 서로 얽혔어라.〔桂樹叢生兮山之幽, 偃蹇連蜷兮枝相繚.〕"라고 하여 은자가 사는 산중 풍경을 묘사하였다.

399 이 도 : 원문의 '차도(此道)'는 유도(儒道)를 가리킨다.

400 격세의 감회 : 원문의 '광감(曠感)'은 광세지감(曠世之感)으로, 동시대에 태어나지 못해 서로 만나지 못한 데 대한 감회를 말한다.

401 바람……모임이여 : 율곡 이이가 은거하여 제자들을 가르치던 것을 가리킨 것이다. 원문의 '풍영(風詠)'은 《논어》〈선진(先進)〉에, 증점(曾點)이 자신의 뜻을 말하면서 "늦은 봄에 봄옷이 만들어지면 관자 5, 6인과 동자 6, 7인과 함께 기수(沂水)에서 목욕하고 무우(舞雩)에서 바람 쐬고 시를 읊으며 돌아오는 것입니다.〔暮春者, 春服旣成, 冠者五六人, 童子六七人, 浴乎沂, 風乎舞雩, 詠而歸.〕"라고 하니 공자가 감탄하며 허여하였다. 이는 자연 속에서 깊은 이치를 깨닫고 소요하는 고상한 정취를 의미한다.

장연[402]으로 가는 도중에
長淵途中

홰나무와 버들 앙상하고 들빛은 둥근데	槐柳蕭森野色圓
말발굽이 지금 문득 장연에 이르렀네	馬蹄今忽到長淵
은하수 흐르는 바다 드넓어 밤 누각에 오르고[403]	星河海濶登樓夜
고각 소리에 서리 높아 천하의 고삐 잡으려 하네[404]	鼓角霜高攬轡天
구름 속 기러기는 오초[405]를 나누지 않을 테고	雲鴈未應隔吳楚

402 장연 : 황해도에 있는 지명으로 당시에는 현(縣)이었다. 바다를 끼고 있으며 해변에 장산곶(長山串)이 있다. 동쪽으로 해주 경계까지 56리, 남쪽으로 해안까지 40리, 서쪽으로 아랑포(阿郎浦)까지 47리, 북쪽으로 풍천부 경계까지 25리요, 서울과의 거리는 513리이다. 《신증동국여지승람 권43》

403 밤……오르고 : 유량등루(庾亮登樓)의 고사를 인용하였다. 유량(庾亮, 289～340)은 동진(東晋) 때의 외척이며 명사(名士)로 자는 원규(元規)인데, 용모가 준수하고 홍취가 높았다. 유량이 일찍이 정서장군(征西將軍)이 되어 무창(武昌)에 있을 때 장강(長江) 가에 누각(樓閣)을 세우고 이를 남루(南樓)라 하였다. 달이 밝고 날씨가 쾌청한 어느 날, 유량의 하속(下屬)인 은호(殷浩), 왕호지(王胡之) 등이 남루에 올라 막 시를 읊고 있었는데, 유량이 그 자리에 나타났다. 이에 하속들이 일어나 자리를 피하려 하자, 유량이 "그대들은 잠시 더 머물라. 이 늙은이도 이러한 일에 홍이 얕지 않다." 하고 그들과 함께 시를 읊으며 풍류를 즐겼다고 한다. 《晉書 卷73 庾亮列傳》

404 천하의……하네 : 원문의 '남비(攬轡)'는 후한(後漢) 범방(范滂, 137～169)의 고사에서 유래한 것으로, 지방 장관으로 부임할 때 난정(亂政)을 쇄신하여 세상을 맑게 하려는 의지를 나타내는 말이다. 후한 때 당시 기주에 흉년이 들어 도적이 일어나 어지러우므로 범방을 기주 청조사(請詔使)로 삼아 안찰하게 하니 범방이 "수레에 올라 고삐를 잡고서는, 개연히 천하를 맑게 할 뜻을 품었다.〔登車攬轡, 慨然有澄淸天下之志.〕"라고 하였다. 《後漢書 卷67 黨錮列傳 范滂》

포구의 배는 신선 사는 곳을 물으려 하겠지　　浦舟聊欲問神仙
내일 아침 다시 금사사(金沙寺)[406]를 향해가서　　明朝且向金沙去
선탑에 하룻밤의 인연을 남겨두고 오리라　　禪塔留成一宿緣

읍의 아랑포(阿郎浦)[407]에 신선의 자취가 있다. 그러므로 제6구에서 언급한 것이다.

405 오초 : 중국의 남방으로 양자강(揚子江) 동쪽의 강소성(江蘇省) 지방 및 양자강 하류인 호남(湖南)·호북성(湖北省) 지방을 가리킨다.

406 금사사(金沙寺) : 황해도 장연 해안방(海安坊)에 있던 절로 풍광이 빼어나며, 군사적 요충지였으므로 일찍이 이곳에 성보(城堡)를 설치하고 승장(僧將)을 두어 바다를 지켜 왔다. 이덕무(李德懋, 1741~1793)의 《청장관전서(青莊館全書)》 권62 〈서해여언(西海旅言)〉에 의하면, 절은 낙가산(洛迦山)에 있으며 진지왕(眞智王) 때 창건하였고, 상량문(上樑文)과 중수기(重修記)는 승려 혜심(譓諶)이 지었다고 하였다.

407 아랑포(阿郎浦) : 신라 때의 화랑이 놀던 곳이라고 하여 이름이 아랑포가 되었다고 한다. 《惺所覆瓿藁 卷1 白沙汀》

금사사[408]

金沙寺

소나무 회나무 그늘 속에 오랜 불전이 드높으니[409]	松檜陰開古殿尊
넓은 바다 동쪽 언저리가 이 사원[410]의 자리라	滄溟東畔是祇園
파도 소리는 밤이면 웅장하게 선등을 흔들고	濤聲夜撼禪燈壯
안개는 가을에 흐릿하게 그림 벽에 피어오르네	霧氣秋蒸畫壁昏
순식간이면 응당 열진에 변고를 통보할 수 있으니	呼吸定應通列鎭
관새의 방어가 공문에 달려 있도다[411]	關防還復在空門
고승은 우연히도 동년의 친교가 있어	高僧偶有同年契
탑상에 앉아 향 사르며 조용히 말을 잊었네	一榻燒香憺忘言

절에는 혜심상인(惠諶上人)[412]이 있어 자못 시에 능하였는데 나와 동갑이

408 금사사 : 401쪽 주406 참조.

409 소나무……드높으니 : 이덕무가 1768년에 쓴 〈서해여언(西海旅言)〉에 의하면, 당시 절에는 4채의 불전(佛殿)과 8채의 승방(僧房)이 있는데 대웅전에는 석가여래좌상을 중심으로 가섭과 아난이 협시하고 주위에 18아라한이 있었다. 사천왕문에는 사천왕을 모두 갖추었다고 하였다.

410 사원 : 원문의 '기원(祇園)'은 세존이 일찍이 거주했던 기원정사(祇園精舍)를 말한 것으로, 전하여 불사(佛寺)를 가리킨다.

411 관새의……있도다 : 금사사가 해방(海防)으로서의 중요한 임무를 담당한 사찰임을 말한 것이다. 《영조실록》 5년(1729) 9월 25일 기사에 의하면, 해서의 황당선(荒唐船)이 우려할 만하므로, 이 절의 승려 가운데 승대장(僧大將)을 정하여 승려들을 시켜 바다를 감시하도록 하였고, 전방선(戰防船)을 만들어 주었으며, 감영에서 돈을 빌려주어 절 앞 포구에 진보(鎭堡)와 같이 둑을 쌓게 하였다.

412 혜심상인(惠諶上人) : 혜심(譓諶)과 동일인으로 보인다. 《청장관전서》 권62 〈서

었다. 그러므로 결어에서 언급한 것이다.

해여언(西海旅言)〉에, "금사사(金沙寺)의 상량문과 중수기는 승려 혜심이 지은 것으로, 비록 소략한 감은 있었지만 역시 중으로서는 걸출한 편이었다. 승랍이 80인데, 다른 절에 가 있다고 하였다."라고 하였다. 〈서해여언〉은 이덕무가 무자년(1768, 영조 44) 10월에 쓴 것이다.

사봉[413]에 올라

登沙峰

해는 저녁놀에 숨어 아직 먼 물가에 있고	日隱餘霞尙遠洲
우연[414]은 지척이라 아득히 시름이 이네	虞淵咫尺莽生愁
음양이 서로 갈마드는데 무엇 때문에 서두르나	陰陽迭運緣何急
천지는 모두 텅 비어 나와 더불어 떠있다네	天地俱空與我浮
기러기 등은 평평하게 천 리의 빛에 임하고	鴈背平臨千里色
자라 머리는 드높게 백령의 어두움을 누르네	鰲頭高壓百靈幽
밤 깊어 바람 이슬로 추위가 뼈에 스미는데	夜深風露寒侵骨
밝은 달이 돌 누각에 맞이하러 와있네	晴月邀來在石樓

413 사봉 : 황해도 장연의 장산곶에 있는 금사산(金沙山)의 봉우리이다. 망망대해가 바라보인다.

414 우연 : 해가 져서 머무는 곳을 말한다. 《회남자(淮南子)》 〈천문훈(天文訓)〉에 "태양이 우연으로 떨어질 때를 황혼이라고 한다. 〔日至于虞淵, 是謂黃昏.〕"라고 하였다.

도중에 느낌이 있어

途中有感

정절[415]에 서풍 불고 흰 이슬 내리는 때[416]	旌節西風白露天
억지로 힘을 내 산 넘고 물 건너네	强將筋力涉山川
고깃배는 교룡 이무기 굴에서 험악한 물결 만나고	漁舟浪惡蛟螭窟
시골집은 기러기 오리 밭에서 가을걷이 흉작이라[417]	野屋秋荒鴈鶩田
매번 열 줄 조서[418]를 들을 때마다 애통하고	哀痛每聞十行詔
공허하게 태평성대 하례하자니 참으로 어렵구나	艱難空祝太平年
구전[419]과 호포[420]를 늘상 의논하지만	口錢戶布尋常議
낭묘[421]에서 좋은 계책 낼 현자가 몇이나 될까	廊廟訏謨有幾賢

415 정절 : '旌節'은 지방으로 부임하는 관찰사가 임금으로부터 받은 깃발로, 관찰사의 행차에 앞세우고 가는데 이는 신표(信表)이다.

416 흰……때 : 백로(白露) 무렵을 뜻한다. 가을이 본격적으로 시작되는 시기이다.

417 기러기……흉작이라 : 기러기와 오리가 쪼아 먹는 뙈기밭에서 가을걷이가 제일 흉작이라는 말이다.

418 열……조서 : 10행은 임금의 조서(詔書)를 뜻한다.

419 구전 : 식구 수에 따라 부과하는 세금으로 인두세(人頭稅)와 같으며, 여자와 아직 정남(丁男)이 되지 못한 이들에게도 부과하였다. 중국 진(秦)나라 때 처음 시행되었다. 조선 후기에 양역변통(良役變通)을 논의하는 과정에서 하나의 방안으로 제시되었는데, 숙종 때 집중적으로 거론되었으나 강력히 주장되지는 못하였다. 이는 양인(良人)은 물론 양반에게까지 역(役)을 부과하고 그 대가로 세금을 징수하고자 한 것이었다.

420 호포 : 나라에서 호(戶)를 단위로 하여 징수하는 베〔布〕이다.

421 낭묘 : 조정의 정사를 논의하던 곳으로 의정부(議政府)를 가리킨다.

오차포[422]

吾叉浦

진장[423]의 무장은 짧은 괴후검[424]뿐이지만	鎭將戎裝短蒯緱
너희들이 성을 지켰으니[425] 제후에 봉해져야 하리	爾曹乘障當封侯
바람과 파도로 가을이면 중국 배[426] 그림자 끊어지니	風濤秋絶唐船影
장사들은 옛 수루에서 한가로이 잠드네	壯士閒眠古戍樓

422 오차포 : 황해도 장연에 있는 지명으로 서해의 중요한 해방(海防)이다. 고려 공민왕 7년(1358)에, 왜선 400여 척이 쳐들어온 것을 최영이 격파하였다.

423 진장 : '鎭將'은 제진(諸鎭)의 장관을 가리키는데, 오차포에 진영이 설치되어 있었기에 진장이라 부른 것이다.

424 괴후검 : 새끼줄로 칼자루를 감은 허름한 칼이라는 뜻이다. 전국 시대 제(齊)나라 풍환(馮驩)이 가난하여 손잡이를 노끈으로 감은 칼을 가지고 맹상군(孟嘗君)을 찾아와 식객이 되었는데, 재능을 알아주지 않고 대우가 변변치 않자 신세를 한탄하며 〈탄협가(彈鋏歌)〉를 부르자 이를 들은 맹상군이 요구를 모두 들어주었고, 얼마 후에 재능을 발휘하였다.《史記 卷75 孟嘗君列傳》

425 성을 지켰으니 : '乘障'은 성에 올라 적을 막는 것을 말한다.

426 중국 배 : '唐船'은 무릇 중국 배를 지칭하지만, 여기서는 특히 황당선(荒唐船)을 염두에 둔 것 같다. 우리나라 연해 지역에 출몰하던 소속 불명의 외국 선박을 말한다. 《승정원일기》 영조 3년(1727) 6월 29일 기사에, 황당선(荒唐船)에 대한 대처를 논의하는 중에 홍치중(洪致中)이 아뢰기를, 황해 수사 구성익이 올린 장계에 '장연부(長淵府)에 나타난 황당선 1척에 타고 있던 사람 21명을 구류하고 문정하였더니 산동(山東) 등주(登州)의 약초 캐는 사람들로 표류해 온 것'이라고 하였다. 영조 4년 3월 4일 기사에, 오차포 첨사(吾叉浦僉使) 오태린(吳泰麟)이 아뢰기를, "본진의 폐단이 한두 가지가 아니지만 그 중 황당선에 관한 일은 매우 우려할 만합니다."라고 하였다.

수영[427]

水營

하늘 높고 바다 넓은 곳 나그네가 배회하니	天高海濶客徘徊
섬 안개 걷힌 곳에 낙엽 진 나무 가없어라	落木無邊島霧開
서릿발 같은 병사들의 기세가 포구에 이어지고	兵氣淸霜連浦溆
반달 같은 성의 모습이 누대를 감쌌구나	城形孤月抱樓臺
기러기는 날아서 자주 원문[428] 멀리 지나가고	鴻飛頻度轅門逈
기녀의 노래는 때로 화려한 배를 따라 돌아오네	妓曲時從畵艦廻
관하[429]에 새로 험지 설치하는 것이 제일 중요하니	最是關河新設險
조정에선 반드시 한병[430]의 인재를 서둘러야 하리	朝廷須急翰屛才

두 번째 수 其二

이경에 북두성 아래서 외로운 잠 깨어	二更星斗起孤眠

427 수영 : 수군절도사영(水軍節度使營)으로 수군절도사가 주재하던 병영을 말한다. 주위에 석성(石城)을 구축하고 해양 방위에 임하였다. 직속군을 두었고 군선(軍船), 무기 관리, 군사훈련, 순찰의 임무를 맡았다. 황해도에는 1인의 전임수사와 1인의 겸임수사가 배치되었는데, 겸임수사는 주로 관찰사가 겸임하였다.

428 원문 : 수레의 끌채를 마주 세워 문의 모양을 만든 것으로, 병영의 문을 가리킨다.

429 관하 : 요해처(要害處)를 말한다.

430 한병 : '翰屛'은 기둥과 병풍으로, 나라를 지켜주는 든든한 인물이나 의지처를 뜻한다. 《시경》〈판(板)〉에 "큰 덕을 지닌 사람은 울타리가 되고, 많은 무리는 담장이 되며, 큰 제후국은 병풍이 되고, 큰 종족은 기둥이 된다.〔价人維藩, 大師維垣, 大邦維屛, 大宗維翰.〕"라고 하였다.

세검관[431] 안에서 비단 자리에 기대었네　　洗劒舘中倚錦筵
창해의 근심은 가을에 풍랑 잠잠한 것이요　　滄海虞憂秋偃浪
황도[432]의 소식은 밤하늘을 관찰해 아네　　黃圖消息夜觀天
변방 소리는 슬픈 피리 소리 밖에서 맑게 울리고　　邊聲寥亮悲笳外
원기[433]는 화려한 촛대 앞에서 사라졌네　　元氣虛無畫燭前
평생 무슨 일을 이루었나 강개하노라니　　慷慨百年成底事
갈바람이 허연 정수리 짧은 머리털에 불어오네　　西風短髮雪盈顚

세 번째 수 其三

바다 구름 가운데 화려한 발 높이 걷고　　畵簾高捲海雲中
관방[434]을 굽어보니 안팎이 웅장하여라　　俯視關防表裏雄
줄 지은 보루는 온통 물 위를 나는 갈매기 같고　　列堡渾如鷗泛水
높은 누각은 기러기와 공중으로 날아갈 듯하네　　危樓欲與鴈飛空
고각 소리가 저 멀리 외로운 성에 뜬 달을 부르니　　角聲遙喚孤城月
술기운도 만 리에서 부는 바람을 금하기 어렵구나　　酒力難禁萬里風
거문고에 기대 미친듯 읊조리며 자주 칼을 치니　　倚瑟狂吟頻擊劒

431 세검관 : 세검루(洗劒樓)를 말한 것 같다. 황해도 해주 바닷가에 있는 관방(關防)의 누각이다. 본권의 시 〈수영에서 기르는 학을 빌어 얻어서 신천 군재에 보내어 하당의 맑은 정취를 보태어 주었다.〔乞得水營養鶴 送信川郡齋 以助荷堂淸趣〕〉에 세검루가 나와 있다.

432 황도 : 도성을 가리킨다. 본래 도성의 궁관(宮觀), 능묘(陵廟), 명당(明堂) 등을 기록한 책인 《삼보황도(三輔黃圖)》의 약칭인데, 전하여 도성을 지칭하게 되었다.

433 원기 : 정신, 정기(精氣)를 말한다.

434 관방 : 군사적인 요충지로 관소(關所)를 설치하여 수비를 하는 곳을 말한다.

호수와 산은 응당 늙은 원융[435]을 비웃으리라 湖山應笑老元戎

네 번째 수 其四

서쪽으로 오니 옷깃과 띠처럼[436] 지세가 구불구불 西來襟帶勢逶迤
절도사 병영은 바다 한 끝에 세워져 있네 節度營開海一涯
검은 물결 속 잠긴 용은 빛을 발하고 浪黑潛龍生氣色
붉은 노을 속 지는 해는 깃발을 비추네 霞紅落日射旌旗
꿈속에선 요동 계주[437] 멀리 창을 비껴 들고 夢中遼薊橫戈遠
시름 밖 등주 내주[438]로 서서히 닻줄을 매네 愁外登萊繫纜遲
화촉과 맑은 술잔이 나그네를 머물게 묵게 하니 華燭淸樽留客宿
화려한 누각 높은 곳에서 공연히 시만 쓰는구나 畫樓高處謾題詩

435 원융 : 원수(元帥)와 같은 말로, 작자 자신을 가리킨다. 이천보가 황해도 관찰사로서 병마절도사를 겸하고 있었으므로 자칭한 것이다.

436 옷깃과 띠처럼: 산천이 병풍처럼 주위를 에워싸 마치 옷깃이나 허리띠와 같다는 뜻으로 험악한 요새의 형세를 비유한 것이다.

437 요동 계주 : '遼薊'는 요동과 북경을 둘러싼 계주(薊州)를 말한다. 여기서는 오랑캐 청나라를 가리킨다. 1658년(효종9) 12월, 효종이 청나라를 치기 위한 북벌을 추진할 때 송시열에게 담비가죽옷을 하사하였는데 송시열이 사치한 것을 받을 수 없다고 사양하자 효종이 "경은 나의 뜻을 알지 못하겠는가. 요동과 계주 지방의 풍상 속으로 장차 함께 말을 몰아 달려 나가려는 것이다.〔卿未諭予意耶? 遼薊風霜霜, 將與同其驅馳也.〕" 라고 하였다. 《宋子大全 附錄 卷3 年譜》

438 등주 내주 : '登萊'는 등주(登州)와 내주(萊州)로, 중국 산동(山東)의 지명이다. 조선과 가까운 곳이라, 조선 사신이 해로(海路)를 통해 사행할 때 이곳에 이른다. 광해군 때 후금이 요동 지역을 장악했을 때 해로를 통해 명나라에 조빙을 하였다. 여기서는 멸망한 명나라를 의미한다.

수규[439] 김공 재로[440] 이 돌아가신 상국[441]의 시호를 맞이하여[442] 주상이 자의[443]를 보내시고 어제시 절구 1수를 지으시니 공이 진신(搢紳)들에게 화답하도록 하였다

首揆金公 在魯 延先相國謚號 上遣紫衣 宣御製詩一絕 公屬搢紳賡和之

특별히 영광스러운 시호는 오늘을 기다렸으니　　　節惠殊榮有待今

439 수규 : '首揆'는 영의정의 별칭이다.

440 김공 : 김재로(金在魯, 1682~1759)로, 자는 중례(仲禮), 호는 청사(淸沙) 또는 허주자(虛舟子), 시호는 충정(忠靖)이며 노론 인사이다. 1727년 정미환국으로 소론이 다시 득세하자 파직되었으나, 이듬해 이인좌(李麟佐)의 난이 일어났을 때 충주 목사로 기용되어 반란을 진압하는 데 기여했다. 《경종수정실록》 편찬에 참여하였고, 1731년 병조 판서로 있을 때 신임사화로 죽은 노론의 대신 김창집(金昌集)과 이이명(李頤命)의 복관을 상소하여 신원케 했다. 1740년에 영의정에 올라 1758년 치사하기까지 네 차례에 걸쳐 10여 년간 영의정을 지냈다. 저서에 《천의소감언해(闡義昭鑑諺解)》·《난여(爛餘)》 등이 있다.

441 돌아가신 상국 : 김재로(金在魯)의 아버지로 우의정을 지낸 김구(金構, 1649~1704)를 가리킨다. 자는 자긍(子肯), 호는 관복재(觀復齋), 시호는 충헌(忠憲)이다. 1669년(현종10) 사마시에 합격, 1682년(숙종8) 춘당대(春塘臺)문과에 장원하였다. 사헌부·사간원에 있으면서 시무(時務)에 관한 상소를 많이 올렸고, 노론·소론의 대립 완화를 위하여 노력하였다. 경연관(經筵官)·평안도 관찰사 등을 지내고, 대사간·판결사(判決事)에 올랐다. 노산군(魯山君)의 복위를 극력 주장하여 숙종이 추복(追復)하게 하였다. 1700년 호조판서 등 6조 판서를 두루 역임하고, 1703년 우의정에 이르렀다. 필법이 힘차고, 문장이 간결하였다. 글씨에 《백천교중창비(百川橋重碑)》·《김주신도비(金澍神道碑)》 등이 있다.

442 수규……맞이하여 : 시호를 맞는 일을 연시(延謚)라고 한다. 연시는 시호를 받들고 나온 선시관(宣謚官)을 그 본가에서 시호를 받는 이의 신주(神主)를 모시고 나와 의식을 행하고 맞아들이는 일을 말한다. 《영조실록》 16년(1740) 9월 20일 기사의 내용

임금님 글 내려오자 절로 오색구름 짙어집니다　宸章降自五雲深
늙은 신하[444] 머리 조아려 하늘 음악[445] 사양함은　老臣稽首辭天樂
선공[446]의 겸손한 마음을 본받았기 때문입니다　爲體先公挹遜心

은 다음과 같다. 고(故) 상신(相臣) 김구(金構)의 연시(延諡) 때 음악을 내려주라고 한 명(命)을 도로 정지하였다. 김구는 좌의정 김재로의 아버지인데, 김구가 아뢰기를 "외조(外朝)의 연시 때 음악을 내리는 것은 예전의 전례가 없으므로 감히 받을 수 없을 뿐 아니라 성상께서도 새로운 법규를 만들어서는 안 됩니다." 하였다. 임금이 이를 받아들여 음악을 내리라고 한 명을 정지시킨 것이다.

443 자의 : 계급이 높은 자에게 임금이 내려주는 자주색 옷이다.

444 늙은 신하 : 김재로를 가리킨다.

445 하늘 음악 : 원문은 '천악(天樂)'으로 궁중 음악을 가리킨다.

446 선공 : 김구(金構)를 가리킨다.

사빈[447]이 관직[448]을 배수 받아 부름에 나아가야 하므로 밤에 만나 이별의 정을 펴다

士彬拜館職赴召 夜會叙別

화려한 술잔 비단 자리에 추운 줄도 모르는데 華樽錦席不知寒
슬퍼라, 내일 아침 떠날 안장 준비시켜야 하네 怊悵明朝戒客鞍
장부와 문서는 오만한 관리[449] 잡아둘 인연 없고 簿牒無緣留傲吏
봉래와 영주엔 선관을 보낼 길이 있다네 蓬瀛有路送仙官
일 년 동안 바다와 산을 다니며 시를 두루 썼더니 一年海嶽題詩遍
세상만사 풍진 속에 임금님께 보답하기 어렵구나 萬事風塵報主難
정중하게 갈랫길에서 서로 뜻을 권면하니 鄭重臨歧相勉意
하늘 가득 북두성이 밤 깊도록 비춰주네 滿天星斗照更闌

447 사빈 : 김문행(金文行)으로, 자세한 사항은 342쪽 주238 참조.

448 관직 : '館職'은 조선 시대에 홍문관의 부제학 이하, 성균관의 대사성 이하의 관원을 총괄하여 일컬었던 말이다. 김문행이 1746년(영조22)에 부교리에 임명되었다. 부교리는 홍문관의 종5품 관직이다.

449 오만한 관리 : 세속에 얽매이지 않는 고고한 관리를 말한다. 여기서는 김문행을 가리킨다. 장주(莊周)가 칠원(漆園)의 관리로 있을 때, 초(楚)나라 위왕(威王)이 사신을 보내 장주를 재상으로 초빙하려고 하자 장주가 "그대는 빨리 떠나가 나를 더럽히지 마라. 나는 차라리 더러운 시궁창에 노닐며 스스로 즐거워할지언정 나라를 소유한 자에게 얽매이지 않겠노라. 종신토록 벼슬하지 않은 채 나의 뜻을 즐겁게 할 것이다.〔子亟去, 無汚我! 我寧遊戲汚瀆之中自快, 無爲有國者所羈. 終身不仕, 以快吾志焉.〕" 하며 거절하였다고 한다. 후대에 진(晉)나라 곽박(郭璞)이 〈유선(遊仙)〉시에서 "칠원에는 오만한 관리가 있고, 노래자(老萊子)에게는 은일(隱逸)의 아내가 있도다.〔漆園有傲吏, 萊氏有逸妻.〕"라고 하여 장자를 '오리'라고 일컬었다.

민 학사 이지[450] 백상 가 평산의 온정[451]으로부터 찾아왔기에 함께 광석[452]에 노닐며 두보의 율시[453]를 차운하다

閔學士履之 百祥 自平山溫井 歷過同遊廣石 次杜律韻

푸른 장막 이어진 시내에 동부가 널찍한데	翠幕連溪洞府寬
좋은 시절에 우연히 만나 그대와 즐거움 함께하네	佳辰邂逅與君歡
성곽 밖 산의 정취에 한가로이 난간에 기대고	山情郭外閒憑檻
꽃 앞에서 술기운 올라 관을 거꾸로 쓰네	酒氣花前倒着冠
북극성은 응당 돌아가는 손의 길을 재촉하겠지만	北極應催歸客路
동풍은 오히려 늦봄의 추위를 일으키네	東風猶作暮春寒
허연 머리 내 늙은 모습 이상타 생각마오	白頭莫怪吾形老
바다 고을의 봄 경치 두 번 지나는 걸 보았다네	海國韶光兩度看

450 민 학사 이지 : 민백상(閔百祥, 1711~1761). 1745년 동지사 조관빈(趙觀彬)의 사장관으로 연경에 다녀왔고, 경상도 관찰사·대사헌·평안도 관찰사·호조 판서 등을 역임하고, 우의정이 되어 이듬해 별세하였다. 사도세자(思悼世子)의 서도(西都) 밀행에 책임지고 영의정 이천보(李天輔), 좌의정 이후(李㬋) 등과 함께 자살하였다고 한다. 평소 홍봉한(洪鳳漢)·김상복(金相福) 등과 서로 우의가 깊었는데, 이들이 차례로 정승이 되자 세상에서 삼태지우(三台之友)라고 불렀다. 시호는 정헌(正獻)이다.

451 평산의 온정 : 황해도에 있는 곳으로 온천으로 유명하다.

452 광석 : 광석천(廣石川)으로, 해주의 승경이다. 《신증동국여지승람》 권43 〈황해도 해주목〉에 의하면, "고을 북쪽 3리에 있는데 동구 안이 깊숙하고 양변(兩邊)으로 꽃나무들이 무성하고 총총하며, 가운데에는 평평하고 넓은 반석이 있어 수십 명이 앉을 만하고, 샘물이 돌을 덮고 흘러 비단필 같다." 하였다.

453 두보의 율시 : 여기서 차운한 두보의 시는 〈구일 남전 최씨의 별장에서〔九日藍田崔氏莊〕〉이다.

그냥 읊다

漫吟

언제 일찍이 시에서 나그네 시름 말했던가	詩裏何曾說客愁
두 해 동안 직분 따라 서쪽 고을에 머물렀네	兩年隨分滯西州
비단 등[454] 앞에서 변경 계책을 잘게 초하고	紗燈細草籌邊策
뿔피리 소리 속에서 향일루[455]에 한가로이 올랐네	畫角閒登向日樓
늙어가니 꽃가지 위해 도리어 짧은 두건 쓰고	老去花枝還短幘
아침 되니 바다 기운에 아직도 겹 갖옷을 입네	朝來海氣尙重裘
문득 생각나네, 고향 마을 지난 봄의 일이	却思故里前春事
친한 벗들 이끌고서 기록[456]에서 놀았지	携得親朋企麓遊

454 비단 등 : 원문의 '사등(紗燈)'은 깁을 바른 등(燈)이다.

455 향일루 : 해주성의 동문루(東門樓)이다.

456 기록 : '企麓'은 이천보가 살았던 경기도 가평의 지명으로 보인다. 이천보의 종형 이영보(李英輔, 1687~1747)의 문집 《동계유고(東溪遺稿)》에 보인다.

윤경유[457]가 연경으로부터 돌아올 때 도중에서 만나기로 약속했으나 나의 순행이 서흥[458]에 이르렀을 때 그가 아직 평양에 머무르고 있다는 소식을 듣고 섭섭하여 시를 써서 부치다

尹景孺還自燕京 約會中路 巡到瑞興 聞其尚留平壤 悵然書寄

실바람 속 관아 나무 아래서 꾀꼬리소리 홀로 듣다	官樹風微獨聽鶯
관새의 구름 슬피 바라보며 슬픔 이기지 못하네	關雲悵望不勝情
연광정[459] 위에 뜬 지난밤의 달이	練光亭上前宵月
돌아갈 사람 하루 일정을 붙잡았나보다	留得歸人一日程

두 번째 수 其二

눈보라 치는 연산[460]에선 대궐을 꿈꾸고	風雪燕山夢紫宸
돌아올 땐 계문[461]의 버들이 이미 새봄 알렸으리	歸時薊柳已新春

457 윤경유 : 윤급(尹汲)으로, 자세한 사항은 348쪽 주253 참조.

458 서흥 : 황해도 중북부에 있는 군(郡)이다.

459 연광정 : 평양 대동강변 절벽 위에 위치한 정자로 관서팔경(關西八景)의 하나이다. 예부터 명승지로 유명하였고 제일누대·만화루 등으로도 불리었다. 고구려 때 평양성을 건설하면서 처음 세워졌고, 고려 예종 때 다시 세워졌으며, 1670년에 다시 지어진 것이 현재 남아 있다.

460 연산 : 연경(燕京)을 말한다. 연경을 송(宋)나라 선화(宣和) 연간에 '연산부(燕山府)'라고 일컬었다.

461 계문 : 북경의 덕승문(德勝門) 밖 서북쪽에 있는 지명으로, 사행(使行)의 경로이다. 계문연수(薊門煙樹)는 북경팔경(北京八景)의 하나로 꼽히는데, 나무들이 우거져

강 건너와선 조정의 일일랑 묻지 마시게 渡江莫問朝端事
영해로 행장 꾸린 이[462] 절반이 고인 되었으니 嶺海行裝半故人

이내가 어린 아름다운 풍경이다.

462 영해로……이 : 멀리 유배된 사람을 말한다. 영해(嶺海)는 도성에서 멀리 떨어진 궁벽한 지역을 뜻한다.

황주[463]

黃州

족금교[464] 머리에서 달빛 받으며 놀았던	簇錦橋頭帶月遊
지난 가을 타향에서의 멋진 만남이 생각나네	殊方勝會憶前秋
세월은 어느덧 지나 꾀꼬리는 버들에서 우는데	年光忽已鶯啼柳
변방 기운 창연한 속 나그네는 누각에 기댔네	塞氣蒼然客倚樓
사신 행차는 흔히 하늘 북쪽 끝에서 오고	冠盖多從天北極
저자 가게는 멀리 패수 서쪽 고을[465]과 접하였네	市廛遙接浿西州
어여쁜 여인이 애써 사람을 붙잡아 두려고	青娥强作留人意
한 곡조 고운 노래로 나그네 시름을 위로하네	一曲嬌歌慰旅愁

463 황주 : 황해도의 지명으로, 중국 사행의 경로이다. 서흥의 서쪽이다.

464 족금교 : 황주에 있는 족금계(簇錦溪)라는 시내의 다리이다. 족금계는 황주의 명승으로, 주지번(朱之蕃)의 시 〈족금계〉가 《황화집(皇華集)》 권39에 실려 있다. 《신증동국여지승람》 권41 〈황해도 황주목〉에, "읍성의 해자(垓子)는 북쪽으로 꺾어져 남쪽으로 옹성 모퉁이에 이르러 족금계 가로 통한다." 하였다.

465 패수……고을 : 평안도의 고을을 가리킨다. 패수(浿水)는 대동강(大同江), 패서(浿西)는 평안도를 말한다.

순천[466] 태수 황대경[467]이 찾아왔기에 매우 기뻐서 운을 뽑아 짓다

順川太守黃大卿 歷訪喜甚 抽韻

사또가 벽성의 연꽃[468]을 찾으니	使君來問碧城荷
비단 자리 깔고 이내 〈자야가〉[469]를 듣는구나	錦席仍聽子夜歌

466 순천 : 평안도의 지명이다. 《신증동국여지승람》 권55 〈평안도 순천군(順川郡)〉에, "동쪽으로 은산현(殷山縣) 경계까지 11리, 맹산현(孟山縣) 경계까지 15리, 덕천군(德川郡) 경계까지 89리, 남쪽으로 자산군(慈山郡)까지 11리, 서쪽으로 개천군(价川郡) 경계까지 12리, 북쪽으로 같은 군 경계까지 19리이며, 서울과의 거리는 701리이다." 하였다.

467 황대경 : 황경원(黃景源, 1709~1787). 자가 대경(大卿)이다. 호는 강한유로(江漢遺老)이며, 이재(李縡)의 문인이다. 이천보와 친밀한 사이로, 1744년(영조20) 36세로 순천 군수가 되었다. 남공철(南公轍)이 쓴 황경원의 신도비명(神道碑銘)에 의하면, 영조 20년(1744)에 황경원이 외직으로 나가기를 자청하여 가서 순천(順川)을 지키며 공자묘를 수리하고, 여러 생도들을 모아 향음주와 향사례를 행하였다고 하였다. 이 당시에 쓴 글이 《강한집(江漢集)》 권4의 〈관찰사에게 이문을 띄워서 관방에 대해 논한 장〔移觀察使論關防狀〕〉, 권10의 〈청원루기(淸遠樓記)〉 등이다.

468 벽성의 연꽃 : 해주의 명소인 부용당(芙蓉堂)을 가리키는 것 같다. 벽성(碧城)은 해주의 별칭이다. 부용당은 하당(荷堂)으로도 불리었는데 그 못의 연꽃이 아름다웠다. 부용당에 걸려 있는 정현(鄭礥)의 시에, "연꽃 향기와 달빛이 맑은 밤에 제격인데, 다시 그 누가 옥퉁소까지 불고 있는가. 열두 굽이 난간에 잠들지 못한 채, 벽성의 가을 상념이 정녕 아련하여라.〔荷香月色可淸宵, 更有何人弄玉簫. 十二曲欄無夢寐, 碧城秋思正迢迢.〕" 하였다.

469 〈자야가〉 : 고악부(古樂府)의 곡명으로, 육조(六朝) 시대 진(晉)나라의 곡이다. 《당서(唐書)》 〈악지(樂志)〉에 "〈자야가〉는 진(晉)나라 때의 악곡이다. 진나라에 자야(子夜)라는 여자가 있어 이 곡을 지었는데 소리가 몹시 애절하다."라고 하였다. 《樂府詩

옥우[470]에 응당 먼 신선의 꿈에 걸려 있겠지만　　玉宇應懸仙夢遠
동장[471]으로 도리어 크신 성상의 은혜 자랑하네　　銅章還詫聖恩多
십 년간 문필로 종암[472]에서 모였고　　十年翰墨鐘巖會
한 길의 누대로 패수 가를 찾아왔네　　一路樓臺浿水過
고운 기녀는 진정 속을 아는지 사람을 붙들지만　　佳妓留人眞解事
내일 아침 이별할 때 시름을 어찌하려나　　明朝分袂奈愁何

集 卷44 淸商曲辭1 子夜歌》

470 옥우 : 옥우경루(玉宇瓊樓)의 줄임말로, 신화 속에 나오는 달 속의 선궁(仙宮)이다. 주로 임금이 있는 대궐을 의미한다.

471 동장 : 지방 수령이 차는, 구리로 만든 관인(官印)이다.

472 종암 : 서울에 있었던 오원의 별업으로 이곳에서 오원, 남유용, 이천보, 황경원이 자주 어울려 시회(詩會)를 열었다. 특히 이곳의 정자인 동정(東亭)은 이들 그룹 시회의 주된 장소였다.

인묘 탄강비[473]

仁廟誕降碑

송백이 장릉[474]을 에워싸고 있는데　松栢長陵拱抱成
서쪽 고을에서 성군 태어나신 일 아득히 생각하네　西州緬憶聖君生
풍운이 잠룡의 굴에 기색을 동하게 하여　風雲動色潛龍窟
연잎[475]이 협마영[476]에 향기를 남겼도다　荷芰留香夾馬營

473 인묘 탄강비 : 인조(仁祖)의 탄생을 기리는 비석으로 황해도 해주에 있다. 이관명(李觀命, 1661~1733)이 지은 〈인조대왕이 탄생한 옛터의 비석 음기〔仁祖大王誕降舊基碑陰記〕〉가 《병산집(屛山集)》 권8에 전한다. 그 내용은 다음과 같다. 임진왜란이 일어난 이듬해 계사년(1593)에 이여송이 평양성 전투에서 승리하여 경성(京城)을 수복하였는데, 피난을 갔던 선조가 이해 10월에 해주로 옮겨 몇 달 머물다가 도성으로 돌아가면서 왕비와 왕자들 및 비빈들은 머물러 있으라고 명하였다. 이때 인조의 아버지인 정원군(定遠君)이 당시 잠저에 있으면서 해주 백성인 우명장(禹命長)의 집에 부쳐 있었는데, 1595년(선조28) 11월 7일 인헌왕비(仁獻王妃)가 인조를 낳았다. 이후 1665년(현종6)에 목사 홍석기(洪錫箕)가 옛터를 찾아 공전(公田)으로 바꾸고 담장을 둘러 수호하였다. 1688년(숙종14)에 관찰사 김구(金構)가 담장을 쌓고 대(臺)를 설치하였고, 또 돌을 깎아 조정에 보고하고 기문을 쓸 것을 청하였다. 마침 국상(國喪)을 당하여 겨를이 없었다가, 1690년에 관찰사 권환(權瑍)이 신청하여 대 옆에 비를 세우고 제목을 '인조대왕탄강구지(仁祖大王誕降舊址)'라고 하였다. 그리고 이관명이 1719년에 이르러 비문을 고쳐 지으라는 명을 받고 이 글을 지은 것이다.

474 장릉 : 인조(仁祖)와 인열왕후 한씨(仁烈王后韓氏)의 능이다. 경기도 파주시 탄현면 갈현리에 있다.

475 연잎 : 연잎으로 만든 옷으로 은자의 옷을 뜻한다. 인조가 잠저(潛邸)에 있음을 가리킨 것이다.

476 협마영 : 송 태조(宋太祖) 조광윤(趙匡胤, 재위 960~976)의 출생지인 하남(河

사람들 중음[477]에서 벗어나 빛나는 해를 바라보고 人出重陰瞻赫日
하늘에 원기가 되돌아와 외로운 성에 모였도다 天回元氣聚孤城
큰 비석은 귀신이 보호하사 천세토록 남을지니 穹碑鬼護堪千世
나라의 명운 길이 융성하여 이 빗돌 기울지 않으리 邦命長隆石不傾

南) 낙양(洛陽)의 동북쪽에 있는 지명이다. 여기서는 인조의 탄생지를 의미한다. 조광윤은 당나라 멸망 후 5대 10국의 혼란기에 후주(後周)의 근위군 총사령관으로, 부하들의 추대를 받아 혼란기를 종결시키고 송나라를 건국한 황제로서, 중국의 황제 중 명군 중의 명군이라는 평가를 받는다.

477 중음 : 음이 중첩되어 음기가 최대로 왕성함을 말한다.

6월 4일에 옥서장[478]에 제수되었으나 본영의 성 공사[479]로 인하여 그대로 임직하라는 명이 내렸다
六月初四日 除玉署長 因本營城役 有仍任之命

대낮에 금화전[480]에 강석을 열라는	晝漏金華講席開
제서[481]가 전날 밤에 이곳 봉래[482]로 내려왔네	除書前夜降蓬萊
못에 핀 일만 송이 연꽃 힘이 유달리 세서	池荷萬朶偏多力
풍류 노인이 돌아가게 놓아주질 않네	不放風流老子回

두 번째 其二

정절[483]이 변방 바다에 지체됨을 어찌 근심하리오	旌節寧愁滯海陲
이 한 몸 가고 멈춤이 모두 임금님 은총인데	一身行止摠恩私

478 옥서장 : 옥당의 장관으로, 홍문관 부제학을 말한다.

479 성 공사 : 해주성 개축(改築)을 가리키는 것 같다. 해주 영광동에 있는 해주성 개축비(海州城改築碑)는 1391년(고려 공양왕3)에 처음으로 쌓은 것을 1748년(영조24)에 네 번째로 고쳐 쌓고 그 사실을 기록하여 세운 비석이다. 이천보(李天輔)가 글을 짓고 임정(任珽)이 글씨를 썼다.

480 금화전 : 한나라 때 미앙궁(未央宮) 안에 있던 궁전으로, 성제(成帝)가 정관중(鄭寬中)과 장우(張禹)로부터 《상서(尙書)》와 《논어》 등의 강론을 들었던 데서 유래하여 경연(經筵)을 의미한다. 《漢書 卷100 敍傳上》

481 제서 : 관직을 제수하는 임명장을 말한다.

482 봉래 : 해주가 바닷가에 있으므로 선도(仙島)로 미화한 것이다.

483 정절 : 지방으로 부임하는 관찰사가 임금으로부터 받은 깃발로, 관찰사의 행차에 앞세우고 가는데 이는 신표(信表)이다.

미천한 신하는 흐르는 세월을 배로 느끼나니	微臣倍覺流年感
용안이 예전과 다르실까 되려 두렵구나	却恐天顔異昔時

신천[484] 군수 조숙 집명[485] 이 부쳐온 시를 차운하다

次信川守趙叔 集命 寄示韻

화려한 누각에 새로 난간을 더했다니	畫閣新添檻
멀리서 알겠네, 누워 매미소리 들을 것을	遙知臥聽蟬
시는 응당 못가에서 지었을 것이고	詩應池上得
편지는 혹 비 오는 속에서 전하였나	書或雨中傳
학같이 서서 백성 호소 참고하고	鶴立參民訴
연꽃 필 때 기녀들 자리에서 웃겠지	荷開笑妓筵
가을이 오면 멋진 약속 있으니	秋來佳約在
창해에 띄울 고깃배를 물읍시다	滄海問漁船

484 신천 : 황해도의 군(郡) 이름이다.

485 조숙 : 조집명(趙集命)을 가리킨다. 소론(少論) 정치인 조대수(趙大壽, 1655~1721)의 아들로, 대사헌을 지낸 조재준(趙載俊, 1730~?)이 그의 아들이며, 영의정을 지낸 조현명(趙顯命, 1690~1752)의 《귀록집(歸鹿集)》에 '종형(從兄) 집명(集命)'으로 그 이름이 나와 있다.

밤에 아사[486] 및 통판[487]과 함께 서성에 올랐는데 이날이 바로 칠석이었다

夜與亞使通判登西城 是日卽七夕

푸른 깁 등불이 옹위하여 대에 오르니	碧紗燈燭擁登臺
연기 낀 나무 속 천 호의 집에 밤 풍경 펼쳐졌네	煙樹千家夜色開
가녀린 달이지만 능히 바다 위를 드넓게 비추고	纖月猶能臨海濶
긴 바람은 홀연 벌써 가을 기운을 보내오네	長風忽已送秋來
인간의 시문엔 아름다운 기약 잦지만	人間翰墨佳期數
천상의 신선에겐 이별의 한 촉박하네	天上神仙別恨催
꼭 뗏목 타고서 은하수 찾아갈 것 없이	不必乘槎問河漢
그대 마주하여 애오라지 눈앞의 술잔을 비우리	對君聊盡眼前杯

486 아사 : 감사(監司)의 막좌(幕佐)인 도사(都事)를 가리킨다.

487 통판 : 김문행(金文行)으로, 자세한 사항은 342쪽 주238 참조.

수영[488]에서 기르던 학을 얻어 신천 군재[489]에 보냄으로써 하당[490]의 맑은 정취를 보태어 주었다
乞得水營養鶴 送信川郡齋 以助荷堂淸趣

드높은 세검루[491]에 뿔피리 소리 구슬픈데　洗劒樓高畵角哀
푸른 구름 가로 돌아가는 꿈에 몇 번이나 놀랐던가　幾驚歸夢碧雲隈
황당[492]엔 여기와 달리 거문고 타는 소리 울리리니　黃堂別有彈琴響
너울너울 춤추도록 조련할 수 있으리　調得蹁躚舞影來

두 번째 수 其二

오만한 골격은 학과 사람을 분간하기 어려운데　傲骨難分鶴與人
달빛 속에 서로 대하면 더욱 신령스러우리　月中相對更精神
동계[493]가 찬을 지어 쓸데없는 짓을 하면서　東溪作贊曾多事

488 수영 : 수군절도사영(水軍節度使營)으로 수군절도사가 주재하던 병영(兵營)을 말한다.

489 신천 군재 : 군재(郡齋)는 군수가 거처하는 관사(官舍)로, 신천 군수 조집명(趙集命)을 가리킨 것이다.

490 하당 : 해주의 부용당(芙蓉堂)을 가리킨다.

491 세검루 : 황해도 해주의 바닷가에 있는 관방(關防)의 누각이다. 홍양호(洪良浩)의 《이계집(耳溪集)》 권4의 시 〈세검루(洗劒樓)〉 등에 이름이 나와 있다.

492 황당 : 지방 장관의 청사(廳舍)를 말한다. 벽에 자황(雌黃)을 칠하였으므로 이른 말이다.

493 동계 : '東溪'는 이영보(李英輔, 1687~1747)의 호이다. 본관은 연안(延安), 자는 몽여(夢與)로, 이천보의 족형(族兄)이다. 제자백가에 널리 통하였고, 《사기(史記)》를

억지로 천기를 가지고 주빈을 말하였지　　强把天機說主賓

동계(東溪)가 일찍이 조숙의 소상찬(小像贊)을 지어 그를 학에 비유하였다.

세 번째 수 其三

너의 급료로 하찮은 오두미[494]도 나누어야 하겠지만 爾料應分五斗微
못가 누대에서 살다 보니 편해서 날기조차 잊었으리 池臺棲息憺忘飛
돌아갈 때 함께 따라 장안으로 가지 마라　　歸時莫與長安去
검은 먼지가 하얀 옷[495]을 침범할까 두렵구나　　却恐緇塵犯縞衣

'첨망비(憺忘飛)'는 '연청휘(戀淸暉)'로 되어 있는 곳도 있다.

깊이 연구하여 고대 인물의 선악, 정치의 잘잘못을 기탄없이 비판하였다. 특히 당시에 이단으로 지목되던 《장자》·《이소경》·《노자》 및 불경 등을 깊이 연구하여 유가의 경전과 비교분석하였다. 1714년(숙종40) 진사시에 장원급제하여 1717년 정릉 참봉(靖陵參奉)에 기용되었고, 1743년(영조19) 금성 현령을 끝으로 사직한 뒤 고향으로 돌아와 후진을 육성하면서 지냈다. 마을에 충신과 효자, 열녀 등을 찾아 포상을 상신하고 정려각을 세우는 등 지방문화 발전에 기여하였다. 저서로는 《동계유고(東溪遺稿)》 4권이 있다.

494 오두미 : 관리의 적은 급료를 뜻한다. 진(晉)나라의 도잠(陶潛)이 일찍이 팽택영(彭澤令)으로 있을 때, 군(郡)의 독우(督郵)가 순시하게 되어, 아전이 도잠에게 의관을 갖추고 뵈어야 한다고 하자, 도잠이 탄식하며, "나는 오두미 때문에 허리를 굽혀서 향리의 소인을 정성으로 섬길 수 없다." 하고, 마침내 인끈을 풀어 던지고 떠났다는 데서 온 말이다.

495 하얀 옷 : 학을 가리킨다.

이른 가을

早秋

돌 다락에 기대어 숲속 매미 울음 다 듣고 나니	聽盡林蟬倚石樓
서늘한 바람이 머리털에 우수수 불어오네	凉飆鬢髮與颼飀
변방 봉화 자주 막히니 늘 안개를 만남이요	邊烽頻阻常逢霧
당선[496] 막 드물어졌으니 이미 가을이 왔음이라	唐船初稀已報秋
짧은 검 차고서 천하의 일로 근심이 깊고	短劍憂深天下事
외로운 등불 밑 해서 고을에 몸은 멀리 있네	孤燈身遠海西州
원문[497]에서 청하주[498]를 새로 빚었으니	轅門新釀青荷酒
내일은 꼭 광석천[499]으로 놀러가야겠구나	明日須謀廣石遊

496 당선 : 여기서는 황당선(荒唐船)을 말한 것 같다. 우리나라 연해(沿海)에 출몰하던 소속 불명의 외국 선박을 말한다. 406쪽 주426 참조.

497 원문 : 병영(兵營)을 말한 것이다.

498 청하주 : 연잎주를 말한다.

499 광석천 : 황해도 해주의 명승지이다. 김창협은 광석천을 읊은 시에서 "무엇보다 그리워라 성 동쪽의 광석천이, 더운 여름 빈 정자엔 시내 소리 시원했네. 푸른 못에 그물 든 관아의 종은 민첩하여, 순식간에 은빛 고기 책상 곁에 잡아왔지.〔最憶城東廣石川, 虛亭暑月濯潺湲. 綠潭操網官僮捷, 頃刻銀唇到案邊.〕"라고 하였다. 《農巖集 卷6 詠懷故跡贈別同甫之任海州》

부용당은 선묘께서 용만에서 돌아오실 때 임어하신 곳이다.[500] 삼가 율시 한 편을 지어 감회를 적는다

芙蓉堂卽宣廟龍灣回鑾時臨御所也 謹賦一律 志感

상서로운 구름이 벽성[501] 못에 그림자 멈추니 瑞雲留影碧城池
선왕께서 어가 멈추시던 때를 상상해 보네 想像先王駐蹕時
사직의 봄은 용만 변방의 길로 돌아오고 社稷春回灣塞路
누대의 해는 한관의 위의[502]로 빛났도다 樓臺日耀漢官儀
성상의 은택 외려 보아 고래도 엎드리고 尙看聖澤鯨鯢偃

500 부용당은……곳이다 : 용만(龍灣)은 의주(義州)의 별칭이다. 《선조실록》 26년(1593) 8월 18일 기사에 의하면, 선조가 재령(載寧) 땅을 출발하여 작천(鵲川)에서 주정(晝停)하고 저녁에 해주(海州)에 도착하였고, 20일에는 왕세자가 해주에 도착하여 머물렀다. 《고종실록》 30년(1893) 11월 27일 기사에, 해주에 전(殿)을 지어 성조의 영령을 봉안하기를 청하는 황해도 유생 이원하 등의 상소가 실려 있다. 이에 의하면, "임진년(1592, 선조25)의 병란(兵亂) 때 선조 대왕께서는 이해 4월에 서쪽 용만(龍灣)으로 피난하셨다가 다음해 계사년 8월에 해주로 행차를 돌리셨습니다. 먼저 저경궁(儲慶宮) 옛터를 찾아 부용당(芙蓉堂)과 연잠각(淵潛閣)에 머무셨는데, 산천의 수려함을 사랑하셨습니다. 성의(聖意)에 감흥이 있어 국도(國都)의 모양대로 태묘(太廟) 6칸을 건립하여 열성(列聖)의 위판(位版)을 봉안하였으며, 행궁(行宮) 8칸을 지어 의인왕후(懿仁王后)와 인헌왕후(仁獻王后) 두 성모(聖母)께서 머무시는 곳으로 삼았습니다. 임어(臨御)하신 지 36일 만에 신하들이 여러 차례 간하여 9월에 대가(大駕)가 마침내 해주를 떠나 10월에 환도하게 되었습니다.

501 벽성 : 황해도 해주(海州)의 별칭이다.

502 한관의 위의 : 한나라 관리의 복식, 전례, 제도를 말한 것으로, 널리 중화의 예의와 제도를 뜻한다. 동한(東漢) 시대 응소(應劭)가 지은 책《한관의(漢官儀)》는 한나라의 제도(制度)와 문물(文物)에 관한 종합적 저술이다.

하늘 향기[503] 응당 있어 초목이 알았도다　應有天香草木知
환히 새로 걸린 보배 글씨를 삼가 바라보며　寶墨恭瞻新揭煥
멀리 신손 향한 사모를 대들보 문미에 부치노라[504]　神孫遠慕寄樑楣

당의 편액은 바로 당저(當宁)[505]의 어필이다.

503 하늘 향기 : 임금의 향기를 말한 것이다.

504 멀리……부치노라 : '신손'은 영조를 가리킨다. '樑楣'는 들보와 문미(門楣)로, 편액이 걸리는 곳이다. 부용당의 편액에 영조의 어필이 있으므로 한 말이다.

505 당저(當宁) : 금상(今上), 지금의 임금 영조를 말한다.

밤에 검무를 구경하다

夜觀劍舞

짧은 소매 융장[506]으로 푸른 치마를 가린 채로	短袂戎裝掩翠裳
고운 여인이 추는 검무가 참으로 위풍당당하여라	佳人劍舞政軒昂
싸늘한 빛이 자리를 둘러 북두성을 흔들고	寒光匝席搖星斗
급한 형세가 바람을 내어 눈서리와 싸우네	急勢生風鬪雪霜
그림자 돌아보면 가을 매의 민첩함에 스스로 놀라고	顧影自驚秋鶻捷
몸을 돌리면 바다 구름과 함께 날아갈 것만 같네	回身欲與海雲翔
관하가 연 땅 남쪽 길 가까이 접해 있어	關河近接燕南路
협객의 기상이 의연히 여랑에게 있도다[507]	俠氣依然在女娘

506 융장 : 싸움터로 나갈 때의 군복(軍服)을 말하는데, 여기서는 검무를 추는 여인의 옷차림을 표현한 것이다.

507 관하가……있도다 : 황해도가 옛날 연나라 땅인 요동과 가까이 있어 여인에게도 협객의 기개가 보인다는 뜻이다.

연꽃
荷花

몇 송이가 푸른 일산 그늘에서 슬며시 엿보다	數朶微窺翠盖陰
서로 만나 놀라운 마음에 흉금을 활짝 여네	相逢驚倒一開襟
맑은 인품[508]은 말끔하게 티끌 인연 씻어 내었고	氷壺濯出塵緣淨
옥 같은 모습은 깊이 술기운을 물들였네	玉貌薰成酒暈深
그 아름다움엔 능히 그림자 마주할 자 없지만	佳麗無人堪對影
그 청고함엔 도리어 마음 알아주는 달이 있네	淸孤有月却知心
서로 어울리며 승당객[509]이 될 만하기에	周旋可作升堂客
침상 머리로 옮겨 꽂자 홀로 마시는 술잔을 비치네	移揷床頭照獨斟

두 번째 수 其二

일찍 핀 꽃이 막 지자 늦은 꽃이 새로 피니	早花初落晩花新
차례로 천기 얻는 모습에서 문득 천진을 느끼네	取次天機便覺眞

508 맑은 인품 : 원문의 '빙호(氷壺)'는 얼음을 담은 옥항아리로, 매우 맑고 깨끗한 인품을 뜻한다. 가을 달과 더불어 '빙호추월(氷壺秋月)'로 많이 쓰인다. 등적(鄧迪)이 주자(朱子)의 스승 연평(延平) 이동(李侗)의 인품에 대해 "마치 빙호추월과 같아 티 없이 맑고 깨끗하니 우리들이 미칠 수 없다.〔如氷壺秋月, 瑩徹無瑕, 非吾曹所及.〕" 하였다.《宋史 卷428 道學列傳 李侗》

509 승당객 : '당에 오를 만한 손님'이라는 말로 칭송의 뜻을 담고 있다. 승당(昇堂)과 입실(入室)은 도(道)에 들어가는 경지를 비유한 말이다. 공자가 제자 자로(子路)의 경지를 두고 말하기를 "당에는 올랐고 아직 방에는 들어가지 못했다.〔升堂矣, 未入於室也〕"라고 한 데에서 유래하였다.《論語 先進》

노을이 비치니 아침 햇살이 유독 어여쁘고　霞照朝光偏綽約
이슬이 둥글게 맺히니 가을이 한창 무르익었네　露團秋意政精神
처세는 고상한 선비 같음을 깊이 알겠고　深知處世猶高士
물 위를 걷는 모습[510]은 가히 미인이라 칭하겠네　可道淩波是美人
거문고의 요염한 노래로 너를 괴롭히기 싫기에　寶瑟嬌歌嫌惱汝
홀로 외로운 학 데리고 푸른 못을 돌아보노라　獨將孤鶴綠池巡

세 번째 수 其三

이름난 꽃을 도맡아 관장함은 숙세의 인연이라　管領名花儘宿緣
백 줄기 꽃이 피어도 모두 어여쁘기만 하네　花開百本摠堪憐
예로부터 잠시 만나도 오히려 친교를 맺었나니[511]　古來傾盖猶論契
객지에서 너를 만난 것이 이미 해를 넘겼구나　客裏逢渠已閱年
운치는 가히 고인에게서나 구할 만한데　韻味可求古人上

510 물결……모습 : '淩波'는 미인의 고운 걸음걸이를 묘사한 말이다. 여기서는 연꽃이 물결 위에서 넘실대는 자태를 형용한 것이다. 삼국 시대 위(魏)나라의 조식(曹植)이 낙수(洛水)의 신녀(神女) 복비(宓妃)를 두고 지은 〈낙신부(洛神賦)〉에, "물결을 타고 사뿐사뿐 걸으니, 비단 버선에 먼지가 이누나.〔淩波微步, 羅襪生塵.〕"라고 하였다. 복비는 복희씨(伏羲氏)의 딸로 낙수에서 익사하여 수신(水神)이 되었다는 전설이 있다.

511 잠시……맺었나니 : 원문의 '경개(傾盖)'는 경개여구(傾蓋如舊)를 말한다. 길가에서 처음 만나 수레 덮개를 기울이고 잠깐 이야기하는 사이에 오랜 벗처럼 여기게 된다는 뜻으로, 한 번 만나자마자 의기투합하여 지기(知己)가 된 것을 가리킨다. 《사기》 권83 〈추양열전(鄒陽列傳)〉에 "흰머리가 되도록 오래 사귀었어도 처음 만난 사이처럼 생소하기만 하고, 수레 덮개를 기울이고 잠깐 이야기하면서도 옛 친구를 대하는 것과 같이 느껴진다는 속담이 있는데, 이것은 무슨 뜻이겠는가. 바로 상대방을 알고 모르는 차이를 말해 주는 것이다.〔諺曰: "有白頭如新, 傾蓋如故, 何則, 知與不知也.〕" 라는 말이 있다.

어지러운 꽃들을 어찌 화려한 누각 앞에 둘까　　繁華寧取畫樓前
정신이 융화되면 달리 말 잊은 경지가 있으니　　神融別有忘言處
고요한 밤 주렴 머리에 맑게 갠 달이 걸렸도다　　夜靜簾頭霽月懸

밤에 이생 덕남과 함께 짓다

夜與李生德楠同賦

연잎에서 이슬 떨어지는 소리가 살짝 울리기에	荷葉微鳴露下空
일어나 외로운 달 끌고 주렴 친 난간에 기대었네	起携孤月倚簾櫳
가을소리 나는 옛 성곽에 자주 피리 소리를 들리고	秋聲古郭頻聞角
변방 느낌 가득한 먼 구름을 기러기가 지나려 하네	塞意長雲欲度鴻
외로운 밤 북두성을 우러러볼 만하지만	獨夜可堪瞻北斗
장한 마음은 오히려 다시 서풍이 겁난다네	壯心猶復愒西風
가련하다, 그대의 서검[512]을 알아주는 이 없어	憐君書劍無知己
짧은 베옷[513]으로 남을 따라 여관에 있구나	短褐隨人旅舘中

512 서검 : 책과 검으로 문무(文武), 또는 학문과 의기를 말한다. 당(唐)나라 맹호연(孟浩然)의 시 〈자락지월(自洛之越)〉에 "허둥지둥 삼십 년을 보내고 나니, 책과 검 둘 다 이루지 못했네.〔遑遑三十年, 書劍兩無成.〕" 하였다.

513 짧은 베옷 : 원문의 '단갈(短褐)'은 거친 베로 만든 짧은 옷으로, 빈천한 자들의 의복이다.

먹을 바치며[514]

貢墨

서주의 향기로운 보묵을 석공[515]하니	錫貢西州寶墨香
천연의 새까만 표면에 함장[516]이 빛나도다	天然漆面爛含章
외로운 신하는 꿈속에서 봉한 상자를 따라가	孤臣夢逐封函去
오색구름 속에서 어상을 가까이 하였네	五色雲中近御床

514 먹을 바치며 : 해주의 토산품인 먹을 진공하는 것을 말한다. 해주의 토산품 먹을 '해묵(海墨)'이라 한다.

515 석공 : '錫貢'은 공물을 바치라는 명령이 내려오면 갖추어 바치는 것을 말한다. 《서경》〈하서(夏書) 우공(禹貢)〉에 "공물은 금속 세 가지와 요(瑤)와 곤(琨)과 살대와 큰 대와 상아와 가죽과 깃털과 털과 나무이다. 해도(海島)의 오랑캐는 훼복(卉服)을 입으니, 광주리에 담아서 바치는 폐백은 직패(織貝)이며, 싸 가지고 오는 귤과 유자는 바치라는 명령을 내리면 바친다.〔厥貢, 惟金三品瑤琨篠簜齒革羽毛惟木. 島夷卉服, 厥篚織貝, 厥包橘柚錫貢.〕"라고 했다.

516 함장 : 내면에 간직한 아름다운 자질을 말한다. 《주역》〈곤괘(坤卦) 육삼(六三)〉에 "아름다움을 속에 품고 곧은 덕을 지킬 수 있다. 혹 나라의 일에 종사하여 이루어지지 않더라도 끝내는 좋아질 것이다.〔含章可貞. 或從王事, 无成有終.〕"라는 말이 있다.

두 번째 수 其二

한림은 예로부터 선관이었는데	翰林從古是仙官
성주의 은혜 깊어 묵해[517]에서 물결 일으켰네	聖主恩深墨海瀾
세간에 현오(玄奧)함[518] 지키는 자가 한량없건만	何限世間守玄子
궁궐에선 그 사람 데려오기 어렵다고 늘 말하네	雲霄每道致身難

한림(翰林)은 먹의 이름이다.

517 묵해 : 큰 벼루를 말한다.

518 현오(玄奧)함 : 어둡고 현미한 도라는 뜻인데, 이 시의 주제가 벼루이기 때문에 검을 '현' 자를 쓴 것이다.

중추 보름 뒤에 동쪽으로 순시를 떠났다가 청단원[519]에서 잠시 쉬며 되는 대로 읊어서 동행한 이군에게 보이다
中秋望後 發東巡 少憩青丹院 漫吟 示同行李君

그대는 깃발 따라 이곳저곳 다니다 君隨征旆任西東
석양녘에 오래된 역에서 길게 노래하는구려 落日長歌古驛中
몸은 방아 돌리는 나귀[520]를 배워 옛 길만 따르고 身學磨驢循舊路
마음은 나그네 기러기와 같아 가을바람 무서워하네 心同旅鴈怕秋風
바다와 산은 늙은 외로운 신하를 응당 웃겠고 海山應笑孤臣老
책과 검은 궁한 한 선비를 유독 가련히 여기리 書劒偏憐一士窮
끊임없는 백성 근심에 나그네 심사 겹치니 滾滾民憂兼客意
창주[521]에서 낚시하는 노인이 애오라지 부럽구나 滄洲聊羨釣魚翁

519 청단원 : 황해도 해주의 청단역(青丹驛)에 있는 원(院)이다. 원(院)은 숙식 편의를 제공하는 곳이다.

520 방아……나귀 : '磨驢'는 연자매를 끄는 나귀라는 뜻으로, 새로움이나 발전 없이 똑같은 일만 반복하는 것을 뜻한다. 소식의 시 〈여산으로 떠나는 지상인을 보내며〔送芝上人游廬山〕〉에 "돌고 도는 것이 연자매 끄는 소와 같아서, 걸음걸음마다 묵은 자국만 밟노라.〔團團如磨牛, 步步踏陳跡.〕"라고 하였다. 《蘇東坡詩集 卷21, 卷35》

521 창주 : 경치 좋은 물가를 말한다. 은사(隱士)의 거처를 의미하기도 한다.

곡산[522]

谷山

고갯길 깊고 깊어 하늘 보기 힘들더니　嶺路深深少見天
숲길 트이자 마을 연기 있어 문득 반가와라　林開忽喜有村煙
뭇 산들이 변방 가까이 있어 가을 기운 가득하고　羣山近塞秋陰重
뿔피리가 사람 맞으니 고을 형세가 원만하여라　畵角迎人郡勢圓
흰머리는 백성들 호소하는 곳에서 유독 생기고　白髮偏生民訴處
누런 국화는 말발굽 가에 많이도 피어 있구나　黃花多在馬蹄邊
등불 아래 거문고 타는 오늘 밤　華燈錦瑟聊今夕
도호부사의 시정이 술자리를 압도하네　都護詩情壓酒筵

522 곡산 : 황해도 곡산군을 말한다. 동쪽으로 함경도 안변부(安邊府), 남쪽으로 신계현(新溪縣), 서쪽으로 수안군, 북쪽으로 평안도 성천부(成川府)에 접해 있다. 《新增東國輿地勝覽 卷42》

곡산 부사 임성방 정[523] 에게 써서 드리다
錄呈谷山宰任聖方 珽

대궐에서 함께 지낸 뒤 십 년 세월 지나고	禁掖聯牀十載遲
관루에서 한번 웃으며 다시 좋은 기약 맺었지요	官樓一笑更佳期
국화꽃 피는 가을은 수레 멈춘 곳에 들어오고	黃花秋入停車地
푸른 산봉에 구름은 홀을 괼 때 일어나지요[524]	碧嶂雲生拄笏時
문필로 나눈 우정은 양조[525]를 그리워하였고	翰墨交情懷兩祖

523 임성방 : 임정(任珽, 1694~1750)의 자가 성방(聖方)이다. 본관은 풍천(豊川), 호는 호재(扈齋)이다. 숙종 때에 진사시에 합격하고, 1722년(경종2) 황감시(黃柑試)에서 일등하여 전시에 직부(直赴)되고, 이듬해에 증광문과에 급제하였다. 1731년 수찬으로 탕평책에 따른 시정의 폐단을 건의하여 왕의 칭찬을 받았다. 대사간・승지・이조참의 등을 거듭 역임하다가 1748년 곡산 도호부사가 되어 외직에 나갔고 2년 후에 대사성이 되었다. 고금의 시가에 능했고 글씨도 뛰어났다. 저서는《호재집》, 글씨는 해주축성비(海州築城碑), 개성의 계성사비(啓聖祠碑) 등이 남아 있다.

524 홀을……일어나지요 : 원문의 '주홀(拄笏)'은 '홀(笏)로 턱을 괸다.'는 말로, 관직 생활 중에 유유자적하는 것을 뜻한다. 진(晉)나라 왕희지(王羲之)가 환충(桓沖)의 기병 참군(騎兵參軍)으로 있을 적에, 업무를 보라는 상관의 말에 대꾸도 하지 않고 홀로 턱을 괴고 "서산에 아침이 오니, 상쾌한 기운이 이는구나.〔西山朝來, 致有爽氣耳.〕" 한 데서 온 말이다.《世說新語 簡傲》

525 양조 : 양쪽의 훌륭한 선조(先祖)를 말한 것이다. 임정의 조부는 임윤원(任胤元, 1645~1712)으로 1703년(숙종29)에 황해도 관찰사를 지내면서 각 읍에 경대동(京大同)을 시행하여 백성들의 어려움을 덜어주었고, 이후 대사간을 지냈다. 또한 그 선조로 광해군 때의 임숙영(任叔英, 1576~1623)은 별시문과의 대책에서 척족의 횡포와 권신(權臣) 이이첨을 비판하였다. 이천보의 조부는 이성조(李成朝, 1648~1696)로. 기사환국 때 정주(定州)로 유배되었다. 그 선조로 이일상(李一相), 이정귀가 있다.

뜬세상의 시비는 소인배들에게 맡기셨지요	是非浮世任羣兒
먼 변방에서 조천[526]의 꿈을 다하지 못한 채	關河不盡朝天夢
세모에 희끗한 머리털에 함께 놀랍니다	歲暮俱驚鬢髮衰

526 조천 : 이미 멸망한 명나라 천자에 대한 조회(朝會)를 말한 것이다.

월파루[527]

月波樓

화려한 난간 동쪽 언덕에 정모[528]를 세워놓고	畵欄東畔駐征旄
만 리에 부는 서풍에 막걸리를 마주하네	萬里西風對酒醪
변새 문과 맞닿은 하늘이야 원래 절로 드넓다지만	天接塞門元自濶
누대는 가을빛과 더불어 과연 누가 더 높을까	樓將秋色果誰高
청명한 시대 요해지엔 겹겹의 성이 웅장하고	淸時鎖鑰重城壯
석양 무렵 강산에는 검 한 자루 호기로워라	落日河山一劒豪
취해 노래하다 이대로 밤이 되어도 좋으리	未害酣歌仍到夜
금교[529]의 밝은 달이 우리를 기다릴 테니	錦橋明月待吾曹

527 월파루 : 황해도 황주(黃州)에 있는 이름난 누각으로 풍광이 빼어나다. 황주읍 동쪽 덕월산 중턱 바위절벽 위에 위치해 있었는데, 황주가 사행의 경로였으므로 많은 사신들이 이곳에 올라 시를 지었다. 《다산시문집》 권14의 〈황주 월파루기(黃州月波樓記)〉에 의하면, 달밤에 물결에 비치는 달빛이 매우 환하였다고 하였다. 《임하필기》 권13에, 월파루는 일명 승천루(昇天樓)라고도 하는데, 그 아래 절벽에 선조 39년(1606)에 명나라 사신 주지번(朱之蕃)이 '황강적벽(黃岡赤壁)' 네 글자를 새기고 누액(樓額)을 편액하였다고 하였다.

528 정모 : '정기(征旗)'와 같은 뜻으로, 먼 길 떠나는 의장 높이 들고 가는 깃발을 말한다.

529 금교 : 족금교(簇錦橋)를 말한 것이다. 황주의 명승지인 족금계(簇錦溪)라는 시내의 다리이다. 417쪽 주464 참조.

남대지[530]

南大池

십 리에 펼쳐진 둥근 못에 시든 연꽃 떨어지자	回塘十里落殘荷
서글퍼라 서풍 불어 하얀 이슬 초롱초롱	怊悵西風白露多
오리 기러긴 사람 다가가도 꿈쩍도 않으며	鳧鴈近人渾不起
예사롭게 〈채릉가〉[531]를 익숙하게 듣는도다	尋常慣聽採菱歌

530 남대지 : 황해도 연안(延安)에 있는 큰 못 와룡지(臥龍池)의 속명이다. 부(府)의 남쪽 3리에 있는데, 주위가 20리 102보이다. 겨울철마다, 못의 얼음이 세로 혹은 가로로 갈라지는데 읍 사람들이 용이 갈이하는 것〔龍耕〕이라 한다. 그것을 보아서 이듬해의 풍년 흉년을 미리 점친다. 가로로 갈라지면 풍년이 되고, 세로로 갈라지면 물이 넘치고, 전혀 갈라지지 않으면 흉년이 든다고 한다. 본조 태종 때에 안노생(安魯生)이 그 사실을 알리니 유사(有司)를 명하여, 매년 봄·가을철에 제사드리게 하였다. 《新增東國輿地勝覽 卷43》

531 〈채릉가〉 : 악부(樂府) 청상곡(淸商曲)에 있는 곡명으로, 마름을 따면서 부르는 노래이다.

9일에 용수산[532]에 오르다

九日登龍秀山

타향에서 다시 찾아온 구양절을 거듭 만나	客裏重逢九日回
바다와 산 높은 곳에서 술 한 잔 머금네	海山高處一含杯
막 서리 내려 가을 드니 어룡이 잠잠하고	新霜秋入魚龍靜
잎 진 나무 하늘에 닿으니 섬들이 눈에 보이네	落木天連島嶼開
노안에도 오히려 천 이랑 물결 다 보건만	老眼猶窮千頃浪
외로운 회포는 도리어 백 길의 대를 겁내네	孤懷還惕百尋臺
뜬구름 같은 삶에 술 취해 멋진 계절 즐기며	浮生取醉聊佳節
타향에서 세월 빠르다 한탄하지 않네	不恨殊方歲月催

532 용수산 : 미상. 혹 주(州)의 진산(鎭山) 용수산(龍首山)이 아닌가 의심된다. 용수산(龍首山)은 고을 북쪽 2리에 있는 진산으로 고려 문종이 이 산에 올라서 친왕과 재추들을 불러 술자리를 열어 밤이 되어서야 파하였다고 하였다. 또한 높고 험하며 기세가 웅장하여 수십 리에 서리어 있다고 하였다. 《新增東國輿地勝覽 43 海州牧》

서울로 들어가는 이군을 보내며 밤에 앉아 되는 대로 읊다

送李君入洛 夜坐漫吟

누대의 밤 풍경은 하늘 은하수로 맑은데	樓臺夜色淨天河
외로이 관등을 벗 삼아 지나가는 기러기 울음 듣노라	獨伴官燈聽鴈過
어제는 중양절을 보냈고 오늘은 손을 보내는데	昨送重陽今送客
이별의 아쉬움이 누가 더 클지 모르겠구나	不知離思爲誰多

순행이 소강[533]에 이르러 강 장령[534] 봉휴 에게 보이다
巡到所江 示姜掌令 鳳休

북 피리 울리는 원문엔 땅거미 지고	鼓角轅門夕
나랏일로 다니는 길이 또 바다 끝이라	王程又海涯
파도 소리는 큰 함선도 불어 뒤흔들고	濤聲吹巨艦
바람의 힘은 높은 기도 끌어내리네	風力掣高旗
하늘은 오늘 밤 달을 보내주고	天送今宵月
정자에는 지난해에 지은 시가 남아있네	亭留去歲詩
벼슬살이에 싫증난 강 장령은	倦遊姜掌令
아름다운 기약을 저버리지 않을 수 있으려나	能不負佳期

두 번째 수 其二

밀물 들어와 누각 그림자가 물 위에 뜨니	潮來泛樓影
완연히 바다 한가운데 떠있는 것만 같구나	宛在海中央
고래는 돛대 앞 물결 안에서 잠자고	鯨息帆前浪
기러기는 검 밖의 서릿발에 놀라네	鴻驚劍外霜
영웅호걸 오고 간 천고는 드넓고	英豪千古濶

533 소강 : 서해 북부의 해방(海防)으로 황해도 옹진(瓮津)에 있다.

534 강 장령 : 강봉휴(姜鳳休, 1694~?)로, 당시 장령(掌令)을 하고 있었다. 장령은 사헌부의 정4품 관직으로 감찰 업무를 담당하였다. 강봉휴는 해주 출신으로, 본관은 금천(衿川)이다. 1725년(영조1) 증광시에 진사 합격하였고, 1735년에 증광시에 급제하였다. 1746년(영조23)부터 1748년에 걸쳐 장령을 지냈다.

오랑캐 중화 머무는 한 하늘은 멀어라	夷夏一天長
깊어가는 가을 감회를 다할 길 없어	不盡深秋感
두루 여장[535]에다 시를 적어 보네	題詩徧女墻

535 여장 : 성벽 위에 요철(凹凸) 모양으로 덧쌓은 낮은 담을 말한다.

저녁에 서문루에 오르다

夕登西門樓

바람 높은 속 짧은 두건으로 초루[536]를 거니노라니	短幘風高步畵譙
손잡고 찾아 몇몇 사람 맞이하기 번거롭지 않네	携來數子不煩邀
구름이 외로운 학을 따르니 저녁은 어둑어둑해지고	雲隨獨鶴依依暮
객이 차가운 별과 함께하니 이 밤 적적하네	客與寒星寂寂宵
오도인즉 삼수[537]가 늦음이 가련하고	吾道可憐三秀晩
천시인즉 일양[538]이 먼 것을 다시금 느끼네	天時更感一陽遙
생황 노래 물리친 뒤 한가로이 난간에 기대니	笙歌屛盡閒憑檻
서리 이슬에 옷 젖는데 달은 하늘에 숨었네	霜露沾衣月隱霄

536 초루 : 성문 위에 높이 지은 누각을 말한다.

537 삼수 : 일 년에 세 번 꽃피는 영지(靈芝)를 말하는데, 뜻을 이루는 것을 의미한다. 주희(朱熹)가 길을 가다가 운당포(篔簹浦)란 곳에서 쉬었는데, 그 벽에 새겨진 "빛나는 영지는 일 년에 세 번 맺히는데, 나는 홀로 어찌하여 뜻만 있고 이루지 못하는가.〔煌煌靈芝, 一年三秀, 予獨何爲, 有志不就?〕"라는 글귀를 보고 감탄하여 여러 번 반복하여 읽었다. 이후 40년 뒤에 다시 그곳을 지났는데 그 글은 보이지 않았다. 지난 일을 회상하며 시를 짓기를 "흐르는 백년 인생 얼마나 되는가, 영지가 세 번 맺힘은 무엇을 위함이뇨. 금단은 세월 늦도록 소식이 없으니, 운당포 벽 위의 시에 거듭 탄식하노라.〔鼎鼎百年能幾何? 靈芝三秀欲何爲? 金丹歲晩無消息, 重歎篔簹壁上詩.〕"라고 하였다. 《朱子大全 卷84 題袁機仲所校參同契後》

538 일양 : 동지에 처음 생기는 한 가닥의 양기를 말한다. 동지 이전까지는 음(陰)이 극도로 왕성해지다가, 동지부터 일양이 회복되어 점차 왕성해진다. 《주역(周易)》 〈복괘(復卦)〉 소(疏)에 "동지에 양 하나가 생기니, 이는 곧 양은 움직여서 용사하고 음은 고요함으로 돌아가는 것이다.〔冬至一陽生, 是陽動用而陰復於靜也.〕"라고 하였다.

호서의 관아로 근친가는 조랑 경서[539] 준 를 보내며[540]

送趙郎景瑞 竣 歸覲湖衙

옥주[541]의 산수는 바로 병주[542]이니	沃州山水是幷州
필마로 가서 추정[543]했던 예전 일이 느꺼워라	匹馬趨庭感舊遊

539 조랑 경서 : 이천보의 사위 조경(趙璥, 1727~1789)으로, 경서(景瑞)는 자이고 준(竣)은 초명이며, 호는 하서(荷棲)이다. 1763년(영조39) 증광 문과에 급제하였고 정조 즉위 후 대사헌, 형조 판서 등 요직을 두루 역임하였다. 1786년(정조10) 우의정에 올라 당시 역모사건에 연루되어 강화부에 귀양 가있던 은언군(恩彦君) 이인(李裀)의 처벌을 주장하는 상소를 여러 차례 올렸으나 받아들여지지 않자 조정에 나가지 않았다. 이 때문에 파직되었다가 후에 판중추부사로 재기용되었다. 효성이 지극하여 고향에 정문이 세워졌다. 시호는 충정(忠定)이며, 저서로 《하서집》이 있다.

540 호서의……보내며 : 조경은 14세인 1740년(영조16)에 이천보의 딸과 혼인하였다. 1746년에 부친조상기(趙尙紀, 1687~1755)의 임소인 충청도 옥천(沃川)으로 가서 뵈었다. 조상기는 본관은 풍양(豊壤), 자는 자선(子善), 호는 삼우당(三友堂)으로 1717년(숙종43) 식년시에 생원이 되었고, 1726년(영조2)에 사릉 참봉(思陵參奉), 2년 후에 제용감 부봉사 등을 역임하였다.

541 옥주 : 충청도 옥천(沃川)을 가리킨다.

542 병주 : 중국 산서성 태원현(太原縣)의 지명으로, 정이 들어서 고향 같은 타향을 뜻한다. 이천보의 부친 이주신(李舟臣, 1674~1735)이 1725년(영조1) 2월에 의금부 도사에 제수되었다가 3월에 충청도 옥천 군수에 제수되었다. 당나라 시인 가도(賈島)의 〈상건수를 건너며〔渡桑乾〕〉시에 "병주의 나그네살이 이미 십 년이 되어, 고향 생각에 밤낮으로 함양을 생각하네. 뜬금없이 다시금 상건수를 건너며, 문득 병주를 바라보니 그곳이 바로 고향일세〔客舍幷州已十霜, 歸心日夜憶咸陽. 無端更渡桑乾水, 却望幷州是故鄕.〕" 하였다.

543 추정 : "종종걸음으로 뜰을 지나간다."는 말로 부친의 가르침을 받는 것을 뜻한다. 《논어(論語)》〈계씨(季氏)〉에, "공자가 홀로 서 있을 때 아들 리가 종종걸음으로 뜰을 지나가니, 공자가 그에게 '시를 배웠느냐'라고 물으니 '아직 배우지 못했습니다'라고

관아 책상에서 새벽까지 책도 읽었건만 官榻讀書侵曉角
늙어지니 외려 누각에서 한거하던 모습[544] 그립구나 老來猶憶燕申樓

두 번째 수 其二

한 굽이 인호[545]는 세상살이 슬픔 겪었는데 一曲仁湖閱世悲
천지간에 살아가자니 이 생애 더디도다 乾坤俯仰此生遲
관아의 동복은 아직도 서루의 대나무를 보살피니 官僮尙護西樓竹
선친[546] 떠나신 후에도 사모하고 있음을 알겠노라 知是先人去後思

세 번째 수 其三

벽성[547]의 정자에서 길 떠나는 이의 옷자락을 잡고 碧城亭舘挽征衣
밤 등불 아래서 글을 논하니 눈이 휘장을 비추네 夜燭論文雪映幃
시편이 말단 기예임을 정히 깨닫고 定覺詩篇爲末技
석담[548] 흐르는 물에 마음을 씻고 돌아왔네 石潭流水洗心歸

하였다. 공자가 '시를 배우지 않으면 말을 할 수 없느니라.' 하였다. 리는 물러나 시를 배웠다.〔嘗獨立, 鯉趨而過庭, 曰學詩乎? 對曰未也. 不學詩, 無以言. 鯉退而學詩.〕"라고 한 데서 유래하였다. 《論語 季氏》

544 한거하던 모습 : 원문은 '연신(燕申)'으로, 공자의 문인이 공자의 평소 기상을 "스승께서 한가로이 계실 때는 그 모습이 태연자약하고 온화하셨다.〔子之燕居, 申申如也, 夭夭如也.〕"라고 하였는데, 후에 높은 이가 한가로이 지내는 것을 일컫게 되었다. 《論語 述而》

545 인호 : 미상. 옥천에 있는 호수로 추측된다.

546 선친 : 옥천 군수를 지낸 이천보의 부친 이주신(李舟臣)을 가리킨다.

547 벽성 : 황해도 해주(海州)의 별칭이다.

548 석담 : 해주의 석담서원(石潭書院)이 있는 석담천을 가리킨다. 398쪽 주394 참조.

경서[549]가 길을 떠날 때 율시 한 편을 남기므로 차운하여 주다

景瑞臨行留一律 次贈

필마로 서쪽 유람하며 바다 관문까지 다 보았으니	匹馬西遊盡海關
술잔 오가는 사이에 이별의 회포 서글퍼라	離懷怊悵酒杯間
침상 머리 보검 보니 나의 늙어감 슬프고	床頭寶劒悲吾老
보따리의 새로 지은 시 보니 너의 한가함 부럽구나	槖裏新詩羨汝閒
전씨의 섬[550] 쌓인 물[551]에 하늘이 낮고	積水天低田氏島
백이의 산[552] 작은 비석에 바람이 엄숙하리	短碑風肅伯夷山

549 경서 : 조경(趙璥)으로, 자세한 사항은 449쪽 주539 참조.

550 전씨의 섬 : 원문의 '전씨도(田氏島)'는 전횡(田橫)의 오호도(烏乎島)를 말한 것 같다. 전횡은 전국 시대(戰國時代) 제(齊) 나라의 왕족으로 초(楚)와 한(漢)이 대치하던 당시 전영(田榮)의 뒤를 이어 제왕(齊王)이 되었는데 유방(劉邦)이 제나라를 평정하자 식객 5백 명을 거느리고 서해의 오호도(烏乎島)로 피신하였다. 천하를 통일한 유방이 사람을 보내어 "와서 항복하면 제후왕을 봉하고 오지 않으면 섬 전체를 도륙(屠戮)하겠다." 하며 위협하자, 낙양(洛陽)으로 유방을 찾아가던 중 끝내 굴복하는 것을 싫어하여 자결하였다. 이 소식을 전해 들은 그의 식객들도 모두 자결하여 충절을 지켰다.《史記 卷94 田儋列傳》 오호도는 산동성(山東省) 즉묵현(卽墨縣) 동북쪽 바다 속에 위치해 있어 해주에서 가까운 곳이다.

551 쌓인 물 : 원문의 '적수(積水)'는 바다를 말한 것이다.

552 백이의 산 : 원문의 '백이산(伯夷山)'은 백이(伯夷)와 숙제(叔齊)가 고사리를 캐어 먹다가 죽은 수양산(首陽山)을 가리킨다. 황해도 해주에 수양산이 있는데, 숙종이 편액을 내린 이제묘(夷齊廟)도 있다. 수양산은 해주 동쪽 5리 되는 곳에 있는데 산마루에 대(臺)가 있다. 예로부터 백이(伯夷) 숙제(叔齊)가 절개를 지키다가 죽은 중국의

돌아가는 길에 옛 도읍에서 폭포를 찾아가면[553]	故都歸路仍尋瀑
백 척의 깎아지른 절벽도 다시 오를 수 있으리라	百尺飛崖更可攀

수양산에 비기어지면서 해주를 대표하는 산이 되었다. 이곳에 이제대(夷齊臺)가 있다. 《新增東國輿地勝覽 卷43》

553 돌아가는……찾아가면 : 황해도 해주에서 충청도 옥천으로 가는 여정이니, 해주에서 개성(開城)을 거쳐 가는 것으로 보인다. 개성은 고려의 도읍지였던 송도(松都)로 이곳의 명소 박연폭포(朴淵瀑布)를 말한 것 같다.

'관(關)' 자를 거듭 써서 또 경서에게 주다

疊關字 又贈景瑞

이별 이야기 새벽까지 이어져 달이 문을 침범하고	離言到曉月侵關
쌓인 눈 사이로 푸른 고개가 우뚝 솟았네	青嶺嵯峩積雪間
크게 눈을 뜨고 바다를 볼 줄 이미 알았으니	觀海已知開眼大
한가로이 문을 닫고 책을 읽을 수 있으리	讀書且可閉門閒
동화의 구마[554]엔 훌륭한 선비 없고	東華裘馬無佳士
서로의 누대엔 좋은 산이 적구나[555]	西路樓臺少好山
오도는 아득한 채 올해도 저물어가니	吾道悠悠今歲暮
화양[556]의 계수나무[557] 떨기 더위잡을 수 있으리	華陽叢桂去堪攀

554 동화의 구마 : '東華'는 송나라 궁성의 동쪽 문 이름으로 이 문을 통해 입조(入朝)하였다고 한다. 구마는 경구비마(輕裘肥馬)로, 가벼운 옷을 입고 살진 말을 타는 사람 즉 생활이 호화스럽고 부유한 자를 가리킨다. 이 구절은 즉 도성에 있는 호사스런 부자들 가운데 훌륭한 선비가 없다는 뜻이다.

555 서로의……적구나 : 서로는 서도(西道), 곧 황해도를 말한다. 즉 조경은 도성에 인재가 없고, 황해도에 더 이상 구경할 산수가 없어 이제 돌아간다는 뜻이다.

556 화양 : 우암(尤菴) 송시열(宋時烈)이 은거하여 학문을 연마하고 제자를 양성한 곳으로 충청북도 괴산군에 있다. 이곳에 우암을 제향하는 화양서원이 있고 송시열의 유명을 받고 권상하(權尙夏)가 1704년에 세운 만동묘(萬東廟)도 있다.

557 계수나무 떨기 : '叢桂'는 무성히 자란 계수나무로, 은자가 사는 곳을 뜻한다. 회남왕(淮南王) 유안(劉安)의 문객이 지은 〈초은사(招隱士)〉에, "계수나무 숲 우거져 산이 그윽하니, 구불구불 길게 뻗어 가지 서로 얽혔어라.〔桂樹叢生兮山之幽, 偃蹇連蜷兮枝相繚.〕"라고 하여 은자가 사는 산중 풍경을 묘사하였다.

장대[558]가 낙성되어 즉석에서 두보의 율시 운을 집어 쓰다

將臺落成 卽席拈杜律韻

새로 쌓은 성[559]이 눈앞에 우뚝하고	新城突兀眼前生
북 피리 울리는 화려한 잔치자리가 낙성을 알리네	簫鼓華筵報落成
땅이 멀어 누대가 유독 우뚝하게 느껴지는데	地逈樓臺偏覺聳
시대 평온하다고 보장[560]을 감히 가볍게 말하랴	時平保障敢言輕
깃발 가에는 부드러운 봄바람에 제비들 지절대고	旗邊語燕春風細
검 밖에는 맑은 바다빛에 고래가 잠겼구나	劒外潛鯨海色淸
기대어 취한 원융[561]은 흥취가 한량없는데	倚醉元戎無限興
현산[562]에서는 무엇 때문에 괜히 슬퍼하였던가	峴山何事謾傷情

558 장대 : 장수가 올라서서 군사를 지휘하는 곳이다.

559 새로……성 : 해주성을 개축한 것을 말한다. 해주의 영광동에 있는 해주성 개축비(海州城改築碑)는, 1391년(고려 공양왕3)에 처음으로 쌓은 것을 1748년(영조24)에 네 번째로 고쳐 쌓고 그 사실을 기록하여 세운 비석이다. 이천보(李天輔)가 글을 짓고 임정(任珽)이 글씨를 썼다. 422쪽 시 〈6월 4일에 옥서장에 제수되었으나 본영의 성 공사로 인하여 그대로 임직하라는 명이 내렸다〔六月初四日 除玉署長 因本營城役 有仍任之命〕〉 참조.

560 보장 : 적을 방어하는 보루와 장벽으로, 나라를 지키는 것을 말한다.

561 원융 : 원수(元帥)와 같은 말로, 작자 자신을 가리킨다. 이천보가 황해도 관찰사로서 병마절도사를 겸하고 있었으므로 자칭한 것이다.

562 현산 : 진(晉)나라의 장군 양호(羊祜, 221～278)의 고사에 나오는 현수산(峴首山)을 가리킨다. 양호는 진 태시(泰始) 5년(269)에 상서좌복야(尙書左僕射)가 되어 형주의 군사들을 감독하며 양양(襄陽)을 다스렸는데, 양양의 현수산에 올라가 노닐며 "우주가 생기면서 이 산도 생겼을 텐데, 그동안 우리들처럼 이곳에 올라와서 멀리 바라

보았던 멋진 인사들이 얼마나 많았겠는가마는, 모두가 흔적 없이 사라지고 말았으니 생각하면 슬픈 일이다. 백년 뒤에라도 나에게 혼이 있다면 혼령이라도 여기에 다시 찾아오리라." 하고 탄식하며 감개를 억제하지 못하고 눈물을 흘렸다. 양호가 죽은 뒤 백성들이 사모하는 마음으로 그가 늘 올라가 노닐었던 현산(峴山)에 비석을 세우고 사당을 건립하였다. 백성들이 그 비석 앞을 지나갈 때면 또한 모두 눈물을 흘렸다 하여, 두예(杜預)가 타루비(墮淚碑)라고 명명하였다.《晉書 卷34 羊祜列傳》

지은이 **이천보(李天輔)**

1698(숙종 24)~1761(영조 37). 조선 후기의 문신으로, 본관은 연안(延安). 자는 의숙(宜叔), 호는 진암(晉庵)이다. 할아버지는 이성조(李成朝), 아버지는 옥천군수 이주신(李舟臣)이다. 경기도 광주군 언주면(지금의 강남구 압구정동)에 거주하였다. 1739년(영조 15) 알성문과에 을과로 급제하여 이듬해 정자가 되고 교리(校理)·헌납(獻納)·장령(掌令) 등 언관직을 역임하였다. 1748년 부제학이 된 후 이조판서·병조판서 등을 거쳐 1752년 우의정에 승진하였다. 이때 동궁이 대리한 이후부터 영조가 소장을 일체를 보지 않아 상하의 언로가 막혔다고 지적했고, 이광좌(李光佐)를 탄핵하자 이에 동조했다가 파직되었다. 곧 복직되어 판중추부사를 거쳐 1753년 좌의정·영의정이 되었다. 1755년 세제의 대리청정 추진과 신임사화의 진위를 둘러싼 노론·소론 간의 시비에서 노론과 영조의 승리를 상징하는 대훈의 역사적 기록을 맡는 천의리편감찬수청 도제조(闡義理編鑑纂修廳都提調)가 되었다. 1761년에 영의정이 되었으나 곧 사망하였다. 실록에서는 병으로 죽었다고 하였으나, 장헌세자의 평양 원유사건(遠遊事件)에 책임을 느껴 음독자살했다고도 한다. 영조 재임 기간 동안 탕평책(蕩平策)을 추진하는데 앞장섰으며, 시문으로 명성을 얻었다. 시호는 문간(文簡)이다. 저서로는 《진암집(晉庵集)》이 있다.

옮긴이

박재금(朴在錦)

1953년 부산에서 태어났다. 이화여대 국문과를 졸업하고 동대학원에서 한문학을 공부하여 〈무의자 혜심의 시 연구〉로 박사학위를 받았다. 현재 이화여대 한국문화연구원 연구교수로 재직하고 있다. 〈고려후기 게송을 통해 본 禪과 일상〉 등의 논문과 저서 《한국 선시(禪詩) 연구》가 있고, 번역서로 《심양장계》(공역), 《와신상담의 마음으로 일본을 기록하다(元重擧의 和國志)》, 《강한집》 등이 있다.

이은영(李恩英)

1965년 충북 음성에서 태어났다. 이화여대 국어국문학과를 졸업하고 동대학원에서 〈조선 초기 제문 연구〉로 박사학위를 받았다. 민족문화추진회 국역연수원 연수부와 일반연구부 과정을 졸업하였다. 현재 이화여대 한국문화연구원 연구교수로 있다. 저서에 《제문, 양식적 슬픔의 미학》·《예와 정의 조화와 변주》, 공역서에 홍길주 문집 《현수갑고》·《표롱을첨》·《항해병함》과 《역주 점필재집》, 《강한집》 등이 있다.

홍학희(洪學姬)

1965년 서울에서 태어났다. 이화여대 국어국문학과를 졸업하고 동대학원에서 〈율곡 이이의 시문학 연구〉로 박사학위를 받았다. 현재 이화여대 한국문화연구원 연구교수로 재직하고 있다. 〈한국 도학시 연구의 몇 가지 문제〉, 〈18~19세기 성해응 집안 여성들의 삶〉 등을 저술하였으며 《부사산 비파호를 날듯이 건너(成大中의 日本錄)》, 《19세기·20세기 초 여성생활사 자료집 1》, 《강한집》 등을 번역하였다.

권역별거점연구소협동번역사업 연구진

연구책임자 **김동준**(이화여자대학교 국어국문학과 교수)

공동연구원 **조혜란**(이화여자대학교 국어국문학과 교수)

교열 **김동주**(전통문화연구회 국역위원)

책임연구원 **이은영**(이화여자대학교 한국문화연구원 연구교수)

이주해(이화여자대학교 한국문화연구원 연구교수)

홍학희(이화여자대학교 한국문화연구원 연구교수)

진암집 1

이천보 지음 | 박재금 · 이은영 · 홍학희 옮김

2020년 12월 31일 초판 1쇄 발행

편집 · 발행 학자원

등록 2011.4.6 제2011-14호

주소 (134-814) 서울시 강동구 천호대로 1121

전화 02-6403-1000 | 팩스 02-6338-1001 | 이메일 hakjaone@daum.net

값 40,000원

ISBN 979-11-6247-206-4 94810

979-11-6247-205-7 (세트)